PRACTICE OF FIRE SAFETY MANAGEMENT IN POWER GRID ENTERPRISES

电网企业
消防安全管理实务

国网陕西省电力有限公司◎编

中国电力出版社
CHINA ELECTRIC POWER PRESS

内 容 提 要

本书主要内容包括消防安全基本常识、消防安全基础管理、调控大楼消防安全管理、变电站消防安全管理、建设施工消防安全管理、水电厂消防安全管理、防山火消防安全管理、火灾的应急处理、消防安全监督检查、消防安全评估、火灾事故调查处理等内容。

图书在版编目（CIP）数据

电网企业消防安全管理实务 / 国网陕西省电力有限公司编. —北京：中国电力出版社，2022.11（2025.5重印）

ISBN 978-7-5198-6895-6

Ⅰ. ①电… Ⅱ. ①国… Ⅲ. ①电力工业–工业企业–消防管理–中国 Ⅳ. ①F426.61

中国版本图书馆 CIP 数据核字（2022）第 116675 号

出版发行：中国电力出版社
地　　址：北京市东城区北京站西街 19 号（邮政编码 100005）
网　　址：http://www.cepp.sgcc.com.cn
责任编辑：雍志娟
责任校对：黄　蓓　常燕昆
装帧设计：郝晓燕
责任印制：石　雷

印　　刷：北京天泽润科贸有限公司
版　　次：2022 年 11 月第一版
印　　次：2025 年 5 月北京第二次印刷
开　　本：787 毫米×1092 毫米　16 开本
印　　张：17.75
字　　数：415 千字
印　　数：1501—2000 册
定　　价：88.00 元

编 委 会

主　　任　周军义

副 主 任　史高琦　窦晓军

成　　员　陈在军　唐　睿　贺鸿祺　王文策　王　战
　　　　　薛少鹏　李德华　王记虎　徐越峰　高　涛
　　　　　盛　勇　王　鸿　魏小龙　张长安　韩金波
　　　　　张雯睿　李　江　刘　强

主　　编　肖　波

副 主 编　何玉军　刘义航

编写人员　马　龙　陈　磊　游　强　于　波　张一博
　　　　　江　涛　李　旭　李鹏程　孔志战　徐子钠
　　　　　王永宏　艾争先　薛　钊　左　坤　王　斌
　　　　　边　颖　王　实　杨宝杰　贺军甫　冯　杰
　　　　　罗少弟　邓奕超　石伟东　王　伟　施　宁
　　　　　贾博研　米　玮　周　浩　刘　军　赵新志
　　　　　姜　琳　耿泽飞　张一帆

前　言

近年来，国内重特大火灾事故时有发生，造成了巨大的经济损失和人员伤亡，教训十分沉重和深刻，消防安全工作日益重要。

电网企业历来高度重视消防安全工作，但在日常检查中，也发现部分员工消防安全基础知识掌握不牢固、消防日常管理存在薄弱环节，消防培训亟待加强。但市面上消防培训方面的书籍多为通用性培训教材，对电网企业消防安全管理的针对性不足，无法系统、全面地讲述电网企业消防管理要求、管理方法、监督检查方法等内容。

为规范电网企业消防安全管理，预防和减少火灾事故，保障人员、设备和电网安全，国网陕西省电力有限公司结合电网企业实际，组织专家编写了《电网企业消防安全管理实务》一书。本书集知识性、实用性、指导性于一体，贴近电网企业工作实际和生产特点，对于普及消防安全知识，增强广大员工的消防意识及专业水平，提高电网企业抵御火灾的整体能力有着积极的作用。可作为电网企业消防安全管理培训教材及学习参考资料。

由于时间和水平有限，书中难免有疏漏之处，欢迎广大读者批评指正，以便修改和完善。

编　者

2022 年 10 月

目 录

第一章　消防安全基本常识

随着社会文明不断进步和发展，消防安全工作越来越重要。消防工作是一项社会性很强的工作，它涉及国民经济的各个方面，与各个行业和人们的生活都有密不可分的关系。消防工作同时又是一项知识性、科学性很强的工作，与科学技术息息相关。近年来，随着电网企业的发展，社会用电不断增加，当火与电相结合，一旦发生事故，造成的损失远大于单一的火灾事故，因此，为更好地预防火灾事故发生，有必要从基础做起，掌握消防安全的基本常识，防患于未然。

第一节　消 防 的 概 念

一、消防的概念

消防是指包括“防火与灭火”在内的同火灾做斗争的一种专项工作。这特定的词义，是从历史上逐渐演变来的。据了解，我国古代没有“消防”一词，当时是采用“火禁”“火政”“防火与救火”等词或词组。唐代时期叫“火政”，其方针是：“防为上，戒为下，救次之”。消防一词是清朝末年由日本传到我国的。当初，它的含义是消除与预防火灾、水患等灾害，后来约定俗成，消防才具有现代人们所共知的词义，并沿用至今。

简单理解，消防具有两个意思：消（救火），防（防火）。

二、消防工作的任务

《中华人民共和国消防法》规定，消防工作的总体任务是：预防火灾和减少火灾危害，加强应急救援工作，保护人身、财产安全，维护公共安全。消防工作的基本任务有：

（1）控制、消除发生火灾、爆炸的一切不安全条件和因素。

（2）限制、消除火灾、爆炸蔓延、扩大的条件和因素。

（3）保证有足够的消防人员和消防设备，以便一旦发生火灾，及时扑灭，减少损失。

（4）彻底查清火灾、爆炸原因，总结教训，做到“四不放过”（原因不明不放过、事故责任人未受到处理不放过、事故责任人和相关人员没有受到教育不放过、防范措施不落实不放过）。

第二节　消防相关法律法规、标准、制度

一、消防安全法律法规

消防安全工作涉及法律法规众多，不宜一一罗列，本书仅对消防安全工作相关的比较常用的《消防法》《安全生产法》《行政处罚法》《行政许可法》《刑法》等相关法律法规进行简要阐述。

（一）中华人民共和国消防法

案例：2018 年，乐清市某公司因未进行消防设计备案，未进行竣工消防备案等问题，违反《中华人民共和国消防法》第五十八条第二款，处罚如下：① 未进行消防设计备案且未进行竣工消防备案处罚 3500 元；② 未进行消防设计备案且未进行竣工消防备案处罚 3500 元。

《中华人民共和国消防法》（以下简称《消防法》）于 1998 年 4 月 29 日由第九届全国人民代表大会常务委员会第二次会议审议通过，自 1998 年 9 月 1 日起施行。2008 年 10 月 28 日由第十一届全国人民代表大会常务委员会第五次会议修订通过，自 2009 年 5 月 1 日起施行。2019 年 4 月 23 日第十三届全国人民代表大会常务委员会第十次会议《关于修改〈中华人民共和国建筑法〉等八部法律的决定》修正，据 2021 年 4 月 29 日第十三届全国人民代表大会常务委员会第二十八次《关于修改〈中华人民共和国道路交通安全法〉等八部法律的决定》修改，并自公布之日起施行。

1. 关于消防工作的方针、原则和责任制

《消防法》在总则中规定“消防工作贯彻预防为主、防消结合的方针，按照政府统一领导、部门依法监管、单位全面负责、公民积极参与的原则，实行消防安全责任制，建立健全社会化的消防工作网络”，确立了消防工作的方针、原则和责任制。

“预防为主、防消结合”的方针，科学准确地阐明了“防”和“消”的关系，正确地反映了同火灾作斗争的基本规律。在消防工作中，必须坚持“防”“消”并举、“防”“消”并重的思想，将火灾预防和火灾扑救有机地结合起来，最大限度地保护人身、财产安全，维护公共安全，促进社会和谐。

“政府统一领导、部门依法监管、单位全面负责、公民积极参与”的原则是消防工作经验和客观规律的反映。“政府”“部门”“单位”“公民”四者都是消防工作的主体，共同构筑消防安全工作格局，任何一方都非常重要，不可偏废。

“实行消防安全责任制，建立健全社会化的消防工作网络”，这是我国做好消防工作的经验总结，也是从无数火灾中得出的教训。各级政府、政府各部门、各行各业以及每个人在消防安全方面各尽其责，实行消防安全责任制，建立健全社会化的消防工作网络，有利

于增强全社会的消防安全意识，有利于调动各部门、各单位和广大人民群众做好消防安全工作的积极性，有利于进一步提高全社会整体抗御火灾的能力。

2. 关于单位的消防安全责任

《消防法》关于单位的消防安全责任的规定主要有：

（1）在总则中规定，任何单位都有维护消防安全、保护消防设施、预防火灾、报告火警的义务；任何单位都有参加有组织的灭火工作的义务；机关、团体、企业、事业等单位应当加强对本单位人员的消防宣传教育。

（2）第十六条：规定了机关、团体、企事业单位等消防安全职责：

1）落实消防安全责任制，制定本单位的消防安全制度、消防安全操作规程，制定灭火和应急疏散预案；

2）按照国家标准、行业标准配置消防设施、器材，设置消防安全标志，并定期组织检验、维修，确保完好有效；

3）对建筑消防设施每年至少进行一次全面检测，确保完好有效，检测记录应当完整准确，存档备查；

4）保障疏散通道、安全出口、消防车通道畅通，保证防火防烟分区、防火间距符合消防技术标准；

5）组织防火检查，及时消除火灾隐患；

6）组织进行有针对性的消防演练；

7）法律、法规规定的其他消防安全职责。

单位的主要负责人是本单位的消防安全责任人。

（3）规定消防安全重点单位除履行单位消防安全职责外，还应当履行下列消防安全职责：

1）确定消防安全管理人，组织实施本单位的消防安全管理工作；

2）建立消防档案，确定消防安全重点部位，设置防火标志，实行严格管理；

3）实行每日防火巡查，并建立巡查记录；

4）对员工进行岗前消防安全培训，定期组织消防安全培训和消防演练。

（4）规定同一建筑物由两个以上单位管理或者使用的，应当明确各方的消防安全责任，并确定责任人对共用的疏散通道、安全出口、建筑消防设施和消防车通道进行统一管理。

（5）规定任何单位不得损坏、挪用或者擅自拆除、停用消防设施、器材，不得埋压、圈占、遮挡消火栓或者占用防火间距，不得占用、堵塞、封闭疏散通道、安全出口、消防车通道。

（6）规定任何单位都应当无偿为报警提供便利，不得阻拦报警，严禁谎报火警；发生火灾，必须立即组织力量扑救，邻近单位应当给予支援；火灾扑灭后，发生火灾的单位和相关人员应当按照消防救援机构的要求保护现场，接受事故调查，如实提供与火灾有关的情况。

（7）规定被责令停止施工、停止使用、停产停业的单位，应当在整改后向作出决定的部门或者机构报告，经检查合格，方可恢复施工、使用、生产、经营。

同时，《消防法》还规定，任何单位都有权对住房和城乡建设主管部门、消防救援机构及其工作人员在执法中的违法行为进行检举、控告。

3. 关于公民在消防工作中的权利和义务

《消防法》关于公民在消防工作中权利和义务的规定主要有：

（1）任何人都有维护消防安全、保护消防设施、预防火灾、报告火警的义务；任何成年人都有参加有组织的灭火工作的义务。

（2）任何人不得损坏、挪用或者擅自拆除、停用消防设施、器材，不得埋压、圈占、遮挡消火栓或者占用防火间距，不得占用、堵塞、封闭疏散通道、安全出口、消防车通道。

（3）任何人发现火灾都应当立即报警；任何人都应当无偿为报警提供便利，不得阻拦报警；严禁谎报火警。

（4）火灾扑灭后，相关人员应当按照消防救援机构的要求保护现场，接受事故调查，如实提供与火灾有关的情况。

（5）任何人都有权对消防救援机构及其工作人员在执法中的违法行为进行检举、控告。

4. 关于建设工程消防设计审核、消防验收和备案抽查制度

《消防法》改革了建设工程消防监督管理制度，明确了建设工程消防设计审核、消防验收和备案抽查制度：

（1）《消防法》第十一条、第十三条明确了消防设计审查、消防验收的范围。规定对国务院住房和城乡建设主管部门规定的特殊建设工程，由国务院住房和城乡建设主管部门实行建设工程消防设计审查、消防验收。

（2）《消防法》第十三条明确了其他工程实行备案抽查制度。规定对国务院住房和城乡建设主管部门规定其他特殊建设工程以外其他建设工程，建设单位在验收后应当报住房和城乡建设主管部门备案，住房和城乡建设主管部门应当进行抽查，依法抽查不合格的，应当停止使用。

（3）《消防法》第十二条及第十三条规定：特殊建设工程未经消防设计审查或者审查不合格的，建设单位、施工单位不得施工；其他建设工程，建设单位未提供满足施工需要的消防设计图纸及技术资料的，有关部门不得发放施工许可证或者批准开工报告；依法应当进行消防验收的建设工程，未经消防验收或者消防验收不合格的，禁止投入使用；其他建设工程经依法抽查不合格的，应当停止使用。

（4）《消防法》第五十八条规定：对违反建设工程消防设计审查、消防验收、备案抽查规定的违法行为，责令其停止施工、停止使用、停产停业和罚款的行政处罚。

5. 关于消防产品监督管理

《消防法》进一步明确了消防产品监督管理制度：

（1）明确了对消防产品的基本要求，规定消防产品必须符合国家标准；没有国家标准的，必须符合行业标准。禁止生产、销售或者使用不合格的消防产品以及国家明令淘汰的消防产品。

（2）依法实行强制性产品认证的消防产品，由具有法定资质的认证机构按照国家标准、行业标准的强制性要求认证合格后，方可生产、销售、使用。实行强制性产品认证的消防产品目录，由国务院产品质量监督部门会同国务院应急管理部门制定并公布。

（3）新研制的尚未制定国家标准、行业标准的消防产品，应当按照国务院产品质量监

督部门会同国务院应急管理部门规定的办法，经技术鉴定符合消防安全要求的，方可生产、销售、使用。

（4）依照本条规定经强制性产品认证合格或者技术鉴定合格的消防产品，国务院应急管理部门消防机构应当予以公布。

（5）明确了消防产品的监督管理主体，规定产品质量监督部门、工商行政管理部门、消防救援机构应当按照各自职责加强对消防产品质量的监督检查，并依法进行处罚。

6. 关于法律责任的规定

《消防法》强化了法律责任追究，共设有警告、罚款、拘留、责令停产停业（停止施工、停止使用）、没收违法所得、责令停止执业（吊销相应资质、资格）6 类行政处罚（见表 1–2–1）。

表 1–2–1　消防法违法及处罚示例

序号	违法行为	处罚情况
1	依法应当经住房和城乡建设主管部门进行消防设计审查的建设工程，未经依法审查或者审核不合格，擅自施工的	责令停止施工，并处三万元以上三十万元以下罚款
2	建筑施工企业不按照消防设计文件和消防技术标准施工，降低消防施工质量的	责令改正或者停止施工，并处一万元以上十万元以下罚款
3	消防产品质量认证、消防设施检测等消防技术服务机构出具虚假文件的	处五万元以上十万元以下罚款，并对直接负责的主管人员和其他直接责任人员处一万元以上五万元以下罚款

有违法所得的，并处没收违法所得；给他人造成损失的，依法承担赔偿责任：情节严重的，由原许可机关依法责令停止执业或者吊销相应资质、资格。消防技术服务机构出具失实文件，给他人造成损失的，依法承担赔偿责任；造成重大损失的，由原许可机关依法责令停止执业或者吊销相应资质、资格。

（二）中华人民共和国安全生产法

案例：2016 年 12 月，新疆某燃气公司未经审查许可，擅自在玛纳斯河进行天然气管道铺设，产生一定的消防隐患，执法人员当即下发《处理措施决定书》，责令立即停工，按照《安全生产法》要求开展“三同时”工作。2017 年 3 月，施工单位擅自将封条解封继续施工并将现场管道全部掩埋。处罚如下：根据《中华人民共和国安全生产法》第九十九条第一款的规定，决定给予 20 万的行政处罚。同时，情节特别严重的，移交公安部门处理，给予当事人行政拘留 5 日的处罚。

《中华人民共和国安全生产法》（以下简称《安全生产法》）于 2002 年 6 月 29 日由第九届全国人民代表大会常务委员会第 28 次会议通过，自 2002 年 11 月 1 日起施行；根据 2009 年 8 月 27 日第十一届全国人民代表大会常务委员会第十次会议《关于修改部分法律的决定》进行修正，根据 2014 年 8 月 31 日第十二届全国人民代表大会常务委员会第十次会议《关于修改〈中华人民共和国安全生产法〉的决定》第二次修正，根据 2021 年 6 月 10 日第十三届全国人民代表大会常务委员会第二十九次会议《关于修改〈中华人民共和国安全生产法〉的决定》第三次修正发布，并自公布之日起施行。

1. 调整范围

《安全生产法》第二条规定了其调整范围："在中华人民共和国境内从事生产经营活动的单位的安全生产，适用本法；有关法律、行政法规对消防安全和道路交通安全、铁路交通安全、水上交通安全、民用航空安全以及核与辐射安全、特种设备安全另有规定的，适用其规定。"这确定了《安全生产法》的安全生产基本法的地位，也说明了与其他相关法律、法规的关系。

2. 生产经营单位的安全生产保障

《安全生产法》第二章共二十八条，为生产经营单位在安全生产的各个方面和各个环节上确立了必须遵循的行为准则。主要包括：生产经营单位的安全生产条件；生产经营单位的主要负责人的安全生产职责；安全生产资金；安全生产管理人员；安全生产教育和培训；安全设施的"三同时"；安全条件论证和安全评价；安全设施设计和施工；安全警示标志；安全设备；特种设备以及危险物品的容器、运输工具管理；对严重危及生产安全的工艺、设备的淘汰制度；危险物品及废弃危险物品管理；重大危险源管理；生产经营场所和宿舍安全管理；爆破、吊装作业管理；劳动防护用品；安全检查；安全协作：生产经营单位发包或者出租的情况下的安全生产责任；发生重大生产事故后，单位主要负责人的职责；工伤社会保险。

3. 从业人员的权利和义务

《安全生产法》第三章规定的从业人员权利和义务主要包括：

（1）从业人员与生产经营单位订立的劳动合同应当载明与从业人员劳动安全有关的事项，以及依法为从业人员办理工伤保险的事项。

（2）从业人员有权了解其作业场所和工作岗位存在的危险因素、防范措施及事故应急措施，有权对本单位的安全生产工作提出建议。

（3）从业人员有权对本单位存在的安全问题提出批评、检举、控告，有权拒绝违章指挥和强令冒险作业。

（4）从业人员有权在发现直接危及人身安全的紧急情况时停止作业或者在采取可能的应急措施后撤离作业场所，生产经营单位不得因从业人员采取上述措施而降低其工资、福利等待遇或者解除与其订立的劳动合同。

（5）因生产安全事故受到损害的从业人员享有有关赔偿的权利。本章在规定从业人员权利的同时，也要求从业人员必须遵守安全生产法律法规以及规章制度，照章操作；接受安全生产培训；对事故隐患或者不安全因素进行报告等义务。

4. 安全生产的监督管理

《安全生产法》第四章是关于安全生产的监督管理的规定，主要包括县级以上地方各级人民政府以及相关部门在安全生产监督管理方面应当履行的主要职责。

5. 生产安全事故的应急救援与调查处理

《安全生产法》第五章共十一条，对生产安全事故的应急救援和调查处理作出规定。明确县级以上人民政府应当组织制定安全生产事故应急救援预案，建立应急救援体系。危险物品生产经营单位以及矿山、建筑施工单位应当建立应急救援组织、配备必要的应急救援器材、设备，并经常进行维护、保养。生产经营单位发生事故，必须按规定报告安全和生产监督管理部门和有关部门，不得隐瞒不报、谎报或者拖延不报。安全生产监督管理部门和有关部门按照有关规定逐级上报，并积极组织事故抢救。事故调查处理按照实事求是、尊重科学的原则和国家有关规定进行。

6. 法律责任

《安全生产法》第六章共二十七条，规定了安全生产违法行为的法律责任，包括应当承担行政责任、民事责任和刑事责任及其他相关规定。第九十四条规定，生产经营单位的主要负责人未履行本法规定的安全生产管理职责的，责令限期改正；逾期未改正的，责令生产经营单位停产停业整顿。生产经营单位的主要负责人有前款违法行为，导致发生生产安全事故，构成犯罪的，依照刑法有关规定追究刑事责任；尚不够刑事处罚的，给予撤职处分或者处二万元以上二十万元以下的罚款。生产经营单位的主要负责人依照前款规定受刑事处罚或者撤职处分的，自刑罚执行完毕或者受处分之日起，五年内不得担任任何生产经营单位的主要负责人。

（三）中华人民共和国行政处罚法

《中华人民共和国行政处罚法》（以下简称《行政处罚法》）于 1996 年 3 月 17 日由第八届人民代表大会第四次会议通过，并自同年 10 月 1 日起施行。根据 2017 年 9 月 1 日第十二届全国人民代表大会常务委员会第二十九次会议《关于修改〈中华人民共和国法官法〉等八部法律的决定》第二次修正。2021 年 1 月 22 日第十三届全国人民代表大会常务委员会第二十五次会议修订。

1. 行政处罚的概念和种类

行政处罚是指国家行政机关和法律、法规授权组织依照有关法律、法规和规章，对公民、法人或者其他组织违反行政管理秩序的行为所实施的行政惩戒。对实施处罚的主体来说，行政处罚是一种制裁性行政行为，对承受处罚的主体来说，行政处罚是一种惩罚性的行政法律责任。

《行政处罚法》规定的行政处罚种类有：

（1）警告、通报批评；

（2）罚款、没收违法所得、没收非法财物；

（3）暂扣许可证件、降低资质等级，吊销许可证件；

（4）限制开展生产经营活动、责令停产停业、责令关闭、限制从业；

（5）行政拘留；

（6）法律、行政法规规定的其他行政处罚。

2. 行政处罚的设定权

《行政处罚法》对行政处罚种类严格加以限制的同时，又对法律、行政法规、地方性法规、部门规章、政府规章各自的行政处罚设定权予以明确的规定。除此之外，任何规范性文件不得设定行政处罚。

3. 行政处罚的原则

（1）处罚法定原则。行政处罚的设定、主体、程序都要合法，法无明文规定不处罚。任何机关或组织不得在没有法律依据的情况下，对公民、法人或其他组织加以处罚。

（2）处罚公正、公开原则。公正原则要求设定和实施行政处罚必须以事实为依据，与违法行为的事实、性质、情节以及社会危害程度相当。公开原则要求有关行政处罚的法律规范要公开，行政机关的处罚行为要公开，违法责任要公开。

（3）处罚与教育相结合原则。行政处罚的目的不仅仅在于制裁违法者，更为重要的是纠正违法行为，教育违法者及广大人民群众，提高人们的法制观念，从而自觉遵守法律规范。

（4）权利保障原则。在行政处罚的实施中必须对行政相对人的权利予以保障，行政相对人享有陈述权、申辩权、申请复议权、行政诉讼权、要求行政赔偿的权利以及要求举行听证的权利。

（5）一事不再罚原则。即对行为人的同一违法行为，不得给予两次以上罚款处罚。

4. 行政处罚的程序

行政处罚的程序分为一般程序、简易程序两大类，分别适用于不同条件的行政处罚行为。一般程序由受案、调查取证、告知、听取申辩和质证、决定等阶段构成。简易程序适用于违法事实确凿并有法定依据，当场作出的对公民处以警告或较少罚款的行政处罚。听证程序作为一般程序中可能经历的一个阶段，因其程序要求的特殊性，《行政处罚法》单节作出了具体规定，这种程序只适用于行政机关作出责令停产停业、吊销许可证或者执照、较大数额罚款等行政处罚。

5. 违法处罚的法律责任

《行政处罚法》规定，对违法实施行政处罚的人员追究法律责任。根据其行为的性质和程度，构成犯罪的，对直接负责的主管人员或其他直接责任人员追究刑事责任；不构成犯罪的，给予行政处分。

（四）中华人民共和国行政许可法

《中华人民共和国行政许可法》（以下简称《行政许可法》）于2003年8月27日由第十届全国人民代表大会常务委员会第四次会议通过，自2004年7月1日起施行。2019年4月23日第十三届全国人民代表大会常务委员会第十次会议《关于修改〈中华人民共和国建筑法〉等八部法律的决定》修正。

1. 行政许可概念

行政许可是指行政机关根据公民、法人或者其他组织的申请，经依法审查准予其从事特定活动的行为。有关行政机关对其他机关或者对其直接管理的事业单位的人事、财务、外事等事项的审批，不属于行政许可的范围。

2. 行政许可的基本原则

（1）合法原则。设定和实施行政许可，都必须严格按照法定的权限、范围、条件和程序进行。

（2）公开、公平、公正原则。有关行政许可的规定必须公布，未经公布的，不得作为实施行政许可的依据；行政许可的实施和结果，除涉及国家秘密、商业秘密或者个人隐私外，应当公开；对符合法定条件标准的申请人，要一视同仁，不得歧视。

（3）便民原则。行政机关在实施行政许可过程中，应当减少环节、降低成本，提高办事效率，提供优质服务。

（4）救济原则。公民、法人或者其他组织对行政机关实施行政许可，享有陈述权、申辩权；有权依法申请行政复议或者提起行政诉讼；其合法权益因行政机关违法实施行政许可受到损害的，有权依法要求赔偿。

（5）信赖保护原则。公民、法人或者其他组织依法取得行政许可受到法律保护，非特殊情况行政机关不得擅自改变已经生效的行政许可。

（6）监督原则。县级以上人民政府必须建立健全对行政机关实施行政许可的监督制度。同时，行政机关也要对公民、法人或者其他组织从事行政许可事项的活动实施有效监督，发现违法行为应当依法查处。

3. 行政许可的设定

《行政许可法》第十二条规定了六类可以设定行政许可的事项：直接涉及国家安全、公共安全、经济宏观调控、生态环境保护以及直接关系人身健康、生命财产安全等特定活动，需要按照法定条件予以批准的事项；有限自然资源开发利用、公共资源配置以及直接关系公共利益的特定行业的市场准入等，需要赋予特定权利的事项；提供公众服务并且直接关系公共利益的职业、行业，需要确定具备特殊信誉、特殊条件或者特殊技能等资格、资质的事项；直接关系公共安全、人身健康、生命财产安全的重要设备、设施、产品、物品，需要按照技术标准、技术规范，通过检验、检测、检疫等方式进行审定的事项；企业或者其他组织的设立等，需要确定主体资格的事项；法律、行政法规规定可以设定行政许可的其他事项。

4. 行政许可的撤销

被许可人以欺骗、贿赂等不正当手段取得行政许可的，行政机关应当予以撤销。行政机关工作人员滥用职权、玩忽职守，违法作出行政许可决定的，有关行政机关根据利害关系人的请求或者依据职权，可以撤销行政许可。但可能对公共利益造成重大损害的，不予撤销。

5. 行政审批不得收取任何费用

行政机关实施行政许可和对行政许可事项进行监督检查，不得收取任何费用。但是，法律、行政法规另有规定的，依照其规定。

6. 法律责任

（1）行政机关及其工作人员的法律责任。针对该许可不许可，不该许可乱许可以及不依法履行监督责任或者监督不力等违法犯罪行为，对行政机关直接负责主管人员和其他直接责任人员依法追究刑事、行政和民事责任。

（2）以不正当手段获取行政许可的行政相对人将受惩处。主要包括：① 行政许可申请人隐瞒有关情况或提供虚假材料申请行政许可的违法行为；② 被许可人以欺骗、贿赂等不正当手段取得行政许可的违法犯罪行为；③ 行政相对人违法从事行政许可，涂改、转让、倒卖、出租和出借行政许可证件或者非法转让行政许可的违法犯罪行为；④ 行政相对人违法从事行政许可，超越行政许可范围进行活动的违法犯罪行为；⑤ 向监督检查机关隐瞒有关情况，提供虚假材料或者拒绝提供真实材料的违法犯罪的行为；⑥ 行政相对人未经行政许可，擅自从事行政许可活动的。针对这些违法犯罪行为，对行政相对人依法追究刑事、行政和民事责任。

（五）中华人民共和国刑法

《中华人民共和国刑法》（以下简称《刑法》）于 1979 年 7 月 1 日第五届全国人民代表

大会第二次会议通过，1997 年 3 月 14 日第八届全国人民代表大会第五次会议修订。根据 1999 年 12 月 25 日中华人民共和国刑法修正案，2001 年 8 月 31 日中华人民共和国刑法修正案（二），2001 年 12 月 29 日中华人民共和国刑法修正案（三），2002 年 12 月 28 日中华人民共和国刑法修正案（四），2005 年 2 月 28 日中华人民共和国刑法修正案（五），2006 年 6 月 29 日中华人民共和国刑法修正案（六），2009 年 2 月 28 日中华人民共和国刑法修正案（七），2009 年 8 月 27 日《全国人民代表大会常务委员会关于修改部分法律的决定》，2011 年 2 月 25 日中华人民共和国刑法修正案（八），2015 年 8 月 29 日中华人民共和国刑法修正案（九），2017 年 11 月 4 日中华人民共和国刑法修正案（十），2020 年 12 月 26 日中华人民共和国刑法修正案（十一）修正。

1. 失火罪

是指由于行为人的过失引起火灾，造成严重后果，危害公共安全的行为。

（1）立案标准。最高人民检察院、公安部《关于公安机关管辖刑事案件立案追诉标准的规定（一）》（公通字〔2008〕第 36 号）第一条规定，过失引起火灾，涉嫌下列情形之一的，应予以立案追诉：

1）导致死亡一人以上，或者重伤三人以上的；

2）导致公共财产或者他人财产直接经济损失五十万元以上的；

3）造成十户以上家庭的房屋以及其他基本生活资料烧毁的；

4）造成森林火灾，过火有林地面积二公顷以上或者过火疏林地、灌木林地、未成林地、苗圃地面积 4 公顷以上的；

5）其他造成严重后果的情形。

（2）刑罚。《刑法》第一百一十五条第二款规定，犯失火罪的，处三年以上七年以下有期徒刑；情节较轻的，处三年以下有期徒刑或者拘役。

2. 消防责任事故罪

是指违反消防管理法规，经消防监督机构通知采取改正措施而拒绝执行，造成严重后果，危害公共安全的行为。

（1）立案标准。《规定（一）》第十五条规定，违反消防管理法规，经消防监督机构通知采取改正措施而拒绝执行，涉嫌下列情形之一的，应予立案追诉：

1）导致死亡一人以上，或者重伤三人以上的；

2）直接经济损失五十万元以上的；

3）造成森林火灾，过火有林地面积 2 公顷以上，或者过火疏林地、灌木林地、未成林地、苗圃地面积 4 公顷以上的；

4）其他造成严重后果的情形。

（2）刑罚。《刑法》第一百三十九条第一款规定，犯消防责任事故罪，处三年以下有期徒刑或者拘役；后果特别严重的，处三年以上七年以下有期徒刑。

3. 重大责任事故罪

是指在生产、作业中违反有关安全管理的规定，因而发生重大伤亡事故或者造成其他严重后果的行为。

（1）立案标准。《规定（一）》第八条规定，在生产、作业中违反有关安全管理的规定，涉嫌下列情形之一的，应予以立案追诉：

1）造成死亡一人以上，或者重伤三人以上的；

2）造成直接经济损失五十万元以上的；

3）发生矿山生产安全事故，造成直接经济损失一百万元以上的；

4）其他造成严重后果的情形。

（2）刑罚。《刑法》第一百三十四条第一款规定，在生产、作业中违反有关安全管理的规定，因而发生重大伤亡事故或者造成其他严重后果的，处三年以下有期徒刑或者拘役；情节特别恶劣的，处三年以上七年以下有期徒刑。

4. 强令违章冒险作业罪

是指强令他人违章冒险作业，因而发生重大伤亡事故或者造成其他严重后果的行为。

（1）立案标准。《规定（一）》第九条规定，强令他人违章冒险作业，涉嫌下列情形之一的，应予以立案追诉：

1）造成死亡一人以上，或者重伤三人以上的；

2）造成直接经济损失五十万以上的；

3）发生矿山生产安全事故，造成直接经济损失一百万以上的；

4）其他造成严重后果的情形。

（2）刑罚。《刑法》第一百三十四条第二款规定，强令他人违章冒险作业，因而发生重大伤亡事故或者造成其他严重后果的，处五年以下有期徒刑或者拘役；情节特别恶劣的，处五年以上有期徒刑。

5. 重大劳动安全事故罪

是指安全生产设施或者安全生产条件不符合国家规定，因而发生重大伤亡事故或者造成其他严重后果的行为。

（1）立案标准。《规定（一）》第十条规定，安全生产设施或者安全生产条件不符合国家规定，涉嫌下列情形之一的，应予以立案追诉：

1）造成死亡一人以上，或者重伤三人以上的；

2）造成直接经济损失五十万以上的；

3）发生矿山生产安全事故，造成直接经济损失一百万以上的；

4）其他造成严重后果的情形。

（2）刑罚。《刑法》第一百三十五条第一款规定，安全生产设施或者安全生产条件不符合国家规定，因而发生重大伤亡事故或者造成其他严重后果的，对直接负责的主管人员和其他直接责任人员，处三年以下有期徒刑或者拘役；情节特别恶劣的，处三年以上七年以下有期徒刑。

6. 大型群众性活动重大安全事故罪

是指举办大型群众性活动违反安全管理规定，因而发生重大伤亡事故或者造成其他严重后果的行为。

（1）立案标准。《规定（一）》第十一条规定，举办大型群众性活动违反安全管理规定，涉嫌下列情形之一的，应予以立案追诉：

1）造成死亡一人以上，或者重伤三人以上的；

2）造成直接经济损失五十万以上的；

3）其他造成严重后果的情形。

（2）刑罚。《刑法》第一百三十五条第二款规定，举办大型群众性活动违反安全管理规定，因而发生重大伤亡事故或者造成其他严重后果的，对直接负责的主管人员和其他直接责任人员，处三年以下有期徒刑或者拘役：情节特别恶劣的，处三年以上或者七年以下有期徒刑。

7. 工程重大安全事故罪

是指建设单位、设计单位、施工单位、工程监理单位违反国家规定，降低工程质量标准，造成重大安全事故的行为。

（1）立案标准。《规定（一）》第十三条规定，建设单位、设计单位、施工单位、工程监理单位违反国家规定，降低工程质量标准，涉嫌下列情形之一的，应予以立案追诉：

1）造成死亡一人以上，或者重伤三人以上的；

2）造成直接经济损失五十万以上的；

3）其他造成严重后果的情形。

（2）刑罚。《刑法》第一百三十七条规定，建设单位、设计单位、施工单位、工程监理单位违反国家规定，降低工程质量标准，造成重大安全事故的，对直接责任人员，处五年以下有期徒刑或者拘役，并处罚金；后果特别严重的，处五年以上十年以下有期徒刑，并处罚金。

二、消防安全管理规定

（一）《国务院办公厅关于印发〈消防安全责任制实施办法〉的通知》

《国务院办公厅关于印发〈消防安全责任制实施办法〉的通知》（国办发〔2017〕87号）由国务院办公厅于2017年10月29日发布。该办法共6章31条。

1. 机关、团体、企业、事业等单位

应当落实消防安全主体责任，履行下列职责：

（1）明确各级、各岗位消防安全责任人及其职责，制定本单位的消防安全制度、消防安全操作规程、灭火和应急疏散预案。定期组织开展灭火和应急疏散演练，进行消防工作检查考核，保证各项规章制度落实。

（2）保证防火检查巡查、消防设施器材维护保养、建筑消防设施检测、火灾隐患整改、专职或志愿消防队和微型消防站建设等消防工作所需资金的投入。生产经营单位安全费用应当保证适当比例用于消防工作。

（3）按照相关标准配备消防设施、器材，设置消防安全标志，定期检验维修，对建筑消防设施每年至少进行一次全面检测，确保完好有效。设有消防控制室的，实行24小时值班制度，每班不少于2人，并持证上岗。

（4）保疏散通道、安全出口、消防车通道畅通，保证防火防烟分区、防火间距符合消防技术标准。人员密集场所的门窗不得设置影响逃生和灭火救援的障碍物。保证建筑构件、建筑材料和室内装修装饰材料等符合消防技术标准。

（5）定期开展防火检查、巡查，及时消除火灾隐患。

（6）根据需要建立专职或志愿消防队、微型消防站，加强队伍建设，定期组织训练演练加强消防装备配备和灭火药剂储备，建立与公安消防队联勤联动机制，提高扑救初期火灾能力。

（7）消防法律、法规、规章以及政策文件规定的其他职责。

2. 消防安全重点单位

除履行规定的职责外，还应当履行下列职责：

（1）明确承担消防安全管理工作的机构和消防安全管理人并报知当地消防救援机构，组织实施本单位消防安全管理。消防安全管理人应当经过消防培训。

（2）建立消防档案，确定消防安全重点部位，设置防火标志，实行严格管理。

（3）安装、使用电器产品、燃气用具和敷设电气线路、管线必须符合相关标准和用电、用气安全管理规定，并定期维护保养、检测。

（4）组织员工进行岗前消防安全培训，定期组织消防安全培训和疏散演练。

（5）根据需要建立微型消防站，积极参与消防安全区域联防联控，提高自防自救能力。

（6）积极应用消防远程监控、电气火灾监测、物联网技术等技防和物防措施。

3. 火灾高危单位

除履行机关、团体、企业、事业单位、消防安全重点单位规定的职责外，还应当履行下列职责：

（1）定期召开消防安全工作例会，研究本单位消防工作，处理涉及消防经费投入、消防设施设备购置、火灾隐患整改等重大问题。

（2）鼓励消防安全管理人取得注册消防工程师执业资格，消防安全责任人和特有工种人员须经消防安全培训；自动消防设施操作人员应取得建（构）筑物消防员资格证书。

（3）专职消防队或微型消防站应当根据本单位火灾危险特性配备相应的消防装备器材，储备足够的灭火救援药剂和物资，定期组织消防业务学习和灭火技能训练。

（4）按照国家标准配备应急逃生设施设备和疏散引导器材。

（5）建立消防安全评估制度，由具有资质的机构定期开展评估，评估结果向社会公开。

（6）参加火灾公众责任保险。

4. 单位其他消防安全职责

（1）同一建筑物由两个以上单位管理或使用的，应当明确各方的消防安全责任，并确定责任人对共用的疏散通道、安全出口、建筑消防设施和消防车通道进行统一管理。物业服务企业应当按照合同约定提供消防安全防范服务，对管理区域内的共用消防设施和疏散通道、安全出口、消防车通道进行维护管理，及时劝阻和制止占用、堵塞、封闭疏散通道、安全出口、消防车通道等行为，劝阻和制止无效的，立即向公安机关等主管部门报告。定期开展防火检查巡查和消防宣传教育。

（2）消防设施检测、维护保养和消防安全评估、咨询、监测等消防技术服务机构和执业人员应当依法获得相应的资质、资格，依法依规提供消防安全技术服务，并对服务质量负责。

（3）建设工程的建设、设计、施工和监理等单位应当遵守消防法律、法规、规章和工程建设消防技术标准，在工程设计使用年限内对工程的消防设计、施工质量承担终身责任。

5. 消防安全责任落实

（1）因消防安全责任不落实发生一般及以上火灾事故的，依法依规追究单位直接责任人、法定代表人、主要负责人或实际控制人的责任，对履行职责不力、失职渎职的政府及有关部门负责人和工作人员实行问责，涉嫌犯罪的，移送司法机关处理。

（2）发生造成人员死亡或产生社会影响的一般火灾事故的，由事故发生地县级人民政府负责组织调查处理：发生较大火灾事故的，由事故发生地设区的市级人民政府负责组织调查处理；发生重大火灾事故的，由事故发生地省级人民政府负责组织调查处理；发生特别重大火灾事故的，由国务院或国务院授权有关部门负责组织调查处理。

（二）机关、团体、企业、事业单位消防安全管理规定

《机关、团体、企业、事业单位消防安全管理规定》（公安部令第 61 号）经 2001 年 10 月 19 日公安部部长办公会议通过，自 2002 年 5 月 1 日起施行。该规章共 10 章 48 条。

1. 消防安全责任人、消防安全管理人的确定

单位应当确定消防安全责任人、消防安全管理人，并依法报当地消防救援机构备案。法人单位的法定代表人或者非法人单位的主要负责人，对本单位的消防安全工作全面负责。

2. 单位消防安全管理工作中的两项责任制落实

单位应逐级落实消防安全责任制和岗位消防安全责任制，明确逐级和岗位消防安全职责，确定各级各岗位的消防安全责任人，对本级、本岗位的消防安全负责，建立起单位内部自上而下的逐级消防安全责任制度。

3. 消防安全责任人的消防安全职责

（1）贯彻执行消防法规，保障单位消防安全符合规定，掌握本单位的消防安全情况；

（2）将消防工作与本单位的生产、科研、经营、管理等活动统筹安排，批准实施年度消防工作计划；

（3）为本单位的消防安全提供必要的经费和组织保障；

（4）确定逐级消防安全责任，批准实施消防安全制度和保障消防安全的操作规程；

（5）组织防火检查，督促落实火灾隐患整改，及时处理涉及消防安全的重大问题；

（6）根据消防法规的规定建立专职消防队、志愿消防队；

（7）组织制订符合本单位实际的灭火和应急疏散预案，并实施演练。

4. 消防安全管理人的消防安全职责

（1）拟订年度消防工作计划，组织实施日常消防安全管理工作；

（2）组织制订消防安全制度和保障消防安全的操作规程并检查督促其落实；

（3）拟订消防安全工作的资金投入和组织保障方案；

（4）组织实施防火检查和火灾隐患整改工作；

（5）组织实施对本单位消防设施、灭火器材和消防安全标志的维护保养，确保其完好有效，确保疏散通道和安全出口畅通；

（6）组织管理专职消防队和志愿消防队；

（7）在员工中组织开展消防知识、技能的宣传教育和培训，组织灭火和应急疏散预案的实施和演练：

（8）单位消防安全责任人委托的其他消防安全管理工作。另外，消防安全管理人应当

定期向消防安全责任人报告消防安全情况，及时报告涉及消防安全的重大问题。

5. 强化消防安全管理

确定消防安全重点单位，严格实行管理；明确公众聚集场所应当具备的消防安全条件；强化消防安全制度和消防安全操作规程的建立健全，明确单位动火作业要求；明确单位禁止性行为和消防安全管理义务。

6. 加强防火检查，落实火灾隐患整改

消防安全重点单位应当进行每日防火巡查，并确定巡查的人员、内容、部位和频次。其他单位可以根据需要组织防火巡查。公众聚集场所在营业期间的防火巡查应当至少每两小时一次；营业结束时应当对营业现场进行检查，消除遗留火种。应当加强夜间防火巡查，其他消防安全重点单位可以结合实际组织夜间防火巡查。机关、团体、事业单位应当至少每季度进行一次防火检查，其他单位应当至少每月进行一次防火检查。消防设施、器材应当依法进行维修保养检测。对发现的火灾隐患要按照规定及时、坚决的整改。

7. 开展消防宣传教育培训和疏散演练

消防安全重点单位对每名员工应当至少每年进行一次消防安全培训；公众聚集场所对员工的消防安全培训应当至少每半年进行一次；单位应当组织新上岗和进入新岗位的员工进行上岗前的消防安全培训。四类人员应当接受消防安全专门培训。单位应当制定的灭火和应急疏散预案。其中，消防安全重点单位至少每半年按照预案进行一次演练；其他单位至少每年组织一次演练。

8. 建立消防档案

消防安全重点单位应当建立健全包括消防安全基本情况和消防安全管理情况的消防档案，并统一保管、备查。其他单位也应当将本单位的基本概况、消防救援机构填发的各种法律文书、与消防工作有关的材料和记录等统一保管备查。

（三）社会消防安全教育培训规定

《社会消防安全教育培训规定》（公安部令第 109 号）经 2008 年 12 月 30 日公安部长办公会通过，并经教育部、民政部、人力资源和社会保障部、住房和城乡建设部、文化部、广电总局、安全监督总局、国家旅游局同意，于 2009 年 4 月 13 日予以发布，自 2009 年 6 月 1 日起施行。该规章共 6 章 37 条。

1. 消防安全培训

单位应当建立健全消防安全教育培训制度，保障教育培训工作经费，按照规定对职工进行消防安全教育培训；在建工程的施工单位应当在施工前对施工人员进行消防安全教育，并做好建设工地宣传和明火作业管理等，建设单位应当配合施工单位做好消防安全教育工作，依法履行消防安全教育培训工作职责。

2. 奖惩

由地方各级人民政府及有关部门和社会单位对在消防安全教育培训工作中有突出贡献或者成绩显著的，给予表彰奖励。各监管部门依法对不履行消防安全教育培训工作职责的单位和个人予以处理。

（四）《关于印发〈消防安全重点单位微型消防站建设标准（试行）〉的通知》

公安部消防局 2015 年 11 月 11 日下发了《关于印发〈消防安全重点单位微型消防站建

设标准（试行）〉的通知》（公消〔2015〕301号），共分为六部分内容。

1. 建设原则

除按照消防法规须建立专职消防队的重点单位外，其他设有消防控制室的重点单位，以救早、灭小和“3分钟到场”扑救初起火灾为目标，依托单位志愿消防队伍，配备必要的消防器材，建立重点单位微型消防站，积极开展防火巡查和初起火灾扑救等火灾防控工作。合用消防控制室的重点单位，可联合建立微型消防站。

2. 人员配备

（1）微型消防站人员配备不少于6人。

（2）微型消防站应设站长、副站长、消防员、控制室值班员等岗位，配有消防车辆的微型消防站应设驾驶员岗位。

（3）站长应由单位消防安全管理人兼任，消防员负责防火巡查和初起火灾扑救工作。

（4）微型消防站人员应当接受岗前培训；培训内容包括扑救初起火灾业务技能、防火巡查基本知识等。

3. 站房器材

（1）微型消防站应设置人员值守、器材存放等用房，可与消防控制室合用；有条件的，可单独设置。

（2）微型消防站应根据扑救初起火灾需要，配备一定数量的灭火器、水枪、水带等灭火器材；配置外线电话、手持对讲机等通信器材；有条件的站点可选配消防头盔、灭火防护服、防护靴、破拆工具等器材。

（3）微型消防站应在建筑物内部和避难层设置消防器材存放点，可根据需要在建筑之间分区域设置消防器材存放点。

（4）有条件的微型消防站可根据实际选配消防车辆。

4. 岗位职责

（1）站长负责微型消防站日常管理，组织制订各项管理制度和灭火应急预案，开展防火巡查、消防宣传教育和灭火训练；指挥初起火灾扑救和人员疏散。

（2）消防员负责扑救初起火灾：熟悉建筑消防设施情况和灭火应急预案，熟练掌握器材性能和操作使用方法，并落实器材维护保养；参加日常防火巡查和消防宣传教育。

（3）控制室值班员应熟悉灭火应急处置程序，熟练掌握自动消防设施操作方法，接到火情信息后启动预案。

5. 值守联动

（1）微型消防站应建立值守制度，确保值守人员24小时在岗在位，做好应急准备。

（2）接到火警信息后，控制室值班员应迅速核实火情，启动灭火处置程序。消防员应按照“3分钟到场”要求赶赴现场处置。

（3）微型消防站应纳入当地灭火救援联勤联动体系，参与周边区域灭火处置工作。

6. 管理训练

（1）重点单位是微型消防站的建设管理主体，重点单位微型消防站建成后，应向辖区消防救援机构备案。

（2）微型消防站应制定并落实岗位培训、队伍管理、防火巡查、值守联动、考核评价等管理制度。

（3）微型消防站应组织开展日常业务训练，不断提高扑救初起火灾的能力。训练内容包括体能训练、灭火器材和个人防护器材的使用等。

三、国家标准及行业标准

1. 常用消防标准介绍

（1）《建筑防火设计规范》。《建筑设计防火规范》（GB 50016—2014，2018 修订）共分 12 章，主要内容包括：总则；术语和符号；建筑物及其设施的防火设计要求，如厂房和仓库，甲、乙、丙类液体、气体储罐（区）与可燃材料堆场，民用建筑，建筑构造，灭火救援设施，消防设施的设置，供暖、通风和空气调节，电气，木结构建筑，城市交通隧道等。

该规范适用于以下新建、扩建和改建的建筑：厂房，仓库，民用建筑，甲、乙、丙类液体储罐（区），可燃、助燃气体储罐（区），可燃材料堆场，城市交通隧道；不适用于火药、炸药及其制品厂房（仓库）、花炮厂房（仓库）的建筑防火。

（2）《火灾自动报警系统设计规范》。《火灾自动报警系统设计规范》（GB 50116—2013）共分 12 章，主要内容包括：总则，术语，基本规定，消防联动控制设计，火灾探测器的选择，系统设备的设置，住宅建筑火灾自动报警系统，可燃气体探测报警系统，电气火灾监控系统，系统供电、布线，典型场所的火灾自动报警系统等。

（3）《消防给水及消火栓系统技术规范》。《消防给水及消火栓系统技术规范》（GB 50974—2014）共分 14 章，主要内容包括：总则，术语和符号，基本参数，消防水源，供水设施，给水形式，消火栓系统，管网，消防排水，水力计算，控制与操作，施工，系统调试与验收，维护管理等。

（4）《自动喷水灭火系统设计规范》。《自动喷水灭火系统设计规范》（GB 50084—2017）共分 12 章，主要内容包括：总则，术语和符号，设置场所火灾危险等级，系统选型，设计基本参数，系统组件，喷头布置，管道，水力计算，供水，操作与控制，局部应用系统等。

（5）《建筑灭火器配置设计规范》。《建筑灭火器配置设计规范》（GB 50140—2005）共分 7 章，主要内容包括：总则，术语和符号，灭火器配置场所的火灾种类和危险等级，灭火器的选择，灭火器的设置，灭火器的配置，灭火器配置设计计算。

（6）《建筑消防设施的维护管理》。《建筑消防设施的维护管理》（GB 25201—2010）规定了建筑消防设施值班、巡查、检测、维修、保养、建档等维护管理内容，对于引导和规范建筑消防设施的维护管理工作，确保建筑消防设施的完好有效具有重要意义。

（7）《人员密集场所消防安全管理》。《人员密集场所消防安全管理》（GA 654—2006）规定了人员密集场所使用和管理单位的消防安全管理要求和措施。该标准适用于各类人员密集场所及其所在建筑的消防安全管理。人员密集场所可以通过采用本标准规范自身消防安全管理行为，建立消防安全自查、火灾隐患自除、消防责任自负的自我管理与约束机制，达到防止火灾发生、减少火灾危害、保障人身和财产安全的目的。

（8）《消防控制室通用技术要求》。《消防控制室通用技术要求》（GB 25506—2010）规定了消防控制室的一般要求、消防安全管理、控制和显示要求、信息记录要求、信息传输要求。该标准适用于《火灾自动报警系统设计规范》（GB 50116—2013）中规定的集中火灾报警系统、控制中心报警系统中的消防控制室或消防控制中心。

2. 电网企业常用标准

下列标准规范是电网企业消防安全管理必不可少的，但不限于以下标准。

（1）国家标准：

GB 3446 《中华人民共和国国家标准：消防水泵接合器》

GB 50229 《火力发电厂与变电站设计防火标准》

GB 26860 《电力安全工作规程发电厂和变电站电气部分》

GB 26164.1 《电业安全工作规程　第 1 部分：热力和机械》

GB 50059 《35kV～110kV 变电站设计技术规范》

GB 50053 《20kV 及以下变电所设计规范》

GB 50060 《3kV～110kV 高压配电装置设计规范》

GB 50054 《低压配电设计规范》

GB 50052 《供配电系统设计规范》

GB 50217 《电力工程电缆设计标准》

GB 50169 《电气装置安装工程接地装置施工及验收规范》

GB 50016 《建筑设计防火规范》

GB 50222 《建筑内部装修设计防火规范》

GB 51251 《建筑防烟排烟系统技术标准》

GB 50720 《建设工程施工现场消防安全技术规范》

GB 50242 《建筑给水排水及采暖工程施工质量验收规范》

GB 50974 《消防给水及消火栓系统技术规范》

GB 50268 《给水排水管道工程施工及验收规范》

GB 25506 《消防控制室通用技术要求》

GB 26465 《消防电梯制造与安装安全规范》

GB 50116 《火灾自动报警系统设计规范》

GB 50084 《自动喷水灭火系统设计规范》

GB 50151 《泡沫灭火系统设计规范》

GB 50219 《水喷雾灭火系统技术规范》

GB 50370 《气体灭火系统设计规范》

GB 50898 《细水雾灭火系统技术规范》

GB 50140 《建筑灭火器配置规范》

GB 17945 《消防应急照明和疏散指示系统》

GB 15630 《消防安全标志设置要求》

GB 12955 《防火门》

GB 14102 《防火卷帘》

GB 16809 《防火窗》

GB 25201 《建筑消防设施的维护管理》

GB 3518 《重大火灾隐患判定方法》

GB/T 33000 《企业安全生产标准化基本规范》

GB/T 4968 《火灾分类》

GB/T 29416 《建筑外墙外保温系统的防火性能试验方法》

（2）行业标准：

DL 5027 《电力设备典型消防规程》

DL/T 5218 《220kV～750kV 变电站设计技术规程》

DL/T 5216 《35kV～220kV 城市地下变电站设计规程》

DL/T 5496 《220kV～500kV 户内变电站设计规程》

DL/T 5223 《高压直流换电站设计技术规程》

DL/T 5484 《电力电缆隧道设计规程》

DL/T 741 《架空输电线路运行规程》

GA 95 《中华人民共和国公共安全行业标准》

GA 503 《建筑消防设施检测技术规程》

GAI 131 《仓储场所消防安全管理通则》

GA 835 《油浸变压器排油注氮灭火装置》

XF 503 《建筑消防设施检测技术规程》

XF 835 《油浸变压器排油注氮灭火装置》

XF/T 3005 《中华人民共和国消防救援行业标准：单位消防安全评估》

Q/GDW 11886 《国家电网有限公司消防安全监督检查工作规范》

四、电网消防安全管理制度

1. 消防安全教育宣传和培训制度

举办消防知识宣传、开展知识竞赛等多种形式的活动，积极开展消防四个能力（检查消除火灾隐患的能力、组织扑救初期火灾的能力、组织人员疏散逃生的能力、宣传教育培训的能力）建设，定期组织员工学习消防法规和各项规章制度，针对岗位特点进行消防安全教育培训。

2. 防火巡查、检查制度

落实逐级各层级、各岗位消防安全责任制，落实巡查检查制度。消防工作管理实施部门按周期要求开展防火巡查、消防设施检查，填写防火检查记录。

3. 防火重点部位管理制度

依据防火重点部位管理要求，梳理并建立防火重点部位台账资料，落实专职管理责任人，建立完备有效的消防设施和标识，制定防火检查、日常值班、出入管理、应急处置等保障制度。

4. 消防设施、器材维护管理制度

建立消防设施日常使用管理、维保、检测等制度，定期检查维保，及时更换不合格设施设备，使设备保持完好的技术状态和正常投运。

5. 消防隐患排查治理制度

组织开展消防隐患排查治理活动，对所发现的消防隐患进行逐项登记，并落实整改闭环。在消防隐患未消除前，应落实临时防范措施确保安全；对无力解决的重大火灾隐患应当提出解决方案，及时向单位消防安全责任人报告，并向上级主管部门或当地政府报告对消防救援机构责令限期改正的消防隐患，应及时改正并向消防救援机构复函。

6. 用电、动火安全管理制度

加强单位用电安全管理，严禁私拉乱接、超限用电。严格执行动火审批制度，动火作业现场加强安全监护、配备灭火器材。

7. 危险物品和场所管理制度

易燃易爆危险物品应配置专用的库房和专人管理，配备必要的消防器材设施和防火防爆措施。易燃易爆危险物品应分类、分项储存，出入库应检验、登记。

8. 志愿消防队组织管理制度

志愿消防员应在消防工作归口管理部门领导下开展业务学习和灭火技能训练，各项技术考核应达到规定的指标。要结合对消防设施、设备、器材维护检查，有计划地对每个志愿消防员进行轮训，使每个人都具有实际操作技能。按照灭火和应急疏散预案按期进行演练、灭火知识培训考核，并结合实际完善预案，提高防火灭火自救能力。

9. 灭火和应急疏散演练制度

制定符合本单位实际情况的灭火和应急疏散预案，组织全员学习和熟悉灭火和应急疏散预案。按制定的预案按期进行演练，认真总结预案演练的情况，发现不足之处应及时修改和完善预案。

10. 消防工程建设及验收制度

制定新建、扩建、改建（含室内外装修、建筑保温、用途变更）等建设工程的消防监督管理制度，依照消防法规、建设工程质量管理法规和国家消防技术标准，落实建设工程消防设计、施工质量和安全责任，开展内部验收工作。依法配合公安消防部门对建设工程的消防设计审核、消防验收和备案，并取得相应合格证书。

11. 消防工作考评及奖惩制度

建立消防工作成效和质量考评管理制度，对工作优秀扎实的单位个人给予奖励，对工作质量差、有事故事件责任的单位个人给予处罚。

12. 消防档案管理制度

消防档案应当包括消防安全基本情况和消防安全管理情况。消防档案应当详实，全面反映单位消防工作的基本情况，并附有必要的图表，根据情况变化及时更新。单位应当对消防档案统一保管。

13. 消防安全规程

电网企业应结合单位实际，制定消防安全操作规定、消防设施运行规程、消防设施检修规程、与消防安全相关的其他操作规程和检修规程。

根据实际情况，制定火灾报警系统、自动灭火系统、应急照明系统、防排烟设施、灭火器等设施器材的操作规程及检修规程。

根据实际生产、经营情况，制定电气焊、易燃易爆危险品生产、储存、运输、使用等与消防安全有关的操作规程及检修规程。

14. 其他消防安全管理制度

根据有关规定和单位实际需要制定其他消防安全管理制度，如电缆、电缆间、电缆通道防火管理，消防控制室值班管理，防雷、防静电管理等。

第三节　燃烧基础知识

一、燃烧的概念

《消防词汇　第1部分：通用术语》（GB/T 5907.1—2014）中将燃烧定义为：可燃物与氧化剂作用发生的放热反应，通常伴有火焰、发光和（或）发烟的现象。燃烧应具备三个特征，即化学反应、放热和发光。

近代连锁反应理论认为物质的燃烧是一种游离基的连锁反应（也称链式反应），可燃物质或助燃物质先吸收能量而离解成为游离基，与其他分子相互作用形成一系列的连锁反应，将燃烧热释放出来。是化合物或单质分子中的共价键在外界因素（如光或热）的影响下，分裂成含有不成对电子的原子或原子基团，它们的化学活性很强，极不稳定，很容易重新结合成稳定的分子或与其他物质反应生成新的游离基。当反应物产生少量游离基时，就会发生连锁反应。一旦反应开始，就可以通过许多连锁步骤加速，直到反应物烧尽。当游离基消失时，链式反应就会终止。总的来说，连锁反应机理大致可分为三段：即链引发、链传递、链终止。

综上所述，物质燃烧是一种复杂的物理化学反应。光和热是燃烧过程中发生的物理现象，游离基的连锁反应则说明了燃烧反应的化学实质。按照连锁反应理论，燃烧不是两个气态分子之间直接起作用，而是它们的分裂物——游离基这种中间产物进行的链式反应。可见，燃烧是一种极其复杂的物理化学反应，游离基的链式反应是燃烧的本质。

二、燃烧的条件

1. 燃烧的必要条件

任何物质发生燃烧，都有一个由未燃烧状态转向燃烧状态的过程。燃烧过程的发生和发展，须具备以下三个必要条件，即：可燃物质、助燃物质和激发导致燃烧的能量，只有在上述三个条件同时具备的情况下，可燃物质才能发生燃烧，三个条件无论缺少哪一个，燃烧都不可能发生。对有焰燃烧而言，因燃烧过程中存在未受抑制的游离基（自由基）作中间体，而自由基是一种高度活泼的化学基团，能与其他的自由基和分子起反应，从而使燃烧按链式反应的形式扩展。因此，有焰燃烧时有四个必要条件，即可燃物质、助燃物质、导致燃烧的能量和链式反应受抑制的自由基。

（1）可燃物质。凡是能与空气中的氧气或其他氧化剂起化学反应的物质称为可燃物，如木材、氢气、汽油、煤炭、硫黄等。可燃物分为无机可燃物和有机可燃物两大类。从数量上讲，绝大部分可燃物为有机物，少部分为无机物。按其所处的状态又可分为可燃固体、可燃液体和可燃气体三大类，对于这三种状态的可燃物来说，其燃烧难易程度是不同的，一般气体容易燃烧，其次是液体，最后是固体。

可燃物是燃烧不可缺少的一个首要条件，是燃烧的内因，没有可燃物，燃烧根本不可能发生。

（2）助燃物质。能帮助和支持可燃物燃烧的物质，即能与可燃物发生氧化反应的物质称为助燃物。助燃物质具有较强的氧化性能，如广泛存在于空气中的氧气，以及能够提供氧气的含氧化合物和氯气等。

（3）导致燃烧的激发能量。指激发和导致可燃物质与助燃物质发生燃烧的能量，如明火、电气火花、机械摩擦或冲击产生的能量，设备运转或化学反应过热产生的能量，爆炸产生的光和热，集中日照产生的能量，静电产生的火花等，一般用温度和作用时间来表示能量的大小。

（4）链式反应。大多数的有焰燃烧存在着链式反应，它是维持有焰燃烧的必要条件之一。

2. 燃烧的充分条件

需要说明的是，具备了燃烧的必要条件，并不等于燃烧必然发生。在各必要条件中，还有一个“量”的概念，这就是发生燃烧或持续燃烧的充分条件，燃烧的充分条件是：

（1）一定的可燃物质浓度。可燃气体或可燃液体的蒸汽与空气混合只在达到一定浓度，才会发生燃烧或爆炸，达不到燃烧所需的浓度，虽有充足的氧气和明火，仍不能发生燃烧。

（2）一定的氧含量。各种不同的可燃物发生燃烧，均有最低含氧量要求。低于这一浓度，虽然燃烧的其他必要条件已经具备，燃烧仍不会发生。

（3）一定的导致燃烧的能量。各种不同可燃物质发生燃烧，均有固定的最小点火能量要求。达到这一能量时才能引起燃烧反应，否则燃烧并不会发生。如汽油的最小点火能量为0.2mJ，乙醚为0.19mJ，甲醇（2.24%）为0.215mJ。

（4）不受抑制的链式反应。对有焰燃烧，燃烧过程中必须存在未受抑制的游离基（自由基），形成链式反应，才能使燃烧持续下去。

三、燃烧的类型

燃烧按其形成的条件和瞬间发生的特点，一般分为闪燃、着火、自燃和爆炸四种类型，它们具有共同特征但表现形式不同。

1. 闪燃

液体都能蒸发，通过蒸发在液体可燃物质表面上产生足够浓度的可燃蒸汽（包括可熔化的少量固体，如石蜡、樟脑、萘等），遇火能产生一闪即灭的燃烧现象，叫闪燃。液体表面上能产生闪燃的最低温度，叫闪点（又称闪火点）。闪燃是一种瞬间现象。闪燃发生的原因是因为液体在闪燃温度下蒸发速度不快，液体表面上积聚的可燃气体一瞬间燃尽，而来不及补充新的可燃蒸汽以维持稳定的燃烧，故闪燃一下就熄灭了。但闪燃往往是着火的先兆，闪点是表示可燃液体性质的指标之一。当可燃液体加热到闪点及闪点以上时，遇有火焰或火星的作用，就不可避免地引起着火，对这种燃烧现象应引起注意。

2. 着火

可燃物质在空气中与火源接触，达到某一温度时，开始产生有火焰的燃烧，并在火源移去后仍持续燃烧的现象，叫做着火。着火是燃烧的开始，并且以出现火焰为日常生产、生活中常见的燃烧现象。例如，用火柴点燃柴草，就会着火。

一种物质燃烧时释放出的燃烧热使该物质能蒸发出足够的蒸汽来维持其燃烧所需的最低温度叫燃点。通俗地讲就是能引起着火的最低温度。物质的燃点越低，越容易着火，火灾危险性也就越大。

一切可燃液体的燃点都高于闪点，根据可燃物的燃点高低，可以衡量其火灾危险程度，以便在防火和灭火工作中采取相应的措施。控制这些物质的温度在燃点以下，就可以防止火灾的发生，灭火中用冷却法灭火，其原理就是将着火物质的温度降低到燃点以下，使火熄灭。

3. 自燃

可燃物质在没有外部火源的作用时，因受热或自身发热并蓄热所产生的燃烧称作自燃。根据热的来源不同，物质的自燃可分为受热自燃和自热自燃（即本身自燃）两大类。

（1）受热自燃。可燃物质在没有明火接触而靠外部热源作用下，达到一定温度时而发生自行着火现象，称受热自燃。

（2）自热自燃（即本身自燃）。由于物质内部发生物理、化学等作用造成积热不散而引起的自行着火现象，叫做自热（或蓄热）自燃，也叫做本身自燃。在一定的条件下，物质发生自燃的最低温度，叫做该物质的自燃点。在这一温度时，物质与空气（氧）接触，不需要明火的作用，就能发生燃烧。物质的自燃点越低，发生火灾的危险性就越大。

4. 爆炸

物质由一种状态迅速的转变成另一种状态，并在瞬间以机械能的形式释放出巨大的能量，或是气体、蒸汽在瞬间发生剧烈膨胀等现象，叫做爆炸。爆炸最重要的一个特征就是爆炸点周围发生剧烈压力突跃变化。爆炸通常分为物理爆炸和化学爆炸两大类（具体详解见本章第四节　爆炸基础知识）。

四、燃烧的特点

1. 气体燃烧

可燃气体的燃烧不需像固体、液体那样需经熔化、蒸发过程，所需热量仅用于氧化或分解，或将气体加热到燃点，因此容易燃烧，速度也快。其燃烧方式根据燃烧前可燃气体与氧气（空气）混合状况不同可分为两大类：

（1）扩散燃烧。可燃气体从喷口（管口或容器泄漏口）喷出，在喷口处与空气中的氧气边扩散边混合、边燃烧的现象，且燃烧速度取决于可燃气体的喷出速度，一般为稳定燃烧。如容器管路泄漏发生的燃烧，天然气井的井喷燃烧均属于此类。

（2）预混燃烧。可燃气体与氧气（空气）在燃烧之前混合，并形成一定浓度的可燃混合气体，被火源点燃所引起的燃烧，这类燃烧往往造成爆炸。影响预混燃烧速度的因素有气体的组成、可燃气体的浓度、可燃混合气体的初始温度、管路直径、管道材质等。

2. 液体燃烧

（1）易燃液体的燃烧是液体蒸汽进行燃烧，因此燃烧与否、燃烧速率等与液体的蒸汽压、闪点和蒸发速率等性质有关。某些液体的闪点在贮存温度下，液上的蒸汽压在易燃范围内时遇火源，其火焰传播速率快。易燃液体的闪点高于贮存温度时，其火焰传播速率较低，因为火焰的热量必须足以加热液体表面，并在火焰扩散通过蒸汽之前形成易燃蒸汽与空气混合物。影响这一过程的有诸如环境因素、风速、温度、燃烧热、蒸发潜热、大气压等。

（2）易燃液体燃烧时，通常会因类别不同而表现出不同的火焰颜色及燃烧特点。如液态烃类燃烧时，通常具有橘色火焰并散发浓密的黑色烟云。醇类燃烧时，通常具有透明的蓝色火焰，几乎不产生烟雾。某些醚类燃烧时，液体表面伴有明显的沸腾中，这些物质的火灾难以扑灭。在不同类型油类的敞口贮罐的火灾中还要特别注意三种特殊现象——沸溢、溅出、冒泡。尤其是沸溢现象，即液体在燃烧过程中，由于向液体层内不断传热，会使含有水分、黏度大、沸点在 100℃以上的重油、原油产生沸溢和喷溅现象，造成大面积火灾和巨大的危害。这类油品称为沸溢性油品。

3. 固体燃烧

固体可燃物必须经过受热、蒸发、热分解过程，使固体上方可燃气体浓度达到燃烧极限，才能持续不断地发生燃烧。其燃烧方式通常分为以下几种：

（1）蒸发燃烧：熔点较低的可燃固体，受热后融熔，然后与可燃液体一样蒸发成蒸汽而燃烧，如硫、磷、沥青、热塑性高分子材料等。

（2）分解燃烧：分子结构复杂的固体可燃物，在受热后分解出其组成成分与加热温度相应的热分解产物，这些分解产物再氧化燃烧，称为分解燃烧。例如，木材、纸张、棉、麻、毛、丝、热固塑料、合成橡胶等的燃烧。

（3）表面燃烧：蒸汽压非常小或者难于分解的可燃固体，不能发生蒸发燃烧或分解燃烧，当氧气包围物质的表层时，呈炽热状态发生无焰燃烧。表面燃烧属于非均相燃烧，现象为表面发红，而无火焰，如木炭、焦炭等的燃烧。

（4）阴燃：一些固体可燃物在空气不流通、加热温度较低或含水分较高时会阴燃，如成捆堆放的棉、麻、纸张及大堆垛的煤、草、湿木材等。随着阴燃的进行，热量聚集、温度升高，此时空气的导入可能会转变为明火燃烧。

五、燃烧的五个阶段

燃烧通常都有一个从小到大、逐步发展，直至熄灭的过程。这个过程一般分为初起、发展、猛烈、下降和熄灭五个阶段。

（1）初起阶段：物质在起火后的几分钟里，燃烧面积不大，烟气流动速度较缓慢，火焰辐射出的能量还不多，周围物品和结构开始受热，温度上升不快，但呈上升趋势，在这个阶段，用较少的人力和应急的灭火器材就能将火控制住或扑灭，是扑救火灾的最佳阶段。

（2）发展阶段：由于燃烧强度增大，载热 500℃以上的烟气流加上火焰的辐射热作用，使得周围可燃物品和结构受热开始分解，气体对流加强，燃烧面积扩大，燃烧速度加快，进入燃烧发展阶段，在这个阶段需要投入较多的力量和灭火器材才能将火扑灭。

（3）猛烈阶段：燃烧猛烈阶段是由于燃烧面积扩大，大量的热释放出来，空间温度急剧上升。使周围可燃物品几乎全部卷入燃烧，火势达到猛烈的程度。这个阶段，燃烧强度最大，热辐射最强，温度和烟气对流达到最大限度，不燃材料和结构的机械强度受到破坏，以致发生变形或倒塌，大火突破建筑物外壳，并向周围扩大蔓延，是火灾最难扑救的阶段，不仅需要很多的力量和器材扑救火灾，而且需要相当的力量和器材保护周围建筑物和物品，以防火势蔓延。

（4）下降阶段和熄灭阶段：下降和熄灭阶段是火场火势被控制以后，由于灭火剂的作用或因燃烧材料已烧至殆尽，火势逐渐减弱直到熄灭这一过程。

根据火灾发展的阶段性特点，在灭火过程中，要抓紧时机，正确运用灭火原理，有效控制火势，力争将火灾扑灭在初起阶段。

六、燃烧原理在消防上的作用

一切防火措施都是为了防止产生燃烧的条件，防止燃烧条件互相结合、互相作用。

1. 由物质燃烧原理得到的防火基本措施

（1）控制可燃物。可燃物是燃烧过程的物质基础，所以，对可燃物质的使用要谨慎小心。在选材时，尽量用难燃或不燃的材料代替可燃材料。例如：用水泥代替木料建筑房屋，用防火漆浸涂可燃物以提高耐火性能；对于具有火灾、爆炸危险性的厂房，采用抽风或通风方法以降低可燃气体、蒸汽和粉尘在空气中的浓度；凡是能发生相互作用的物品，要分开存放等。

（2）隔绝空气。使用易燃易爆物的生产过程应在密封的设备内进行，对有异常危险的生产，可充装惰性气体保护，隔绝空气储存某些化学危险品，如金属钠存于煤油中，黄磷存于水中，二硫化碳用水封闭存放等。

（3）清除着火源。如采取隔离火源、控制温度、接地、避雷、安装防爆灯、遮挡阳光等措施，防止可燃物遇明火或温度升高而起火。

（4）阻止火势、爆炸波的蔓延。为阻止火势、爆炸波的蔓延，就要防止新的燃烧条件形成，从而防止火灾扩大，减少火灾损失。具体措施有：在可燃气体管路上安装阻火器、安全水封；机车、轮船、汽车、推土机的排烟和排气系统戴防火帽；在压力容器设备上安装防爆膜、安全阀；在建筑物之间留防火间距，筑防火墙等。

2. 由物质燃烧原理引出的灭火方法

（1）冷却灭火法。即根据可燃物质发生燃烧时，必须达到一定的温度这个条件，将灭火剂直接喷洒在燃烧的物质上，使可燃物的温度降低到燃点以下，从而使燃烧停止。

（2）隔离灭火法。即将已着火物体与附近的可燃物隔离或疏散开，从而使燃烧停止。

（3）窒息灭火法。即采取适当措施防止空气流入燃烧区，使燃烧物质缺乏或断绝氧气而熄灭。

（4）抑制灭火法。使燃烧过程中产生的游离基消失，形成稳定分子，从而使燃烧反应停止。消防工作中常采用此方法，常使用的灭火器有干粉、1211 灭火器等。

第四节 爆炸基础知识

1993 年 3 月 10 日，浙江省宁波市北仑港发电厂一号机组发生一起特大锅炉炉膛爆炸事故（按《电业生产事故调查规程》界定），造成死亡 23 人，重伤 8 人，伤 16 人，直接经济损失 778 万元。该机组停运 132 天，少发电近 14 亿度。爆炸事故危害大、损失重，掌握爆炸的基础知识，十分有必要。

一、爆炸与爆炸事故

1. 爆炸

物质由一种状态迅速转变成另一种状态，并在瞬间放出大量能量，同时产生巨大声响的现象为爆炸。爆炸也可视为气体和蒸汽在瞬间剧烈膨胀的现象。

在爆炸过程中，由于具有高压或爆炸瞬间形成的高温高压气体或蒸汽的骤然膨胀，内能转变成机械功、光和热辐射，使爆点周围介质中的压力发生急剧的突变，这种爆炸体系的高压气体作用到周围物体上，从而产生破坏作用。

2. 爆炸事故

爆炸事故是人们对爆炸失控，并给人们带来财产的损失，生命及健康的损害。多数情况下是指突然发生伴随爆炸声响、空气冲击波及火焰的产生，导致设备设施、产品等物质财富破坏和人员生命与健康受损害等预料之外现象而言的。通常爆炸事故有以下特点：

（1）爆炸事故的突发性。爆炸事故发生的时间和地点常常难以预料，隐患在未爆发之前，人们容易麻痹大意，一旦发生则又措手不及。所以必须警钟长鸣，不能存有侥幸心理。

（2）爆炸事故的复杂性。爆炸事故的成因、影响范围及其后果往往是大不相同的，因此有关人员要加强学习，掌握防爆知识，并建立和完善防爆安全技术措施和管理制度，消除事故隐患。

（3）爆炸事故的严重性。爆炸事故对受灾单位的破坏往往是毁灭性的，会造成人员和财产等诸多方面的重大损失。

根据爆炸事故发生的特点，我们防爆工作的重点可以在爆炸条件成熟之前就应采取加强通风以降低形成爆炸性混合物的可能性，降低爆炸场所的危险等级；合理配备防爆设备；加强检测、检验，及时发出警报等安全措施来避免爆炸事故的发生。

二、爆炸的特征及种类

1. 爆炸的特征

爆炸是一种极为迅速的物理或化学能量释放过程，而爆炸做功的根本原因在于系统爆炸的瞬间形成的高温高压气体或蒸汽的骤然膨胀。爆炸的一个主要特征是爆炸点周围介质中发生急剧的压力突变，而这种压力突跃变化是产生爆炸破坏作用的直接原因。通常爆炸具有以下特征：

（1）爆炸过程瞬间完成，并发出或大或小的响声；

（2）爆炸点附近由于生成大量的气体物质而使周围压力急剧升高；

（3）爆炸时多数发出光并释放大量的热能；

（4）爆炸点周围介质发生震动或邻近物质遭到破坏。

2. 爆炸的种类

爆炸可按其不同形式进行分类。

（1）按爆炸的传播速度可分为轻爆、爆炸和爆轰。

1）轻爆通常指传播速度为每秒数十厘米至数米的过程。

2）爆炸指传播速度为每秒十米至数十米的过程。

3）爆轰指传播速度为每秒一千米至七千米的过程。爆轰的特点是：在极短的时间内发生，突然引起极高的压力，并产生超音速的“冲击波”，燃烧的产物以极高的速度膨胀，挤压周围的空气。其冲击波能远离爆轰源而独立存在，并可引起该处的炸药爆炸，称为诱发爆炸，也就是所谓的“殉爆”。

（2）按爆炸的过程可分为核爆炸、物理爆炸、化学爆炸以及物理与化学综合作用在一起的爆炸。

1）核爆炸是指由于核裂变或聚变反应，释放出核能而形成的爆炸。如原子弹、氢弹等的爆炸就属于核爆炸。

2）物理爆炸是由物理变化引起的，物质状态或压力发生突变而形成的爆炸现象。一般指装在容器内的气体或液体，由于物理变化（温度、体积和压力等因素）引起体积迅速膨胀，导致容器压力急剧上升，由于超压或应力变化使容器发生爆炸，且在爆炸前后物质的性质及化学成分保持不变的现象。如蒸汽锅炉、液化气钢瓶等爆炸属于物理爆炸。虽然物理爆炸本身不进行燃烧反应，但其冲击力有可能直接或间接地引起火灾。

3）化学爆炸是指由于物质本身发生化学反应，产生大量气体并使温度、压力增加或两者同时升高而形成的爆炸现象。如可燃气体、蒸汽或粉尘与空气形成的混合物遇火源而引起的爆炸，炸药的爆炸等都属于化学爆炸。化学爆炸的主要特点是：反应速度快，释放的热能大，产生大量气体和很大的压力，并发出巨大的响声。化学爆炸能够直接引起火灾，具有很大的破坏性，是火灾预防的重点。

（3）按造成爆炸的物质所具有的物理状态可分为四类：① 气体、蒸汽爆炸；② 雾滴爆炸；③ 粉尘、纤维爆炸；④ 炸药爆炸。前三类是可燃物质与空气（或氧）均匀混合后才能发生的爆炸，又称为分散相爆炸；第四类是不需与空气混合的固体或半流体的爆炸，称为凝聚相爆炸。

有的学者则把爆炸分为气相爆炸和凝相爆炸两类，如表 1－4－1 和表 1－4－2 所示。

（1）气相爆炸包括气体爆炸（混合气体爆炸）：喷雾爆炸、粉尘爆炸、气体分解爆炸（气体爆炸分解）。

（2）凝相爆炸包括液相爆炸和固相爆炸。

1）液相爆炸又包括聚合爆炸、蒸发爆炸、不同液体混合所引起的爆炸。

2）固相爆炸包括爆炸性物质的爆炸、固体物质的混合、混融所引起的爆炸及其因电流过载引起的电缆爆炸等。

表 1-4-1　　气相爆炸分类

类别	爆炸原因	举例
混合气体爆炸	可燃气体和助燃气体以适当的浓度混合，由于燃烧或爆炸波的传播面引起	空气和氢气、丙烷、乙醚等混合气体的爆炸
气体分解爆炸	单一气体由于分解反应产生大量的反应热引起的爆炸	乙炔、乙烯、氯乙烯等在分解时引起的爆炸
粉尘爆炸	空气中飞散的易燃性粉尘，由于烈燃烧引起的爆炸	空气中飞散的铝粉、镁粉等引起的爆炸
喷雾爆炸	空气中易燃体被喷成雾状物在剧烈的燃烧时引起的爆炸	油压机喷出的油珠、喷漆作业引起的爆炸

表 1-4-2　　液相爆炸和固相爆炸

类别	爆炸原因	举例
混合危险物的爆炸	氧化性物与还原性物质或其他物质混合引起爆炸	硝酸和油脂、液氧和煤粉、无水顺丁烯二酸和烧碱等混合时引起的爆炸
易爆化合物的爆炸	有机过氧化物、硝基化合物、硝酸酯等燃烧引起爆炸某些化合物有分解反应引起的爆炸	丁酮过氧化物、三硝基甲苯、硝基村油等的爆炸；二氮化铅、乙酮等的爆炸
导线爆炸	在有过载电流流过时，使导线过热，金属迅速气化而引起的爆炸	导线因电流过载而引起的爆炸
蒸汽爆炸	由于过热发生快速蒸发而引起爆炸	熔融的矿渣与水接触，钢水与水混合爆炸
固相转化时的爆炸	固相相互转化时放出热量，造成空气急速膨胀而引起爆炸	无定形锑转化成结晶形锑时，由于放热而造成爆炸

三、爆炸产生的主要破坏形式

（1）震荡作用在遍及破坏作用的区域内，有一个能使物体震荡、松散的力量。

（2）冲击波随着爆炸的出现，冲击波最初出现正压力，而后又出现负压力，从而对附近的建筑物造成破坏。

（3）碎片冲击机械设备、装置、容器等爆炸后，变成碎片对人员和财产造成危害。

（4）造成火灾通常爆炸气体扩散只发生在极其短促的瞬间，对一般的物质不足以造成起火燃烧，其冲击波还有灭火作用。但建筑内的余热或残余的火苗，会把不断从破坏的设备内流出的可燃物质点燃。

四、爆炸极限

可燃性物质产生爆炸，必须同时满足组分条件（浓度条件）和能量条件（点火源）。即可燃液体的蒸汽、可燃气体和粉尘、纤维与空气或氧气的混合物在一定比例浓度范围内时，若遇到明火、火花等点火源，就会发生燃烧爆炸。发生爆炸的上述混合物最低浓度称为爆炸下限，最高浓度称为爆炸上限，爆炸下限（L）和上限（U）之间的浓度范围是爆炸极限范围浓度。

爆炸极限的概念，是衡量有可燃气体、易燃液体的蒸汽和可燃性粉尘、纤维作业场所是否有爆炸危险的重要指标。爆炸下限越低，爆炸极限范围越宽，则危险性越大。例如汽油的爆炸极限范围为 1.1%～7.0%，而乙炔的爆炸范围为 1.5%～82.0%，因此乙炔发生爆炸的机会多，但汽油的爆炸下限比乙炔的爆炸下限低，因而汽油比乙炔容易发生爆炸。

影响爆炸极限因素有以下几点：

（1）混合物的初始温度。一般来说，混合物的初始温度高，则爆炸下限降低。例如有人测得石油醚的燃爆下限在 0℃时为 2.26%；100℃时降为 1.96%；200℃时降至 1.63%。

（2）混合物的初始压力。混合物的初始压力高，则燃爆下限降低，爆炸危险性增大。反之，混合物的初始压力减低，燃爆下限上升，燃爆下限和上限之间差距缩小；压力降低至某一点时，上、下限合为一点，这时的压力称为爆炸临界压力。压力低于临界压力值时，混合物就失去了燃爆性。

（3）空气中的氧含量。空气中的氧含量增加时，燃爆下限降低，混合物的爆炸危险性增大。反之，混合物中氧含量减少时，其爆炸危险性也相应减小。所以常在易燃气体或蒸汽中掺入氮气、二氧化碳等惰性气体，使混合物中氧含量减少到不适程度，即可避免发生燃烧爆炸事故。

（4）惰性气体含量。爆炸性混合气体中有惰性气体的存在，爆炸范围将缩小，当惰性气体增加到一定的量，则不能爆炸。

（5）粉尘粒度。对于可燃性粉尘与空气的混合物，粉尘粒度越细，则相对表面越多，分散度越大，其燃爆下限就越低，发生燃爆的危险性便越大。一般可燃性粉尘的颗粒直径小于 0.01mm 时，才可悬浮于空气中形成燃爆混合物。

第五节　火灾定义及分类

一、火灾的定义

根据《消防词汇　第 1 部分：通用术语》（GB 5907.1—2014），火灾是指在时间或空间上失去控制的燃烧。

二、火灾的分类

根据不同的需要，火灾可以按不同的方式进行分类。

1. 按照燃烧对象的性质分类

按照《火灾分类》(GB/T 4968—2008)的规定,火灾分为A、B、C、D、E、F六类(见表1-5-1)。

表1-5-1　按照燃烧对象的性质分类

火灾分类	定义	扑救原则
A类火灾	固体物质火灾。这种物质通常具有有机物性质,一般在燃烧时能产生灼热的余烬。如木材、棉、毛、麻、纸张等火灾	可选择水型灭火器、泡沫灭火器、磷酸铵盐干粉灭火器,泡沫灭火器
B类火灾	液体或可熔化固体物质火灾。如汽油、煤油、原油、甲醇、乙醇、沥青、石蜡等火灾	可选择泡沫灭火器(化学泡沫灭火器只限于扑灭非极性溶剂)、干粉灭火器、泡沫灭火器、二氧化碳灭火器
C类火灾	气体火灾。如煤气、天然气、甲烷、乙烷、氢气、乙炔等火灾	可选用干粉、水、七氟丙烷灭火剂
D类火灾	金属火灾。如钾、钠、镁、钛、锆、锂等火灾	可选择粉状石墨灭火器、专用干粉灭火器,也可用干砂或铸铁屑末代替
E类火灾	带电火灾。物体带电燃烧的火灾。如变压器等设备的电气火灾等	可选择干粉灭火器、泡沫灭火器、二氧化碳灭火器等
F类火灾	烹饪器具内的烹饪物(如动植物油脂)火灾。如动植物油脂火灾等	可选择干粉灭火器及泡沫灭火器

(1)A类火灾。定义:固体物质火灾。这种物质通常具有有机物性质,一般在燃烧时能产生灼热的余烬。如木材、棉、毛、麻、纸张等火灾。

扑救原则:可选择水型灭火器、泡沫灭火器、磷酸铵盐干粉灭火器,泡沫灭火器。

(2)B类火灾。定义:液体或可熔化固体物质火灾。如汽油、煤油、原油、甲醇、乙醇、沥青、石蜡等火灾。

扑救原则:可选择泡沫灭火器(化学泡沫灭火器只限于扑灭非极性溶剂)、干粉灭火器、泡沫灭火器、二氧化碳灭火器。

(3)C类火灾。定义:气体火灾。如煤气、天然气、甲烷、乙烷、氢气、乙炔等火灾。

扑救原则:可选用干粉、水、七氟丙烷灭火剂。

(4)D类火灾。定义:金属火灾。如钾、钠、镁、钛、锆、锂等火灾。

扑救原则:可选择粉状石墨灭火器、专用干粉灭火器,也可用干砂或铸铁屑末代替。

(5)E类火灾。定义:带电火灾。物体带电燃烧的火灾。如变压器等设备的电气火灾等。

扑救原则:可选择干粉灭火器、泡沫灭火器、二氧化碳灭火器等。带电火灾包括家用电器、电子元件、电气设备(计算机、复印机、打印机、传真机、发电机、电动机、变压器等)以及电线电缆等燃烧时仍带电的火灾,而顶挂、壁挂的日常照明灯具及起火后可自行切断电源的设备所发生的火灾则不应列入带电火灾范围。

（6）F 类火灾。定义：烹饪器具内的烹饪物（如动植物油脂）火灾。如动植物油脂火灾等。

扑救原则：可选择干粉灭火器及泡沫灭火器（见图 1－5－1）。

图 1－5－1　火灾示例图

2. 按照火灾损失程度严重分类

依据国家安全监管总局 2015 年 5 月 1 日修订颁布的《生产安全事故罚款处罚规定（试行）》中规定的生产安全事故等级标准，消防部门将火灾分为一般火灾、较大火灾、重大火灾和特别重大火灾四个等级（见图 1－5－2）。

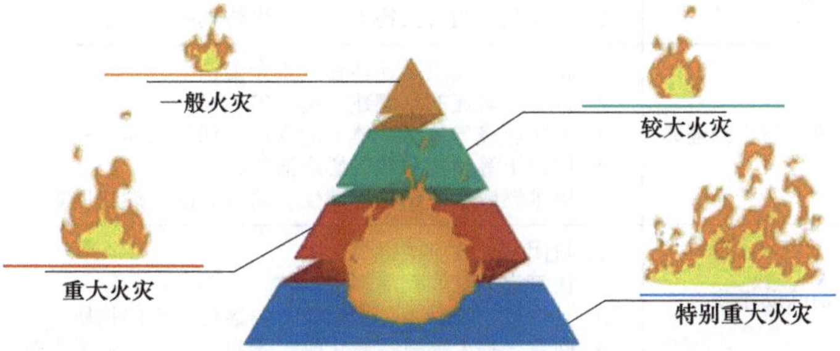

图 1－5－2　按照火灾事故所造成的灾害损失程度分类

（1）一般火灾。定义：是指造成 3 人以下死亡，或者 10 人以下重伤，或者 1000 万元以下直接财产损失的火灾。

责任单位处罚：事故发生单位对事故发生负有责任的，处 10 万元以上 20 万元以下的罚款；事故发生单位主要负责人未依法履行安全生产管理职责，导致事故发生的，处上一年年收入 30%的罚款；构成犯罪的，依法追究刑事责任。

（2）较大火灾。定义：是指造成 3 人及以上 10 人以下死亡，或者 10 人及以上 50 人以下重伤，或者 1000 万元及以上 5000 万元以下直接财产损失的火灾。

责任单位处罚：事故发生单位对事故发生负有责任的，处 20 万元以上 50 万元以下的罚款；事故发生单位主要负责人未依法履行安全生产管理职责，导致事故发生的，处上一年年收入 40%的罚款；构成犯罪的，依法追究刑事责任。

（3）重大火灾。定义：是指造成 10 人及以上 30 人以下死亡，或者 50 人及以上 100 人以下重伤，或者 5000 万元及以上 1 亿元以下直接财产损失的火灾。

责任单位处罚：事故发生单位对事故发生负有责任的，处 50 万元以上 200 万元以下的罚款；事故发生单位主要负责人未依法履行安全生产管理职责，导致事故发生的，处上一年年收入 60%的罚款；构成犯罪的，依法追究刑事责任。

（4）特别重大火灾。定义：是指造成 30 人及以上死亡，或者 100 人及以上重伤，或者 1 亿元及以上直接财产损失的火灾。

责任单位处罚：事故发生单位对事故发生负有责任的，处 200 万元以上 500 万元以下的罚款。事故发生单位主要负责人未依法履行安全生产管理职责，导致事故发生的，处上一年年收入 80%的罚款；构成犯罪的，依法追究刑事责任。

第六节　灭火的基本原理

为防止火势失去控制，继续扩大燃烧而造成灾害，需要采取一定的方式将火扑灭，通常有以下几种方法，其根本原理都是破坏燃烧条件（见表 1－6－1）。

表 1－6－1　灭火基本原理和措施

措施	原理	措施举例
冷却灭火法	降低燃烧物的温度	1. 用直流水喷射着火物； 2. 不间断地向着火物附近的未燃烧物喷水降温等
隔离灭火法	使着火物与火源隔离	1. 将没着火物质搬迁转移到安全处； 2. 拆除其毗连的可燃建（构）筑物； 3. 关闭燃烧气体（液体）的阀门，切断气体（液体）来源； 4. 用沙土等堵截流散的燃烧液体； 5. 用难燃或不燃物体遮盖受火势威胁的可燃物质等
窒息灭火法	消除助燃物	1. 封闭着火的空间； 2. 往着火的空间充灌惰性气体、水蒸气； 3. 石棉被、湿棉被、湿帆布等捂盖已着火的物质； 4. 向着火物上喷射二氧化碳、干粉、泡沫、喷雾水等
化学抑制灭火法	中断燃烧的连锁反应	1. 干粉灭火器 2. 抑制法灭火的灭火剂与水、泡沫等灭火剂联用

一、冷却灭火法

可燃物一旦达到着火点，即会燃烧或持续燃烧。将可燃物的温度降到一定温度以下，燃烧即会停止。对于可燃固体，将其冷却在燃点以下；对于可燃液体，将其冷却在闪点以下，燃烧反应就会中止。用水扑灭一般固体物质的火灾，主要是通过冷却作用来实现的，水具有较大的热容量和很高的汽化潜热，冷却性能很好。在用水灭火的过程中，水大量地吸收热量，使燃烧物的温度迅速降低，致使火焰熄灭、火势控制、火灾终止。水喷雾灭火系统的水雾，其水滴直径细小，比表面积大，和空气接触范围大，极易吸收热气流的热量，也能很快地降低温度，效果更为明显。

二、隔离灭火法

在燃烧三要素中，可燃物是燃烧的主要因素。将可燃物与氧气、火焰隔离，就可以中止燃烧、扑灭火灾。如自动喷水泡沫联用系统在喷水的同时，喷出泡沫，泡沫覆盖于燃烧液体或固体的表面，在冷却作用的同时，将可燃物与空气隔开，从而可以灭火。再如，可燃液体或可燃气体火灾，在灭火时，迅速关闭输送可燃液体和可燃气体的管道上的阀门，切断流向着火区的可燃液体和可燃气体的输送，同时也打开可燃液体或可燃气体的管道通向安全区域的阀门，使已经燃烧或即将燃烧或受到火势威胁的容器中的可燃液体、可燃气体转移。

三、窒息灭火法

可燃物的燃烧是氧化作用，需要在最低氧浓度以上才能进行，低于最低氧浓度，燃烧不能进行，火灾即被扑灭。一般氧浓度低于15%时，就不能维持燃烧。在着火场所内，可以通过灌注不燃气体，如二氧化碳、氮气、水蒸气等，来降低空间的氧浓度，从而达到窒息灭火。此外，水喷雾灭火系统实施动作时，喷出的水滴吸收热气流热量而转化成蒸汽，当空气中水蒸气浓度达到35%时，燃烧即停止，这也是窒息灭火的应用。

四、化学抑制灭火法

由于有焰燃烧是通过链式反应进行的，如果能有效地抑制自由基的产生或降低火焰中的自由基浓度，即可使燃烧中止。化学抑制灭火的灭火剂常见的有干粉和卤代烷（已淘汰）。化学抑制法灭火，灭火速度快，使用得当可有效地扑灭初期火灾，减少人员和财产的损失。但抑制法灭火对于有焰燃烧火灾效果好，对深度火灾，由于渗透性较差，灭火效果不理想。在条件许可情况下，采用抑制法灭火的灭火剂与水、泡沫等灭火剂联用，会取得满意效果。

第七节　火灾事故的“四不放过”原则

依据《国务院办公厅关于加强安全工作的紧急通知》（国办发明电〔2004〕7号）规定，发生事故应后采取“四不放过”处理原则，其具体内容是：

（1）事故原因未查清不放过；

（2）责任人员未处理不放过；

（3）整改措施未落实不放过；

（4）有关人员未受到教育不放过。

第八节　消防安全的“四懂四会、四个能力”

一、四懂四会

《中国消防辞典》提出消防安全的“三懂三会”，“四懂四会”是在消防系统“三懂三会”的基础上发展出来的。

三懂：即懂火灾预防知识、懂单位防火等级、懂灭火技术。

三会：即会报警、会使用消防器材、会预防火灾。

四懂：懂得岗位火灾的危险性，懂得预防火灾的措施，懂得扑救火灾的方法，懂得逃生的方法。

四会：会使用消防器材，会报火警，会扑救初期火灾，会组织疏散逃生。

二、四个能力

依据公安部《构筑社会消防安全防火墙工程工作方案》（公通字〔2010〕16 号），“四个能力”即：

（1）检查消除火灾隐患能力；

（2）组织扑救初起火灾能力；

（3）组织人员疏散逃生能力；

（4）消防宣传教育培训能力。

第九节　消防安全的“三自主、两公开、一承诺”

为有效防范化解重大消防安全风险，坚决遏制群死群伤火灾事故，根据《国务院安委会办公室关于开展“防风险保平安迎大庆”消防安全执法检查专项行动的通知》要求，11 类场所针对存在的九类消防安全风险开展“三自主、两公开、一承诺”工作。该项工作旨在强化单位消防安全主体责任，着力提升单位的自防自救能力。

什么是三自主两公开一承诺？

三自主：自主评估风险、自主检查安全、自主整改隐患；

两公开：向社会公开消防安全责任人、管理人；

一承诺：承诺本场所不存在突出风险或者已落实防范措施。

第二章　消防安全基础管理

第一节　消防安全管理必备知识

一、消防安全管理概述

简单讲，消防安全管理就是对各类消防事务的管理。

定义：消防管理是指依照消防法律、法规及规章制度、遵循火灾发生发展的规律及国民经济发展的规律，运用管理科学的原理和方法，通过各种消防管理职能，合理有效地利用各种资源，为实现消防安全目标所进行的各种活动的总称。

根据《消防法》规定："消防工作贯彻预防为主、防消结合的方针，按照政府统一领导、部门依法监管、单位全面负责、公民积极参与的原则，实行消防安全责任制，建立健全社会化的消防工作网络"，由此决定了消防管理工作的主体、对象、方针、依据、原则、责任、目标。

二、消防安全管理的主体

从《消防法》确定的我国消防工作的原则，即"政府统一领导、部门依法监督、单位全面负责、公民积极参与"可以看出，政府、部门、单位和个人这四者都是消防工作的主体，是消防安全管理活动的主体。

1. 政府

消防安全管理是政府进行社会管理和公共服务的重要内容，是社会稳定和经济发展的重要保证，各级地方人民政府应当将当地的消防工作纳入国民经济和社会发展计划，保障消防工作与经济建设和社会发展相适应，提高公民消防安全意识，消除消防安全隐患，建立和管理各种形式的消防队伍，规划和建设各类公共消防基础设施。

2. 部门

政府有关部门对消防工作齐抓共管，这是消防工作的社会化属性所决定的。《消防法》在明确公安机关及其消防机构职责的同时，也规定了安全监管、建设、工商、质监、教育、人力资源等部门应当依据有关法律法规和政策规定，依法履行相应的消防安全管理职责。

3. 单位

单位是社会的基本单元，也是社会消防安全管理的基本单元。单位对消防安全和致灾因素的管理能力反映了社会公共消防安全管理水平，也在很大程度上决定了一个城市地区的消防安全形势，各类社会单位是本单位消防安全管理工作的具体执行者，必须全面负责和落实消防安全管理职责。

4. 个人

公民个人是消防工作的基础，是各项消防安全管理工作的重要参与者和监督者，没有广大人民群众的参与，消防工作就不会发展和进步，全社会抗御火灾的能力就不会提高。在日常的社会生活中公民在享受消防安全权利的同时也必须履行相应的消防义务。

三、消防安全管理的对象

1. 人

“人”即消防安全管理系统中被管理的人员。任何管理活动和消防工作都需要人的参与和实施，在消防管理活动中也需要规范和管理人的不安全行为。

2. 财

“财”即开展消防安全管理的经费开支。开展和维持正常消防安全管理活动必然会产生经费开支，在管理活动中也需要必要的经济奖励。

3. 物

“物”即消防安全管理的建筑设施、机器设备、物质材料及能源等。物应该是严格控制的消防安全对象，也是消防技术标准所要调整和需要规范的对象。

4. 信息

“信息”指的是开展消防安全管理活动的文件、资料、数据和消息等。应充分利用消防安全管理系统中的安全信息流，发挥他们在消防安全管理中的作用。

5. 时间

“时间”即消防安全管理活动的工作顺序、程序、时限及效率等。

6. 事务

“事务”即消防安全管理活动的工作任务、职责和指标等。消防安全管理应明确工作岗位，确定岗位工作职责，建立健全逐级岗位责任制。

四、消防安全管理的依据

1. 法律政策依据

法律政策依据是指消防安全管理活动中运用的各种法律、法规、规章以及技术规范等规范性文件。主要包括：

（1）法律。由全国人大及其常委会批准或颁布。例如《消防法》《安全生产法》《行政处罚法》等。

（2）行政法规。由国务院批准或颁布。例如《建筑防火设计规范》《人员密集场所消防安全管理》等。

（3）地方性法规。由省、自治区、直辖市、省会、自治区首府、国务院批准的较大市的人大及其常委会批准或颁布。例如《陕西省消防条例》《西安市消防安全责任制实施办法》等。

（4）部门规章。由国务院各部、委、局批准或颁布。例如《机关、团体、企业、事业单位消防安全管理规定》《社会消防安全教育培训规定》等。

（5）政府规章。由省、自治区、直辖市、省会、自治区首府、国务院批准的较大市的人民政府批准或颁布。例如《陕西省建设工程施工现场消防安全管理规定》等。

（6）消防技术规范。在消防安全管理活动中，凡是涉及消防技术的管理活动，均应以有关消防技术的国家标准或本地的消防技术规范为管理依据。国家标准如《建筑设计防火规范》，地方标准如《西安市简易自动喷水灭火系统设计规范》等。同时，有些法律依据往往不健全或具有滞后性，所以还应该以党和国家制定的有关政策作为指导原则和依据。

2. 规章制度依据

《消防法》规定："单位应当落实逐级消防安全责任制和岗位消防安全责任制，明确逐级的岗位消防安全职责，确定各级、各岗位的消防安全责任人"。为了将消防安全责任制和岗位消防安全责任制落到实处，社会单位开展和实施消防安全管理活动时，应当制订适合自身单位实际情况的各项规章制度。例如单位内部的消防安全管理规定、消防安全操作流程、防火巡查制度、消防安全培训计划、标准化管理方法等。例如《国家电网有限公司消防安全监督管理办法》、国网设备部《变电站消防设备设施运行管理规程（试行）》。

五、消防安全管理的原则

1. 谁主管谁负责的原则

国务院办公厅于 1987 年 3 月 21 日《关于制止重大火灾事故的通知》中提出"谁主管，谁负责"的消防工作原则。"谁主管，谁负责"的基本意思是，谁主管哪项工作，谁就对那项工作中的消防安全负责，即一个单位的消防安全工作要由本单位负责；单位的法定代表人或主要负责人要对本单位的消防安全全面负责；分管其他工作的领导和各业务部门要对分管业务范围内的消防安全工作负责；中心、班组负责人对本中心、班组的消防安全工作负责。

2. 依靠员工的原则

消防安全管理工作的基础是做好广大员工工作，采取各种方式方法，向员工普及消防知识，提高员工消防意识和防灾抗灾能力；组织员工骨干，建立志愿消防组织，开展群众性防火、灭火工作。

3. 依法（规）管理的原则

依法管理，就是单位的领导和职能部门依照国家立法机关和行政机关制定颁发的法律、法规和规章，以及企业内部管理规定，对消防安全事务进行管理。要依照法规办事，对违反消防管理的行为和火灾事故责任者严肃追究，认真处理。

4. 科学管理的原则

科学管理，就是运用管理科学的理论，规范管理系统的机构设置、管理程序、方法、途径、规章制度和工作方法等，从而有效地实施管理，提高管理效率。消防安全管理要实行科学管理，使之科学化、规范化。消防安全管理唯有依照客观规律办事，才能富有成效。首先，必须遵循火灾发生、发展的规律。要意识到，火灾发生的因素会随着企业的发展，生产、技术领域的扩大而增加的规律；火灾成因与人们心理和行为相关的规律；火灾的发生与行业、季节、时间相关的规律等。其次，要学习和运用管理科学的理论和方法提高工作效率和管理水平，并与实践经验有机地结合起来，还要逐步采用现代化的技术手段和管理手段，以取得最佳的管理效果。

5. 综合治理的原则

消防安全管理在其管理方式、管理手段、管理所涉及的要素以及管理的内容上都表现出较强的综合性，不仅要运用行政手段，还要运用法律、经济、技术和思想教育等手段进行治理；管理中要考虑合规性。消防管理不能单靠哪一个部门，只使用某一种手段，而要与专业、单位的整体管理统一起来；各种有关安全的因素，即对人、财、物、信息、时间、事务等进行综合治理。

六、电网公司消防安全责任制

1. 消防安全责任制基本要求

（1）单位应当落实逐级消防安全责任制和岗位消防安全责任制，明确逐级和岗位消防安全职责，确定各级、各岗位的消防安全责任人。

（2）安全生产委员会是电网企业消防安全工作领导机构，单位应成立安全生产委员会，履行消防安全职责。

（3）法人单位的法定代表人或者非法人单位的主要负责人是单位的消防安全责任人，对本单位的消防安全工作全面负责。消防安全管理人对单位的消防安全责任人负责。单位层面的消防安全管理人：对本单位消防安全责任人负责的分管消防安全工作的单位领导。

（4）电网企业应建立消防安全保证和监督体系，督促两个体系各司其职。

（5）电网企业的有关人员应按其工作职责，熟悉《电力设备典型消防规程》（DL 5027）的有关部分，并结合消防知识每年考试一次。

2. 安全生产委员会消防安全主要职责

（1）组织贯彻落实国家有关消防安全的法律、法规、标准和规定（以下简称消防法规），建立健全消防安全责任制和规章制度，对落实情况进行监督、考核。

（2）建立消防安全保证和监督体系，督促两个体系各司其职。明确消防工作归口管理职能部门（以下简称消防管理部门）和消防安全监督部门（以下简称安监部门），确保消防管理和安监部门的人员配置与其承担的职责相适应。

（3）制定本单位的消防安全目标并组织落实，定期研究、部署本单位的消防安全工作。

（4）深入现场，了解单位的消防安全情况，推广消防先进管理经验和先进技术，对存在的重大或共性问题进行分析，制定针对性的整改措施，并督促措施的落实。

（5）组织或参与火灾事故调查。

（6）对消防安全做出贡献者给予表扬或奖励；对负有事故责任者，给予批评或处罚。

3. 消防安全责任人主要职责

（1）贯彻执行消防法规，保障单位消防安全符合规定，掌握本单位的消防安全情况。

（2）将消防工作与本单位的生产、科研、经营、管理等活动统筹安排，批准实施年度消防工作计划。

（3）为本单位的消防安全提供必要的经费和组织保障。

（4）确定逐级消防安全责任，批准实施消防安全管理制度和保障消防安全的操作规程。

（5）组织防火检查，督促落实火灾隐患整改，及时处理涉及消防安全的重大问题。

（6）根据消防法规的规定建立专职消防队、志愿消防队。

（7）组织制定符合本单位实际的灭火和应急疏散预案，并实施演练。

（8）确定本单位消防安全管理人。

（9）发生火灾事故做到事故原因不清不放过，责任者和应受教育者没有受到教育不放过，没有采取防范措施不放过，责任人员未受到处理不放过。

4. 消防安全管理人主要职责

（1）拟订年度消防工作计划，组织实施日常消防安全管理工作。

（2）组织制订消防安全管理制度和保障消防安全的操作规程并检查督促其落实。

（3）拟订消防安全工作的资金投入和组织保障方案。

（4）组织实施防火检查和火灾隐患整改工作。

（5）组织实施对本单位消防设施、灭火器材和消防安全标志维护保养，确保其完好有效，确保疏散通道和安全出口畅通。

（6）组织管理专职消防队和志愿消防队。

（7）组织对员工进行消防知识的宣传教育和技能培训，组织灭火和应急疏散预案的实施和演练。

（8）单位消防安全责任人委托的其他消防安全管理工作。

（9）应定期向消防安全责任人报告消防安全情况，及时报告涉及消防安全的重大问题。

5. 消防管理部门主要职责

（1）贯彻执行消防法规、本单位消防安全管理制度。

（2）拟订逐级消防安全责任制，及其消防安全管理制度。

（3）指导、督促各相关部门制定和执行各岗位消防安全职责、消防安全操作规程，消防设施运行和检修规程等制度，以及制订发电厂厂房、车间、变电站、换流站、调度楼、控制楼、油罐区等重要场所及重点部位的灭火和应急疏散预案。

（4）定期向消防安全管理人报告消防安全情况，及时报告涉及消防安全的重大问题。

（5）拟订年度消防管理工作计划。

（6）拟订消防知识、技能的宣传教育和培训计划，经批准后组织实施。

（7）负责消防安全标志设置，负责或指导、督促有关部门做好消防设施、器材配置、检验、维修、保养等管理工作，确保完好有效。

（8）管理专职消防队和志愿消防队。根据消防法规、消防救援机构的规定和实际情况配备专职消防员和消防装备器材，组织实施专业技能训练，维护保养装备器材。志愿消防员的人数不应少于职工总数的10%，重点部位不应少于该部位人数的50%，且人员分布要均匀；年龄男性一般不超55岁、女性一般不超45岁，能行使职责工作。同时根据志愿消防人员变动、身体和年龄等情况，及时进行调整或补充，并公布。

（9）确定消防安全重点部位；建立消防档案。

（10）将消防费用纳入年度预算管理，确保消防安全资金的落实，包括消防安全设施、器材、教育培训资金，以及兑现奖惩等。

（11）督促有关部门在实施新建、改建、扩建工程时消防设施必须与主体设备（项目）同时设计、同时施工、同时投入生产或使用。

（12）指导、督促有关部门确保疏散通道、安全出口、消防车通道畅通，保证防火防烟分区、防火间距符合消防标准。

（13）指导、督促有关部门按照要求组织发电厂厂房、车间、变电站、换流站、调度楼、控制楼、油罐区等重要场所及重点部位的灭火和应急疏散演练。

（14）指导、督促有关部门实行每月防火检查、每日防火巡查，建立检查和巡查记录，及时消除消防安全隐患。

（15）发生火灾时，立即组织实施灭火和应急疏散预案。

6. 安监部门主要职责

（1）熟悉国家有关消防法规，以及消防救援机构的工作要求；熟悉本单位消防安全管理制度，并对贯彻落实情况进行监督。

（2）拟订年度消防安全监督工作计划，制定消防安全监督制度。

（3）组织消防安全监督检查，建立消防安全检查、消防安全隐患和处理情况记录，督促隐患整改。

（4）定期向消防安全管理人报告消防安全情况，及时报告涉及消防安全的重大问题。

（5）对各级、各岗位消防安全责任制等制度的落实情况进行监督考核。

（6）协助公安消防部门对火灾事故的调查。

7. 志愿消防员主要职责

（1）掌握各类消防设施、消防器材和正压式消防空气呼吸器等的适用范围和使用方法。

（2）熟知相关的灭火和应急疏散预案，发生火灾时能熟练扑救初起火灾、组织引导人员安全疏散及进行应急救援。

（3）根据工作安排负责一、二级动火作业的现场消防监护工作。

8. 专职消防员主要职责

（1）应按照有关要求接受岗前培训和在岗培训。

（2）熟知单位灭火和应急疏散预案，参加消防活动和进行灭火训练，发生火灾时能熟练扑救火灾、组织引导人员安全疏散。

（3）做好消防装备、器材检查、保养和管理，保证其完好有效。

（4）政府部门规定的其他职责。

七、消防安全管理的目标

消防安全管理的过程就是从选择最佳消防安全目标开始到实现最佳消防安全目标的过程。其最佳目标就是在一定的条件下，通过消防安全管理活动将火灾发生的危险性和火灾造成的危害性降到最低限度。

现实中不存在绝对消防安全的单位、场所，不可能要求其永远不发生火灾事故。在使用功能、运转时间等方面都正常的条件下，只要是火灾发生的频率和火灾造成的损失降到最低限度，我们就可以认为其达到了消防安全管理工作的消防安全目标。

电网公司消防安全红线指标按照一级保一级的原则：省公司不发生较大及以上火灾事故。地市公司不发生一般及以上火灾事故。省公司每年应与地市公司签订消防安全责任书，在责任书中对红线指标予以明确。

第二节　消防档案管理

一、建立档案的意义

（1）消防档案是单位消防工作的“户口簿”。它记载着单位的概貌和有关消防资料，便于各级人员熟悉情况，做到心中有数。

（2）消防档案是单位消防情况的历史记录。在平时它可以用来考察单位对消防安全工作重视的程度；在发生火灾时，它可以为追查火因，处理责任者提供佐证材料。

（3）消防档案是培养消防管理人员的好材料。消防管理人员分管单位的防火工作，首先翻阅防火档案，再到实地查看，可以较快地熟悉情况、开展工作。

（4）消防档案是考核消防管理人员工作的一种凭证，也反映消防管理人员工作进展情况、业务水平和工作能力，为奖励、提职、晋级、提供考核材料。

二、建立档案的基本要求

（1）单位应建立健全消防档案。消防档案应包括消防安全基本情况和消防安全管理情况。消防档案应详实，全面反映单位消防工作的基本情况，并附有必要的图表，根据情况变化及时更新。

（2）单位应对消防档案统一保管、备查。

三、消防安全基本情况应包括的内容

（1）单位基本概况和消防安全重点部位情况；

（2）建筑物或者场所施工、使用或者开业前的消防设计审核、消防验收以及消防安全检查的文件、资料；

（3）消防管理组织机构和各级消防安全责任人；

（4）消防安全制度；

（5）消防设施、灭火器材情况；

（6）消防安全重点部位工作人员情况；

（7）专职或志愿消防队人员及其消防装备配备情况；

（8）有关消防设施、产品、防火材料的合格证明材料；

（9）灭火和应急疏散预案。

四、消防安全管理情况应包括的内容

（1）有关消防管理方面的各种文件和法律文书；

（2）消防设施定期检查记录、自动消防设施全面检查测试的报告以及维修保养的记录；

（3）火灾隐患及其整改情况记录；

（4）防火检查、巡查记录；

（5）有关燃气、电气设备检测（包括防雷、防静电）等记录资料；

（6）消防宣传教育和培训记录；

（7）灭火和应急疏散预案的演练记录；

（8）火灾情况记录；

（9）消防奖惩情况记录。

其中，（3）、（4）应当明确记录检查的人员、时间、部位、内容、发现的火灾隐患以及处理措施等：第（6）项记录，应当明确记录培训的时间、参加人员、内容等；第（7）项记录，应当明确记录演练的时间、地点、内容、参加部门以及人员等。

五、消防档案资料保存期限

根据《建筑消防设施的维护管理》（GB 25201）规定：

（1）建筑消防设施的原始资料应长期保存；

（2）《消防控制室值班记录》和《消防设施巡查记录》存档时间不得少于1年；

（3）《消防设施故障维修记录》《消防设施检测记录》《消防设施维护保养记录》存档时间不少于5年。

第三节　消防检查和火灾隐患管理

一、日常防火巡查

单位应当进行每日防火巡查，并确定巡查的人员、内容、部位和频次。防火巡查应包括下列内容：

（1）用火、用电有无违章；安全出口、疏散通道是否畅通；安全疏散指示标志、应急照明是否完好；消防设施、器材情况。

（2）消防安全标志是否在位、完整；常闭式防火门是否处于关闭状态；防火卷帘下是否堆放物品影响使用等消防安全情况。

（3）防火巡查人员应当及时纠正违章行为，妥善处置火灾危险，无法当场处置的，应当立即报告。发现初起火灾应立即报警并及时扑救。

（4）防火巡查应填写巡查记录，巡查人员及其主管人员应在巡查记录上签名。

二、定期防火检查

单位应至少每月进行一次防火检查。防火检查应包括下列内容：

（1）火灾隐患的整改以及防范措施的落实；安全疏散通道、疏散指示标志、应急照明和安全出口；消防车通道、消防水源；用火、用电有无违章情况。

（2）重点工种人员以及其他员工消防知识的掌握情况；消防安全重点部位的管理情况；易燃易爆危险物品和场所防火防爆措施的落实以及其他重要物资的防火安全情况。

（3）消防控制室值班和消防设施运行、记录情况：防火巡查；消防安全标志的设置和完好、有效情况；电缆封堵、阻火隔断、防火涂层、槽盒是否符合要求。

（4）消防设施日常管理情况，是否放在正常状态，建筑消防设施每年检测；灭火器材配置和管理：动火工作及执行动火制度；开展消防安全学习教育和培训情况。

（5）灭火和应急疏散演练情况等需要检查的内容。

（6）防火检查应当填写检查记录。检查人员和被检查部门负责人应当在检查记录上签名。

三、定期消防安全监督检查

应定期进行消防安全监督检查，检查应包括下列内容：

（1）建筑物或者场所依法通过消防验收或者进行消防竣工验收备案。

（2）新建、改建、扩建工程，消防设施与主体设备或项目同时设计、同时施工、同时投入生产或使用，并通过消防验收。

（3）制定消防安全制度、灭火和应急疏散预案，以及制度执行情况。

（4）建筑消防设施定期检测、保养情况，消防设施、器材和消防安全标志。

（5）电器线路、燃气管路定期维护保养、检测。

（6）疏散通道、安全出口、消防车通道，防火分区，防火间距。

（7）组织防火检查，特殊工种人员参加消防安全专门培训，持证上岗情况。

（8）开展每日防火巡查和每月防火检查，记录情况。

（9）定期组织消防安全培训和消防演练。

（10）建立消防档案、确定消防安全重点部位等。

四、火灾隐患治理

（1）单位对存在的火灾隐患，应当及时予以消除。

（2）对不能当场改正的火灾隐患，消防工作管理职能部门或者专兼职消防管理人员应当根据本单位的管理分工，及时将存在的火灾隐患向单位的消防安全管理人或者消防安全责任人报告，提出整改方案。消防安全管理人或者消防安全责任人应当确定整改的措施、期限以及负责整改的部门、人员，并落实整改资金。

（3）在火灾隐患未消除之前，单位应当落实防范措施，保障消防安全。不能确保消防安全，随时可能引发火灾或者一旦发生火灾将严重危及人身安全的，应当将危险部位停产停业整改。

（4）火灾隐患整改完毕，负责整改的部门或者人员应当将整改情况记录报送消防安全责任人或者消防安全管理人签字确认后存档备查。

（5）对于涉及城市规划布局而不能自身解决的重大火灾隐患，以及机关、团体、事业单位确无能力解决的重大火灾隐患，单位应当提出解决方案并及时向其上级主管部门或者当地人民政府报告。

（6）对消防救援机构责令限期改正的火灾隐患，单位应当在规定的期限内改正并写出火灾隐患整改复函，报送消防救援机构。

五、火灾隐患整改档案

对火灾隐患的整改应分类建立完整齐全的档案资料，其内容应包括：

（1）火灾隐患基本情况（包括情况描述、部位、照片资料等）；

（2）火灾隐患确定的相关资料（如公安机关消防机构的法律文书、单位防火检查记录等）；

（3）火灾隐患整改方案（包括领导批示、资金落实、施工合同、相关设施设备的文件资料等）；

（4）整改进度和责任人；

（5）整改结果（包括情况描述、整改后照片、公安机关消防机构法律文书、中介机构检测报告等）。

第四节　常用消防设施、器材配置、使用

依据建筑设计防火规范 GB 50016—2014（2018 年版），本节主要介绍建筑设置消防给水、灭火、火灾自动报警、防烟与排烟系统和配置灭火器的基本范围。

一、一般规定

（1）消防给水和消防设施的设置应根据建筑的用途及其重要性、火灾危险性、火灾特性和环境条件等因素综合确定。

（2）城镇（包括居住区、商业区、开发区、工业区等）应沿可通行消防车的街道设置市政消火栓系统。

（3）民用建筑、厂房、仓库、储罐（区）和堆场周围应设置室外消火栓系统。

用于消防救援和消防车停靠的屋面上，应设置室外消火栓系统。

注：耐火等级不低于二级且建筑体积不大于 3000m^3 的戊类厂房，居住区人数不超过 500 人且建筑层数不超过两层的居住区，可不设置室外消火栓系统。

（4）自动喷水灭火系统、水喷雾灭火系统、泡沫灭火系统和固定消防炮灭火系统等系统以及下列建筑的室内消火栓给水系统应设置消防水泵接合器。

（5）甲、乙、丙类液体储罐（区）内的储罐应设置移动水枪或固定水冷却设施。高度大于 15m 或单罐容积大于 2000m^3 的甲、乙、丙类液体地上储罐，宜采用固定水冷却设施。

（6）总容积大于 50m^3 或单罐容积大于 20m^3 的液化石油气储罐（区）应设置固定水冷却设施，埋地的液化石油气储罐可不设置固定喷水冷却装置。总容积不大于 50m^3 或单罐容积不大于 20m^3 的液化石油气储罐（区），应设置移动式水枪。

（7）消防水泵房的设置应符合下列规定：

1）单独建造的消防水泵房，其耐火等级不应低于二级；

2）附设在建筑内的消防水泵房，不应设置在地下三层及以下或室内地面与室外出入口地坪高差大于 10m 的地下楼层；

3）疏散门应直通室外或安全出口。

（8）设置火灾自动报警系统和需要联动控制消防设备的建筑（群）应设置消防控制室。消防控制室的设置应符合下列规定：

1）单独建造的消防控制室，其耐火等级不应低于二级；

2）附设在建筑内的消防控制室，宜设置在建筑内首层或地下一层，并宜布置在靠外墙部位；

3）不应设置在电磁场干扰较强及其他可能影响消防控制设备正常工作的房间附近；

4）疏散门应直通室外或安全出口；

5）消防控制室内的设备构成及其对建筑消防设施的控制与显示功能以及向远程监控系统传输相关信息的功能，应符合现行国家标准《火灾自动报警系统设计规范》（GB 50116）和《消防控制室通用技术要求》（GB 25506）的规定。

（9）消防水泵房和消防控制室应采取防水淹的技术措施。

（10）设置在建筑内的防排烟风机应设置在不同的专用机房内。

（11）高层住宅建筑的公共部位和公共建筑内应设置灭火器，其他住宅建筑的公共部位宜设置灭火器。厂房、仓库、储罐（区）和堆场，应设置灭火器。

（12）建筑外墙设置有玻璃幕墙或采用火灾时可能脱落的墙体装饰材料或构造时，供灭火救援用的水泵接合器、室外消火栓等室外消防设施，应设置在距离建筑外墙相对安全的位置或采取安全防护措施。

（13）设置在建筑室内外供人员操作或使用的消防设施，均应设置区别于环境的明显标志。

（14）有关消防系统及设施的设计，应符合现行国家标准《消防给水及消防栓系统技术规范》（GB 50974）、《自动喷水灭火系统设计规范》（GB 50084）、《火灾自动报警系统设计规范》（GB 50116）等标准的规定。

二、室内消火栓系统

下列建筑或场所应设置室内消火栓系统：

（1）建筑占地面积大于 300m^2 的厂房和仓库；

（2）高层公共建筑和建筑高度大于 21m 的住宅建筑；

注：建筑高度不大于 27m 的住宅建筑，设置室内消火栓系统确有困难时，可只设置干式消防竖管和不带消火栓箱的 DN65 的室内消火栓。

（3）建筑高度大于 15m 或体积大于 10 000m^3 的办公建筑、教学建筑和其他单、多层民用建筑。

下列建筑或场所，可不设置室内消火栓系统，但宜设置消防软管卷盘或轻便消防水龙：

（1）耐火等级为一、二级且可燃物较少的单、多层丁、戊类厂房（仓库）。

（2）耐火等级为三、四级且建筑体积不大于 3000m^3 的丁类厂房；耐火等级为三、四级且建筑体积不大于 5000m^3 的戊类厂房（仓库）。

（3）存有与水接触能引起燃烧爆炸的物品的建筑。

（4）室内无生产、生活给水管道，室外消防用水取自储水池且建筑体积不大于 5000m^3 的其他建筑。

人员密集的公共建筑、建筑高度大于 100m 的建筑和建筑面积大于 200m^2 的商业服务网点内应设置消防软管卷盘或轻便消防水龙。高层住宅建筑的户内宜配置轻便消防水龙。

三、自动灭火系统

（1）除规定或不宜用水保护或灭火的场所外，下列厂房或生产部位应设置自动灭火系统，并宜采用自动喷水灭火系统：

1）占地面积大于 1500m^2 或总建筑面积大于 3000m^2 的单、多层易燃易爆生产类厂房；

2）占地面积大于 1500m^2 的木器厂房；

3）高层乙、丙类厂房；

4）建筑面积大于 500m^2 的地下或半地下丙类厂房。

（2）除规定或不宜用水保护或灭火的仓库外，下列仓库应设置自动灭火系统，并宜采用自动喷水灭火系统：

1）可燃、难燃物品的高架仓库和高层仓库；

2）设计温度高于 0℃的高架冷库，设计温度高于 0℃且每个防火分区建筑面积大于 1500m^2 的非高架冷库；

3）总建筑面积大于 500m^2 的可燃物品地下仓库；

4）每座占地面积大于 1500m^2 或总建筑面积大于 3000m^2 的其他单层或多层丙类物品仓库。

（3）除规定或不宜用水保护或灭火的场所外，下列高层建筑或场所应设置自动灭火系统，并宜采用自动喷水灭火系统：

1）一类高层公共建筑（除游泳池、溜冰场外）及其地下、半地下室；

2）二类高层公共建筑及其地下、半地下室的公共活动用房、走道、办公室和客房、可燃物品库房、自动扶梯底部；

3）建筑高度大于 100m 的住宅建筑。

（4）除规定或不适用水保护或灭火的场所外，下列单、多层建筑或场所应设置自动灭火系统，并宜采用自动喷水灭火系统：

1）超过 2000 个座位的会堂或礼堂；

2）任一层建筑面积大于 1500m^2 或总建筑面积大于 3000m^2 的展览、商店、餐饮和旅馆建筑以及医院中同样建筑规模的病房楼、门诊楼和手术部；

3）设置送回风道（管）的集中空气调节系统且总建筑面积大于 3000m^2 的办公建筑等；

4）藏书量超过 50 万册的图书馆；

（5）难以设置自动喷水灭火系统的人员密集的场所和丙类生产车间、库房等高大空间场所，应设置其他自动灭火系统，并宜采用固定消防炮等灭火系统。

（6）下列部位宜设置水幕系统：

1）超过 2000 个座位的会堂或礼堂和高层民用建筑内超过 800 个座位的会堂或礼堂的舞台口及上述场所内与舞台相连的侧台、后台的洞口；

2）应设置防火墙等防火分隔物而无法设置的局部开口部位；

3）需要防护冷却的防火卷帘或防火幕的上部。

注：舞台口也可采用防火幕进行分隔，侧台、后台的较小洞口宜设置乙级防火门、窗。

（7）下列建筑或部位应设置雨淋自动喷水灭火系统：

1）超过 2000 个座位的会堂或礼堂的舞台葡萄架下部；

2）建筑面积不小于 400m^2 的演播室，建筑面积不小于 500m^2 的电影摄影棚。

（8）下列场所应设置自动灭火系统，并宜采用水喷雾灭火系统：

1）单台容量在 40MVA 及以上的厂矿企业油浸变压器，单台容量在 90MVA 及以上的电厂油浸变压器，单台容量在 125MVA 及以上的独立变电站油浸变压器；

2）充可燃油并设置在高层民用建筑内的高压电容器和多油开关室。

注：设置在室内的油浸变压器、充可燃油的高压电容器和多油开关室，可采用细水雾灭火系统。

（9）下列场所应设置自动灭火系统，并宜采用气体灭火系统：

1）中央及省级公安、防灾和网局级及以上的电力等调度指挥中心内的通信机房和控制室；

2）A、B 级电子信息系统机房内的主机房和基本工作间的已记录磁（纸）介质库；

3）其他特殊重要设备室。

注：本条规定的部位，可采用细水雾灭火系统。

（10）甲、乙、丙类液体储罐的灭火系统设置应符合下列规定：

1）单罐容量大于 1000m^3 的固定顶罐应设置固定式泡沫灭火系统；

2）罐壁高度小于 7m 或容量不大于 200m^3 的储罐可采用移动式泡沫灭火系统；

3）其他储罐宜采用半固定式泡沫灭火系统。

（11）建筑面积大于 1000m^2 的餐馆或食堂，其烹饪操作间的排油烟罩及烹饪部位应设置自动灭火装置，并应在燃气或燃油管道上设置与自动灭火装置联动的自动切断装置。

四、火灾自动报警系统

（1）下列建筑或场所应设置火灾自动报警系统：

1）地市级及以上广播电视建筑、邮政建筑、电信建筑，城市或区域性电力、交通和防灾等指挥调度建筑；

2）座位数超过 2000 个的会堂或礼堂，座位数超过 3000 个的体育馆；

3）净高大于 2.6m 且可燃物较多的技术夹层，净高大于 0.8m 且有可燃物的闷顶或吊顶内；

4）电子信息系统的主机房及其控制室、记录介质库，特殊贵重或火灾危险性大的机器、仪表、仪器设备室、贵重物品库房；

5）二类高层公共建筑内建筑面积大于 50m^2 的可燃物品库房和建筑面积大于 500m^2 的营业厅；

6）其他一类高层公共建筑；

7）设置机械排烟、防烟系统、雨淋或预作用自动喷水灭火系统、固定消防水炮灭火系统、气体灭火系统等需与火灾自动报警系统联锁动作的场所或部位。

（2）建筑高度大于 100m 的住宅建筑，应设置火灾自动报警系统。

建筑高度大于 54m 但不大于 100m 的住宅建筑，其公共部位应设置火灾自动报警系统，套内宜设置火灾探测器。

建筑高度不大于 54m 的高层住宅建筑，其公共部位宜设置火灾自动报警系统。当设置需联动控制的消防设施时，公共部位应设置火灾自动报警系统。

高层住宅建筑的公共部位应设置具有语音功能的火灾声警报装置或应急广播。

（3）建筑内可能散发可燃气体、可燃蒸汽的场所应设置可燃气体报警装置。

五、防烟和排烟设施

（1）建筑的下列场所或部位应设置防烟设施：

1）防烟楼梯间及其前室；

2）消防电梯间前室或合用前室；

3）避难走道的前室、避难层（间）。

建筑高度不大于50m的公共建筑、厂房、仓库和建筑高度不大于100m的住宅建筑，当其防烟楼梯间的前室或合用前室符合下列条件之一时，楼梯间可不设置防烟系统：

1）前室或合用前室采用敞开的阳台、凹廊；

2）前室或合用前室具有不同朝向的可开启外窗，且可开启外窗的面积满足自然排烟口的面积要求。

（2）厂房或仓库的下列场所或部位应设置排烟设施：

1）人员或可燃物较多的丙类生产场所，丙类厂房内建筑面积大于 $300m^2$ 且经常有人停留或可燃物较多的地上房间；

2）建筑面积大于 $5000m^2$ 的丁类生产车间；

3）占地面积大于 $1000m^2$ 的丙类仓库；

4）高度大于32m的高层厂房（仓库）内长度大于20m的疏散走道，其他厂房（仓库）内长度大于40m的疏散走道。

（3）民用建筑的下列场所或部位应设置排烟设施：

1）设置在一、二、三层且房间建筑面积大于 $100m^2$ 的歌舞娱乐放映游艺场所，设置在四层及以上楼层、地下或半地下的歌舞娱乐放映游艺场所；

2）中庭；

3）公共建筑内建筑面积大于 $100m^2$ 且经常有人停留的地上房间；

4）公共建筑内建筑面积大于 $300m^2$ 且可燃物较多的地上房间；

5）建筑内长度大于20m的疏散走道。

（4）地下或半地下建筑（室）、地上建筑内的无窗房间，当总建筑面积大于 $200m^2$ 或一个房间建筑面积大于 $50m^2$，且经常有人停留或可燃物较多时，应设置排烟设施。

第五节　常用消防设施、器材维护保养

一、一般规定

（1）维护保养工作的周期、数量应按《建筑消防设施维护保养周期、数量表》执行。

（2）在维护保养过程中发现存在的问题，消防技术服务机构应告知委托单位并由其整改落实，下次维护保养时消防技术服务机构应再次进行检查。

（3）在维护保养过程中，需要设备断电影响单位正常工作的，或需要进入特殊场所进行作业的，应经委托单位消防安全管理人或归口职能管理部门批准。

（4）建筑消防设施维护保养期间，应加强现场监督，委托单位应采取确保消防安全的有效措施。需要进入危险区域的，应设置警戒围挡、警示标志，采取专人值守等警戒措施；对声光、广播、非消防电源切断等容易引起人员恐慌的设备功能测试前，应由委托单位发出预告；在对气体灭火系统、泡沫灭火系统、雨淋系统等特殊系统进行测试时，需采取防止误动作的可靠措施。

（5）在维护保养过程中发现的问题，需要维修、更换、标定、检验等工作的由委托单位与消防技术服务机构双方合同约定；火灾探测报警产品的维修保养与报废的具体要求应按照 GB 29837 的规定执行。

二、火灾自动报警系统

1. 火灾报警控制器及联动控制器

维护要求：

a）控制器的自检、消音、复位、屏蔽、历史记录查询、火警优先等功能应正常。

b）控制器应能直接或间接地接收来自火灾探测器及其他报警触发器件的火灾报警信号，发出声、光报警信号，指示火灾发生部位，记录火灾报警时间，并予以保持，直至手动复位。

c）火灾报警声信号应能手动消除，当再有火灾报警信号输入时，应能再次启动。

d）控制器使用打印机记录火灾报警时间时，应打印出月、日、时、分等信息。

e）当控制器内部、控制器与其连接的部件间产生故障时，应能在 100s 内发出与火灾报警信号有明显区别的故障声、光信号，故障声信号应能手动消除，再有故障信号输入时，应能再启动。

f）火灾报警控制器的电源部分应有主电源和备用电源转换装置。当主电源断电时，能自动切换到备用电源；当主电源恢复时能自动转换到主电源。

维护方法：

a 项：操作控制器的自检按键，观察控制器面板上所有指示灯、显示器和音响器件的动作情况。当报警控制器处于报警状态时，手动操作控制器的消音键，检查控制器声信号消除情况。手动操作消防联动控制器或火灾报警控制器（联动型）的复位键，观察控制器模块的工作情况。操作控制器屏蔽或取消屏蔽回路任一部件，检查控制器设备信息注释情况和屏蔽指示灯工作情况。结合探测器报警功能测试，查看报警控制器显示的报警部位、类型是否与现场一致。

b、c 项：控制器发出消防联动设备控制信号时，应发出相应的声光信号指示，该光信号指示不能被覆盖且应保持至手动恢复；在接收到消防联动控制设备反馈信号 10s 内应发出相应的声光信号，并保持至消防联动设备恢复。

d 项：结合探测器报警功能测试，查看打印机记录纸张信息是否完整。

e 项：控制器与任一现场部件之间的连接断路，用秒表测量控制器故障报警响应时间，检查控制器故障信息显示情况。

f 项：测试控制器电源转换功能：切断主电源，能自动转换到备用电源，主电源恢复时，能自动转换到主电源；主、备电源工作状态指示正常。

检测设备：感烟（温）探测器功能试验器、秒表。

2. 消防控制室图形显示装置

维护要求：

a）消防控制室图形显示装置应能接收火灾报警控制器和消防联动控制器发出的故障

报警信号、火灾报警信号和联动控制信号，显示相应信息。

b）消防控制室图形显示装置应能监视并显示与控制器通信的工作状态。

c）消防控制室图形显示装置应能显示建筑总平面图、保护对象的建筑平面图和系统图。

维护方法：使火灾报警控制器、消防联动控制器发出火灾报警信号、联动控制信号、反馈信号，核对图形显示装置显示相应信号的物理位置准确性。

3. 火灾显示盘

维护要求：

a）外观应完好，无明显损伤。

b）安装牢固，平稳无倾斜。

c）火灾显示盘应能正确接收和显示火灾报警控制器发出的火灾报警信号；声报警信号应能手动消除，再次有火警信号输入时，应能再启动。

d）断开火灾显示盘的电源或信号线路，火灾报警控制器应在 100s 内收到故障信号；故障信号在排除后自动复位。

维护方法：

a、b 项：目测，手动检查。

c 项：使探测器或手动报警按钮发出火灾报警信号，检查火灾显示盘和控制器火灾信息现实情况。

手动操作设备的消音键，检查声信号消除情况。

d 项：使火灾显示盘的主电源处于故障状态，用秒表测量控制器故障报警响应时间，观察控制器的故障报警情况和故障报警显示情况。

4. 火灾探测器

维护要求：

a）外观应完好，无明显损伤。

b）探测器安装应牢固不得有明显松动。

c）探测器周围 0.5m 内不应有遮挡物。

d）当被监视区域达到报警条件时，应向火灾报警控制器输出火警信号。

e）探测器报警后应能启动火灾报警确认灯；探测器报警确认灯在手动复位前应予以保持。

f）探测器的编码应与竣工图标识、控制器显示相对应。

维护方法：

a、b、c、f 项：目测，手动检查。

d、e 项：对可恢复的探测器采用专用的检测仪器或模拟火灾，使探测器达到报警设定值；对不可恢复的探测器采取模拟报警的方法，使探测器处于火灾报警状态；观察火灾探测器火警确认灯点亮情况。对线型光束感烟火灾探测器的火灾报警功能、复位功能进行检查并记录，探测器的火灾报警功能、复位功能。对线型感温火灾探测器的火灾报警功能、复位功能进行检查并记录；对线型感温火灾探测器的敏感部件故障功能进行检查并记录。对管路采样式吸气感烟火灾探测器的火灾报警功能、复位功能进行检查并记录；对管路采样式吸气感烟火灾探测器的采样管路气流故障报警功能进行检查并记录。对点型火焰探测器和图像型火灾探测器的火灾报警功能、复位功能进行检查并记录。

检测设备：感烟（温）探测器功能试验器、线型光束感烟探测器滤光片、秒表、钢卷尺。

5. 火灾警报器

维护要求：

a）安装应牢固、平稳、无松动；

b）应在接收火灾报警控制器输出的控制信号后，发出声、光警报。

维护方法：

a 项：目测，手动检查。

b 项：操作控制器使火灾警报器启动，观察火灾警报器是否发出声、光警报。

6. 手动火灾报警按钮

维护要求：

a）外观应完好，无明显损伤；

b）紧固部件无松动，启动零件不应破碎、变形或移位；

c）报警按钮编码应与竣工图标识、控制器显示相对应；

d）被触发时，应向火灾报警控制器输出火警信号；

e）报警按钮与火灾报警控制器手动复位后，按钮的报警状态与火灾确认指示灯应能复位。

维护方法：

a、b、c 项：目测，手动检查。

d、e 项：使报警按钮动作后，观察按钮火警确认灯的点亮情况；检查控制器火灾报警情况、火警信息显示和记录情况。复位手动报警按钮的机械机构，手动操作控制器的复位键，观察按钮火警确认灯的熄灭情况。对可恢复的手动报警按钮，使报警按钮动作，报警按钮应发出火灾报警信号。对不可恢复的手动报警按钮应采用模拟动作的方法使报警按钮发出火灾报警信号，报警按钮应发出火灾报警信号。

7. 消防应急广播

维护要求：

a）广播扬声器表面无破损，安装应牢固可靠。

b）仪表、指示灯应显示正常，开关和控制按钮应动作灵活。

c）扬声器语音广播音质应清晰。

d）火灾应急广播与公共广播合用时，应保证能在消防控制室将相关部位的扬声器和音响广播扩音机强制转入火灾应急广播状态。

e）消防应急广播设备的电源部分应具有主电源和备用电源转换装置，当主电源断电时，能自动切换到备用电源；当主电源恢复时，能自动切换到主电源。

维护方法：

a、b 项：目测，手动检查。

c 项：操作消防应急广播控制设备使扬声器播放应急广播信息，检查语音信息的播报情况。

d 项：结合消防联动功能测试，检查广播的控制功能。

e 项：进行电源切换测试。

8. 消防电话

维护要求：

a）消防电话主机仪表、指示灯显示应正常，开关和控制按钮应动作灵活；

b）消防电话插孔外观应正常；

c）当有消防电话分机呼叫时，总机应在 3s 内发出呼叫声、光信号；

d）在消防控制室应能与所有消防电话、电话插孔之间互相呼叫与通话；

e）消防电话分机与消防电话总机的通话应清晰。

维护方法：

a、b 项：目测，手动检查。

c 项：将任一部电话分机摘机，用秒表测量总机的响应时间，检查总机呼叫信息显示情况。

d、e 项：操作电话总机建立通话，检查语音通话情况。

检测设备：秒表。

9. 消防电梯

维护要求：

a）首层的消防电梯迫降按钮，应用透明罩保护，当触发按钮时，能控制电梯下降至首层；

b）消防控制室应能手动和自动控制电梯回落首层，功能、信号均应正常，此时其他楼层按钮不能呼叫控制电梯，只能在轿厢内控制；

c）消防电梯从首层到顶层的运行时间不宜大于 60s。

维护方法：

a 项：目测，手动检查；触发首层的迫降按钮时，能控制电梯回落至首层，查看电梯下落情况。

b、c 项：消防控制室手动和自动控制电梯迫降至首层，功能、信号均正常，此时其他楼层按钮呼叫功能失效，只能在轿厢内控制。消防电梯从首层到顶层的运行时间不宜大于 60s。

检测设备：秒表。

10. 系统联动测试

维护要求：

a）火灾报警控制器及联动控制器对消防给水灭火系统、防烟排烟系统、气体灭火系统、防火卷帘、电动防火门、消防广播与火灾警报器、非消防用电切断、电梯等设备的控制应与设计文件相符；

b）设置在消防控制室以外的消防联动控制设备的动作状态信号，均应在消防控制室显示。

维护方法：使任一报警区域符合联动控制触发条件的火灾探测器、手动火灾报警按钮发出火灾报警信号：将火灾报警控制器及联动控制器置于自动状态，试验火灾报警控制器及联动控制器对消防广播与火灾警报器、防烟排烟系统、应急照明及疏散指示系统、防火卷帘、电动防火门、非消防用电切断、电梯等设备的联动控制功能；查看火灾报警控制器及联动控制器启动提示，应能在规定的时间内发出预先设定的启动信号，其动作后的反馈信息应正确。

三、消防水源

维护要求：

a）外观应完好，消防水池的补水设施应正常；

b）应确保消防用水不作他用的技术措施正常；

c）消防水池应设置就地水位显示装置，并应在消防控制中心或值班室等地点设置显示消防水池水位的装置。

维护方法：目测，手动检查。

四、消火栓系统

1. 供水设施

（1）消防水泵及控制柜。

维护要求：

a）设备应完整、无损坏及腐蚀等。

b）吸水管、出水管上的控制阀应锁定在常开位置，并应有明显标记。

c）消防控制柜或控制盘应设置专用线路连接的手动直接启泵按钮。

d）消防水泵应能手动启停和自动启动，且不应设置自动停泵的控制功能；消防水泵应确保从接到启泵信号到水泵正常运转的自动启动时间不应大于 2min。

e）消防控制柜或控制盘应能显示消防水泵的运行状态。

f）当主泵故障时，备用泵应能切换运行。

g）消防水泵控制柜应注明所属系统，并在平时处于自动状态，其电源信息应反馈至消防控制室。

维护方法：

a、b 项：目测，手动检查。

c、e、f 项：手动操作控制箱、柜的手、自动控制转换按钮、按键，检查控制箱、柜的显示情况；分别手动操作控制箱、柜各消防泵启动按钮、按键，检查对应消防泵启动情况，手动操作消防泵停泵按钮、按键，检查对应消防泵停止运转情况；手动操作控制箱、柜的手、自动控制转换按钮、键，使控制箱、柜处于自动控制状态，模拟输入消防联动控制器的启动信号，观察主消防泵的启动情况；切断主消防泵的电源，用秒表测量泵组备用消防泵的启动时间。

g 项：目测系统标识、指示灯及仪表。目测控制柜是否在自动状态。切断消防水泵的供电电源，查看消防控制室是否收到报警信息。

检测设备：秒表。

（2）稳（增）压设备。

维护要求：

a）设备应完整、无损坏及腐蚀等。

b）稳压泵手动、自动启停功能应正常。

c）稳压泵应设置备用泵，其工作性能与主泵相同。当主泵故障时，备用泵应能切换运行。

d）吸水管、出水管上的控制阀应锁定在常开位置，并应有明显标记。

e）启泵与停泵压力符合设定值，压力表显示正常。

维护方法：

a 项：目测，手动检查。

b 项：对稳压泵进行手动、自动起停功能测试。

c 项：将水泵控制柜打到自动状态，模拟主泵故障，观察是否自动切换至备用泵工作状态。

d、e 项：目测，手动检查压力表显示和阀门设置情况。

（3）高位消防水箱。

维护要求：

a）外观应完好，消防水箱补水设施应正常，结构完好，无破损、渗漏；

b）高位消防水箱与其他用水合用水箱时，确保消防用水量不作他用的技术措施应正常，并应设置就地水位装置；

c）消防控制室应能准确显示消防水箱的水位；

d）消防水箱出水管上的止回阀开启时应灵活，关闭时应严密。

维护方法：

a、d 项：目测，手动检查。

b、c 项：目测，手动检查消防用水量不作他用的保护措施是否满足要求，查看就地及消防控制室液位显示是否准确。

（4）水泵接合器。

维护要求：

a）水泵接合器组件应齐全，止回阀的安装方向应使消防用水能从消防水泵接合器进入系统；

b）控制阀应常开，且启闭灵活；

c）消防水泵接合器永久性固定标志应能识别其所对应的消防给水系统或水灭火系统，当有分区时应有分区标识。

维护方法：目测，手动检查。

2. 室内消火栓

维护要求：

a）外观应完好，消火栓箱组件应齐全完整。

b）消火栓箱门开启灵活，开度应符合要求。

c）消火栓箱应有明显标志，标识清晰。

d）消火栓栓口和水带接扣、水枪和水带接扣应相匹配。

e）水带和水带接扣的连接应牢固可靠，消防软管卷盘的卷盘轴与弯管、消防软管与软盘管进出口、软管与进水控制阀、软管与喷枪的连接牢固可靠。

f）临时高压系统的最不利点应符合以下要求：

① 最不利点静压（当建筑高度＞100m 时），不应低于 0.15MPa。

② 最不利点静压（建筑高度≤100m 的一类高层公共建筑、工业建筑），不应低于 0.10MPa。

设置稳压泵时，不应低于 0.15MPa。

③ 最不利点静压（多、高层住宅、二类高层公共建筑、多层公共建筑），不应低于 0.07MPa；设置稳压泵时，不应低于 0.15MPa。

④ 最不利点充实水柱（高层建筑、厂房、库房和室内净空高度超过 8m 的民用建筑等场所）≥13m。

⑤ 最不利点充实水柱（其他场所）≥10m。

维护方法：

a、c、d、e 项：目测，手动检查。

b 项：开启消火栓箱，用角度尺测量开度。

f 项：用消火栓测压接头测量最不利点静压。

检测设备：消火栓测压接头、钢卷尺、角度尺。

3. 消火栓按钮

维护要求：

a）外观应完好，安装应牢固可靠、无松动；

b）当建筑内无火灾自动报警系统，消防设计文件有要求时，启动消火栓按钮，消防水泵应直接启动；

c）当有火灾自动报警系统时，启动消火栓按钮，消防控制室应收到报警信号，显示报警部位。

维护方法：

a 项：目测，手动检查。

b、c 项：启动消火栓按钮，在控制室查看报警信号并观察消防泵启动情况。

4. 管网控制阀门

维护要求：外观应完好；控制阀门处于全开启状态。

维护方法：目测，手动检查。

5. 系统过滤器

维护要求：过滤器外观应完好，无堵塞。

维护方法：目测，手动检查。

6. 消火栓系统功能

维护要求：

a）消防水泵出水管上的低压压力开关、高位消防水箱出水管上的流量开关动作信号应能直接联锁启动消防水泵，流量开关动作及水泵启动信号应能反馈至消防控制室；

b）干式消火栓系统测试时，报警阀（电动阀/电磁阀）应及时启动，压力开关应发出信号并联锁启动消防水泵，水力警铃动作应发出报警信号；

c）水泵自动启动时间应不大于2min；

d）系统设计为消火栓按钮直接启动消火栓泵的，消火栓按钮应设绿色回答指示灯，消火栓泵启动并给出回答信号后，回答确认灯点亮，并保持至消火栓泵停止工作。

维护方法：

a 项：在泵房通过试验管或放水阀门放水，使管网压力持续降低，查看消防水泵出水干管上压力开关能否自动启动消防水泵。通过高位消防水箱排水管放水，使出水管上的流量开关动作，查看流量开关能否自动启动消防水泵。查看在消防控制室是否收到报警信息。

b 项：根据系统类型，通过打开 1 个消火栓放气或按下消火栓箱内手动按钮模拟火灾发生，观察干式报警阀或雨淋阀（电磁阀/电动阀）是否打开，查看水泵、压力开关、水力警铃的动作情况。

c 项：用秒表测量水泵启动的时间。

d 项：目测，手动检查。

检测设备：秒表。

7. 室外消火栓

维护要求：

a）室外消火栓的阀门应启闭灵活；

b）室外地上式消火栓应布置在消防车易于接近的人行道和绿地等地点，且不应妨碍交通；

c）地下式安装室外消火栓应有明显标志；

d）地下式安装室外消火栓井内应无积水；

e）室外消火栓栓口出水压力不应小于 0.14MPa，火灾时水力最不利消火栓的供水压力从地面算起不应小于 0.10MPa；

f）应有可靠防冻措施。

维护方法：

a、b、c、d、f 项：目测，手动检查。

e 项：用消火栓测压接头测试栓口静压。开启消火栓，待出水稳定后，查看消火栓测压接头压力显示。

检测设备：消火栓测压接头。

五、气体灭火系统

1. 气体灭火控制器

维护要求：

a）自检面板上所有的指示灯、显示器和音响器件，显示应正常；

b）主、备电源转换功能应正常；

c）自动、手动转换功能应正常，无论装置处于自动或手动状态，手动操作启动均应有效；

d）控制器所处状态应有明显的标志或灯光显示，反馈信号显示应正常。

维护方法：

a、d 项：目测；操作控制器的自检机构，检查设备指示灯、显示器和音响器件的指示情况。

b 项：切断主电源，检查备用电源自动投入情况，观察工作指示灯显示情况；恢复主电源，检查主电源自动投入情况，观察工作指示灯显示情况。

c 项：操作控制器的手、自动控制转换控制按钮、键，检查控制器的显示情况。

2. 系统组件

维护要求：灭火剂储存容器及容器阀、单向阀、连接管、集流管、安全泄放装置、选择阀、阀驱动装置、喷嘴、信号反馈装置、检漏装置、减压装置等系统组件应无碰撞变形及其他机械性损伤，表面应无锈蚀，保护涂层应完好，铭牌和标志牌应清晰，手动操作装置的防护罩、铅封和安全标志应完整。

维护方法：目测，手动检查。

3. 存储装置

（1）充装量及充装压力。

维护要求：

a）低压二氧化碳灭火系统储存装置的液位计检查，灭火剂损失 10%时应及时补充；

b）七氟丙烷管网灭火系统及 IG541 灭火系统等系统的灭火剂的压力，不得小于设计储存压力的 90%；

c）预制灭火系统的设备状态和运行状况应正常。

维护方法：目测，手动检查。

（2）称重检查。

维护要求：称重装置正常；灭火剂净重不小于设计量的 90%；二氧化碳储瓶及储罐在灭火剂损失量达到设定值时能发出报警信号。

维护方法：目测，手动检查。

检测设备：称重装置。

4. 驱动装置

维护要求：

a）驱动气体储存容器内的压力不小于设计压力的 90%；

b）电磁阀启闭功能应正常。

维护方法：目测，手动检查，测量电磁阀的启动电压。

5. 灭火剂输送管道及附件

维护要求：输送管道、支、吊架固定无松动，高压软管无变形、裂纹及老化。

维护方法：目测，手动检查。

6. 喷嘴

维护要求：喷嘴孔口无堵塞。

维护方法：目测，手动检查。

7. 模拟启动试验

（1）自动模拟启动试验。

维护要求：

a）自动控制应在接到两个独立的火灾信号并延迟一定时间后才能启动；

b）灭火系统接到灭火指令后能正常启动、喷射；

c）有关的声、光报警装置均能发出符合设计要求的正常信号；

d）有关联动设备动作正确；

e）手动紧急停止装置应能在规定的延时时间内可靠的停止系统的启动。

维护方法：将气体灭火控制器的启动输出端与气体灭火系统相应防护区驱动装置连接。驱动装置应与阀门的动作机构脱离。也可以用 1 个启动电压、电流与驱动装置的启动电压、电流相同的负载代替。人工模拟火警使防护区内任意 1 个火灾探测器动作，观察单一火警信号输出后，相关报警设备动作是否正常，如警铃、蜂鸣器发出报警声等。人工模拟火警使该防护区内另一个火灾探测器动作，观察复合火警信号输出后，相关动作信号及联动设备动作是否正常，如发出声、光报警，启动输出端的负载响应，关闭通风空调、防火阀等。

检测设备：数字万用表、感烟（温）探测器功能试验器。

（2）手动模拟启动试验。

维护要求：

a）灭火系统接到灭火指令并延迟一定时间后才能正常启动、喷射；

b）有关的声、光报警装置均能发出符合设计要求的正常信号；

c）有关联动设备动作正确；

d）手动紧急停止装置应能在规定的延时时间内可靠的停止系统的启动。

维护方法：按下手动启动按钮，观察相关动作信号及联动设备动作是否正常，如发出声、光报警，启动输出端的负载响应，关闭通风空调、防火阀等。人工使压力信号反馈装置动作，观察相关防护区门外的气体喷放指示灯是否正常。

检测设备：数字万用表。

第六节 常用消防设施、器材检测管理

一、一般要求

（1）检查各消防设施组件和设备的铭牌、标志、出厂产品合格证、消防产品的符合法定市场准入规则的证明文件、消防电梯的检测合格证、灭火剂的有效期等。

（2）检查检测用仪器、仪表、量具等的计量检定合格证及有效期。

（3）查看系统组件和设备、管道、线槽等的外观，以及设备和管道有无泄漏现象。

（4）检查采用绝缘电阻测试仪测量的导线和电缆的线间、线对地间绝缘电阻值的记录；检查采用接地电阻测试仪测量的系统接地电阻值的记录。

（5）采用核对方式检查时，应与设计、验收等相关技术文件对比。

（6）应逐项记录各消防设施的检测结果及仪表显示的数据，填写检测记录表，并与上一次检测的记录表对比。

（7）检测过程中采用对讲设备进行联络，完成检测后将各消防设施恢复至正常警戒状态。

二、火灾自动报警系统

1. 火灾探测器

（1）点型感烟探测器。

采用发烟装置向探测器施放烟气，查看探测器报警确认灯，以及火灾报警控制器的火警信号显示。

消除探测器内及周围烟雾，报警控制器手动复位，观察探测器报警确认灯在复位前后的变化情况。

（2）线型光束感烟探测器。

1）按照 GB 14003—1992 附录 A 中表 A1 选用滤光片：

a）减光值小于 1.0dB。

b）在减光值为 1.0dB～10.0dB 之间依次变换滤光片。

c）减光值大于 10dB。

2）分别将上述不同减光值的滤光片，置于相向的发射与接收器件之间、并尽量靠近接收器的光路上，同时用秒表开始计时。在不改变滤光片设置位置的情况下，查看 30s 内火灾报警控制器的火警信号、探测器报警确认灯的动作情况。

（3）点型、线型感温探测器。

1）点型感温探测器。

a）可复位点型感温探测器，使用温度不低于 54℃的热源加热，查看探测器报警确认灯和火灾报警控制器火警信号显示；移开加热源，手动复位火灾报警控制器，查看探测器报警确认灯在复位前后的变化情况。

b）不可复位点型感温探测器，采用线路模拟的方式试验。

2）线型感温探测器。

a）可恢复型线型感温探测器，在距离终端盒 0.3m 以外的部位，使用 55～145℃的热源加热，查看火灾报警控制器火警信号显示。

b）不可恢复型线型感温探测器，采用线路模拟的方式试验。

（4）火焰（或感光）探测器。

1）在探测器监测视角范围内、距离探测器0.55～1.00m处，放置紫外光波长小于280nm或红外光波长大于850nm光源，查看探测器报警确认灯和火灾报警控制器火警信号显示。

2）撤除光源后，查看探测器的复位功能。

（5）可燃气体探测器。

1）试验气体的选择应符合GB 15322—1994的5.1.6条要求。

2）向探测器释放对应的试验气体，观察报警响应时限内报警控制器的显示情况。

2. 手动报警按钮

（1）触发按钮，查看火灾报警控制器火警信号显示和按钮的报警确认灯。

（2）先复位手动按钮，后复位火灾报警控制器，查看火灾报警控制器和按钮的报警确认灯。

3. 火灾自动报警控制器

（1）火灾报警控制器。

1）触发自检键，对面板上所有的指示灯、显示器和音响器件进行功能自检。

2）切断主电源，查看备用直流电源自动投入和主、备电源的状态显示情况。

3）在备用直流电源供电状态下，进行断路故障报警及火警优先功能、二次报警功能检测：

a）模拟探测器、手动报警按钮断路故障，查看故障显示。

b）断路故障报警期间，采用发烟装置或温度不低于 54℃的热源，先后向同一回路中两个探测器施放烟气或加热，查看火灾报警控制器的火警信号、报警部位显示及记录。每个探测器检测后，只消音，不复位。

4）用万用表测量火灾报警控制器的联动输出信号。

5）系统复位，恢复到正常警戒状态。

（2）火灾报警显示盘。在火灾报警控制器的检测过程中，同时查看火灾显示盘的显示。

（3）消防联动控制设备。

1）对面板上所有的指示灯、显示器和音响器件进行功能自检。

2）切断主电源，查看备用直流电源自动投入和主、备电源的状态显示情况。

3）在备用直流电源供电状态下，进行下列检测：

a）核对消防控制设备的联动控制功能和逻辑控制程序。

b）在接线端子处，模拟消防联动控制设备与输入/输出模块间连线的断路、短路故障并用秒表计时，查看声、光故障报警信号。

c）远程手动启动各联动控制消防设备，查看控制信号的传输；系统复位。

4）恢复至正常警戒状态。

（4）可燃气体报警控制器。

1）试验气体的选择应符合GB 15322—1994的5.1.6要求。

2）触发自检键，对面板上所有的指示灯、显示器和音响器件进行功能自检。

3）切断主电源，查看备用直流电源自动投入和主、备电源的状态显示情况。

4）在备用直流电源供电状态下，进行下列检测：

a）模拟可燃气体探测器断路故障，查看故障显示，恢复系统警戒状态。
b）向非故障回路的可燃气体探测器施加试验气体，查看报警信号及报警部位显示。
c）触发消音键，查看报警信号显示。
5）系统复位，恢复到正常警戒状态。
（5）火灾警报装置。
1）使用数字声级计测量背景噪声的最大声强。
2）输入控制信号，测量声警报的声强，具有光警报功能的，查看光警报。

三、消防给水

1. 消防水池
（1）查看水位及消防用水不被他用的设施。
（2）查看补水设施；寒冷地区查看防冻设施。
2. 消防水箱
（1）查看水位及消防用水不被他用的设施。
（2）消防水泵启动后，查看水位是否上升。
（3）寒冷地区查看防冻设施。
3. 稳压泵、增压泵及气压水罐
（1）查看进出口阀门开启程度。
（2）核对启泵、停泵压力，查看运行情况。
4. 消防水泵
（1）查看水泵和阀门的标志。
（2）转动阀门手轮，检查阀门状态。
（3）在泵房控制柜处启动水泵，查看运行情况。
（4）在消防控制室启动水泵，查看运行及反馈信号。
5. 水泵控制柜
（1）查看仪表、指示灯、控制按钮和标识。
（2）模拟主泵故障，查看自动切换启动备用泵情况，同时查看仪表及指示灯显示。
6. 水泵接合器
（1）查看标志牌、止回阀。
（2）转动手轮查看控制阀及泄水阀。
（3）寒冷地区查看防冻措施。
（4）用消防车等加压设施供水时，查看系统压力变化。

四、消火栓、消防炮

1. 室内消火栓
（1）查看标志、箱体、组件及箱门。

（2）查看栓口位置。

2. 室外消火栓

（1）查看消火栓外观。

（2）出口处安装压力表，打开阀门，查看出水压力。

（3）寒冷地区查看防冻措施。

3. 消防炮（水炮、泡沫炮）

（1）查看外观，转动手轮，查看入口控制阀。

（2）人为操作消防炮，查看回转与仰俯角度及定位机构。

4. 启泵按钮

（1）查看外观和配件。

（2）触发按钮后，查看消防泵启动情况、按钮确认灯和反馈信号显示情况。

5. 系统功能

（1）室内消火栓。

1）选择最不利处消火栓，连接压力表及闷盖，开启消火栓，测量栓口静水压力。

2）连接水带、水枪，触发启泵按钮，查看消防泵启动和信号显示，测量栓口静水压力。

3）按设计出水量开启消火栓，测量最不利处消火栓出水压力。

4）按设计出水量开启消火栓，测量最有利处消火栓出水压力。

5）系统恢复正常状态。

（2）消防炮。

1）触发启泵按钮，查看消防泵启动和信号显示，记录炮入口压力表数值。

2）具有自动或远程控制功能的消防炮，根据设计要求检测消防炮的回转、仰俯与定位控制。

五、气体灭火系统

1. 瓶组与储罐

（1）查看外观、铅封、压力表和标志牌及称重装置。

（2）操作选择阀的手动装置，打开后再复位。

（3）对二氧化碳灭火系统，按灭火剂储瓶内二氧化碳的设计储存量，设定允许的最大损失量。采用拉力计，向储瓶施加与最大允许损失量相等的向上拉力，查看检漏装置能否发出报警信号。

（4）对低压二氧化碳储罐，查看制冷装置及温度计。

2. 喷嘴

查看外观。

3. 气体灭火控制器

（1）对面板上所有的指示灯、显示器和音响器件进行功能自检。

（2）将控制方式设定在手动，然后转换为自动，分别查看控制器的显示。

（3）切断主电源，查看备用直流电源的自动投入和主、备电源的状态显示情况。

（4）在备用直流电源供电状态下，模拟下列故障并查看控制器的显示：

1）火灾探测器断路。

2）启动钢瓶的启动信号线断路。

3）选择阀后主管道上压力讯号器的接线短路。

（5）故障报警期间，采用发烟装置或温度不低于54℃的热源，先后向同一回路中两个探测器施放烟气或加热，查看火灾报警控制器的显示和记录，用万用表测量联动输出信号。

（6）断路状态下，查看继电器输出触点，并用万用表测量触点“C”，与“NC”间、“C”与“NO”间的电压。

（7）全部复位，恢复到正常警戒状态。

4. 系统功能

（1）查看防护区内的声光报警装置，入口处的安全标志、声光报警装置，以及紧急启、停按钮。

（2）系统设定在自动控制状态，拆开该防护区启动钢瓶的启动信号线、并与万用表连接。将万用表调节至直流电压挡后，触发该防护区的紧急启动按钮并用秒表开始计时，测量延时启动时间，查看防护区内声光报警装置、通风设施、以及入口处声光报警装置等的动作情况，查看气体灭火控制器与消防控制室显示的反馈信号。完成试验后将系统恢复至警戒状态。

（3）先后触发防护区内两个火灾探测器，查看气体灭火控制器的显示。在延时启动时间内，触发紧急停止按钮，达到延时启动时间后查看万用表的显示及相关联动设备。完成试验后将系统恢复至警戒状态。

（4）当进行喷气试验时，应符合 GB 50263—1997 要求。

第七节　灭火器维修护理

一、一般规定

根据 GA 95—2015《灭火器维修》要求，对灭火器维修护理规定如下：

（1）维修前应对送修的灭火器逐具做好信息记录。记录至少包括：

a）灭火器用户名称；

b）制造厂名称或代号；

c）气瓶（筒体）生产连续序号或编号；

d）型号、灭火剂的种类；

e）灭火级别和灭火种类；

f）使用温度范围；

g）驱动气体名称、数量或压力；

h）水压试验压力；

i） 生产年份或制造年月；

j） 最大工作压力或公称工作压力（适用二氧化碳灭火器）；

k）瓶体设计壁厚（适用二氧化碳灭火器）；

l） 实际内容积（适用二氧化碳灭火器）；

m） 空瓶质量（适用二氧化碳灭火器）；

n）上次维修合格证上的信息（适用时）。

（2）灭火器维修应按下列程序进行。

二、维修前检查

维修前应对灭火器外观和铭牌标志进行检查，确认是否符合规定的报废要求。对确认属于报废的灭火器应进行报废处置。

三、拆卸灭火器

（1）拆卸灭火器应采用安全的拆卸方法，采取必要的安全防护措施，在确认灭火器内部无压力时，方可拆卸灭火器器头或阀门。

（2）拆卸后，应对灭火器气瓶（筒体）内部进行检查，确认其内部是否存在规定的缺陷。属于报废的灭火器应进行报废处理。

（3）拆卸后，应对灭火器器头（阀门）和贮气瓶等零部件进行检查，确认是否存在规定的可更换要求。

四、灭火剂回收处理

（1）为防止维修中清除的灭火剂对环境造成污染，应对清除的灭火剂进行分类回收处理。

（2）干粉灭火剂的回收处理要求如下：

a）从喷射过的干粉灭火器内清除的剩余灭火剂应按 ABC 干粉和 BC 干粉灭火剂分别进行回收储存，且应防止两类不同灭火剂混杂后产生污染。这类灭火剂不应用于再充装。

b）从未喷射过的干粉灭火器内清除的灭火剂应按灭火器铭牌标志上标明的灭火剂成分分别进行回收。经检验，干粉灭火剂的主要组分含量、含水率、吸湿率、抗结块性（针入度）和斥水性符合相关灭火剂标准后，且无外来杂质，则可用于再充装。应保持检验记录。不符合要求的灭火剂应按 a）的要求进行回收储存。

c）回收储存的不可用于再充装的干粉灭火剂应送有能力处理干粉灭火剂的生产企业用作辅料处理后再利用，或送有关的环境保护部门进行处理。

（3）灭火器内的灭火剂，在拆卸前应按国家相关的回收规则进行回收处理，并保持记录。

（4）从水基型灭火器内清除的灭火剂，应按符合环保要求的方法进行处理。

（5）洁净气体灭火器内的灭火剂，应按符合环保要求的方法进行处理。用于回收再利用时，应对其进行纯度和含水率检验，经检验符合相关灭火剂标准后，则可用于再充装。应保持检验记录。

（6）二氧化碳灭火器内的灭火剂，应按符合环保要求的方法进行处理。用于回收再利用时，应对其进行纯度和含水率检验，经检验符合相关灭火剂标准后，则可用于再充装。应保持检验记录。

五、水压试验

（1）对确认不属于报废范围的灭火器气瓶（筒体）、贮气瓶，或可不更换的器头（阀门），装有可间歇喷射装置的喷射软管组件，以及气瓶（筒体）与器头（阀门）的连接件等应逐个进行水压试验。对二氧化碳灭火器的气瓶应逐个进行残余变形率的测定。

（2）水压试验应按灭火器铭牌标志上规定的水压试验压力进行，水压试验时不应有泄漏、部件脱落、破裂和可见的宏观变形。二氧化碳灭火器钢瓶的残余变形率不应大于3%。应保持检验记录。

（3）经水压试验合格的零部件应清洗干净。清洗不应使用有机溶剂。

六、更换零部件

（1）维修机构应按原灭火器生产企业的灭火器装配图样和可更换零部件明细表进行部件更换，灭火器气瓶（筒体）不可更换。

（2）更换的零部件应与原灭火器生产企业提供的零部件的特性保持一致。零部件应经检验合格后方可使用。应保持检验记录。

（3）有下列缺陷的零部件应作更换：

a）器头或阀门有明显的裂纹和损伤、阀杆变形、弹簧锈蚀、密封件破损、超压保护装置损坏、水压试验不符合要求等缺陷；

b）灭火器的压把、提把等金属件有严重损伤、变形、锈蚀等影响使用的缺陷；

c）贮气瓶式灭火器的顶针有肉眼可见的缺陷；

d）虹吸管和贮气瓶式灭火器的出气管有弯折、堵塞、损伤和裂纹等缺陷；

e）压力指示器，若卸压后指示不在零位、指示区域不清晰、外表面有变形、损伤等缺陷，或示值误差不符合GB 4351.1中相关的要求；

f）喷嘴有变形、开裂、脱落、损伤等缺陷；

g）喷射软管有变形、龟裂、断裂等缺陷；

h）喷射控制阀（喷枪）损坏；

i）水基型灭火器的滤网有损坏；

j）贮气瓶的水压试验不符合要求或永久性标志不符合GB 4351.1或GB 8109中规定的要求；

k）橡胶和塑料零部件有变形、变色、龟裂或断裂等缺陷；

l）推车式灭火器的车轮、车架组件的固定单元、喷射软管和喷枪的固定装置有损坏；

m）干粉灭火剂的主要组分含量、含水率、吸湿率、抗结块性（针入度）、斥水性不符合相关灭火剂标准规定的要求，或有外来杂质，或存在其他任何疑问；

n）洁净气体灭火剂和二氧化碳灭火剂的纯度、含水率不符合相关灭火剂标准规定的要求。

（4）经水压试验合格的气瓶（筒体），若外部有部分涂层脱落，但无锈蚀时，允许补加涂层，补加涂层应光滑、平整、色泽一致，无气泡、流痕、皱纹等缺陷。补加涂层不应覆盖铭牌。

（5）每次维修时，下列零部件应作更换：

a）密封片、圈、垫等密封零件；

b）水基型灭火剂；

c）二氧化碳灭火器的超压安全膜片。

七、再充装

（1）在进行灭火剂再充装时，应按原灭火器生产企业的要求进行操作。

（2）任何一种灭火器均不应变更充装其他类型的灭火剂。

（3）再充装的灭火剂应与原灭火器生产企业提供的灭火剂的特性保持一致。

（4）用回收再利用的干粉灭火剂进行再充装，应符合灭火器拆卸和回收处理的要求。

（5）用回收再利用的洁净气体灭火剂进行再充装，应符合灭火器拆卸和回收处理的要求。

（6）用回收再利用的二氧化碳灭火剂进行再充装，应符合灭火器拆卸和回收处理的要求。

（7）再充装前，应对未更换的零部件进行清洁处理。除水基型灭火器的零部件外，其余灭火器的零部件应进行干燥处理。

（8）ABC 和 BC 干粉灭火剂灌装设备应单独使用，充装场地应独立分隔，确保不同种类的干粉灭火剂不相互混合和交叉污染。

（9）灭火剂的充装应采用专用灌装设备。灭火剂的充装量和充装密度应符合该型号灭火器的充装要求，并应逐件进行复称确认，做好记录。

（10）贮压式灭火器中充装的驱动气体应符合灭火器铭牌标志上规定的充装气体和充装压力的要求，充气时应根据充装的环境温度调整充装气体的压力，充压时不应采用灭火器压力指示器作计量器具。除水基型灭火器外，驱动气体的露点应不高于－55℃。

（11）灭火器用的贮气瓶应按原灭火器生产企业的要求进行再充装，或采用由原生产企业提供的已充装的贮气瓶进行更换。

（12）再充装后的贮压式灭火器或贮气瓶应逐件进行气密性试验，进行气密性试验时，不应有气泡泄漏现象。做好试验记录。

八、维修记录和维修标识

（1）对维修过的灭火器应逐件进行编号，并按编号记录维修信息以确保维修后灭火器的可追溯性。记录应符合要求，合并存档，保存期限应不少于5年。

（2）灭火器维修记录内容应至少包括：

a）维修编号；

b）型号；

c）气瓶（筒体）生产连续序号；

d）更换的零部件名称；

e）用回收再利用的灭火剂进行再充装的记录（适用时）；

f）灭火剂充装量；

g）维修后总质量；

h）维修出厂检验项目、检验记录和判定结果；

i）维修人员、检验人员和项目负责人的签署；

j）维修日期。

（3）灭火器报废记录内容应至少包括：

a）维修编号；

b）型号；

c）报废理由；

d）灭火器用户确认报废记录；

e）维修人员、检验人员和项目负责人的签署；

f）维修日期。

（4）每具经维修出厂检验合格的灭火器应加贴维修合格证。维修合格证的内容应包括：

a）维修编号；

b）总质量；

c）项目负责人签署；

d）维修日期；

e）维修机构名称、地址和联系电话等。

（5）维修合格证的形状和内容的编排格式由原灭火器生产企业或维修机构设计。维修合格证的尺寸应不小于30cm²，字体应清晰。

（6）维修合格证应采用不加热的方法固定在灭火器的气瓶（筒体）上，但不应覆盖原灭火器上的铭牌标志。将其从灭火器的气瓶（筒体）上去除时，应自行破损。

九、报废与回收处置

（1）灭火器自出厂日期算起，达到以下年限的，应报废：

a）水基型灭火器——6年；

b）干粉灭火器——10年；

c）洁净气体灭火器——10 年；

d）二氧化碳灭火器和贮气瓶——12 年。

（2）灭火器有下列情况之一者，应报废：

a）永久性标志模糊，无法识别；

b）气瓶（筒体）被火烧过；

c）气瓶（筒体）有严重变形；

d）气瓶（筒体）外部涂层脱落面积大于气瓶（筒体）总面积的三分之一；

e）气瓶（筒体）外表面、连接部位、底座有腐蚀的凹坑；

f）气瓶（筒体）有锡焊、铜焊或补缀等修补痕迹；

g）气瓶（筒体）内部有锈屑或内表面有腐蚀的凹坑；

h）水基型灭火器筒体内部的防腐层失效；

i）气瓶（筒体）的连接螺纹有损伤；

j）气瓶（筒体）水压试验不符合试验要求；

k）不符合消防产品市场准入制度的；

l）由不合法的维修机构维修过的；

m）法律或法规明令禁止使用的。

（3）灭火器或贮气瓶的报废应经用户同意，并按要求做好记录。

（4）报废处理时应对灭火器中的灭火剂按回收处理的要求进行处理。其余固体废物应按相关的环保要求进行回收利用处置。

（5）对报废的灭火器气瓶（筒体）或贮气瓶应进行消除使用功能处理。处理应在确认报废的灭火器气瓶（筒体）或贮气瓶内部无压力的情况下进行、应采用压扁或者解体等不可修复的方式，不应采用钻孔或破坏瓶口螺纹的方式。

（6）维修机构应向社会提供灭火器报废回收服务。

第八节 动 火 管 理

一、动火级别

根据火灾危险性、发生火灾损失、影响等将动火级别分为一级动火、二级动火两个级别。

火灾危险性很大，发生火灾造成后果很严重的部位、场所或设备应为一级动火区；级动火区以外的防火重点部位、场所或设备及禁火区域应为二级动火区。

二、禁止动火条件

（1）油船、油车停靠区域。

（2）压力容器或管道未泄压前。

（3）存放易燃易爆物品的容器未清理干净或未进行有效置换前。

（4）作业现场附近堆有易燃易爆物品，未作彻底清理或者未采取有效安全措施前。

（5）风力达五级以上的露天动火作业。

（6）附近有与明火作业相抵触的工种在作业。

（7）遇有火险异常情况未查明原因和消除前。

（8）带电设备未停电前。

（9）按国家和政府部门有关规定必须禁止动用明火的。

三、动火安全管理措施

1. 动火管理

（1）凡使用气焊、电焊及喷灯等进行明火作业时，必须执行动火工作票制度。

（2）在防火重点部位级别分为二级，分别执行一级动火工作票、二级工作票。

（3）电焊间等固定动火场所；在野外对铁塔、水泥杆、接地线需动火时，其下面和四周确无可燃物的空旷地方；土建（新建）工程，可免用动火工作票。

2. 动火工作票审批权限

一级动火工作票。由申请动火班组班长或班组技术负责人签发，动火部门（车间）消防管理负责人和安监负责人审核，动火部门（车间）负责人或技术负责人批准，包括填写批准动火时间和签名。必要时应向当地公安机关消防部门提出申请，在动火作业前到现场进行消防安全检查和指导工作。

二级动火工作票由申请动火班组班长或班组技术负责人签发，动火部门（车间）安监人员审核，动火部门（车间）负责人或技术负责人批准，包括填写批准动火时间和签名。

3. 动火工作票资格

（1）动火工作票的签发人应考试合格，并经单位分管领导或总工程师批准并书面公布。动火执行人应具备有关部门颁发的合格证（如焊接工作应持有上岗证）。

（2）外单位（包括系统内的）在本单位禁火区域动火工作时，应由负责该项工作的本单位工作负责人按动火等级及有关规定履行动火工作票制度。外单位的动火工作票签发人、执行人应报本单位安监部审批同意，方可担任动火工作。

（3）动火工作票管理。

1）动火工作票应按工作票同等考核。

2）动火工作票不得代替设备停复役手续或检修工作票。

3）动火工作在间断或终结时清理现场，认真检查和消除残留火种，并清扫现场，做到工完场清。

4）动火工作票延期时必须重新履行动火工作票制度。

5）动火工作票签发人不得兼任该项工作的工作负责人。

6）动火工作票的审批人、消防监护人不得签发动火工作票。

7）动火工作负责人可以填写动火工作票。

8）动火工作负责人或工作班负责人可以兼任动火工作的消防监护人。

9）现场消防监护人不得同时监护不同区域、部位的动火工作。

10）在从事变电站电气设备区的动火工作时（无人值班），必须由集控站派人到现场，履行许可手续后方可进行动火工作。

（4）动火工作票内容及票面填写。

1）“动火部门”“班组”是指负责动火工作的部门和班组。

2）“动火工作内容”，主要是指动火点的动火内容，如连接、切割、安装、修补等。“示意图”主要把动火点四周或上下及左右的设备和环境情况表示出来。

3）“运行应采取的安全措施”，凡动火与运行有关或危及安全的要填写安全措施；如动火点与运行设备及设备四周环境没有关系的，可在“运行应采取的安全措施”栏写上不涉及或无关系。

4）“检修应采取的安全措施”，如动火点属检修工作票内容的，填原工作票号。

5）动火工作票要用钢笔或圆珠笔填写，应正确清楚，不得任意涂改。如有个别错、漏字需要修改时，应字迹清楚，位置正确。

6）动火工作票至少一式二份，一份由工作负责人收执，一份由动火执行人收执，动火工作终结后应将这二份工作票交还给动火工作票签发人。

7）一级动火工作票应有一份保存在本单位安监部。若动火工作与运行有关时，还应多一份交运行人员收执。

（5）动火工作票的监督考核。

1）动火工作票考核以纸质的动火工作票为准，相关部门应将纸质动火工作票妥善保存，保存期为一年，并按年保存。

2）动火工作票填写和执行不符合《国家电网公司电力安全工作规程（变电部分）》（以下简称《安规》有关要求且未造成火灾或火警事故，根据《违章处罚及离岗培训管理实施细则》的规定对相关责任人进行考核。

3）动火工作票填写和执行不符合《安规》有关要求且造成火灾或火警事故，根据公司安全生产工作奖惩实施细则的规定对相关责任人进行考核，造成严重后果的依法追究相关责任人行政直至刑事责任。

4）动火工作票考核坚持部门“自查自考”为主的原则，应按工作票同等考核，由各部门根据《安规》有关要求制定具体的考核细则。公司对动火工作票考核进行动态监督检查，如发现部门“自查自考”不严，公司将追究部门管理责任，并作为公司对部门季度绩效考核和年终考核的依据之一。

（6）动火工作相关人员职责。

1）各级审批人员及工作票签发人主要安全责任应包括下列内容：

a）审查工作的必要性和全面性。

b）审查申请工作时间的合理性。

c）审查工作票上所列安全措施正确、完备。

d）审查工作负责人、动火执行人符合要求。

e）指定专人测定动火部位或现场可燃性、易爆气体含量或粉尘浓度符合安全要求。

2）工作负责人主要安全责任应包括下列内容：

a）正确安全地组织动火工作。

b）确认动火安全措施正确、完备，符合现场实际条件，必要时进行补充。

c）核实动火执行人持允许进行焊接与热切割作业的有效证件，督促其在动火工作票上签名。

d）向有关人员布置动火工作，交代危险因素、防火和灭火措施。

e）始终监督现场动火工作。办理动火工作票开工和终结手续。

f）动火工作间断、终结时检查现场无残留火种。

3）运行许可人主要安全责任应包括下列内容：

a）核实动火工作时间、部位。

b）工作票所列有关安全措施正确、完备，符合现场条件。

c）动火设备与运行设备确已隔绝，完成相应安全措施。

d）向工作负责人交代运行所做的安全措施。

4）消防监护人主要安全责任应包括下列内容：

a）动火现场配备必要、足够、有效的消防设施、器材。

b）检查现场防火和灭火措施正确、完备。

c）动火部位或现场可燃性、易爆气体含量或粉尘浓度符合安全要求。

d）始终监督现场动火作业，发现违章立即制止，发现起火及时扑救。

e）动火工作间断、终结时检查现场无残留火种。

5）动火执行人主要安全责任应包括下列内容：

a）在动火前必须收到经审核批准且允许动火的动火工作票。

b）核实动火时间、动火部位、动火现场及本工种要求做好的防火措施。

c）全面了解动火工作任务和要求，在规定的时间、范围内进行动火作业。

d）发现不能保证动火安全时应停止动火，并报告部门（车间）领导。

e）动火工作间断、终结时清理并检查现场无残留火种。

6）一、二级动火工作票的签发人、工作负责人应进行本规程等制度的培训，并经考试合格。动火工作票签发人由单位分管领导或总工程师批准，动火工作负责人由部门（车间）领导批准。动火执行人必须持政府有关部门发的允许电焊与热切割作业的有效证件。

7）动火工作票应用钢笔或圆珠笔填写，内容应正确清晰，不应任意涂改，如有个别错，漏字需要修改，应字迹清楚，并经签发人审核签字确认。

8）非本单位人员到生产区域内动火工作时，动火工作票由本单位签发和审批。承发包工程中，动火工作票可实行双方签发形式。

9）一级动火工作票的有效期为24h（1天），二级动火工作票的有效期为120h（5天）。必须在批准的有效期内进行动火工作，需延期时应重新办理动火工作票。

10）各级人员在发现防火安全措施不完善不正确时，或在动火工作中发现有危险或违反有关规定时，均有权立即停止动火工作，并报上级防火负责人。

4. 动火的现场监护

（1）一级动火工作在首次动火时，各级审批人和动火工作票签发人均应到现场检查防火安全措施是否正确完备，测定可燃气体、易燃液体的可燃蒸汽含量或粉尘浓度是否格，并在监护下做明火试验，确无问题后方可动火作业。动火时，动火部门负责人或技术负责人、消防队员应始终在现场监护。

（2）二级动火前，必须将室内（或容器内）易燃易爆等挥发性气体排出干净（电缆沟内油渍擦干净），确无问题后，才准动火工作。动火现场必须有专人监护，并配备足够的消防器材，消防监护人、工作负责人必须始终在现场监护。

（3）消防监护人应由本单位专职消防员或志愿消防员担任。

5. 一般动火安全措施

（1）动火作业前应清除动火现场、周围及上、下方的易燃易爆物品。

（2）高处动火应采取防止火花溅落措施，并应在火花可能溅落的部位安排监护人。

（3）动火作业现场应配备足够、适用、有效的灭火设施、器材。

（4）必要时应辨识危害因素，进行风险评估，编制安全工作方案及火灾现场处置预案。

（5）各级人员发现动火现场消防安全措施不完善、不正确，或在动火工作过程中发现有危险或有违反规定现象时，应立即阻止动火工作，并报告消防管理或安监部门。

四、动火安全技术措施

1. 动火技术设施

（1）动火作业应落实动火安全技术措施，动火安全技术措施应包括对管道、设备、容器等的隔离、封堵、拆除、阀门上锁、挂牌、清洗、置换、通风、停电及检测可燃性、易爆气体含量或粉尘浓度等措施。

（2）对存有或存放过易燃易爆物品的容器、设备、管道或场所进行动火作业，在动火前应将其与生产系统可靠隔离、封堵或拆除，与生产系统直接相连的阀门应上锁挂牌，并进行清洗、置换，经检测可燃性、易爆气体含量或粉尘浓度合格后，方可动火作业。

（3）动火点与易燃易爆物容器、设备、管道等相连的，应与其可靠隔离、封堵或拆除，与动火点直接相连的阀门应上锁挂牌，检测动火点可燃气体含量应合格。

（4）在易燃易爆物品周围进行动火作业，应保持足够的安全距离，确保通排风良好，使可能泄漏的气体能顺畅排走，如有必要，应检测动火场所可燃气体含量应合格。

（5）在可能转动或来电的设备上进行动火作业，应事先做好停电、隔离等确保安全的措施。

（6）处于运行状态的生产区域或危险区域，凡能拆移的动火部件，应拆移到安全地点动火。

（7）动火前可燃性、易爆气体含量或粉尘浓度检测的时间距动火作业开始时间不应超过 2.0h。可将检可燃性、易爆气体含量或粉尘浓度含量的设备放置在动火作业现场进行实时监测。

（8）一级动火作业过程中，应每间隔 2～4h 检测动火现场可燃性、易爆气体含量或粉尘浓度是否合格，当发现不合格或异常升高时应立即停止动火，在未查明原因或排除险情前不得重新动火。

（9）用于检测气体或扬尘浓度的检测仪应在校验有效期内，并在每次使用前与其他同类检测仪进行比对检查，以确定其处于完好状态。

（10）气体或粉尘浓度检测的部位和所采集的样品应具有代表性，必要时分析的样品应留存到动火结束。

2. 一般动火安全措施

（1）动火作业前应清除动火现场、周围及上、下方的易燃易爆物品。

（2）高处动火应采取防止火花溅落措施，并应在火花可能溅落的部位安排监护人。

（3）动火作业现场应配备足够、适用、有效的灭火设施、器材。

（4）必要时应辨识危害因素，进行风险评估，编制安全工作方案及火灾现场处置预案。

（5）各级人员发现动火现场消防安全措施不完善、不正确，或在动火工作过程中发现有危险或有违反规定现象时，应立即阻止动火工作，并报告消防管理或安监部门。

3. 动火作业间断要求

（1）动火作业间断，动火执行人、监护人离开前，应清理现场，消除残留火种。

（2）动火执行人、监护人同时离开作业现场，间断时间超过 30min，继续动火前，动火执行人、监护人应重新确认安全条件。

（3）一级动火作业，间断时间超过 2h，继续动火前，应重新测定可燃性、易爆气体含量或粉尘浓度，合格后方可重新动火。

（4）一、二级动火作业，在次日动火前须重新测定可燃性、易爆气体含量或粉尘浓度，合格后方可重新动火。

4. 动火作业终结要求

（1）动火作业完毕，动火执行人、消防监护人、动火工作负责人应检查现场无残留火种等，确认安全后，在动火工作票上填明动火工作结束时间，经各方签名，盖“已终结”印章，动火工作终结。若动火工作经运行许可的，则运行许可人也要参与现场检查和结束签字。

（2）动火作业终结后，工作负责人、动火执行人的动火工作票应交给动火工作票签发人。发电单位一级动火一份留存班组，一份交单位安监部门；二级动火一份留存班组，一份交动火部门（车间）；电网经营单位一份留存班组，一份交动火部门（车间），动火工作票保存 1 年。

第九节　消防安全教育培训与宣传

一、消防安全教育培训

1. 消防安全教育的目的和意义

消防安全教育是消防安全管理的一项重要内容，是保证安全生产的重要手段。

（1）消防安全教育能提高各级领导和员工对消防工作重要性的认识，增强消防安全的责任感，提高贯彻执行消防法规以及各项消防安全规章制度的自觉性。

（2）消防安全教育能使员工掌握安全生产的科学知识，提高安全操作的技能，提高防火灭火的能力，为实现安全生产创造条件。

2. 培训基本要求

消防安全培训应符合下列要求：

（1）单位应对新上岗和转岗的员工进行上岗前的消防安全培训。

（2）单位应通过多种形式开展经常性消防安全培训，至少每半年组织 1 次全员消防安全培训。

（3）单位对消防安全培训应有计划、有安排，培训程序、内容应考虑不同层次、不同岗位的需要。

（4）经常性的消防安全培训应有季度或年度总结。

3. 消防安全专门培训

下列人员应当接受消防安全专门培训：

（1）单位的消防安全责任人、消防安全管理人。

（2）专、兼职消防管理人员。

（3）消防控制室的值班人员、消防设施操作人员，应通过消防行业特有工种职业技能鉴定，持有初级技能以上等级的职业资格证书。

（4）其他依照规定应当接受消防安全专门培训的人员。

4. 消防安全培训内容

消防安全教育培训的内容应包括：① 国家消防工作方针、政策，消防法律法规；② 消防安全制度和操作规程；③ 本单位、本岗位的火灾危险性和防火措施；④ 有关消防设施的性能、灭火器材的使用方法；⑤ 检查消除火灾隐患、报火警、扑救初起火灾、组织引导人员疏散的知识和技能；⑥ 其他应培训的消防安全知识。

（1）消防安全知识教育。消防安全知识包括一般性的基本知识和专业性的消防技术知识。一般性的消防知识是企业或单位内所有人员都应知道的，例如进入库区或有爆炸危险的场所不得带入火种，不得用火吸烟，遵守用火用电的防火要求，动火检修危险设备要经过审批和采取安全措施，会使用消防器材扑救初起火灾，会报警，会分析引起着火的条件和原因等。专业性的消防技术知识包括从事锅炉、压力容器操作，从事焊接切割、电气工程安装作业，从事易燃易爆工艺操作，从事易燃易爆储存、运输作业等所需要的专门消防安全技术知识。

消防知识对于单位员工来说是必备的知识，它是生产技术知识的组成部分。例如，一些单位火灾多、损失大，原因是多方面的，但员工消防安全素质差，缺乏消防知识也是很重要的一个方面。

消防知识属于生产技术知识，不能孤立地进行消防技术知识教育，应该结合生产技术知识的教育来进行。即使有一定消防知识和经验的人，也要不断地接受消防安全知识教育，因为事物在发展，条件在变化，知识无止境，凭老经验而麻痹出事故的例子也是屡见不鲜。

（2）消防技能培训。对于员工来说，不仅要获得消防安全知识，而且还要形成实际防火灭火能力，会进行操作，才能取得预期的效果。要实现从“知道”到“会做”的过程，就要借助于消防技能培训，这是保证安全生产、有效防火灭火的重要环节。

消防技能培训包括正常的消防技能培训，例如如何进行防火检查，检查什么，各种灭火器如何使用，怎样操作灭火效果好等，还包括异常或紧急情况的处理技能。

消防技能培训主要应在实际操作中去进行，由有经验的员工和技术人员言传，反复指导帮助，通过亲身体会掌握实际操作的本领。

5. 消防安全培训档案内容

单位应建立消防培训档案，档案应包括培训影像资料、试卷、文字记录等内容。

二、消防宣传工作

1. 消防宣传工作的任务

（1）提高广大员工防火警惕性和同火灾做斗争的自觉性以及强烈的责任感。

（2）增强消防法规观念和员工的消防安全意识。

（3）提高基层单位和员工的自防自救能力。

（4）通过多种形式主动向社会各界宣传消防工作的重要意义，使广大员工理解支持、关心和参与消防工作。

2. 消防宣传工作的内容

（1）有关消防法规、消防安全制度和保障消防安全的操作规程。

（2）本单位、本岗位的火灾危险性和防火措施。

（3）有关消防设施的性能、灭火器材的使用方法。

（4）报火警、扑救初起火灾以及自救逃生的知识和技能。

3. 消防宣传的媒介载体和方式方法

包括网站、广告机、闭路电视、电子大屏、宣传标语、宣传单、App、微信公众号等。

第三章　调控大楼消防安全管理

第一节　调控大楼一般消防管理规定

一、档案室消防安全管理办法

为加强消防安全管理，预防和避免火灾对档案的危害，确保档案的安全，根据《中华人民共和国档案法》《中华人民共和国消防法》特制定档案室消防管理制度。

（1）档案室消防安全贯彻预防为主、防消结合的方针，本着谁主管谁负责的原则，实行严格管理，负责做好日常消防安全管理工作。

（2）做好档案室消防安全管理是部门领导、档案人员及有关人员应尽的责任和义务。

（3）档案室消防安全重点部位，由档案室管理部门确定，并挂牌明示。

（4）档案室库房消防安全必须达到下列要求：

1）档案库房严禁设置在存放易燃易爆品或带有火灾隐患的场所内。

2）档案库房门、窗应采用防火门窗。

3）严禁使用木制卷柜保存档案。

4）档案库房内严禁使用明火，除照明用电外，严禁使用与档案保护无关的用电设备。

5）档案库房用电设备安装或线路铺设应当符合防火要求。

6）档案库房应设置防火标志（牌）。

7）档案库房应按规定配备相应数量的有利于保护档案的灭火器材。

8）档案库房应配备火灾应急照明器材。

（5）制定消防安全制度，落实安全防火责任制，定期开展档案消防安全检查，及时整改火险隐患，档案管理人员及有关工作人员应当掌握防火、灭火基本知识和技能，会报火警，会使用灭火器材。

二、档案室消防安全管理职责

（1）档案室的工作人员应了解管理资料的火灾危险性和预防措施，熟练掌握消防器材的使用方法和会扑救初期火灾，并经常保持灭火器材的清洁、完好。

（2）把好档案资料进出档案室“三关”，即进库验收关、入库保管关、出库复验关。

（3）档案室存放资料应做到“五距”，即灯距、墙距、堆距、柱距、顶距，发现不安全因素及时加以处理并报告。

（4）档案内不得乱接乱拉电器线路和使用电热设备。

（5）档案室内严禁闲人入内，严禁吸烟和焚烧可燃物品。

（6）下班前对内进行安全检查，确认无误，切断电源，方可离开。

三、火灾应急处置程序

1. 初起阶段

消防控制室值班人员接到火警信号后，立即用对讲机通知工作人员到现场查看。确认火势初期阶段可以控制的，要及时组织人员全力灭火，并向上级领导汇报。

消防控制室值班人员及时通知调控大楼工作人员不要惊慌，迅速从安全楼道撤离。

灭火后查明起火原因，向上级领导书面汇报，及时处理，并做好维修及善后工作。

2. 火势较大无法控制时

立即拨打“119”火警电话告诉其详细地址及燃烧种类等情况，迅速报告上级领导，同时组织、指挥人员全力灭火，控制火势蔓延。

应急领导小组立即启动应急预案，组织相关人员进入应急岗位。消防控制室必须有一位熟悉调控大楼情况并配备大楼所有钥匙的人在现场待命，随时听候调遣。

立即通知联系拨打“120”电话，以备人员伤亡情况出现。若发现人员受伤，立即送其至医院救治，指派人员引领消防车迅速到达现场，尽快向消防队员讲明起火时间、地点、消防设备分布等详细情况。

分派部分人员协助维护好火场及周围的秩序，疏散人员，防止出现妨碍灭火行动的现象或发生新的意外伤亡事件。

在火势可控制时全力抢救贵重物品并做好清点统计和保管工作。其余人员在不妨碍消防人员灭火并确保自身安全的前提下，听从统一指挥，立即投入紧张有序的抢救工作，尽量把财产损失减少到最低。

3. 火情消除后

火情消除后，应立即清理现场，查清损失，尽快恢复正常工作，并及时向上级部门报告详细受灾情况、处理经过及相关情况，并按上级要求做好善后工作。

第二节 消防监控室管理

一、消防监控室值班人员职责

（1）熟悉和掌握本系统的工作原理和操作规程，熟悉各种按键的功能，能够熟练操作。

（2）认真记录控制器日运行情况，每日检查火灾报警控制器的自检、消音、复位功能以及主备电源切换功能、消防联动控制器的运行状况，并认真填写《消防控制室值班记录》。

（3）及时发现和处理设备故障，并填写《建筑消防设施故障处理记录》。

（4）掌握和了解消防设施的运行、误报警、故障等有关情况。

（5）熟练掌握《消防控制室火灾应急处置程序》，并能够按照程序开展应急处置工作。

（6）认真做好消防控制室日常管理档案的收集整理工作，确保档案资料真实完整。

二、消防监控室管理制度

为保障正常的生产、生活秩序，保障职工的生命财产安全，确保监控系统的正常使用和安全运作，充分发挥其作用，特制定本制度。

（1）监控中心实行二十四小时双人双岗，且值班人员必须具有国家相关部门颁发的构（建筑物）消防员中级操作证，严格交接班制度，严禁擅自脱离岗位。

（2）值班员要热爱本职工作，必须具有高度的工作责任心，认真负责完成好赋予的安全监控任务，及时掌握各种监控信息。

（3）监控室内禁止吸烟、吃零食、看书看报、喧哗吵闹、会客、睡觉等行为，水杯应放置在远离电器设备的地方，不准存放私人物品或易燃、易爆物品，不许上网或做与工作无关的事。

（4）值班员交班前负责打扫监控室的卫生，保持室内干净、清洁。交班时设备运行情况、物资器材要交接清楚，并认真填写当值期间值班记录。

（5）认真学习监控的操作过程，维护和保养好监控设备，密切注意监控设备运行状况。保证监控设备安全有序，不得无故中断监控，删除监控资料。

（6）对监控过程中发现的情况及时进行处理和上报，发现有价值案件线索及时另存入 U 盘保留，并做好标记。

（7）值班员要熟练掌握防火灭火技能，定期检查消防设施是否正常，并定期做好值班记录，发现隐患及时消除。发生火灾应立即报警并切断电源，同时用灭火设备扑救。

（8）谢绝与本监控中心无关人员入内，因工作关系需参观，须经相关领导批准由带班人员陪同方可进入，并办理出入登记手续。

（9）值班人员要有安全防范意识，必须保守工作秘密，不得在非工作场所议论有关录像资料内容。

三、火灾事故紧急处理程序

火灾事故的紧急处理程序如图 3-2-1 所示。

1. 火灾报警信息的确认

（1）火灾报警控制器报出并显示火警信号后，通知另一名消防值班人员或安保人员到报警点现场火灾确认。消防控制室内消防值班人员在控制室内随时准备实施系统操作。若消防控制室设有闭路监控系统，可直接将该系统切换至报警位置确认火情。如无火灾发生，消防值班人员应首先按下“消音”键消音，再依据报警信号确定报警点具体位置。

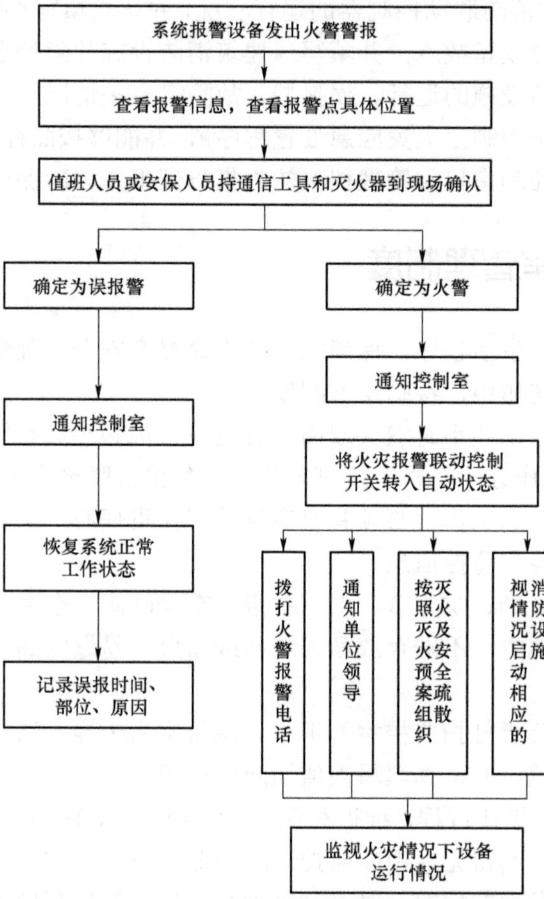

图 3-2-1　火灾事故的紧急处理程序图

（2）现场火灾确认人员携带手提消防电话分机或对讲机等通信设备尽快到现场查看是否有火情发生。

2. 火灾处置流程

（1）如确有火灾发生，现场火灾确认人员应立即用对讲机或到附近消防电话插孔处用消防电话分机等通信工具向消防控制室反馈火灾确认信息。可根据火灾燃烧规模情况决定利用现场灭火器材进行扑救还是立即疏散转移。

（2）消防控制室内值班人员接到现场火灾确认信息后，必须立即将火灾报警联动控制开关转入自动状态（处于自动状态的除外）。

（3）拨打 119 火警电话向消防部门报警：

拨打火警电话时，应首先摘机，听到拨号音后，再拨 119 号码。

拨通 119 后，应确认对方是否为 119 火警受理台，以免拨错；准确报出报警人的姓名、联系电话；简要说明起火原因及起火物质、火灾范围；准确报出建筑物所在地址（路名、街区名、门牌号），说明建筑物所处地理位置及周围明显的建筑物或道路标志。

等待接警人员提问，并简要准确地回答问题。

挂断电话后，通知消防巡查人员做好迎接消防车的各项准备工作。

（4）消防值班人员向单位负责人报告火情，同时立即启动单位内部灭火和应急疏散预案。

（5）立即通知配电房切断起火部位相关电源并接通消防电源。如果消防电源由自备发电机提供，还应通知发电机房启动发电机。

（6）启动相应的联动设备，如消火栓系统、喷淋系统、防排烟系统、关闭防火卷帘和常开式防火门等防火分隔设施及其他消防设施。

（7）通过消防广播系统通知火灾及相关区域人员疏散。

（8）消防队到场后，要如实报告情况，协助消防人员扑救火灾，保护火灾现场，调查火灾原因，做好火警记录。

注意，在整个施救期间控制室要和总指挥及其通信联络组保持通信畅通，随时掌握施救动态。

3. 误报警的处置方法

（1）当火灾探测器出现误报警时，通知另一名消防值班人员或安保人员到报警点现场火灾确认。消防控制室内消防值班人员在控制室内随时准备实施系统操作。若消防控制室设有闭路监控系统，可直接将该系统切换至报警位置确认火情。如无火灾发生，消防值班人员应首先按下“消音”键消音。

（2）考察是否由周围环境因素（水蒸气、油烟、潮湿、灰尘等）造成探测器误报警。

若环境中存在水蒸气、扬尘、油烟或快速温升等导致探测器误报警的因素，待环境恢复后，可按下火灾报警控制器的“复位”键，恢复探测器至正常工作状态。同时记录下该误报设备的详细编码等信息，并注意观察该报警点是否再次出现误报现象。

若不存在上述状况，无法确定导致报警原因时，可按下火灾报警控制器的“复位”键，恢复探测器至正常工作状态。如探测器反复进入报警状态，应立即向单位相关领导汇报，以便通知工程施工单位或维保单位尽快处理。

（3）当场有条件维修解决的应当场维修解决；当场没有条件维修解决的，应尽可能在24小时内维修解决；需要由供应商或者厂家提供零配件或协助维修解决的，若不影响系统主要功能的，可在7个工作日内解决。误报排除后应经单位消防安全管理人检查确认，维修情况应记入《建筑消防设施故障维修记录表》。

第三节 调度大厅、通信机房室、自动机房室消防安全管理

一、调度大厅、通信机房室、自动机房室消防安全管理要求

（1）调度大厅，通信机房室，自动机房室内严禁闲人入内，不得乱接乱拉电器线路和使用电热设备。严禁吸烟和使用电焊、气焊等进行明火作业。

（2）严禁使用电饭锅、电磁炉等大功率电器。

（3）调度大厅、通信机房、自动化机房重点防火部位安装的火灾自动报警和气体灭火系统装置应根据国家消防技术规范要求，必须将火灾报警信号，气体灭火动作信号接入调度大楼火灾总控制系统。

（4）设有电子门禁部位必须将门禁系统接入火灾报警系统，确保一旦发生火灾时门禁能及时打开，保障疏散通道，安全出口畅通。

（5）调控中心调控大厅、自动化机房、通信机房配置的消防设施、消防器材的管理，应逐一登记造册，指定专人负责保养，做到账、物相符，器材良好。

（6）调控中心调控大厅、自动化机房、通信机房、办公场所的消防设施周围1.5米内，严禁堆放其他物品和杂物，保持消防通道畅通。

（7）调控中心调控大厅、自动化机房、通信机房、办公场所的消防器材是进行灭火的专用工具，不得用于非消防方面，对于擅自将消防器材挪作他用的人员，必须严肃处理。

（8）调控中心调控大厅、自动化机房、通信机房、办公场所的安装的火灾报警系统、自动灭火系统等消防设施，值班人员应定期进行巡视、检查，并做好检查记录，发现异常及时汇报主管部室及消防专责。

（9）应在火灾扑救动用消防器材后，动用人员立即报告部门，以便及时补充。

（10）调控中心调控大厅、自动化机房、通信机房每季度开展消防宣传培训不少于1次。调控大厅、自动化机房、通信机房为调控大楼重点防火部位，调控大厅、自动化机房、通信机房主管部门应制定调控大厅、自动化机房、通信机房火灾现场处置方案，每半年对火灾现场处置方案开展一次演练，使员工熟悉掌握方案流程并做好演练全过程记录资料。

二、调度大厅、通信机房室、自动机房室消防安全管理人员职责

（1）运行值班人员必须熟悉和掌握本系统的工作原理和操作规程，熟悉各种按键的功能，能够熟练操作。

（2）安排专人定期对消防器材设施，及火灾报警系统运行状况进行检查，健全完善系统运行检查状况记录。

（3）熟练掌握火灾处置方案，并能够按照程序开展应急处置工作。

（4）定期对配置的消防设施、装备器材、设置的消防安全标志，进行维护，开展防火检查，及时消除火灾隐患。

三、火灾事故紧急处理程序

（1）当值值班人员发现火情或火灾报警控制器动作报出并显示火警信号后，值班人员应立即赶到火灾报警位置及起火部位进行确认。

（2）一旦火灾事故发生，值班人员应立即携带灭火器材赶赴火灾现场进行扑救，按照现场处置方案进行处置。

（3）如无火灾事故发生，值班人员应首先按下“消音”键消音。

第四节　调控大楼消防设备设施管理

一、消防车道

1. 定义

根据国家标准《建筑设计防火规范》（GB 50016—2014），消防车道是供消防车灭火时通行的道路。设置消防车道的目的在于：一旦发生火灾时确保消防车畅通无阻，迅速到达火场，为及时扑灭火灾创造条件。消防车道可以利用交通道路，但在通行的净高、净宽度、地面承载力、转弯半径等方面应满足通行与停靠的要求，并保证畅通。街区内的道路应考虑消防车的通行，消防车道的设置应根据当地消防部队使用的消防车辆的外形尺寸、载重、转弯半径等消防技术参数，以及建筑物的体量大小、周围通行条件等因素确定。

2. 检查方法

（1）通过查阅消防设计文件、总平面图等资料，根据建筑高度、沿街长度、规模、使用性质等，确定是否需要设置消防车道；

（2）沿消防车道全程检查消防车道的路面情况，与建筑之间不得设置妨碍消防车作业的树木、架空线等障碍物；

（3）对消防车道进行测量，净宽、净高、转弯半径、荷载和回车场面积等应符合要求，不应占用、堵塞消防车道。

（4）消防车道应设置醒目的提示和警示性标志。

二、防火间距

1. 定义

根据国家标准《建筑设计防火规范》（GB 50016—2014），防火间距是防止着火建筑在一定时间内引燃相邻建筑，便于消防扑救的间隔距离。

2. 检查方法

（1）应按照《建筑设计防火规范》对其火灾危险性进行分类，确定其使用性质和耐火等级；

（2）按照单多层、二类高层、一类高层，住宅建筑、公共建筑等进行分类，确定其耐火等级；

（3）对于可燃液体储罐，对其危险性进行分类，确定储存形式、单罐储量和总储量；

（4）对于液化石油气，确定其储存形式、单罐储量和总储量；

（5）按照各类建筑物的性质、耐火等级，储罐的储存形式、储量等，对照有关规范要求确定最小的防火间距要求；

（6）使用测距仪等对防火间距实地进行测量，对于测量结果判断是否符合要求。

三、建筑外保温

1. 定义

根据国家标准《建筑外墙外保温系统的防火性能试验方法》（GB/T 29416—2012），建筑外保温系统是采用规定的构造方式将多种材料安装在建筑外墙表面上，具有一定保温性能的完整结构系统。主要包括墙体和屋面的外保温。建筑的内、外保温系统，宜采用燃烧性能为A级的保温材料，不宜采用B_2级保温材料，严禁采用B_3级保温材料。

2. 检查方法

通过查阅消防设计文件中节能设计专篇、建筑剖面图、建筑外墙节点大样、施工记录、隐蔽工程验收记录、相关材料（保温材料、防护层、防火隔离带等）质量证明文件和性能检测报告或型式检验报告等资料，了解建筑高度、建筑类别及是否为幕墙式建筑、外保温体系类型等基础数据后，开展现场检查。现场采用钢针插入或剖开尺测量防护层的厚度、水平防火隔离带的高度或宽度时，不允许有负偏差。

（1）保温材料的燃烧性能。用于建筑保温系统的保温材料主要包括有机高分子类、有机无机复合类和无机类三大类，根据燃烧性能等级的不同，主要有A级、B_1级、B_2级三个等级。屋面、地下室外墙面不得使用岩棉、玻璃棉等吸水率高的保温材料。

（2）防护层的设置。当外墙体保温材料选用非A级材料时，检查其外侧是否按要求设置不燃材料制作的防护层，并将保温材料完全覆盖。不同使用性质、建筑高度和外墙材质的民用建筑，其防护层的设置厚度也有所不同。需要注意的是，首层防护层的厚度一般是其他楼层防护厚度的2倍。

（3）防火隔离带的设置。当外墙体采用B_2级保温材料时，检查是否每层沿楼板位置设置不燃材料制作的水平防火隔离带，隔离带的设置高度不得小于300mm，且应与建筑外墙体全面积粘贴密实。当屋面和外墙体均采用非A级保温材料时，还须检查外墙和屋面分隔处是否按要求设置不燃材料制作的防火隔离带，隔离带的宽度不得小于500mm。

（4）每层的防火封堵当外墙外保温系统与基层墙体、装饰层之间有空腔时，检查保温系统与基层墙体、装饰层之间的空腔，是否在每层楼板处采用防火封堵材料封堵，以防因烟囱效应造成火势快速发展。

（5）电气线路和电器配件。电气线路不得穿越或敷设在非A级保温材料中；对确需穿越或敷设的，应检查是否采取穿金属导管等防火保护措施。开关、插座等电器配件，不得直接安装在难燃或可燃的保温材料上，以防因电器使用年限长、绝缘老化或过负荷运行发热等引发火灾。

四、室外消火栓系统

1. 定义

根据国家标准《消防给水及消火栓系统技术规范》（GB 50974—2014），室外消火栓系统由消防水源、消防供水设备、给水管网和室外消火栓等组成。按压力分为常高压给水系统、临时高压给水系统和低压给水系统；按安装场合分为地上式消火栓和地下式消火栓，如图3-4-1所示；按进水口连接形式可分为承插式和法兰式两种。

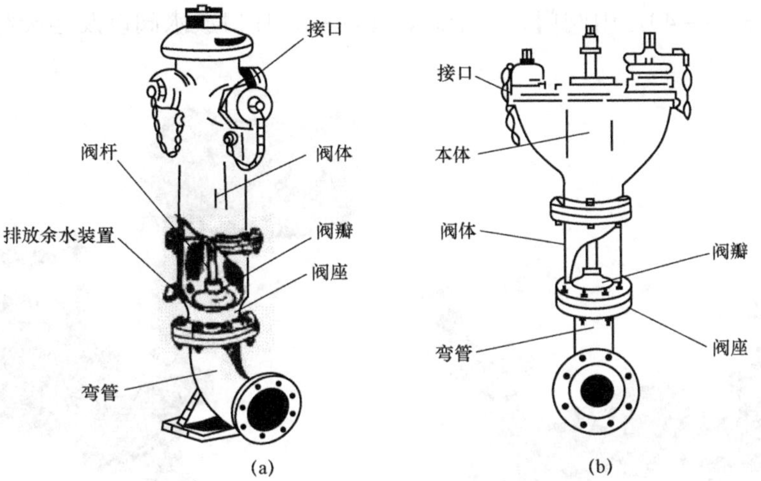

图 3–4–1 室外消火栓的结构图

（a）地上式室外消火栓；（b）地下式室外消火栓

2. 检查方法

（1）室外消火栓的选型、规格、数量、安装应符合设计要求。

（2）管道和阀门的施工和安装，应符合现行国家标准《给水排水管道工程施工及验收规范》（GB 50268）、《建筑给水排水及采暖工程施工质量验收规范》（GB 50242）的有关规定。

（3）地下式消火栓顶部进水口或顶部出水口应正对井口。顶部进水口或顶部出水口与消防井盖底面的距离不应大于 0.4m，井内应有足够的操作空间，并应做好防火措施。

（4）地下式消火栓应设置永久性固定标志。

（5）室外消火栓不被埋压、圈占、遮挡，便于消防车停靠使用，室外消火栓标识应明显，有专用开启工具，阀门开启灵活、方便，出水正常。

（6）同一建筑物内设置的室外消火栓应采用统一规格的栓口及配件。

（7）按数量抽查 30%，检查出水情况，室外消火栓水量及压力满足要求。

五、消防水泵接合器

1. 定义

根据《消防水泵接合器》（GB 3446—1993），接合器是消防车和机动泵向建筑物内消防系统输送消防用水和其他液体灭火剂的连接器具。水泵接合器是建筑消防给水系统的重要组成部分，当建筑物发生火灾，室内消防水泵因检修、停电或出现其他故障停止运转期间，或建筑发生较大火灾，室内消防用水量显现不足时，需利用消防车从室外消防水源抽水，通过水泵接合器向室内消防给水管网提供或补充消防用水。

图 3–4–2 地上式水泵接合器（SQS100/SQS150）

水泵接合器有地上式（图 3–4–2）、地下式（图 3–4–3）

和墙壁式（图 3－4－4），由阀门、安全阀、止回阀、栓口放水阀以及连接弯管等组成。

图 3－4－3　地下式水泵接合器

图 3－4－4　墙壁式水泵接器

2. 检查方法

（1）水泵接合器接口的位置应方便操作，安装在便于消防车接近的人行道或非机动车行驶地段。消防水泵接合器与消防通道之间不应设有妨碍消防车加压供水的障碍物（用于保护接合器的装置除外），不被埋压、圈占、遮挡，标识明显。

（2）水泵接合器的安全阀及止回阀安装位置和方向应正确，阀门启闭应灵活。

（3）水泵接合器应设置明显的耐久性指示标志，当系统采用分区或对不同系统供水时，必须标明水泵接合器的供水区域及系统区别的永久性固定标志。

（4）地下消防水泵接合器应采用铸有“消防水泵接合器”标志的铸铁井盖，并在附近设置指示其位置的永久性固定标志，如图 3－4－5 所示。

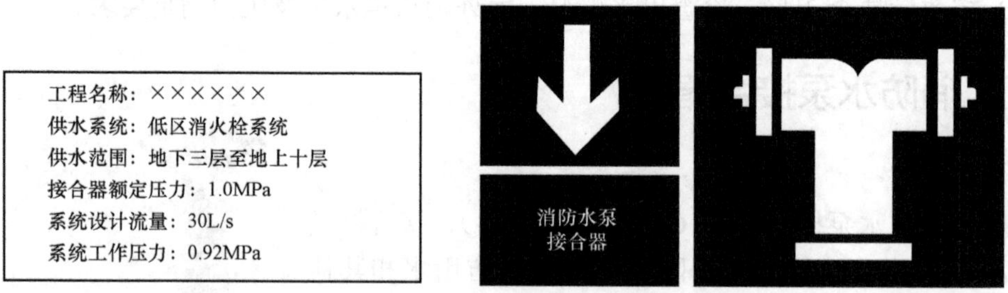

图 3－4－5　水泵接合器标识

（5）消防水泵接合器的数量及进水管位置应符合设计要求，消防水泵接合器应采用消防车车载消防水泵进行充水试验，且供水最不利点的压力、流量应符合设计要求；当有分区供水时，应确定消防车的最大供水高度和接力泵的设置位置的合理性。

（6）选一个水泵接合器，检查供水范围。

六、消防水池

1. 定义

根据国家标准《消防给水及消火栓系统技术规范》（GB 50974—2014），消防水池，是指人工建造的供固定或移动消防水泵吸水的储水设施，是天然水源或给水管网的一种重要补充手段。消防水池应设有水位控制阀的进水管和溢水管、通气管、泄水管、出水管及水位指示器等附属装置。

2. 检查方法

（1）消防水池水位和补水设施是否符合要求，消防水池的结构材料是否完好；

（2）寒冷地区消防水池应有防冻措施，室温应不低于 5℃。

第五节　调控大楼防火部位消防安全管理

一、安全出口

1. 定义

根据国家标准《建筑设计防火规范》（GB 50016—2014），安全出口是供人员安全疏散用的楼梯间和室外楼梯的出入口或直通室内外安全区域的出口。

（1）建筑内的安全出口和疏散门应分散布置，且建筑内每个防火分区或一个防火分区的每个楼层、每个住宅单元每层相邻两个安全出口以及每个房间相邻两个疏散门最近边缘之间的水平距离不应小于 5m。

（2）建筑内每个防火分区或一个防火分区的每个楼层，其安全出口的数量应经计算确定，且不应少于 2 个。

（3）为便于人员疏散，安全出口和疏散走道等应满足最小宽度的要求。

（4）公共建筑的安全疏散距离应符合相关规范要求。

2. 检查方法

（1）安全出口和疏散门设置符合要求，通过查阅消防设计文件、建筑平面图，根据建筑高度、使用功能和耐火等级等，检查安全出口的数量、疏散宽度是否满足要求。安全出口应保持畅通，各类提示性、警示性、禁止性标识齐全。不得锁闭、封堵、占有和遮挡安全出口。

（2）民用建筑和厂房的疏散用门，应为向疏散方向开启的平开门，不应采用侧拉门、转门、卷帘门、吊门和折叠门。除甲、乙类生产车间外，人数不超过 60 人且每道门的平均疏散人数不超过 30 人的房间，其疏散门的开启方向不限。

（3）仓库的疏散门应采用向疏散方向开启的平开门，但丙、丁、戊类仓库的首层靠墙的外侧可采用推拉门或卷帘门。

（4）人员密集场所内平时需要控制人员随意出入的疏散门和设置门禁系统的住宅、宿舍、公寓建筑的外门，应保证火灾时不需要使用钥匙等任何工具即能从内部易于打开，并应在显著位置设置使用提示的标识。

二、消防电梯

1. 定义

根据国家标准《消防电梯制造与安装安全规范》（GB 26465—2011），消防电梯是指设置在建筑的耐火封闭结构内，具有前室和备用电源，在正常情况下为普通乘客使用，在建筑发生火灾时其附加的保护、控制和信号等功能能专供消防员使用的电梯。因此，消防电梯具有较高的防火要求，其防火设计十分重要。

（1）消防电梯应分别设置在不同的防火分区内，且每个防火分区不应少于 1 台。

（2）建筑高度大于 32m 且设置电梯的高层厂房（仓库），每个防火分区内宜设置 1 台消防电梯。

（3）消防电梯应具有防火、防烟、防水功能。

（4）消防电梯应设置前室或与防烟楼梯间合用前室。

（5）消防电梯井、机房与相邻电梯井、机房之间应设置耐火极限不低于 2h 的防火隔墙，隔墙上的门应采用甲级防火门。

（6）消防电梯的井底应设置排水设施，排水井的容量不应小于 $2m^3$，排水泵的排水量不应小于 10L/s，且消防电梯间前室的门口宜设置挡水设施。

（7）消防电梯的载重量不应小于 800kg，轿厢尺寸不宜小于 1.5m×2m，运行速度从首层至顶层的运行时间不宜大于 60s，应能每层停靠。

（8）消防电梯的供电应为消防电源并设备用电源，在最末级配电箱自动切换，动力与控制电缆、电线、控制面板应采取防水措施。在首层的消防电梯入口处应设置消防队员专用的操作按钮，轿厢内应设置消防电话。

（9）电梯轿厢的内部装修应采用不燃材料。

2. 检查方法

（1）核查消防电梯设置的数量，是否每个防火分区均设置了消防电梯。

（2）测量消防电梯前室的面积，首层通向室外出口的距离。

（3）检查井底排水井的容积和排水泵的排水量是否符合要求。

（4）能检查轿厢内部的装修材料，消防电话设置是否符合要求。

（5）现场手动和远程控制测试消防电梯迫降至首层，测试是否每层都能停靠，并将信号反馈至消防控制室。测量从首层至顶层的运行时间。

（6）测试双电源的切换功能，应能手动和自动切换。

三、高位消防水箱（池）

1. 定义

根据国家标准《消防给水及消火栓系统技术规范》（GB 50974—2014），高位消防水箱是指设置在高处直接向水灭火设施重力供应初期火灾消防用水量的储水设施。高位消防水池是指设置在高处直接向水灭火设施重力供水的储水设施。

2. 检查方法

（1）高位水箱的储水有效容积满足要求，水箱无渗漏；

（2）高位水箱的进、出水管的管径符合补、供水要求，阀门应保持敞开状态并有明显启、闭标志；

（3）高位水箱的环境温度符合要求，寒冷地区应采取防冻措施；

（4）高位水箱与周边墙体、顶棚的距离满足要求，见图 3－5－1。

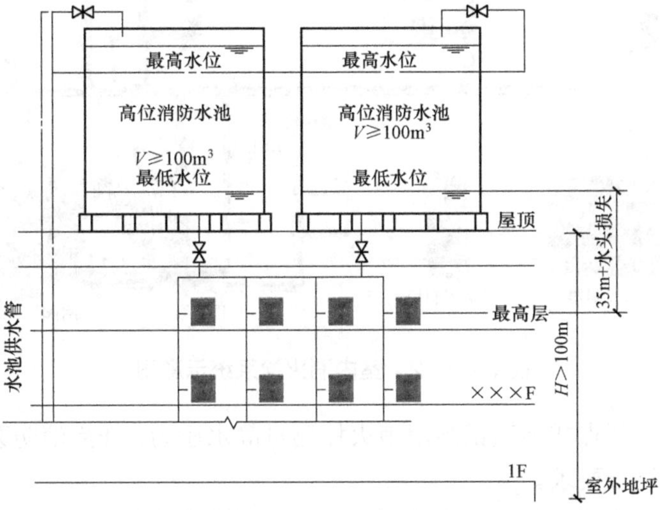

图 3－5－1　总有效容积大于 200m³ 的高位水池示意图

四、室内消防栓系统

1. 定义

根据国家标准《消防给水及消火栓系统技术规范》（GB 50974—2014），室内消防栓给水系统是建筑物应用最广泛的一种消防设施，既可以供火灾现场人员扑救初期火灾，也可以供消防队员扑救火灾使用。它有消防给水设施、消防给水管网、室内消火栓设备、报警控制设备及系统附件组成，如图 3－5－2 所示。

2. 检查方法

（1）检查消防栓设置位置、间距及保护距离是否符合要求。

（2）消火栓应设置明显标志，与周围颜色有明显区别，不应遮挡消火栓。

（3）消火栓箱箱体应设耐久性铭牌，箱门正面应以醒目、直观、均匀的字体标注“消火栓”字样，字体高、宽不得小于 100mm 和 80mm，消火栓箱门开启角度不小于 160°。

（4）消火栓箱内的水枪、水带、栓口、阀门等配件齐全，配件规格符合要求，栓口出水方向正确，手轮转动灵活，水带标志清晰、长度和内径符合要求，与接口绑扎牢固，无霉变损坏。

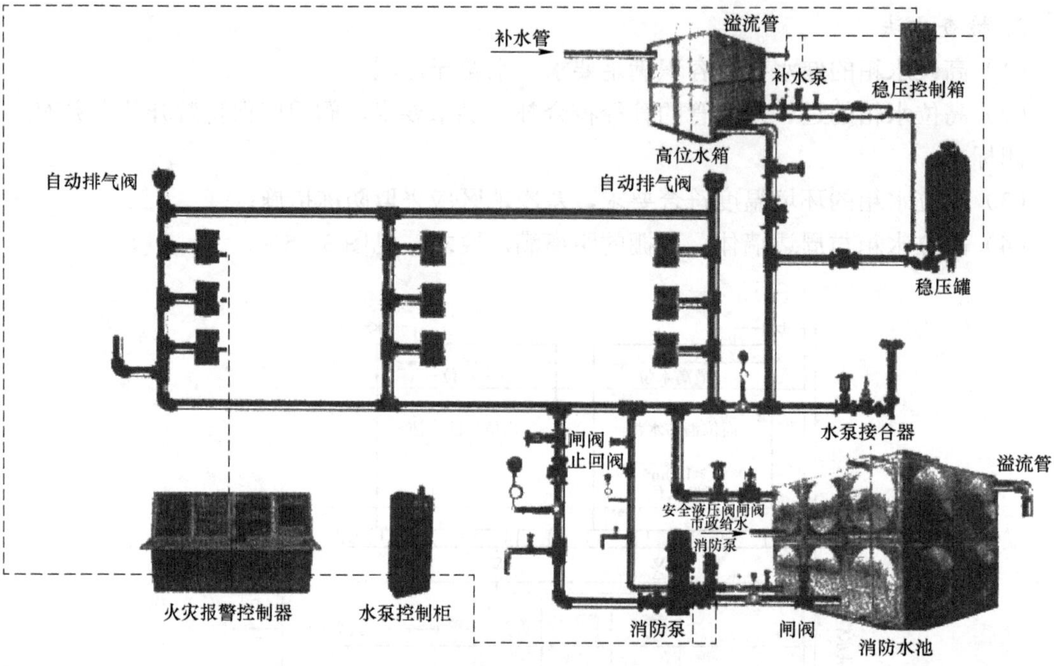

图 3-5-2　室内消火栓系统示意图

（5）在建筑最不利点或屋顶试验用消火栓测量静水压力，开启消防泵测量动压，静压、动压和充实水柱应符合要求。

（6）设置消防栓启泵按钮的，应测试启泵按钮，消防控制室信号反馈应正常。

五、自动喷水灭火系统

1. 定义

根据国家标准《自动喷水灭火系统设计规范》（GB 50084—2017），自动喷水灭火系统是由洒水喷头、报警阀组、水流报警装置（水流指示器或压力开关）等组件，以及管道、供水设施等组成，能在发生火灾时喷水的自动灭火系统。

自动喷水灭火系统主要有闭式系统和开式系统两种。闭式系统包括湿式系统、干式系统、预作用系统和重复启闭预作用系统。开式系统包括雨淋系统、水幕系统和水喷雾系统。

（1）湿式自动喷水灭火系统。湿式系统是准工作状态时管道内充满用于启动系统的有压力水的闭式系统，由闭式喷头、管道系统、湿式报警阀组、报警控制装置（延时器、水力警铃、压力开关）和给水设备（消防水箱、水泵接合器、消防水池、消防水泵房等）组成，如图 3-5-3 所示。

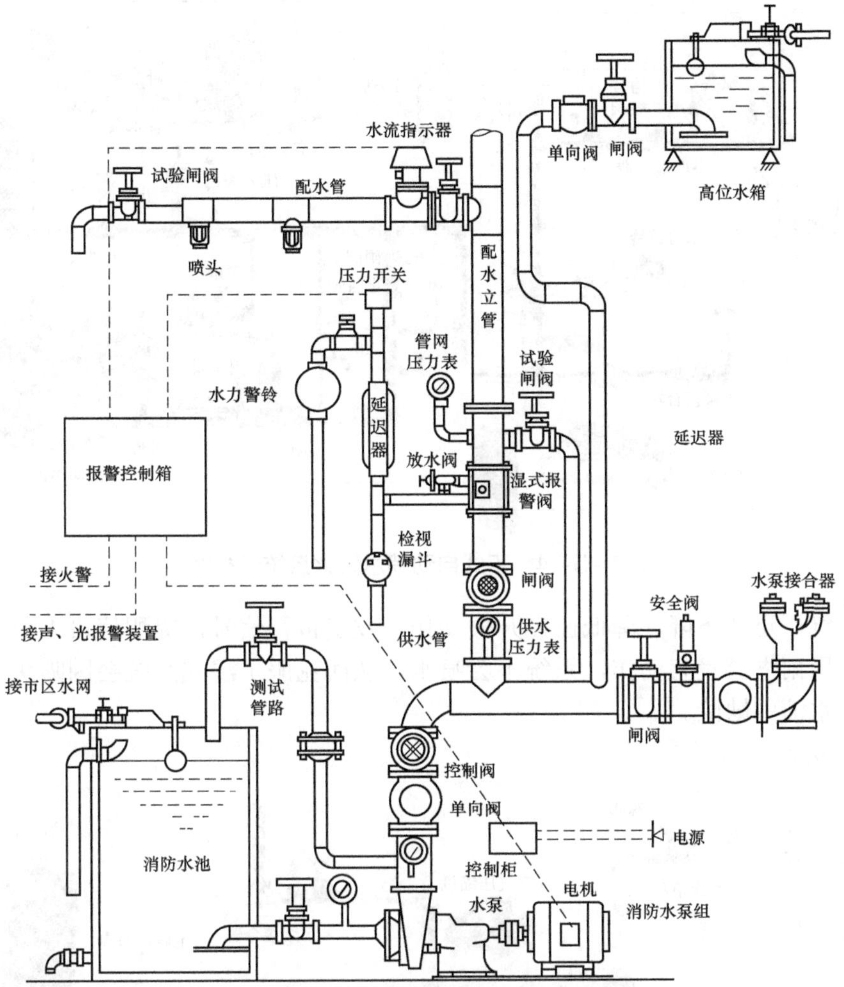

图 3-5-3　湿式系统组成示意图

（2）干式自动喷水灭火系统。干式系统是准工作状态时配水管道内充满用于启动系统的有压气体的闭式系统。主要由闭式喷头、管道系统、充气设备、干式报警阀、报警装置、给水设备等组成。适用于环境温度低于 4℃或高于 70℃的场所，构造如图 3-5-4 所示。

（3）预作用自动喷水灭火系统。预作用系统克服了湿式和干式两种系统的缺点，兼备两者的优点，具有报警早、喷水快、功能全和适用范围广且能在喷头动前发出火警警报的功能。以下场所应设置预作用自动喷水灭火系统：系统处于准工作状态时，严禁管道漏水；严禁系统误喷；替代干式系统。系统结构如图 3-5-5 所示。

预作用自动喷水灭火系统是由闭式洒水喷头、水流指示器、预作用报警阀以及管道和供水设施等组成，准工作状态时配水管道内不充水，由火灾自动报警系统自动开启雨淋报警阀后，转换成为湿式系统的闭式系统。保护区域出现火警时，探测系统动作，打开预作用雨淋阀以及系统中的电磁气阀，此时系统开始充水并排气，从而转变为湿式系统，如果火势继续发展，湿式喷头开启喷水，进行灭火。这样就克服了雨淋系统会因探测系统误动作而导致误喷的缺陷。如果系统中任一喷头玻璃球意外破碎，则会从该喷头处喷出气体，

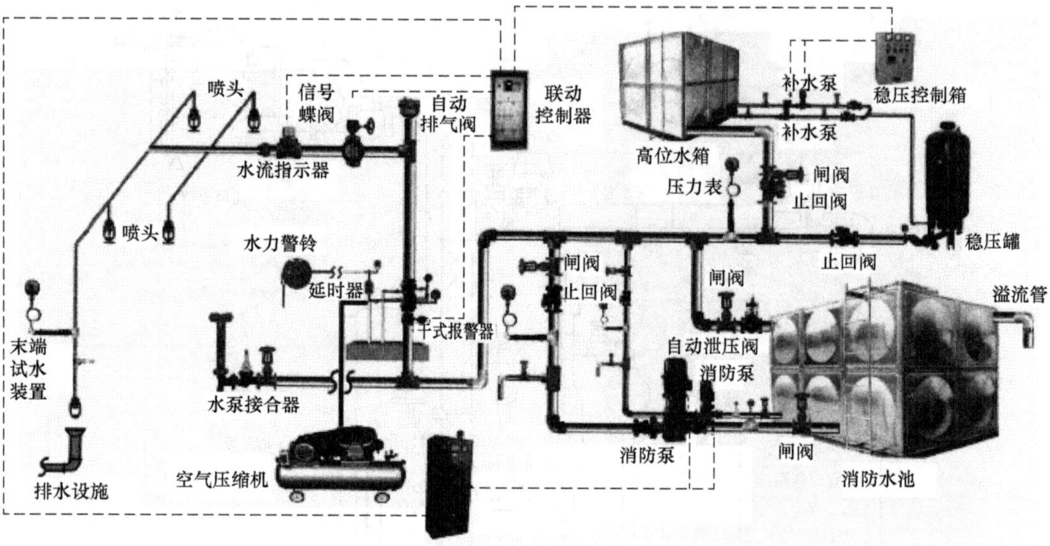

图 3-5-4　干式自动喷水灭火系统示意图

导致系统中气压迅速下降，降低监控开关动作，发出报警信号，提醒值班人员出现异常情况，但预作用雨淋阀没有动作，系统不会喷水，从而克服了湿式系统会因喷头误动作所引起误喷造成水渍的缺陷。

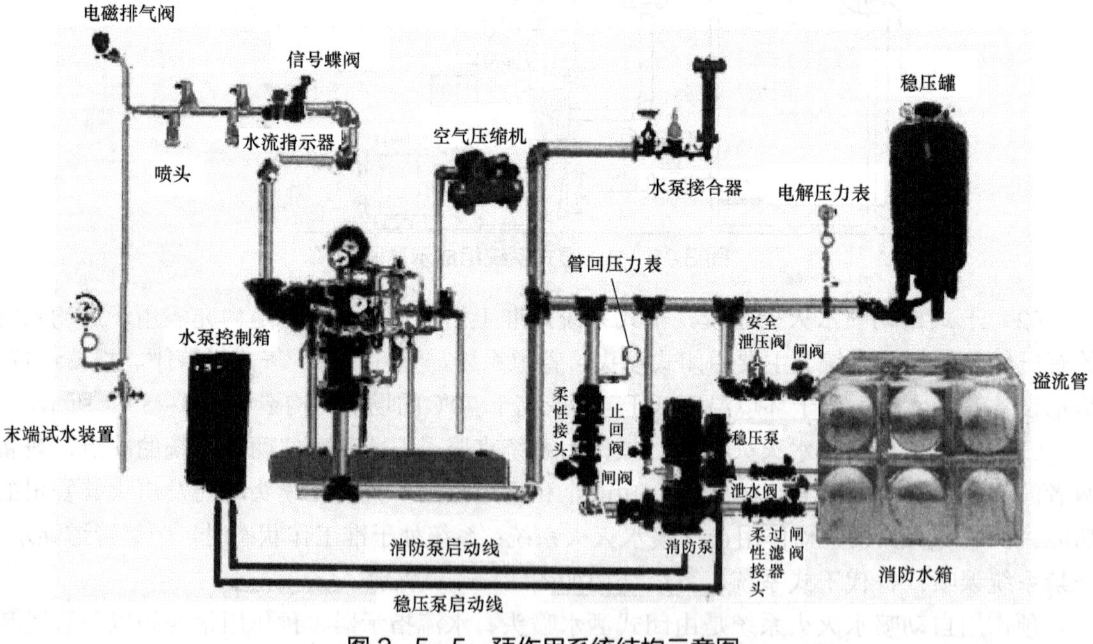

图 3-5-5　预作用系统结构示意图

2. 检查方法

（1）检查每个报警阀组。报警阀组件完整，报警阀前后的阀门、通向延时器的阀门处于开启状态，报警阀组压力表显示正常工作状态。

（2）对湿式报警阀，将消防控制室联动控制设备设置在自动位置，首先进行阀后放水，放水后水力警铃动作，压力开关正常动作，喷淋泵启动，控制设备能正确显示压力开关动作及启泵信号。带延迟器的水力警铃在5～90s内发出报警铃声，不带延迟器的应在15s内发出报警铃声，铃声强度不低于70dB，压力开关动作。开启末端试水装置，出水压力不低于0.05MPa，消防水泵应在5min内自动启动，水流指示器动作。控制设备应能正确显示压力开关、水流指示器和消防泵的动作信号。

（3）对于干式报警阀，如图3－5－6所示，检查空气压缩机和气压控制装置状态，保持正常，压力表显示符合设定值。开启末端试水装置，报警阀组、压力开关、水力警铃动作，联动启动排气阀入口电动阀和消防水泵，水流指示器动作，开启末端试水装置1min后，其出水压力不得低于0.05MPa。消防控制设备准确显示水流指示器、压力开关、电动阀和消防水泵的反馈信号。

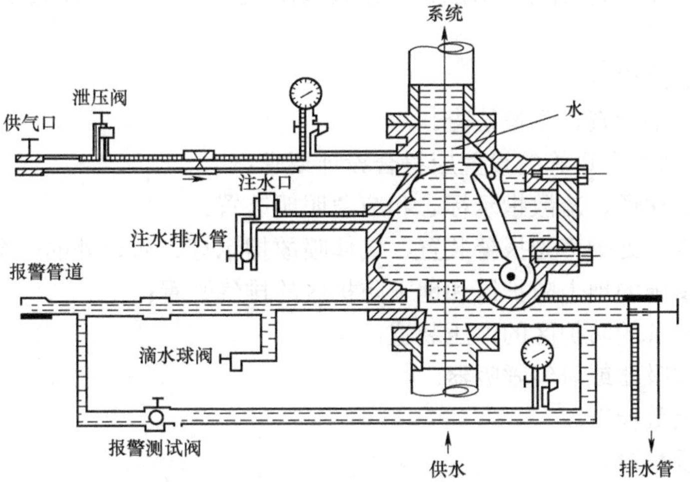

图3－5－6　干式报警阀动作状态示意图

（4）对于预作用系统，检查预作用报警阀各组件、空气压缩机及气压控制装置，模拟火灾探测器报警，火灾报警控制器确认火灾后，自动启动预作用装置、排气阀入口电动阀和消防水泵，水流指示器、压力开关动作。开启末端试水装置，火灾报警控制器确认火灾2min后，其出水压力不得低于0.05MPa。消防控制设备准确显示电磁阀、水流指示器、压力开关、电动阀和消防水泵的反馈信号。

（5）喷淋头设置正确，溅水盘、装饰盖等部件完好，不应遮挡、涂刷喷淋头，喷淋头与顶板、吊顶、障碍物等距离符合要求。

（6）湿式报警阀和末端试水装置及楼层放水阀处，设置排水设施并有足够的排水能力。

六、气体灭火系统

1. 定义

根据国家标准《气体灭火系统设计规范》（GB 50370—2005），七氟内烷气体灭火系统主要由灭火剂瓶组、容器阀、选择阀、驱动气体瓶组、驱动装置、灭火剂管路单向阀、连接管、驱动气体管路单向阀、信号反馈装置、低泄高封阀、安全泄压阀、集流管、灭火剂储瓶架、驱动气体瓶组架、喷嘴、管道系统等组成。

七氟丙烷（HFC－227ea）是一种以化学方式灭火为主的洁净气体灭火剂，它无色、无味、低毒、不导电、不污染被保护对象，是卤代烷灭火剂较理想的替代物。该灭火剂灭火效能高，速度快。

按保护区域分为单元独立系统和组合分配系统。

按系统结构分为有管网灭火系统和无管网灭火系统。

2. 检查方法

（1）防护区或保护对象与储存装置间验收检查。

1）防护区或保护对象的位置、用途、划分、几何尺寸、开口、通风、环境温度、可燃物的种类、防护区围护结构的耐压、耐火极限及门、窗可自行关闭装置应符合设计要求。

检查数量：全数检查。

检查方法：观察检查、测量检查。

2）防护区下列安全设施的设置应符合设计要求：

防护区的疏散通道、疏散指示标志和应急照明装置；

防护区内和入口处的声光报警装置、气体喷放指示灯、入口处的安全标志；

无窗或固定窗扇的地上防护区和地下防护区的排气装置；

门窗设有密封条的防护区的泄压装置；

专用的空气呼吸器或氧气呼吸器。

检查数量：全数检查。

检查方法：观察检查。

3）储存装置间的位置、通道、耐火等级、应急照明装置、火灾报警控制装置及地下储存装置间机械排风装置应符合设计要求。

检查数量：全数检查。

检查方法：观察检查、功能检查。

（2）火灾报警控制装置及联动设备应符合设计要求。

检查数量：全数检查。

检查方法：观察检查、功能检查。

（3）气体灭火设备和灭火剂输送管道验收。

1）灭火剂储存容器的数量、型号和规格，位置与固定方式，油漆和标志，以及灭火剂储存容器的安装质量应符合设计要求。

检查数量：全数检查。

检查方法：观察检查、测量检查。

2）储存容器内的灭火剂充装量和储存压力应符合设计要求。

检查数量：称重检查按储存容器全数（不足5个的按5个计）的20%检查；储存压力检查按储存容器全数检查。

检查方法：称重、压力计测量。

3）集流管上的泄压装置的泄压方向不应朝向操作面。连接储存容器与集流管间的单向阀的流向指示箭头应指向介质流动方向。集流管应固定在支、框架上，支、框架应固定牢靠，并做防腐处理。集流管外表面宜涂红色油漆。

检查数量：全数检查。

检查方法：观察检查。

4）选择阀操作手柄应安装在操作面一侧，当安装高度超过 1.7m 时，应采取便于操作的措施。采用螺纹连接的选择阀，其与管网连接处宜采用活接。选择阀的流向指示箭头应指向介质流动方向。信号反馈装置的安装应符合设计、设置要求。

检查数量：全数检查。

检查方法：观察检查、测量检查。

5）灭火剂输送管道的布置与连接方式、支架和吊架的位置及间距、穿过建筑构件及其变形缝的处理、各管段和附件的型号规格以及防腐处理和涂刷油漆颜色，应符合设计要求和《气体灭火系统施工及验收规范》（GB 50263—2007）标准中第 5.5 节的有关规定。

检查数量：全数检查。

检查方法：观察检查、测量检查。

（4）驱动部件及管路检查验收要求和方法。

1）电磁驱动装置驱动器的电气连接线应沿固定灭火剂储存容器的支、框架或墙面固定。

气动驱动装置的安装应符合下列规定：

驱动气瓶的支、框架或箱体应固定牢靠，并做防腐处理。

驱动气瓶上应有标明驱动介质名称、对应防护区或保护对象名称或编号的永久性标志，并应便于观察。

2）管道布置应符合设计要求。

竖直管道应在其始端和终端设防晃支架或采用管卡固定。

水平管道应采用管卡固定。管卡的间距不宜大于 6 转弯处应增设 1 个管卡。

检查数量：全数检查。

检查方法：观察检查和用尺测量。

3）气动驱动装置的管道安装后应做气压严密性试验，并合格。

检查数量：全数检查。

检查方法：按照 GB 50263—2007 标准第 E.1 节的规定执行。

4）驱动气瓶和选择阀的机械应急手动操作处，均应有标明对应防护区或保护对象名称的永久标志。驱动气瓶的机械应急操作装置均应设安全销并加铅封，现场手动启动按钮应有防护罩。

检查数量：全数检查。

检查方法：观察检查、测量检查。

（5）喷嘴的数量、型号、规格、安装位置和方向，应符合设计要求及有关规定。

检查数量：全数检查。

检查方法：观察检查、测量检查。

（6）系统功能验收。

1）系统功能验收时，应进行模拟启动试验，并合格。

检查数量：按防护区或保护对象总数（不足5个按5个计）的20%检查。

检查方法：按照GB 50263—2007标准第F－2节的规定执行。

2）系统功能验收时，应进行模拟喷气试验，并合格。

检查数量：组合分配系统应不少于1个防护区或保护对象，柜式七氟丙烷气体灭火装置等预制灭火系统应各取1套。

检查方法：按照GB 50263—2007标准第E.3节或按产品标准中有关联动试验的规定执行。

3）系统功能验收时，应对设有灭火剂备用量的系统进行模拟切换操作试验，并合格。

检查数量：全数检查。

检查方法：按照GB 50263—2007标准第E.4节的规定执行。

4）系统功能验收时，应对主用、备用电源进行切换试验，并合格。

检查方法：将系统切换到备用电源，按照GB 50263—2007标准第E.2节的规定执行。

5）气体灭火系统投入使用时，应具备下列文件，并应有电子备份档案，永久储存：

系统及其主要组件的使用、维护说明书。

系统工作流程图和操作规程；

系统维护检查记录表；

值班员守则和运行日志。

（7）每月检查应符合下列要求：

七氟内烷管网灭火系统及柜式气体灭火装置等系统的检查内容及要求应符合下列规定：

1）灭火剂储存容器及容器阀、单向阀、连接管、集流管、安全泄放装置、选择阀、阀驱动装置、喷嘴、信号反馈装置、检漏装置、减压装置等全部系统组件应无碰撞变形及其他机械性损伤，表面应无锈蚀，保护涂层应完好，铭牌和标志牌应清晰，手动操作装置的防护罩、铅封和安全标志应完整。

2）灭火剂和驱动气体储存容器内的压力，不得小于设计储存压力的90%。

3）预制灭火系统的设备状态和运行状况应正常。

（8）每季度应对气体灭火系统进行1次全面检查，并应符合下列规定：

1）可燃物的种类、分布情况，防护区的开口情况，应符合设计规定。

2）储存装置间的设备、灭火剂输送管道和支、吊架的固定，应无松动。

3）连接管应无变形、裂纹及老化。必要时，送法定质量检验机构进行检测或更换。

4）各喷嘴孔口应无堵塞。

5）灭火剂输送管道有损伤与堵塞现象时，应按照《气体灭火系统施工及验收规范》（CJB 50263—2007）标准第E.1节的规定进行严密性试验和吹扫。

（9）每年应按照GB 50263—2007标准第E.2节的规定，对每个防护区进行1次模拟启动试验，并应按该标准第7.4.2条规定进行1次模拟喷气试验。

七、防烟和排烟系统

1. 定义

根据《建筑防烟排烟系统技术标准》(GB 51251—2017)，防烟系统是指通过采用自然通风方式，防止火灾烟气在楼梯间、前室、避难层（间）等空间内积聚，或通过采用机械加压送风方式阻止火灾烟气侵入楼梯间、前室、避难层（间）等空间的系统，防烟系统分为自然通风系统和机械加压送风系统。排烟系统是指采用自然排烟或机械排烟的方式，将房间、走道等空间的火灾烟气排至建筑物外的系统，分为自然排烟系统和机械排烟系统。建筑内发生火灾时，火灾初期主要是烟气的毒性和高温带来的危害。建筑设置防排烟系统的作用是将火灾产生的烟气及时排除，确保人员顺利疏散，减缓火势蔓延，并为灭火救援创造有利条件。

2. 检查方法

（1）检查走道、房间、楼梯间、前室及中庭等自然排烟口的开口面积、设置位置、与最远点的距离，前室及合用前室的面积。

（2）自动、手动测试机械加压送风系统，相关送风口开启，送风机启动，送风正常，反馈信号正确，送风口风速不大于 7m/s，相应区域的防烟楼梯间及其前室和合用前室的余压值符合要求，防烟楼梯间的余压值为 40～50Pa，前室的余压值 25～30Pa。所有的启动信号应全部反馈至消防控制室。

（3）自动、手动启动排烟系统，相关排烟口开启，排烟风机启动，排风正常，反馈信号正确。相应区域的空调送风系统停止运行；相应区域的排烟口开启并同时联动启动排烟风机，排烟口风速不宜大于 10m/s；测量排烟量应符合要求。设有补风系统的防排烟系统，相应区域的补风机启动。

（4）具体排烟量/送风量计算按下列方法确定，如图 3－5－7 所示。

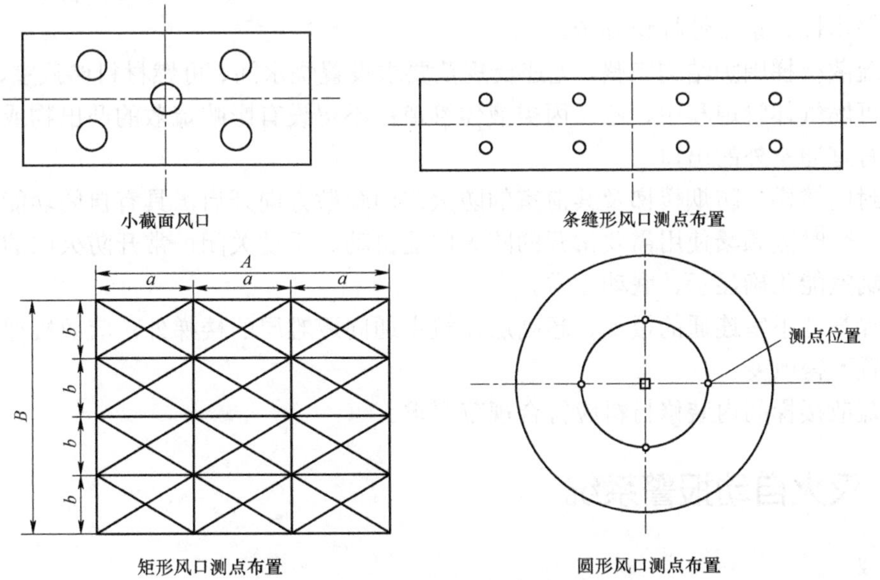

图 3－5－7　排烟量和送风量的测量方法

根据风口的大小，将风口平均分割成N个矩形（N越多越准确，N不得小于9），用风速计测量每个矩形中心的风速。风口的平均风速为各测点风速的平均值：

$$V_p=(V_1+V_2+\cdots+V_n)/N$$

式中：V_p为平均风速（m/s）；V_n为测点风速（m/s）；N为测点数。

送风口或排风口风量的计算：平均风速确定后，可按下式计算风口处的风量：

$$L=V_p\times F\times 3600$$

式中：F为风口面积，等于风口长×宽（m^2）；L为风量（m^3/h）；3600为1h有3600s。

八、疏散楼梯间和疏散楼梯

1. 定义

根据国家标准《建筑设计防火规范》（GB 50016—2014），疏散楼梯间作为竖向疏散通道，其防火及疏散能力的大小，直接影响着人员的生命安全与消防队员的救灾工作。疏散楼梯间的设置形式分为敞开楼梯间、封闭楼梯间、防烟楼梯间和室外楼梯等。

（1）封闭楼梯间。在楼梯间入口处设置门，以防止火灾的烟和热气进入的楼梯间。

（2）防烟楼梯间。在楼梯间入口处设置防烟的前室、开敞式阳台或凹廊（统称前室）等设施，且通向前室和楼梯间的门均为防火门，以防止火灾的烟和热气进入的楼梯间。

（3）敞开楼梯间。敞开楼梯间是低、多层建筑常用的基本形式，也称普通楼梯间。楼梯与走廊或大厅都是敞开在建筑物内，发生火灾时不能阻挡烟气进入，而且可能成为向其他楼层蔓延的主要途径。

（4）室外疏散楼梯。在建筑的外墙上设置全部敞开的室外楼梯，不易受烟火的威胁。

2. 检查方法

（1）通过查阅消防设计文件、建筑平面图，根据建筑高度、使用功能等检查疏散楼梯数量、设置形式和疏散宽度是否符合要求，并保持畅通，未锁闭，无任何物品堆放。各类提示性、警示性、禁止性标识齐全。

（2）疏散楼梯围护结构完整，无违反规范要求设置烧水间、可燃材料储藏室、垃圾道；严禁设置可燃气体管道和甲、乙、丙类液体管道；不得设有影响疏散的凸出物或其他障碍物，首层有直通室外的出口。

（3）封闭楼梯、防烟楼梯及其前室的防火门向疏散方向开启，具有自闭功能，并处于常闭状态；平时因频繁使用需要常开的防火门能自动、手动关闭，常开防火门的启闭状态在消防控制室能正确显示、联动正常。

（4）除与地下室连通的楼梯、超高层建筑中通向避难层的楼梯外，疏散楼梯间在各层的平面位置不得改变。

（5）疏散楼梯间内装修材料应符合规范要求。

九、灭火自动报警系统

1. 定义

根据国家标准《火灾自动报警系统设计规范》（GB 50116—2013），火灾自动报警系统是探测火灾早期特征、发出火灾报警信号，为人员疏散、防止火灾蔓延和启动灭火设备提供控制与指示的消防系统。根据保护对象及设立的消防安全目标不同，火灾自动报警系统分为区域报警系统、集中报警系统和控制中心报警系统。

系统主要由触发器件、火灾报警装置、火灾警报装置以及其他辅助功能的装置组成，如图 3-5-8 所示。它能够在火灾初期将燃烧产生的烟雾、热量和光辐射等物理量，通过感温、感烟和感光等火灾探测器变成电信号，传输到火灾报警控制器，并同时显示出火灾发生的部位，记录火灾发生的时间。

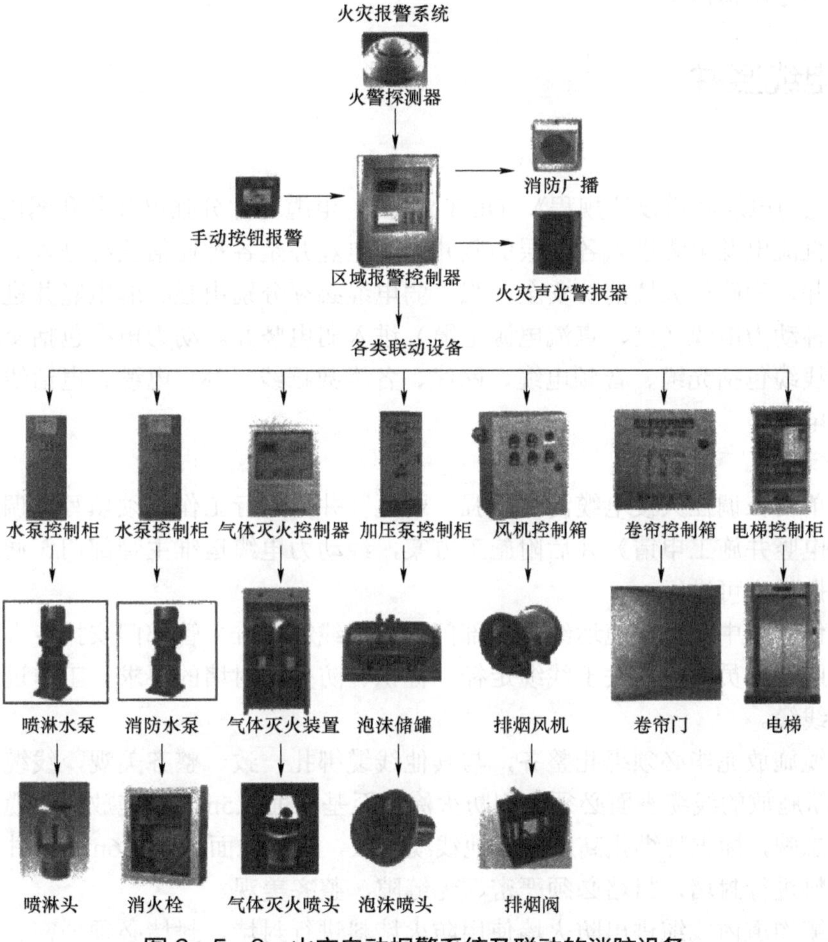

图 3-5-8　火灾自动报警系统及联动的消防设备

2. *检查方法*

选择不同楼层或防火分区，尽量检查不同回路火灾报警探测器或相同回路不同种类火灾报警探测器，至少做三项测试。

（1）检查故障报警功能。摘掉一个探测器，控制室报警主机和楼层区域控制器能正确显示故障报警信号。

（2）检查火灾报警功能。任选一个感烟探测器进行加烟测试，控制室报警主机和楼层区域控制器能正确显示火灾报警信号。

（3）检查火警优先功能。摘掉一个探测器，同时给另一感烟探测器加烟，控制室报警主机和楼层区域控制器能优先显示火灾报警信号。

（4）检查消防电话通话情况。至少抽查一处消防电话通话功能（消防电话指固定消防电话或插孔消防电话），尽量选择在消防控制室和水泵房、发电机房等处测试消防电话功能，消防控制室与相关场所能相互正常通话。

（5）火灾应急广播能分区播放，播放内容准确、清楚，能正确引导人员疏散。

（6）按照系统的联动逻辑关系，现场对主要消防系统设备进行联动测试，查看联动控制设施动作信号反馈情况。

十、电缆竖井

1. 定义

根据《电力电缆隧道设计规程》（DL/T 5484），电缆竖井分强电竖井和弱电竖井，强电竖井是交、直流电源电缆进入各楼层的竖井，弱电竖井是各种通信线缆进入调度大楼进入各楼层的竖井，为确保大楼消防安全，强、弱电缆必须分别由强、弱电竖井进入大楼各楼层，杜绝各种动力电缆（交、直流电源电缆）进入弱电竖井。动力电缆包括交、直流电源电缆，通信线缆包括光缆、音频电缆、网线、各类数据线、2M 电缆、电话线、射频馈线及其他信号电缆。

2. 检查方法

（1）各单位在调控大楼电缆沟道及强、弱电竖井内进行工作，须填写《调度楼电缆沟道及强、弱电竖井施工申请》并后附施工方案，经动力电缆运维主管部门、通信线缆运维主管部门审批后方可进行。

（2）工作过程中动力电缆运维主管部门、通信线缆运维主管部门安排专人全程监督，施工方服从监督人员提出的关于线缆走径、标识、防火、封堵的要求。工作过程中不得影响运行中的线缆。

（3）线缆施放完毕必须绑扎整齐，与其他线缆绑扎一致、整齐美观，线缆余长不得留在竖井内。新施放的线缆表面必须涂刷防火涂料至基准面 1.5m。新施放的线缆在每个竖井内都要挂标志牌，标志牌绑扎高度与其他线缆一致，距离地面高度 1.6m。竖井中楼层之间使用防火堵料进行封堵，封堵必须严密、无缝隙、整齐美观。

（4）电缆沟道内线缆进出防火墙使用防火堵料进行封堵，封堵必须严密、无缝隙、整齐美观。工作结束后经动力电缆运维主管部门、通信线缆运维主管部门验收后方可终结。

（5）动力电缆运维主管部门、通信线缆运维主管部门安排专人负责每月对弱电竖井进行巡视，巡视内容包括防火、封堵、标识、外观检查等各方面，并填写《调度楼强、弱电竖井巡视记录》。

（6）强、弱电竖井的钥匙妥善管理，未经动力电缆运维主管部门、通信线缆运维主管部门批准不得外借。钥匙分三套：一套带到工作现场工作使用，一套留在动力电缆运维主管部门、通信线缆运维主管部门；一套作为备用。

第四章　变电站消防安全管理

第一节　变电站消防安全一般规定

一、通用要求

变电站的消防设备设施主要包括固定自动灭火系统、电缆及电缆通道消防设备设施、消防给水及消火栓系统、火灾自动报警系统与消防监控和其他消防设施及器材。

变电站使用国家强制产品认证（3C）目录内的消防设备必须具有消防强制性产品认证证书（CCCF），非国家强制产品认证（3C）目录内的消防产品应具有国家级消防产品质量检验中心出具的检验报告或自愿认证证书。

无人值班变电站的火灾自动报警系统信号的接入应符合《电力设备典型消防规程》6.3.8 的规定。无人值班变电站宜设置视频监控系统，火灾自动报警系统宜和视频监控系统联动，视频信号的接入场所按《电力设备典型消防规程》6.3.8 的规定采用。无人值班变电站应在入口处和主要通道处设置移动式灭火器。

地下变电站内采暖区域严禁采用明火取暖。电气配电装置室应设置火灾后排风设施，其他房间的排烟设计应符合国家标准《建筑设计防火规范》（GB 50016）的规定。

火灾发生时，送排风系统、空调系统应能自动停止运行。当采用气体灭火系统时，穿过防护区的通风或空调风道上的防火阀应能自动关闭。

室内消火栓应采用单栓消火栓。确有困难时可采用双栓消火栓，但必须为双阀双出口型。

消防设备设施投入使用后，应处于正常工作状态。正常情况下，变压器（高抗）固定自动灭火系统应投入在“自动状态”。消防设备设施的电源开关、管道阀门，均应处于正常运行位置，并标示开、关状态。对需要保持常开或常闭状态的阀门，应采取铅封、标识等限位措施；对具有信号反馈功能的阀门，其状态信号应反馈到消防控制室或集控站。消防设备设施电气控制柜具有控制方式转换装置的，其所处控制方式宜反馈至消防控制室或集控站。

任何单位和个人严禁擅自关停变电站消防设备设施。巡视、维保、检测时发现故障，应根据情况及时安排专业人员修复。因故障维修等原因需要暂时停用消防系统的，应有确保消防安全的有效措施，并经本单位消防安全责任人批准。

运维班及维保单位应结合本地区气象、环境、设备情况增加巡视维保工作频次。

变电站内应严格执行动火工作相关要求，落实各项保证安全的组织、技术措施，按规定填用动火工作票，动火作业现场应配备足够、适用、有效的灭火设施、器材。

二、运行管理主要内容

变电站消防设备设施运行管理主要包括：巡视、建档、标准化建设、验收、维保、检测等工作。

变电站消防设备设施运行管理相关工作中，运维人员负责巡视、建档、标准化建设、验收等工作，维保单位负责开展消防设备设施维保，第三方检测机构负责检测。

三、巡视要求

例行巡视检查按照《国家电网公司变电运维管理规定（试行）》所规定巡视周期，结合变电站例行巡视一并开展。

全面巡视检查按照《国家电网公司变电运维管理规定（试行）》所规定巡视周期，结合变电站全面巡视一并开展。

例行巡视和全面巡视应有记录，记录表可参照《国家电网公司变电运维管理规定（试行）》附录 A，各站根据现场实际设备情况自行修订。

四、维保检测要求

变电站应与符合《消防技术服务机构从业条件》（应急〔2019〕88 号）要求的消防技术服务机构签订消防设备设施维保、检测等技术服务合同，维保和检测单位不应相同。

消防技术服务机构应依照法律、行政法规、国家标准、行业标准和执业准则，接受委托提供消防技术服务，并对服务质量负责。

火灾自动报警、变压器（高抗）固定自动灭火、消防给水及消火栓等系统维修前，应向运维值班人员报告，取得运维值班负责人同意，且工作负责人按照规定办理工作票，并落实安全防范措施后方能动工。工作结束后，运维人员应会同工作负责人到现场共同检查确认，检查验收合格后方可投运，必要时由项目管理单位组织第三方检测机构进行专业验收。

运维单位应储备一定数量的消防设备设施易损件或与有关产品厂家、供应商签订相关合同，以保证供应。

消防维保单位应定期对站内消防设备进行维护保养并做好记录，消防检测机构应每年对站内消防设备至少进行一次检测并出具检测报告，检测报告应归档管理。

五、变电站消防取证（备案）

新建（改、扩建）工程的消防系统与主体设备或项目应同时设计、同时施工，并通过消防验收（备案）后同时投入使用。未通过当地住建部门验收（备案）的变电工程不得投入运行。

新建变电站及需要消防设计的改、扩建变电工程均应当由建设单位依法向当地住建部门申请办理消防设计审查、验收、备案。

存量变电站应结合本地实际情况，按当地住建部门要求完成验收（备案）工作。对检查不合格的应立即组织整改并申请复查。

六、资料及标准化管理

变电站应按要求保存相关纸质及电子资料，动态更新，保证资料的准确性。

变电站应根据本规程修订完善巡视、验收标准化作业指导卡、维保检测记录、应急预案等技术资料。

变电站内固定自动灭火系统、火灾自动报警系统、消防给水及消火栓系统、移动式灭火器材、电缆沟道防火设施等消防设备设施台账和缺陷应录入 PMS 系统。台账应完整、规范、准确，缺陷应录入及时、描述清晰、流程正确。

变电站消防设备设施标识配置应齐全完好，消防设备设施关键部位应具有操作流程提示信息。

变电站消防器材布置图应准确全面，图中标明存放地点、数量和消防器材类型，消防器材按消防布置图布置。

七、消防新技术应用管理

消防新技术（产品）应用应符合《国家电网公司新技术（产品）挂网试运行实施细则》［国网（科/3）421—2017］要求。

消防新技术（产品）应按有关规定通过试验、检测、鉴定、评审、验收，并提供相应报告或记录。

消防新技术（产品）的日常巡视、维保检测应严格执行厂家说明书相关要求。

第二节　变电站重要部位的防火措施

一、电容器

为了提高电力系统的功率因数，补偿无功功率，许多电力用户都安装有电容器。电容器都是充油的，如果电力系统出现超负荷。温度过高或者电器元件老化等情况，电容器容易发生爆炸引起火灾，会造成电力系统的停电事故。

1. 电容器巡视检查

电容器在运行中，应做如下检查。

（1）检查电容器的电容量是否超过额定值，是否稳定，有无激增现象。

（2）发现电容器箱膨胀和漏油现象以及发出声响或外部发生火花时，就立即切断电源停止运行进行检修。

（3）检查电容器有无异常声响发生，放电指示灯泡有无烧毁情况。

（4）电容器不允许超过其额定电压 1.1 倍的情况下长期运行，电流表不对称度不允许超过额定电流的 5%。

（5）发现电容器熔丝断后，要查明原因才能更换熔丝，保护装置动作后，不得强行送电，也要查明原因后，再投入运行。

（6）检查端子及接头等处是否过热，套管是否清洁完整。

（7）电容器室的温度不得超过 35℃，电容器的外壳要可靠接地。

2. 重点防火措施

高压油浸式电容器室应采用耐火等级不宜低于二级的建筑，室内应有良好的自然通风。若自然通风不能保证室内温度低于 45℃时，应另设通风装置，并采取防雨、雪和小动物进入的措施。

（1）高压电容器室宜单独设置。1000V 以下的低压电容器可设置在高、低压配电室内。

（2）电容器的分层不宜超过三层，下层底部距离地面不应小于 100mm，电容器外壳相邻宽面之间至少保持 50mm 的间距，通道宽度不应小于 1m。电容器带电桩头离地低于 2.2m 时应加适当地遮护设施。

（3）电容器组应有单独的总开关控制，设有自动放电装置和接地装置。每个电容器还应有单独的熔断器加以保护。

（4）电容器投入运行时，内温度不应超过 45℃，电容器表面温度不应超过 55℃，并保证室内、设备表面及支架的清洁，应经常检查电容器的运行情况，发现问题，应及时处理和维修，修复后，应进行绝缘测定。

（5）电容器室周围环境不得含有对金属和绝缘有害的侵蚀性气体、蒸汽及尘埃，不得堆积有易燃易爆物品或杂物。

3. 防火检查

观察电容器表面有无损伤、生锈腐蚀、渗漏现象。

（1）观察磁套管有无放电闪络现象，螺栓触点是否牢固，有无松动现象。

（2）检查温升情况，如果室温超过了规定的限度，就要采取通风降温措施。

（3）听电容器运行中有无异常响声，放电指示灯有无烧毁情况。

（4）观察电容器外壳有无鼓胀、漏液、发黑现象。

（5）当电容器母线电压超过电容器额定电压的 1.1 倍或电流超过额定电流的 1.3 倍以及室温超过±40℃时，电容器应该退出运行。

4. 电容器发生火灾在切断电源后，为什么不能用泡沫和水来扑救

电容器发生火灾时，在切断电源后，若没有采取措施让电容器放电，那么电容器上仍有较高的残留电荷，此时用水和泡沫直接扑救，容易发生触电危险，必须待其放电后才能扑救，或采取带电灭火的方法，利用适当的灭火剂灭火，以免发生危险。

二、主变压器消防系统

油浸式变压器在变电站中使用广泛，变压器中的变压器油和绝缘材料均属于易燃性物质。当变压器发生过负荷或短路的情况时，可燃的绝缘材料和变压器油在高温和电弧的作用下被分解，放出大量气体，致使变压器油的体积膨胀，其内部压力剧增，极有可能造成外壳爆裂，大量燃烧的油喷出发生火灾。

按照 GB 50229—2019《火力发电厂与变电站设计防火规范》11.5.4 及 DL 5027—2015《电力设备典型消防规程》10.3 中“变电站（换流站）单台容量为 125MVA 及以上的油浸式变压器应设置固定自动灭火系统及火灾自动报警系统；变压器排油注氮灭火装置和泡沫喷雾灭火装置的火灾报警系统宜单独设置”的规定，目前主要应用于主变压器的消防系统是固定自动灭火系统、火灾自动报警系统、水喷雾灭火系统或其他固定式灭火装置。

（一）主变压器水喷雾灭火系统

1. 主变压器水喷雾灭火系统工作原理

根据 GB 50219—2014《水喷雾灭火系统技术规范》1.0.1 的定义，水喷雾灭火系统是在自动喷水灭火系统的基础上发展起来的，主要用于火灾蔓延快且适合用水但自动喷水灭火系统又难以保护的场所。该系统是利用水雾喷头在一定水压下将水流分解成细小水雾滴进行灭火或防护冷却的一种固定式灭火系统。水喷雾灭火系统不仅可扑救固体、液体和电气火灾，还可为液化烃储罐等火灾危险性大、扑救难度大的设施或设备提供防护冷却。其广泛用于石油化工、电力、冶金等行业。近年来，水喷雾灭火系统在酿酒行业得到了推广应用。

水喷雾灭火系统可设置在可燃油油浸电力变压器室，充可燃油的高压电容器，多油开关室以及自备发电机房。主要应用在单台容量在 40MW 及以上的可燃油油浸电力变压器，单台容量在 90MW 及以上的可燃油油浸电厂电力变压器，单台容量在 125MW 及以上的独立变电站可燃油油浸电力变压器。

变电站消防水喷雾系统，平时管网里充低压水，当主变火灾发生时，由火灾探测器探测到火灾，通过控制箱，电动或手动开启控制阀和消防水泵，管网水压增大，当水压大于一定值时，水喷雾头上的压力起动帽脱落，从而喷头一起喷水对主变压器进行灭火。

2. 主变压器水喷雾灭火系统组成

水喷雾灭火系统由专用消防水池、消防水泵、管道、雨淋阀组和水雾喷头、感温探测系统及控制设备等组成。为维持灭火系统良好的备用状态，需进行定期试喷。水喷雾灭火系统，须有可靠的水源，并对主变压器进行水雾包覆，还需考虑其对电气设备的安全净距和设备的检修，故管网和喷头布置复杂，也给将来设备和系统检修带来困难。水喷雾灭火

系统工作示意图如图 4－2－1 所示。

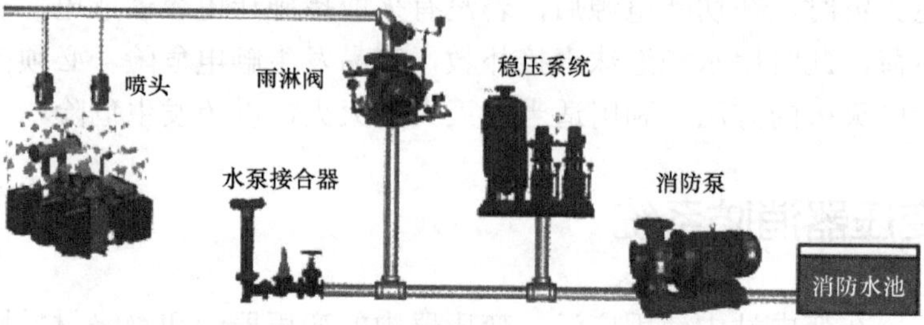

图 4－2－1　水喷雾灭火系统工作示意图

（1）水源。消防水池的容量，应符合当地实际要求；供消防车取水的消防水池应设取水口或取水井，其设置应符合设计要求；合用水池应采取确保消防用水量不作他用的技术措施；消防水池应有补水措施。

（2）供水设备。使用的水泵（包括备用泵、稳压泵），铭牌的规格、型号、性能指标应符合设计要求，设备应完整、无损坏；消防水泵设置主、备用电源，且能自动切换；消防给水系统在主泵停止运行时，备用泵能切换运行。

（3）供水管道。供水管网要求充满水。因为管线长，在发生火灾时，空管充水时间大于规程允许的响应时间，此外由于管线内断续供水，管线内壁氧化锈蚀，锈渣被水流冲至喷头处淤塞喷头，影响水雾的形成，特别是当使用手动喷雾控制阀门时，常因阀门锈蚀而无法操作。管网充满压力水，不仅缩短了系统的动作响应时间，还可以防止管网内壁锈蚀。一组消防泵吸水管应单独设置且不应少于两条，当其中一条损坏或检修时，其余吸水管应仍能通过需要的供水量；水泵出水管管径及数量应符合设计要求；水泵出水管上设试验和检查用的压力表、放水阀门和泄压阀，压力表经检验合格并有合格鉴定标签。寒冷地区的供水管网应采取防冻措施。

（4）雨淋阀组。雨淋阀组包括：雨淋阀、电磁阀、压力开关、水力警铃、压力表、泄水试验组件以及配套的通用阀门（带电信号开关指示）等。雨淋阀组的功能及基本要求：接通或关断水喷雾灭火系统的供水；接收电控信号，可电动开启雨淋阀；具有手动应急操作阀；显示雨淋阀启、闭状态；驱动水力警铃；监测供水压力；电磁阀前应设过滤器。平常雨淋阀关闭，当接到火灾信号时，打开雨淋阀，并发出报警信号，同时启动消防泵，大量的水便从雾化喷头喷向变压器，进行灭火。

（5）水喷雾喷头。喷头的选择：电力变压器水喷雾系统选用高速水雾喷头，并且水滴粒径越小越好。电绝缘性能实验表明，水雾喷头的工作压力越大，雾径越小，泄漏电流愈小。喷头的布置：水雾喷头布置在变压器的周围且不妨碍变压器的检修工作，保护变压器顶部的水雾不应直接喷向高压套管。在变电所内，变压器周围还有很多的电气设备，水雾喷头、管道与电气设备带电（裸露）部分的安全净距应符合国家现行有关标准的规定，并注意距离应按海拔高程进行修正。

（6）系统控制及感温探测。水喷雾灭火系统应设自动控制、手动控制和应急机械启动 3 种控制方式。系统通常置于自动操作状态，自动控制方式为火灾探测器启动方式，当一个火灾探测器动作时，声光发出报警；两个不同的火灾探测器动作时，打开雨淋阀上的电磁阀，启动水喷雾灭火系统。

除自动控制外，系统还应设置远距离手动启动装置，在变压器附近设有现场控制箱，用于人员发现火情时现场操作，启动灭火系统。应急启动方式为：发现火情后直接打开雨淋阀，启动灭火系统。

为了确保变电所安全生产运行，火灾报警及控制系统必须具备抗强电场，强磁场，防误报，防误动的功能，要适合在户外变电所内各种复杂环境下正常工作，同时要求火灾报警及联动控制系统能与变电所综合自动化系统进行通信，显示火警、故障、灭火等重要消防动作状态，火灾自动报警及控制系统故障不得影响变电所综合自动化系统运行。

3. 主变压器水喷雾灭火系统操作说明

（1）手动操作方法。水泵控制屏转换开关应打在“1 号自动 2 号备用”或“2 号自动 1 号备用”位置，报警主机联动板“消防泵手/自动、雨淋阀手/自动”按钮处手动状态（绿灯灭）。

按下报警主机联动板“手动开启雨淋阀”按钮，雨淋阀打开，开启绿灯亮，报警主机及主变警铃鸣响告警，按下“手动启动消防泵”按钮，水泵启动，运行指示灯亮，系统启动进行灭火。将水泵控制屏转换开关打向“手动位置”，水泵停止运行，按下报警主机“复位”按钮，解除火灾警报，复位雨淋阀。

（2）自动操作方法。水泵控制屏转换开关应打在“1 号自动 2 号备用”或“2 号自动 1 号备用”位置，报警主机联动板“消防泵手/自动、雨淋阀手/自动”按钮处自动状态（绿灯亮）。

通过主变温感传送火警信号至报警主机联动雨淋阀上的电磁阀动作，雨淋阀自动打开，联动板开启绿灯亮，报警主机及主变警铃鸣响，水泵自动启动，运行指示灯亮，系统启动进行灭火。将水泵控制屏转换开关打向“手动位置”，水泵停止运行，按下报警主机“复位”按钮，解除火灾警报，复位雨淋阀。

（3）水喷雾系统紧急启动操作方法。水泵控制屏转换开关打在“1 号自动 2 号备用”或“2 号自动 1 号备用”位置，报警主机联动板“消防泵手/自动、雨淋阀手/自动”按钮处自动状态或手动状态。

直接打开场地 1 号雨淋阀“紧急启动”手柄，雨淋阀自动打开，报警主机及主变警铃鸣响报警，消防泵自动状态时自动启泵，运行指示灯亮，系统启动进行灭火；消防泵手动状态时，按下联动板“手动启动消防泵”按钮，水泵启动，运行指示灯亮，系统启动进行灭火。将水泵控制屏转换开关打向“手动”位置，水泵停止运行。按下报警主机“复位”按钮，解除火灾警报，复位雨淋阀。

（4）消防管网低压报警及消防水池低水位报警。

1）消防管网低压报警。

当管网水压下降至 0.3MPa 的时候，主机联动板“管网低压”指示灯亮，蜂鸣器鸣响报警。此时，变电站值班人员应马上到水泵房和场地检查管网水压下降的原因（一般是稳压泵故障或管网消火栓漏水），并根据情况迅速使管网水压恢复正常。同时，通知消防公司有关人员进行检查处理。

2）消防水池低水位报警。

当消防水池水位低于警戒水位时，主机联动板“水池低水位”指示灯亮，蜂鸣器鸣响报警。此时，变电站值班人员应马上到消防水池检查水池水位情况，并马上采取措施向水池注水，直至水池满水位。

水喷雾灭火系统操作如图 4-2-2 所示。

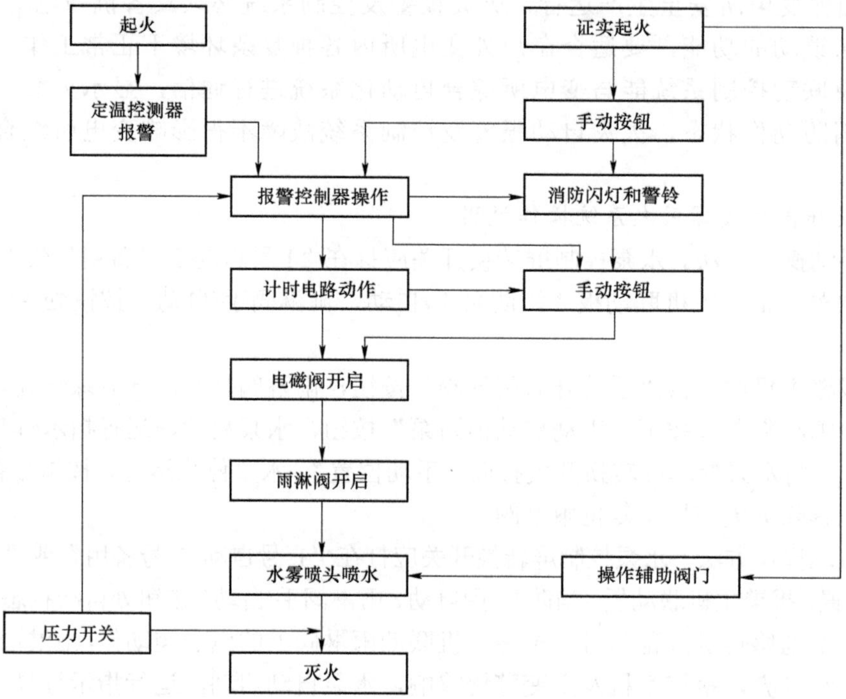

图 4-2-2　水喷雾灭火系统操作框图

4. 主变压器水喷雾灭火系统巡视及维护

（1）每日应对系统的下列项目进行一次检查：

1）应对水源控制阀、雨淋报警阀进行外观检查，阀门外观应完好，启闭状态应符合设计要求；

2）寒冷季节，应检查消防储水设施是否有结冰现象，储水设施的任何部位均不得结冰。

（2）每周应对消防水泵和备用动力进行一次启动试验。当消防水泵为自动控制启动时，应每周模拟自动控制的条件启动运转一次。

（3）每月应对系统的下列项目进行一次检查：

1）应检查电磁阀并进行启动试验，动作失常时应及时更换；

2）应检查手动控制阀门的铅封、锁链，当有破坏或损坏时应及时修理更换。系统上所有手动控制阀门均应采用铅封或锁链固定在开启或规定的状态；

3）应检查消防水池（罐）、消防水箱及消防气压给水设备，应确保消防储备水位及消防气压给水设备的气体压力符合设计要求；

4）应检查保证消防用水不作他用的技术措施，发现故障应及时进行处理；
5）应检查消防水泵接合器的接口及附件，应保证接口完好、无渗漏、闷盖齐全；
6）应检查喷头，当喷头上有异物时应及时清除。
（4）季度检查维护：
1）应对系统进行放水试验，检查系统启动、报警功能以及出水情况是否正常；
2）应检查室外阀门井中进水管上的控制阀门，核实其处于全开启状态。
（5）年度检查维护：
1）应对消防储水设备、管道和支、吊架进行检查，修补缺损和重新油漆；
2）应对水源的供水能力进行一次测定；
3）对管道过滤器滤网进行检查并清洗。
（6）典型异常处置（见表4－2－1）。

表4－2－1　　典型异常处置

异常类型	现象	处置原则
系统误喷	1）系统喷水，现场未发生火灾； 2）报警主机和后台显示消防启动、压力开关动作等信号	1）关停消防泵，关闭误动雨淋阀的上下蝶阀，系统控制方式改为手动； 2）联系专业人员处理
报警阀报警管路误报警	1）报警阀报警管路水力警铃误响，或压力开关误报警； 2）报警管路出口误排出水	1）检测和更换零部件相关工作，应联系专业人员处理； 2）未按照安装图样安装或者未按照调试要求进行调试时，按照安装图样核对报警阀组组件安装情况，重新对报警阀组组件状态进行调试； 3）报警阀组渗漏，水通过报警管路流出时，应查找渗漏原因，进行相应处理
感温电缆误报警	感温电缆误报火警，或感温电缆报断线监视故障	1）将控制系统改为手动，断开感温电缆控制器电源后，重新投入感温电缆，如感温电缆恢复正常，为控制器或感温电缆误报造成。在感温电缆恢复后，将控制系统改为自动； 2）查明故障点确为感温电缆本身的，结合停电更换新感温电缆。处理前，临时采用其他报警手段
系统电源失电	控制屏电源指示灯熄灭，监控后台报电源告警信号，或消防泵电控柜电源指示灯熄灭	电源端失电：检查电源空气开关是否跳闸，电源回路是否短路，排除故障后恢复供电，若无法排除故障，则联系专业人员处理
消防水泵不能正常工作	1）消防水泵电机不运转； 2）消防泵出口不出水	1）停用故障泵，启动备用泵； 2）电源问题：检查电源回路各元器件是否正常，如不能恢复，联系专业人员处理； 3）控制装置故障：检查控制开关、联锁开关位置是否正确，水位感应装置是否正常，接线是否松动等，检查电源是否正常，若不能恢复，联系专业人员处理； 4）机械故障：联系专业人员处理
系统雨淋阀漏水	雨淋阀排水阀门漏水，或系统侧管道接口漏水，或雨淋阀阀体漏水	1）关闭雨淋阀的上下蝶阀； 2）排水阀门未完全关闭时，关紧排水阀门； 3）检测和更换零部件相关工作，应联系专业人员处理； 4）系统侧管道接口渗漏时，检查系统侧管道接口渗漏点。密封垫老化、损坏的，更换密封垫；密封垫错位的，重新调整密封垫位置；管道接口锈蚀、磨损严重的，更换管道接口相关部件； 5）阀瓣密封垫老化或者损坏时，更换阀瓣密封垫； 6）阀瓣组件与阀座之间因变形或者污垢、杂物阻挡出现不密封状态时，先放水冲洗阀体、阀座，存在污垢、杂物的，经冲洗后，渗漏减少或者停止；否则，关闭进水口侧和系统侧控制阀，卸下阀板，仔细清洁阀板上的杂质；拆卸报警阀阀体，检查阀瓣组件、阀座，存在明显变形、损伤、凹痕的，更换相关部件

续表

异常类型	现象	处置原则
报警阀启动后报警管路不排水	水力警铃未响，报警管路出口未排出水	1）检测和更换零部件相关工作，应联系专业人员处理； 2）报警管路控制阀关闭时，开启报警管路控制阀； 3）报警管路过滤器被堵塞时，报警管路过滤器被堵塞的，卸下过滤器，冲洗干净后重新安装回原位
水力警铃工作不正常	水力警铃不响、响度不够或不能持续报警	1）检测和更换零部件相关工作，应联系专业人员处理； 2）产品质量问题或者安装调试不符合要求时，属于产品质量问题的，更换水力警铃；安装缺少组件或者未按照图样安装的，重新进行安装调试； 3）报警阀至水力警铃的管路阻塞时，清理管路堵塞处

（二）变压器细水雾灭火系统

1. 变压器细水雾灭火系统工作原理

根据 GB 50898—2013《细水雾灭火系统技术规范》1.0.3 的定义，细水雾灭火系统主要以水为灭火介质，采用特殊喷头在压力作用下喷洒细水雾进行灭火或控火，是一种灭火效能较高、环保、适用范围较广的灭火系统。

细水雾灭火系统的灭火机理是依靠水雾化成细小的雾滴，充满整个防护空间或包裹并充满保护对象的空隙，通过冷却、窒息等方式进行灭火。和传统的自动喷水灭火系统相比，细水雾灭火系统用水量少、水渍损失小、传递到火焰区域以外的热量少，可用于扑救带电设备火灾和可燃液体火灾。

“细水雾”是相对于“水喷雾”的概念，所谓的细水雾，是水在最小设计工作压力下，经喷头喷出并在喷头轴线下方 1.0m 处的平面上形成的 $D_{V0.50}$ 小于 200μm，$D_{V0.99}$ 小于 400μm 的水雾滴。

备注：$D_{V0.99}$ 表示喷雾液体总体积中，1%是由直径大于该数值的液滴，另 99%是由直径小于等于该数值的液滴组成的。$D_{V0.50}$ 为体积中位数直径，表示喷雾液体总体积中，50%是由直径大于该数值的液滴，另 50%是由直径小于等于该数值的液滴组成的。

细水雾灭火系统适用于扑救相对封闭空间的可燃固体表面火灾、可燃液体火灾和带电设备的火灾。根据《国网设备部关于印发变电站（换流站）消防设备设施等完善化改造原则（试行）的通知》（设备变电〔2018〕15 号）《变压器固定自动灭火系统完善化改造原则（试行）》第 4.2.5 条，细水雾灭火系统可用于室内的油浸式变压器（电抗器）灭火。油浸式变压器室、电容器室宜采用局部应用的开式系统。

2. 变压器细水雾灭火系统组成

根据国家电网设备〔2019〕410 号《国家电网有限公司关于印发变电站细水雾灭火系统技术规范和运维检修规范（试行）的通知》第 1.1 条。细水雾灭火系统是由供水装置、过滤装置、控制阀、细水雾喷头等组件和供水管道组成，是能自动和人工启动并喷放细水雾进行灭火或控火的固定灭火系统。开式细水雾灭火系统组成如图 4－2－3 所示。

（1）水源。进（补）水管管径及供水能力、储水箱的容量，均应符合设计要求；水质应符合设计规定的标准；过滤器的设置应符合设计要求。

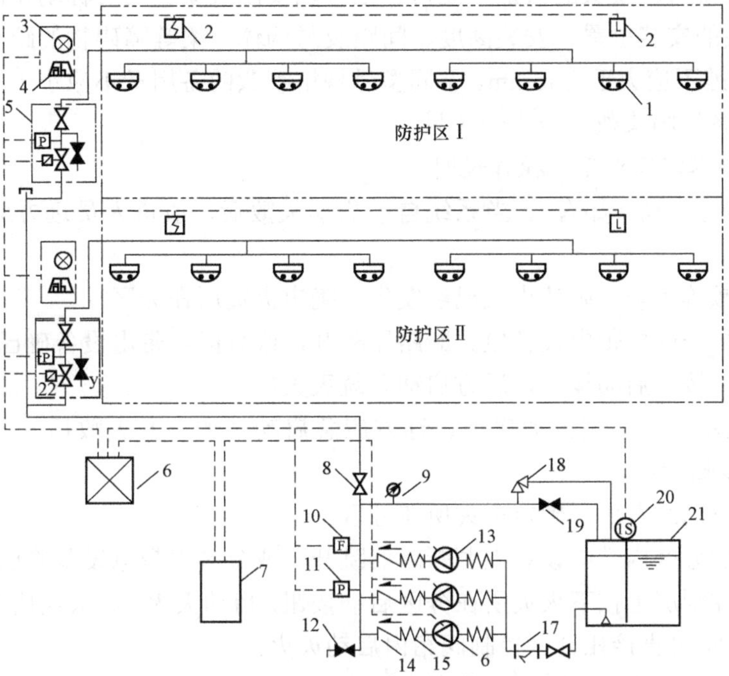

图 4-2-3　开式细水雾灭火系统示意图

1—开式细水雾喷头；2—火灾探测器；3—喷雾指示灯；4—火灾声光报警器；5—分区控制阀组；6—火灾报警控制器；7—消防泵控制柜；8—控制阀（常开）；9—压力表；10—水流传感器；11—压力开关；12—泄水阀（常闭）；13—消防泵；14—止回阀；15—柔性接头；16—稳压泵；17—过滤器；18—安全阀；19—泄放试验阀；20—液位传感器；21—贮水箱；22—分区控制阀（电磁/气动/电动阀）

（2）泵组。工作泵、备用泵、吸水管、出水管、出水管上的安全阀、止回阀、信号阀等的规格、型号、数量应符合设计要求；吸水管、出水管上的检修阀应锁定在常开位置，并应有明显标记。水泵的引水方式应符合设计要求。水泵的压力和流量应满足设计要求。泵组在主电源下应能在规定时间内正常启动。当系统管网中的水压下降到设计最低压力时，稳压泵应能自动启动泵组应能自动启动和手动启动。控制柜的规格、型号、数量应符合设计要求：控制柜的图纸塑封后应牢固粘贴于柜门内侧。

（3）控制阀。控制阀的型号、规格、安装位置、固定方式和启闭标识等，应符合设计要求和国家电网设备〔2019〕410 号《国家电网有限公司关于印发变电站细水雾灭火系统技术规范和运维检修规范（试行）的通知》第 4.3.6 条的规定。开式系统分区控制阀组应能采用手动和自动方式可靠动作。闭式系统分区控制阀组应能采用手动方式可靠动作。分区控制阀前后的阀门均应处于常开位置。

（4）管网。管道的材质与规格、管径、连接方式、安装位置及采取的防冻措施。管道应采用冷拔法制造的奥氏体不锈钢钢管或其他耐腐蚀和耐压性能相当的金属管道，管道的材质和性能均应符合设计要求。管网上的控制阀、动作信号反馈装置、止回阀、试水阀、安全阀、排气阀等，其规格和安装位置均应符合设计要求。管道固定支、吊架的固定方式、间距及其与管道间的防电化学腐蚀措施均应符合设计要求。

（5）水喷雾喷头。喷头的数量、规格、型号以及闭式喷头的公称动作温度等，应符合设计要求。喷头的安装位置、安装高度、间距及与墙体、梁等障碍物的距离，均应符合设计要求，距离偏差不应大于±15mm。不同型号规格喷头的备用量不应小于其实际安装总数的1%，且每种备用喷头数不应少于5只。

3. 变压器细水雾灭火系统操作说明

（1）远方应急启动（如有）。当系统自动启动失败后，值班人员远方应急启动灭火步骤为：

① 通过视频等手段，确认火灾已经发生，确定火灾所在分区。

② 确认保护分区内带电设备电源断路器跳开，或分区内带电设备确已失电。

③ 经授权，按下启动按钮，远方启动系统灭火。

（2）手动启动。当系统自动启动、远方应急启动（如有）失败后，运维人员到达变电站手动灭火步骤为：

① 确定火灾已经发生，确定火灾所在分区。

② 确认保护分区内带电设备电源断路器跳开，或分区内带电设备确已失电。

③ 在系统控制屏上按下火灾所在分区启动按钮，启动灭火。如火灾所在分区控制阀箱内有启动按钮，也可直接在分区控制阀箱内启动灭火。

④ 如不能启动，投入“断路器位置失效”压板，启动灭火。

（3）机械应急启动。当系统自动、远方应急（如有）、手动启动失败后，运维人员到达分区控制阀处现场机械应急启动灭火步骤为：

① 再次确认火灾已经发生，确定火灾所在分区。

② 再次确认保护分区内设备电源断路器跳开，或分区内带电设备确已失电。

③ 打开火灾所在分区控制阀箱，取下分区控制阀手动应急操作孔防护罩，插入操作手柄，手动打开分区控制阀，启动系统。

（4）系统复位。火灾处置完毕后，运维人员应进行系统复位操作：

① 先停止泵组运行。

② 复位分区控制阀箱：复位启动按钮，如机械应急启动，用操作手柄复位。

③ 复位泵组：管道泄压，启动稳压泵，打压至正常压力，检查系统就绪，指示灯正常。

④ 复位控制装置：按下控制装置复归按钮，必要时重启系统。

⑤ 复位联锁设备：打开系统联锁关闭（或打开）的设备，至正常位置。

4. 变压器细水雾灭火系统巡视及维护

（1）巡视要求。

① 例行巡视。

（a）系统控制屏各装置工作正常，信号指示正常，无告警信息。

（b）系统控制屏上各空开、切换开关、压板位置正确。

（c）系统泵控制屏电源工作指示灯正常，无异常信号。

（d）系统泵完好无异常，如稳压泵正常工作，泵组声音正常。

（e）系统储水柜水位正常。

（f）系统水系统各阀门位置正确，压力在正常范围内。

（g）系统各分区控制阀箱正常，无异常指示，压力在正常范围内。

（h）系统各喷头完好、正常，无倾斜、脱落等现象。

② 全面巡视。全面巡视在例行巡视的基础上，增加以下项目：

（a）系统各标牌、标识完好、清晰、正常。

（b）系统管道安装端正，无锈蚀，无渗漏。

（c）系统控制屏、泵组控制屏、分区控制箱开屏、开箱检查，主要检查内容：

a）检查屏箱内设备工作正常，无异声、异味，无发热。

b）端子排无锈蚀、裂纹、放电痕迹。

c）二次接线无松动、脱落，绝缘无破损、老化现象，备用芯绝缘护套完备。

d）电缆孔洞封堵完好。

e）照明、加热驱潮装置工作正常。

f）加热驱潮装置投退正确。

g）机构箱透气口滤网无破损，箱内清洁无异物，无凝露、积水现象。

h）屏、箱门开启灵活，关闭严密，密封条无脱落、老化现象。

（d）抄录系统各压力表数值。

（e）检查系统泵房、水箱房等房屋无渗雨，门窗封闭良好，照明、暖通设施良好，锁具完好。

（f）检查系统泵组电源工作电压在合格范围内。

（g）检查系统消防水源供应正常。

（h）特殊巡视。

（i）冬季温度下降至零度以下时，应检查放置储水设备周边温度不应低于 5℃，管道保温设施完好。

（j）站用交流系统失电后，应检查系统泵组控制屏、系统控制屏等各工作电源指示正常，各装置启动正常。

（2）维保检测。

① 月度检查维护。

（a）检查系统组件的外观，应无碰撞变形及其他机械性损伤。

（b）检查分区控制阀动作是否正常。

（c）检查阀门上的铅封或锁链是否完好、阀门是否处于正确位置。

（d）检查储水箱和储水容器的水位及储气容器内的气体压力是否符合设计要求。

（e）检查喷头的外观及备用数量是否符合要求。

（f）检查手动操作装置的保护罩、铅封等是否完整无损。

② 季度检查维护。

（a）通过泄放试验阀对泵组系统进行一次放水试验，并应检查泵组启动、主备泵切换及报警联动功能是否正常。

（b）检查管道和支、吊架是否松动，以及管道连接件是否变形、老化或有裂纹等现象。

③ 年度全面检查。

（a）测定一次系统水源的供水能力。

（b）对系统组件、管道及管件进行一次全面检查，并应清洗储水箱、过滤器，同时应对控制阀后的管道进行吹扫。

（c）储水箱应每半年换水一次，储水容器内的水应按产品制造商的要求定期更换。

（d）进行系统模拟联动功能试验。

（3）异常处置要求。

① 变电站监控单位发现系统发出故障或异常告警时，应立即通知变电站运维管辖运维班值班人员。

② 运维班值班人员接到监控人员通知后，应立即前往变电站现场检查。运维人员巡视过程中发现系统发生故障或异常告警时，应立即进一步检查。检查内容包括：

（a）变电站监控系统后台信息指示。

（b）系统主机信息指示。

（c）系统泵组情况、各分区控制阀情况。

③ 运维人员根据《变电站细水雾灭火系统运维规范（试行）》处理方法进行处理，如不能恢复正常，将现场检查与处理情况，向运维班长汇报。

④ 运维班长根据检查情况作出初步判断，确定系统缺陷类型性，必要时亲自到变电站作详细检查，如不影响系统正常运行，通知维保单位进行处理，如系统不能正常运行，应立即向单位消防专职人汇报。

⑤ 消防专职人接到运维班长汇报后，应召集相关人员（包括维保单位人员）到变电站现场进一步检查。如系统不能正常运行，得到本单位分管领导同意后将系统停运。

⑥ 维保单位根据故障情况制订处理方案，运维单位组织讨论审核后，运维班组完成安全措施，开具工作票进行处理。处理结束后做好记录，如更换部件，还应完善台账、技术资料等。

（4）典型故障及异常处理。

① 细水雾灭火系统误喷。

（a）现象。

a）细水雾灭火系统喷水，现场未发生火灾；

b）控制柜和后台显示分区控制阀开启等信号。

（b）处理原则。

a）关停泵组，关闭误动的分区控制阀；

b）联系专业人员处理。

② 细水雾灭火系统压力开关误报警。

（a）现象。

a）细水雾灭火系统压力开关异常报警；

b）控制柜显示压力开关动作。

（b）处理原则。

a）检测和更换零部件相关工作，应联系专业人员处理；

b）高压球阀渗漏时，更换密封垫并清洗管道，旋紧紧定六角螺钉，更换O型密封圈；

c）高压球阀未关闭到位时，用手柄将高压球阀关闭至零位；

d）压力开关未复位时，按下压力开关进行复位；

e）压力开关损坏时，更换压力开关。

③ 系统电源失电。

（a）现象。

控制屏电源指示灯熄灭，监控后台报电源告警信号，或泵组电控柜电源指示熄灭。

（b）处理原则。

a）电源端失电时，检查电源空气开关是否跳闸，电源回路是否短路，排除故障恢复供电，若无法排除故障，则联系专业人员处理；

b）双电源切换装置故障时，检查双电源切换装置故障原因，进行维修或更换。

④ 细水雾灭火系统泵组不启动。

（a）现象。

a）细水雾灭火系统泵组电机不运转；

b）泵组出口不出水。

（b）处理原则。

a）检测和更换零部件相关工作，应联系专业人员处理；

b）高压泵接触器未闭合时，闭合接触器；

c）泵组停止触点断开时，闭合泵组停止触点；

d）联动控制器未执行程序时，检修联动控制器，必要时更换；

e）电源未接通时，接通电源；

f）断水水位保护时，恢复调节水箱水位。

⑤ 细水雾灭火系统稳压泵频繁启动。

（a）现象。

a）细水雾灭火系统稳压泵电机频繁动作；

b）电控柜稳压泵动作指示灯频繁点亮。

（b）处理原则。

a）检测和更换零部件相关工作，应联系专业人员处理；

b）管道有渗漏时，管道渗漏点补漏；

c）安全泄压阀密封不好时，检修安全泄压阀；

d）测试阀未关紧时，完全关闭测试阀。

⑥ 细水雾灭火系统泵组连接处有渗漏。

（a）现象。

泵组连接处（法兰、接口等）有渗漏水，泵组连接处松动。

（b）处理原则。

a）检测和更换零部件相关工作，应联系专业人员处理；

b）连接件松动时，拧紧连接件；

c）连接处O型密封圈或密封垫损坏时，更换O型密封圈或密封垫；

d）连接件损坏时，更换连接件。

（三）油浸变压器排油注氮消防系统

1. 主变压器排油注氮消防系统工作原理

根据DB43/T 420—2008《油浸变压器排油注氮消防系统设计、施工及验收规范》3.1.1的定义，排油注氮消防系统是具有自动探测变压器火灾，可自动（或手动）启动，控制排油阀开启排放部分变压器油排油泄压，同时通过断流阀有效切断储油柜至油箱的油路，并控制氮气释放阀开启向变压器内注入氮气的灭火系统。

排油注氮灭火装置主要应用于容量超过10MVA以上的油浸变压器（包括单相变压器、组合变压器和三相一体式变压器）。排油注氮装置工作原理如图4-2-4所示。

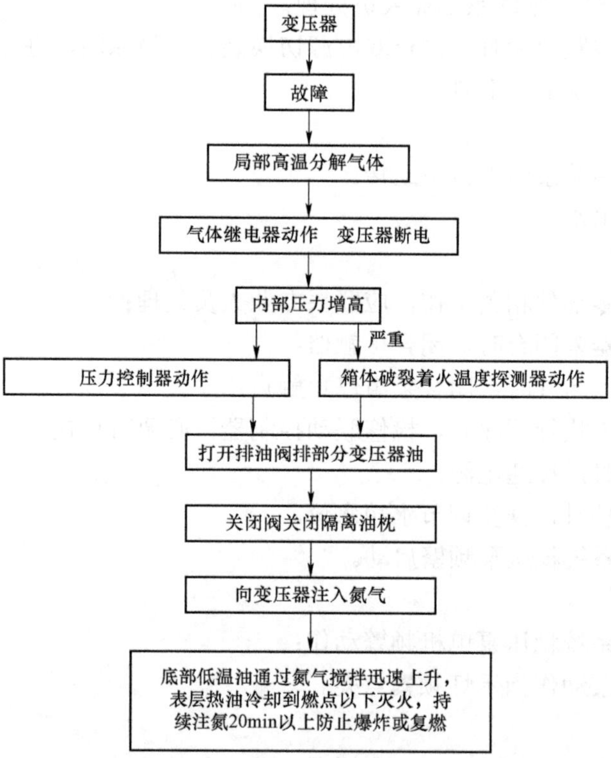

图4-2-4　排油注氮装置工作原理示意图

2. 主变压器排油注氮消防系统组成

排油注氮装置通常由消防控制柜、消防柜、断流阀、火灾探测装置和排油管路、注氮管路等组成。排油注氮装置组成如图4-2-5所示。

（1）消防柜。贮存氮气并控制氮气释放、排油泄压的执行装备。通常由具有氮气贮存、氮气减压、氮气释放、流量控制、油气隔离、排油等功能部件组成。

（a）消防柜宜采用不锈钢材质，外观应美观，漆膜应均匀、色泽一致，无明显磕碰、锈迹、污物、机械损伤。外表面颜色应为红色，内部各零部件应进行防腐处理。消防柜应有可靠的防腐、防水、防冻、防风、防尘措施。加热除湿装置应齐全、完好。

（b）消防柜工作环境温度范围分为如下两档：

Ⅰ档：－20～+60℃；

Ⅱ档：－40～+60℃。

（c）消防柜相对湿度≤85%（40℃）。IP 防护等级满足 IP55 要求。

（d）柜内各元件标示、标志牌齐全正确，一、二次接地可靠。手动操作步骤说明应设置在装置明显处，各功能按钮、操作把手应标识明晰，在经常有人通过或误碰易造成装置误动的场所，应加强防护措施并设置警示标识。

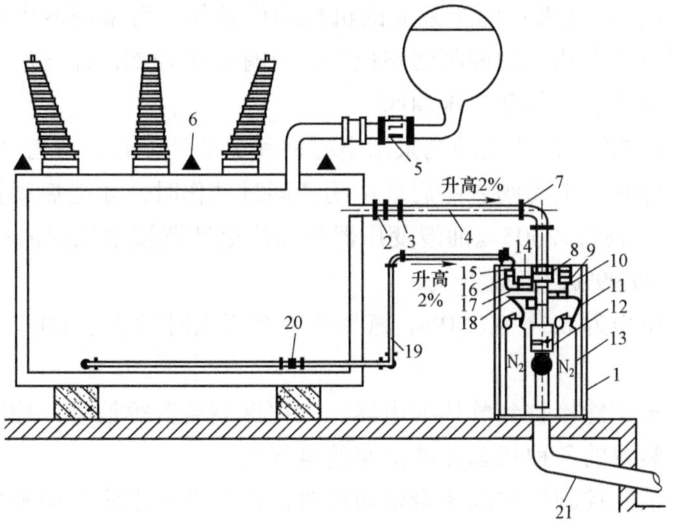

图 4-2-5　排油注氮装置示意图

1—消防柜；2—排油连接阀；3—波纹管；4—排油管路；5—断流阀；6—感温火灾探测器；7—排气旋塞；8—检修阀；9—2 号压力控制器；10—远传压力表；11—高压软管；12—快速操动机构；13—氮气瓶；14—1 号压力控制器；15—油气隔离组件；16—节流阀；17—减压器；18—氮气阀；19—注氮管路；20—注氮阀；21—导油管

（e）注氮阀（氮气释放阀）与排油阀间应设有机械联锁阀门。

（f）排油阀下部的排油管路上应设置漏油观测和报警装置，防止排油管路漏油导致气体继电器动作。漏油报警装置应位于排油管道内，且方便维护。

（g）排油管道应设置检修阀（位于消防柜内），并能向消防控制柜提供检修状态信号。检修阀应明显标示阀门的开闭方向及开闭位置。

（h）注氮管路应设置能够排出泄漏氮气的排气组件，防止氮气泄漏进入变压器本体导致轻瓦斯频繁动作。

（i）排油阀或排油管路上应设置排油信号反馈装置，在油气隔离装置前端的注氮管路上应设置注氮信号反馈装置。

（j）氮气驱动装置不应采用电爆型驱动装置，宜选用抗干扰能力强的电磁式驱动阀或防爆自密封瓶头阀。

（k）氮气释放阀宜安装在氮气储存容器上，保证释放阀后的管路平时处于无压状态，避免氮气瓶出口软管长期处于高压状态下，发生老化爆裂。

（l）排油阀结构形式可采用重锤或电动阀，动作时间小于 3s。

（m）对于重锤结构，采用电磁铁驱动脱扣结构的，排油及注氮阀动作线圈功率应大于 DC220V×1.5A；采用电磁铁直接支撑结构的，排油及注氮阀动作线圈功率应大于 DC220V×3A。对于采用其他结构的注氮阀，注氮阀动作线圈功率应大于 DC220V× 1.5A。

（n）排油阀重锤启动机构上应增加机械锁定功能，检修时能够机械锁定，锁定后无论任何情况，重锤均不会落下。

（o）排油阀机械防误要求：

a）对于重锤结构，宜满足两个独立的机械动作条件，可采用双电磁铁机械机构或其他机械结构，分别由两个独立的控制回路控制，只有 2 个控制回路同时发出启动信号后，双电磁铁动作，重锤才能掉落开启排油阀。

b）对于电动阀结构，排油电动阀采用电磁铁和电动阀配合，两者之间增加机械限位，电磁铁动作解除限位时，电动阀才能启动；两者同时动作时，才能启动排油阀。氮气瓶额定容积应满足 CECS 187：2005《油浸变压器排油注氮装置技术规程》3.1.2 配置要求，氮气选用纯度不低于 99.99%的工业氮气。

（p）注氮工作压力为 0.5～0.8MPa，氮气注入至灭火时间小于 60s，持续注氮时间不小于 10min。

（2）消防控制柜。能接收到气体继电器、火灾探测装置等信号，控制消防柜内相应部件动作，显示灭火装置的各种状态并能报警的电气柜。

（a）采用一台消防控制柜控制多台消防柜时，每台消防柜应对应独立的控制单元，且各控制单元应相互独立，互不干扰。

（b）每台变压器的排油注氮灭火装置内安装控制总成 1 套，控制方式可采用集成电路、PLC 或继电器。

（c）消防控制柜工作环境温度范围：0～+50℃。相对湿度≤85%（40℃）。装置 24V 电源及回路不应出保护室，以免引进干扰。

（d）中间继电器动作电压应在额定直流电源电压的 55%～70%范围内，动作功率应不低于 5W。

（e）排油阀及注氮阀电磁铁启动回路两侧应串接启动条件接点进行闭锁，避免单接点启动直接出口，确保排油及注氮电磁铁正常运行时不带电。

（f）控制面板上的各控制开关和信号灯设置齐全、布局合理，手动按钮防误动保护罩完好。柜内各类二次元器件标示、标牌齐全、正确。

（g）消防控制柜应设置相应指示灯及按钮：Ⅰ段直流电源投入指示、Ⅱ段直流电源投入指示、自动运行指示、重瓦斯动作指示、油箱超压指示、各侧断路器分位指示、断流阀关闭指示、检修锁定指示、氮气瓶压力低指示、排油阀渗油指示、火灾探测器报警指示、排油阀动作指示、注氮阀（氮气释放阀）动作指示、灭火装置动作指示等指示灯，系统投入/退出转换开关、自动/手动状态转换开关，复归、指示灯自检、声光报警、手动启动及手动启动确认等按钮。

（h）下列信号应接入变电站主设备监控系统：1号报警探测器火警、2号报警探测器火警、断流阀关闭、装置电源故障、氮气瓶压力低、排油阀渗油报警、装置充氮启动、装置排油启动、灭火装置动作、检修锁定、系统投入/退出信号、自动/手动状态信号、远方/就地状态信号。

（3）断流阀。正常情况下处于开启状态，变压器发生火灾时，能自动切断储油柜的油流向变压器油箱的阀门。

（a）断流阀应带有能直接观察阀门启闭状况的位置指示，具有手动复位装置，操作力矩应不大于5N·m。

（b）断流阀动作流量应满足GA 835—2009《油浸变压器排油注氮灭火装置》5.4.3要求，动作流量不应大于生产单位公布值。断流阀达到额定流量时应能可靠关闭，并能可靠输出信号。

（c）断流阀的明显部位应永久性的标注：产品名称、生产单位或商标、型号规格、流动方向、公称通径、关闭流量。

（d）断流阀宜选用配重式结构。

（4）火灾探测装置。

（a）火灾探测装置应采用玻璃球型火灾探测器或易熔合金型火灾探测器。

（b）每台变压器应安装6个以上火灾探测装置，安装在变压器顶部的重点设防部位（如套管、压力释放阀等），应设计为两个独立回路，且交叉布置。

（c）火灾探测装置防雨罩应完好、齐全。防雨罩应采用不锈钢材质。

（d）动作温度：

a）玻璃球型火灾探测器动作温度：93℃±4℃。

b）易熔合金型火灾探测器动作温度：按GA 835—2009《油浸变压器排油注氮灭火装置》6.25规定的方法进行动作温度试验，其动作温度不应超过下式规定的范围：

$$X \pm (0.035X + 0.62)$$

式中：X为公称动作温度（由生产单位提供），单位为摄氏度（℃）。

（5）管道。

（a）排油孔应设置在变压器的端面距变压器油箱顶部200mm处，并应配备焊接的排油管，其管径应符合表4-2-2的规定。

表4-2-2 排油管最小直径

油浸变压器容量（MV·A）	排油管的直径（mm）
≤360	DN100
＞360	DN150

（b）注氮孔应均匀对称布置在变压器两侧距变压器油箱底部 100mm 处，并应配备 DN25 的焊接注氮管。注氮孔的数量应根据变压器的储油量确定，并宜符合表 4－2－3 的规定。

表 4－2－3　　注 氮 孔 数 量

油浸变压器容量（MV·A）	注氮孔数量（个）
≤50	2
＞50，≤360	4
＞360	6

（c）管道材质应选用无缝钢管或不锈钢管，法兰连接应采用耐油密封件。

（d）排油管伸向消防柜的水平管道（放气塞方向）应有 2%的上升坡度。水平管道直线长度不应超过 8m。超过 5m 时，中间应加支撑。

（e）排油、注氮管道应按照“最大可能场内预制，减少现场焊接”的原则，排油管路现场焊接点数不得多于 2 个，四孔和六孔的注氮管路现场焊接点数分别不得多于 3 个和 5 个。

（f）管道应加装箭头指示（油路指向消防柜，气路指向变压器）。

3. 主变压器排油注氮消防系统操作说明

（1）自动启动方式。

① 防爆自动启动方式。

自动控制方式下，防爆自动启动应满足以下条件：

（a）变压器油箱超压信号。

（b）变压器油箱超压确认信号。

（c）断路器跳闸信号。

（d）重瓦斯保护动作信号。

② 灭火自动启动方式。

灭火自动启动方式应同时满足以下 3 个条件（逻辑与）：

（a）有 2 个及以上独立的火灾探测器同时发出的动作信号。

（b）主变压器本体气体继电器的重瓦斯动作信号。

（c）主变压器各侧断路器跳闸动作信号。

（2）手动灭火启动方式。工作人员观察到火灾后，当且仅当同时按下手动启动按钮和手动启动确认按钮（或投入手启压板），排油注氮灭火装置启动灭火。单一按下手动启动按钮或手动启动确认按钮（或投入手启压板）时，装置应不动作。

（3）远程启动灭火方式。通过监控系统中的“启动按钮”，远距离操作装置动作的控制方式。排油注氮灭火装置二次逻辑如图 4－2－6 所示。

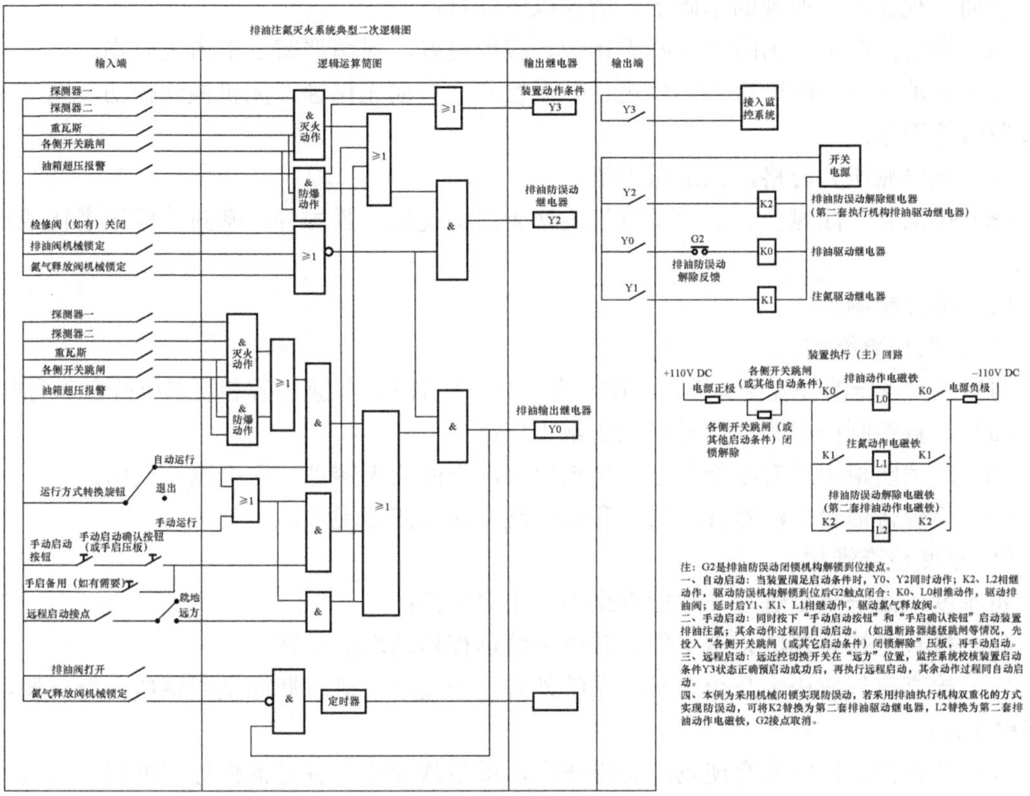

图 4-2-6　排油注氮灭火装置典型二次逻辑图

4. 主变压器排油注氮消防系统巡视及维护

（1）巡视要求。

① 例行巡视。

（a）消防控制柜电源、各指示灯显示正确，无异常及告警信号；

（b）手动启动按钮及手动启动确认按钮防误碰措施完好；

（c）系统编号、标识齐全、清晰、无损坏，消防柜红色标记醒目；

（d）检查系统组件的外观，应无碰撞变形及其他机械性损伤，基础无倾斜、下沉、破损开裂等现象；

（e）消防柜无锈迹、污物、损伤，柜内阀门及接口处无油渍，渗油观察窗内无油迹；加热驱潮装置正常；

（f）氮气瓶外观良好，压力正常；

（g）断流阀、注氮阀、排油阀、排气塞等位置标识清晰、位置正确，无渗漏；

（h）感温电缆完好，无断线、损坏，火灾探测装置工作状态正确；

（i）火灾探测装置、法兰、管道、支架和紧固件无变形、损伤、防腐层完好；

（j）火灾探测装置安装牢固，防雨罩安装可靠，能够做到有效防雨；

（k）变电站监控系统相关信号正常；测控装置通信状态正常，无异常及告警信号。

② 全面巡视。

全面巡视在例行巡视的基础上，增加以下项目：

（a）消防控制柜、消防柜完好无锈蚀、接地良好，封堵严密，柜内无异物；

（b）对消防柜中的所有零部件进行外观检查，表面无锈蚀，无机械性损伤，端子排无接线脱落等现象；

（c）氮气瓶压力合格，记录压力值；

（d）排油管、注氮管、法兰及排气旋塞无渗漏现象；紧固件、密封件应无老化或损坏现象。

（2）维保检测。

① 月度检查维护。

每月应对系统的外观至少进行一次检查，并进行记录。检查内容和要求应符合下列规定：

（a）检查控制柜电源、信号灯应正常工作；

（b）对消防柜中所有零部件进行外观检查，表面应无锈蚀，无机械性损伤；

（c）检查排油管、注氮管、法兰和排气旋塞应无渗漏现象。

② 季度检查维护。

每季度对系统至少进行一次检查维护，主要包括：

（a）检查测控装置应正常工作，监控系统远程启动功能正常；

（b）检查氮气瓶压力是否正常，系统外观是否整洁；氮气瓶应采用钢质无缝气瓶，每5年检1次；

（c）检查消防柜中应有现场应急操作图示或步骤说明，各元器件标识准确，现场有应急操作扳手；

（d）对消防柜内驱潮加热、防潮防凝露模块和回路、照明回路、二次电缆封堵修补进行维护；

（e）检查火灾探测装置安装是否牢固、工作状态是否正确；

（f）检查排油管路、注氮管路、法兰和排气旋塞应无渗漏现象，密封件老化、损坏时应予以更换；

（g）检查管道、支架及紧固件，重新涂刷油漆；

（h）对松动的配件进行紧固，对损坏的配件进行更换。

③ 年度全面检查。

每年应对系统至少进行一次模拟试验，系统功能应正常。将系统功能退出后，模拟试验系统的排油功能和注氮功能。检查内容及模拟试验情况应符合下列规定：

（a）关闭变压器上的排油连接阀和注氮连接阀；

（b）关闭消防柜内检修阀，从消防柜端子排上解除检修阀，关信号线；

（c）做好消防柜内注氮阀和排油阀防误措施，可采用拆除电磁铁接线、插入闭锁销等方式；

（d）在消防控制柜内对运行系统前后用红布幔遮挡，对运行系统的二次端子排用胶带遮挡；

（e）在消防控制柜上试验“手动启动”；

（f）在消防控制柜上模拟“压力释放阀或速动油压继电器”“断路器跳闸”“重瓦斯保护”信号，试验“防爆自动启动”；

（g）在消防控制柜上模拟“2 个及以上独立的火灾探测器”“重瓦斯保护”“断路器跳闸”信号，试验“灭火自动启动”；

（h）试验完毕，检查无异常，恢复所有阀门及接线。

（3）典型故障及异常处理。

① 排油注氮灭火系统误动作。

（a）现象。消防柜排油阀开启，断流阀关闭，排油管流出变压器油，控制柜和后台显示排油阀动作、断流阀动作等信号。或消防柜注氮阀开启，氮气注入变压器，控制柜和后台显示注氮阀动作等信号。

（b）处理原则。关闭消防柜检修阀、排油阀、瓶头阀、排油注氮连锁阀等阀门，排油阀、注氮阀用插销锁定，断开消防柜、控制柜电源，退出系统功能。关闭变压器注氮连接阀，变压器停电后关闭排油连接阀，联系专业人员处理。

② 排油阀或氮气释放阀误报警。

（a）现象。

控制柜排油阀或氮气释放阀动作指示灯亮起。

（b）处理原则。

行程开关故障时，确认排油阀或氮气释放阀未发生动作情况下，将系统功能退出；检查排油阀及氮气释放阀位置行程开关，确认故障后进行更换。

③ 系统电源失电。

（a）现象。

控制柜电源指示灯熄灭，监控后台报电源告警信号。

（b）处理原则。

a）电源端失电时，检查电源空气开关是否跳闸，电源回路是否短路，排除故障后恢复供电，若无法排除故障，则联系专业人员处理；

b）双电源切换装置故障时，检查双电源切换装置故障原因，进行维修或更换。

④ 氮气压力下降过快。

（a）现象。

a）氮气瓶压力表压力示数下降；

b）控制柜氮气压力低指示灯亮起。

（b）处理原则。

a）金属软管接头处、压力显示器与减压器连接处、减压器与氮气瓶连接处松动时，退出系统功能，检查拧紧松动处；关闭氮气瓶阀，1h 后观察氮气压力值应无降低；确认正常后打开氮气瓶阀；

b）氮气管道破损时，退出系统功能，联系专业人员处理。

⑤ 流量调节阀或油气隔离装置底部滴油。

（a）现象。流量调节阀或油气隔离装置底部滴油。

（b）处理原则。

a）流量调节阀螺纹联接处松动时，拧紧螺纹，1h 后观察有无渗漏油；

b）隔离密封垫破裂时，退出系统功能，更换隔离密封垫，1h 后观察有无渗漏油。

⑥ 排油阀漏油。

（a）现象。

a）排油阀阀芯漏油，排油阀观察孔有残油；

b）排油管路漏油监测报警。

（b）处理原则。

a）排油阀关闭不到位时，退出系统功能，打开排油阀观察孔盲板，用摆臂微调排油阀，再观察有无漏油；

b）排油阀密封件老化时，退出装置功能，更换排油阀。

⑦ 排油注氮管道渗油。

（a）现象。排油注氮管道焊缝或法兰连接处渗油。

（b）处理原则。

a）焊接有砂眼时，跟踪渗油情况，联系专业人员在主变压器停电后处理；

b）密封圈严重老化造成喷油时，应立即退出装置功能，联系专业人员在主变压器停电后，更换管路法兰密封圈。

⑧ 火灾探测器动作告警。

（a）现象。火灾探测器动作告警，控制柜火灾探测器动作指示灯亮起。

（b）处理原则。火灾探测器接线盒内进水等原因造成接线柱短路时，退出系统功能；在不停电的情况下将故障探测器信号从本体端子箱中解除，隔离该故障探测器，保证系统正常运行；待主变压器停运时再进行排查处理。

⑨ 氮气压力低告警。

（a）现象。氮气压力低告警，控制柜氮气压力低指示灯亮起。

（b）处理原则。

a）氮气瓶未打开，致使压力低于下限设定值时，将氮气瓶阀完全打开，观察压力是否恢复正常；

b）氮气瓶压力低时，退出装置功能，更换氮气瓶。

⑩ 控制单元告警。

（a）现象。PLC 告警灯亮。

（b）处理原则。PLC、继电器等元器件故障时，退出装置功能，更换故障元器件，将系统调试正常。

（四）主变压器泡沫灭火系统

1. 主变压器泡沫灭火系统工作原理

合成型泡沫喷雾灭火系统采用高效能合成泡沫液作为灭火剂，在一定压力下通过专用的雾化喷头，喷射到被保护对象上迅速灭火。它是一种特别适用于电力变压器上的灭火系统，该系统吸收了水雾灭火和泡沫灭火的优点，是一种“高效、经济、安全、环保”的灭火系统。合成型泡沫喷雾灭火系统采用高效合成型泡沫灭火剂储存于储液罐中，当出现火灾时，通过主变压器消控主机联动控制或手动控制；在高压氮气驱动下，推动储液罐内的合成型泡沫灭火剂；通过管道和水雾喷头后，将泡沫灭火剂喷射到保护对象上；迅速冷却保护对象表面，并产生一层阻燃薄膜，隔离保护对象和空气，使之迅速灭火。合成型泡沫喷雾灭火系统吸收了水喷雾灭火系统和泡沫灭火系统的特点，实际上它与细水雾灭火系统相类似，只不过采用的灭火剂不同而已。由于泡沫喷雾灭火系统是采用储存在钢瓶内的氮气直接启动储液罐内的灭火剂，经管道和喷头喷出实施灭火，故其同时具有水雾灭火系统和泡沫灭火系统的冷却、窒息、乳化、隔离等灭火机理。整个灭火系统设备简单、布置紧凑。

2. 主变压器泡沫灭火系统组成

主变压器合成型泡沫喷雾灭火系统（如图 4－2－7 所示）是采用高效合成泡沫灭火剂通过气压式喷雾达到灭火的目的，该灭火系统由储液罐、合成泡沫灭火剂、启动装置、主变压器消控主机、主变压器消防设备联锁箱、氮气驱动装置、电磁控制阀、水雾喷头和管网等组成，其核心是合成型泡沫喷雾灭火装置和主变压器消控主机。

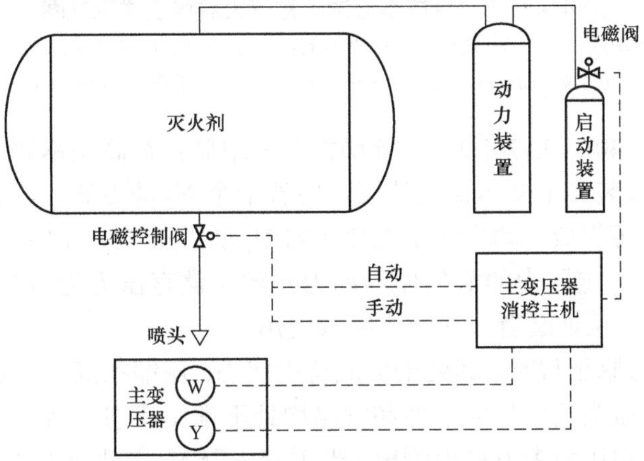

图 4－2－7　合成型泡沫喷雾灭火系统示意图

（1）合成型泡沫喷雾灭火装置。合成型泡沫喷雾灭火装置同时具备了水喷雾灭火和泡沫灭火的优点，借助泡沫的冷却、窒息、乳化、隔离等综合作用实现迅速灭火的目的，同时具有良好的电绝缘性能，且不易复燃。合成型泡沫喷雾灭火装置由储液罐、合成泡沫灭火剂、动力瓶组、氮气启动源、减压阀、分区阀、泡沫喷雾喷头、管网等部件组成，如图 4－2－8 所示。

① 储液灌。储液罐又称为主变压器泡沫罐。储液罐的罐体采用不锈钢材料制成，外表加以喷涂工艺。储液罐储存合成泡沫灭火剂和气体的容量为 2000～8000L。

对于有观察管的储液灌，正常情况下必须将其观察管上下两阀门关闭，防止进行灭火操作时泄压而造成储液灌不能建立压力，从而失去灭火功能。

② 合成泡沫灭火剂。合成泡沫灭火剂是以表面活性剂和适量的添加剂为基料制成。有效期为 3～5 年，由于各地区自然环境不同，使用寿命也各不相同，超出有效期应进行灭火剂更换。

③ 氮气启动源。主变压器泡沫启动源是主变压器 N_2 启动瓶（4L），当启动阀打开后，储气瓶内的压力先经管道输出给动力瓶组。它有电气启动和机械启动两种方式。

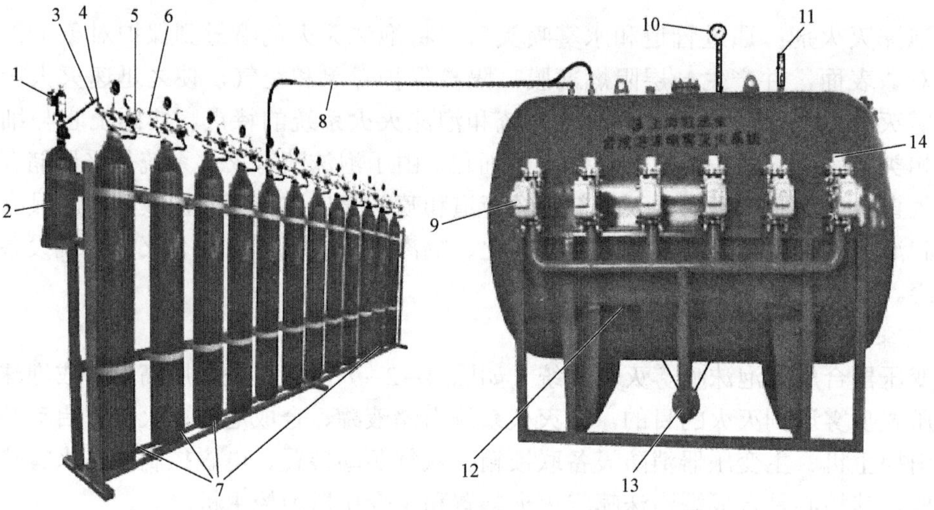

图 4-2-8 合成型泡沫喷雾灭火装置组成示意图

1—电磁阀；2—启动瓶（N_2）；3—瓶头阀；4—先导管；5—减压阀；6—高压铜管；7—动力瓶（N_2）；
8—集流管；9—电动阀；10—压力表；11—安全泄放阀；12—储液罐；13—泄液阀；14—灭火管

④ 氮气动力源（40L 或 70L）。装置动力源采用储存在高压钢瓶中的压缩氮气即主变压器 N_2 动力瓶组，安装在主变压器泡沫室，由若干个 N_2 动力瓶、压力表、试验（放气螺栓）把手、N_2 输出管等组成。动力源由主变压器 N_2 动力瓶（5～13 只，根据现场实际情况确定）提供，以具有一定压力的氮气作为动力介质，储存压力为 15MPa（正常应不少于 8MPa）。氮气动力源可保证装置一次灭火喷放使用。

主变压器 N_2 动力瓶正常时，其处于警戒待用状态。压缩在高压钢瓶中的氮气被瓶头阀可靠地封闭在瓶内，瓶头阀以外的部件和管路均处于常压状态，瓶内的氮气压力可通过安装于瓶头的高压阀门和压力表方便地测出。当主变压器 N_2 启动瓶无压力时，也可用其进行机械启动。机械应急具体操作要求：与主变压器 N_2 启动瓶操作方法类同，不同有三点：一是启动瓶是垂直操作即按下，而动力瓶是水平操作即按进；二是 N_2 动力瓶有压力指示不小于 8MPa，而不是 4MPa，经降压阀后达到储液罐整定压力；三是 N_2 启动瓶是一只，而 N_2 动力瓶是 5～13 只（视变电站情况而定）。

⑤ 主变压器 SP 电动阀。当主变压器发生火灾时，系统能以电气启动及机械启动两种方式启动 N_2 动力源，打开主变压器 SP 电动阀使得罐内灭火剂被压出，保证系统的正常动作。当系统停电或电气控制装置失灵时，能保证在此情况下通过操作人员的现场机械操作，也能紧急启动灭火系统。现场机械操作阀门示意图如图 4-2-9 所示。

机械启动时，手摇操作逆时针为阀门打开（OPEN 或 0），顺时针为关闭（SHUT 或 10）；当主变压器灭火操作后，关闭其阀门前，应将主变压器消控主机复位后，用手摇操作顺时针至关闭位置。

⑥ 管路及泡沫喷头。喷头采用铜质材料制成，均匀分布在主变压器四周，以满足装置对被保护的主变压器达到最佳的喷雾保护。使泡沫雾化，起到冷却、窒息、乳化、隔离等综合作用，实现迅速灭火。

所有湿管路均采用不锈钢材料、干管路采用热镀锌管，能保证在系统启动时，其灭火剂压力损失满足整套装置的要求，保证系统的正常灭火性能。

主变压器泡沫灭火系统管路及泡沫喷头如图 4－2－10 所示。

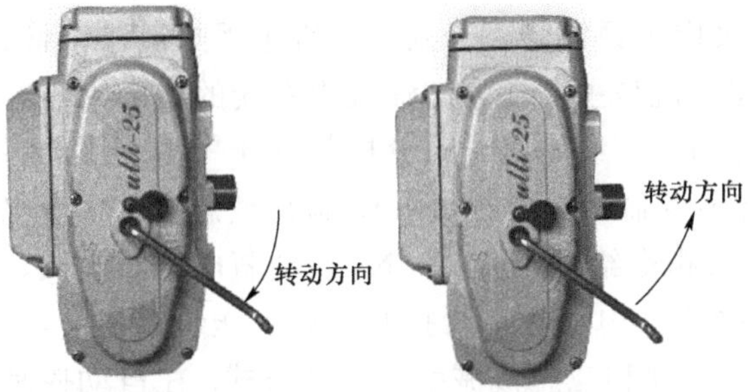

(a)　　(b)

图 4－2－9　主变压器 SP 电动阀机械操作示意图

（a）关闭阀门操作；（b）打开阀门操作

图 4－2－10　主变压器泡沫灭火系统管道及泡沫喷头实物图

⑦ 安全泄放阀。安全泄放阀又名为主变压器泡沫罐泄压阀，作为减压阀失灵保护泡沫罐体的一个保护装置，也作为启动整组试验前压力释放的操作元件。安装在主变压器泡沫罐上方压力表旁的释放阀，系统启动时，在储液罐的压力达到并超出额定压力时能够自动打开，保护储液罐。当罐内压力不小于 0.75（0.85）MPa 时释放压力，以防泡沫罐爆炸。也可手动释放罐内压力，尤其是做主变压器灭火电动阀开启试验时，必须保证泡沫罐压力为零。

⑧ 减压阀。作为主变压器 N_2 动力瓶的高压（15MPa）与泡沫罐工作喷雾压力（0.45～0.65MPa）降压和连接；与 N_2 瓶连接的压力表示输入压力，与集流管连接的压力为泡沫罐工作喷雾压力。

⑨ 泄液阀。主变压器泡沫罐泄液阀是安装在主变压器泡沫罐下方的阀门，正常时关闭，只提供更换罐内泡沫剂时使用。

⑩ 压力表。整套系统共有多个压力表，分别是启动瓶上的压力表、动力瓶上的压力表、减压阀的压力表、主变压器泡沫罐压力表。

（a）启动瓶上的压力表，表示启动瓶的压力。当电磁阀顶针或机械手动按下顶针时电磁阀内撞针撞破密封膜片，释放出的气体冲破动力瓶组密封膜片。

（b）动力瓶上的压力表，表示动力瓶的压力。当启动瓶压力经先导管冲开动力瓶上的瓶头阀（或机械手动按进顶针）时，压力表所指示的压力为该动力瓶的 N_2 压力，该 N_2 经减压阀后经集流管流向泡沫罐。

（c）减压阀的高压表，表示动力瓶 N_2 已流至减压阀；减压阀的低压表，表示 N_2 减压阀已流至泡沫罐，且所有压力表的压力是相等的。

（d）主变压器泡沫罐压力表：安装在主变压器泡沫罐上方的压力表，指示泡沫罐的压力情况；工作压力不小于 0.45（0.75）MPa。

以上所有压力表正常指示均为零，只有在专业人员试验和主变压器灭火时，才能看到压力。有压力说明存在漏气或异常，应立即请专业人员进行处理。

⑪ 喷头的设置应使泡沫覆盖变压器油箱顶面，且每个变压器进出绝缘套管升高座孔口应设置单独的喷头保护。

⑫ 保护绝缘套管升高座孔口喷头的雾化角宜为60°，其他喷头的雾化角不应大于 90°。

⑬ 灭火系统的储液罐、启动源、氮气动力源应安装在专用房内。专用房的室内温度应保持在 0℃以上，其消防安全应符合现行国家标准的有关要求。

⑭ 供液管道管材的选用，湿式部分宜采用不锈钢管，干式部分宜采用热镀锌钢管。

（2）主变压器消控主机。主变压器消控主机是主变压器泡沫灭火系统的核心元件。其主要功能有各输入模块（火警测量回路）的输入、经本机逻辑分析与判断（主变压器各侧断路器是否跳闸、出现火警是否超过 3s、有多少温感探测器动作），输出信息上传（变电站后台机、消防监控中心）、自动/手动发出灭火指令给输出模块（N_2 启动瓶电磁阀模块、各主变压器 SP 电动阀模块）、指令执行后的接收（电动阀是否打开）和上送装置信号。

① 泡沫喷淋灭火系统应同时具备自动、手动和应急机械手动启动方式。在自动控制状态下，灭火系统的响应时间应不大于 60s。

② 灭火系统的带电绝缘性能检验，应符合《接触电流和保护导体电流的测量方法》（GB/T 12113）的规定。

③ 应设置上传信号——“主变压器消防装置故障”信号：合并接入交流 220V、直流 220V、直流 24V 失电报警。“××变压器消防火灾报警”信号：按照变压器编号分别采集接入。原则上新增信号全部接入公用测控屏，若公用测控屏点位不能满足全部信号接入时，变压器消防喷淋动作信号可接入对应主变压器测控屏。

④ 为确保主变压器消防设备由“手动”改为“自动”后的可靠动作，可在泡沫喷淋小室内加装主变压器消防设备开关联锁箱一只。

目前常用的主变压器消控主机动作逻辑如图 4－2－11 所示。

（3）主变压器消防设备联锁箱。为确保主变压器泡沫灭火系统动作的及时性和可靠性，防止其泡沫误喷到运行主变压器上，提高主变压器火灾时灭火效果，降低对主变压器等其他电气设备的危害，对主变压器消防设备进行改造，采用主变压器高、中压两侧开关位置接点串联、引入变电站内直流强电回路等措施，有效解决了原消防系统因为误动作而引起的运行风险，系统运行更为安全、可靠。内装 1 台重动继电器箱，相应空气开关、端子排配齐全，箱内安装 24V 直流电源一组（220V/24V，最大输出电流 10A），从直流屏引入独立一路直流电源（经空气开关 1DK）进重动箱。

① 将主变压器高、中压侧断路器辅助触点（两两并联）分别引入泡沫喷淋小室内重动继电器箱（采用带屏蔽的控制电缆），主变压器故障跳开高、中压侧断路器后启动相应重动继电器，开放对应主变压器喷淋自动控制回路。

② 为实现对喷淋系统控制多线模块（HJ－1807A）异常启动的监视，对多线模块启动回路进行改造，利用多线模块启动中间继电器的一副触点作监视，另一副触点用作启动电磁阀或电动阀。

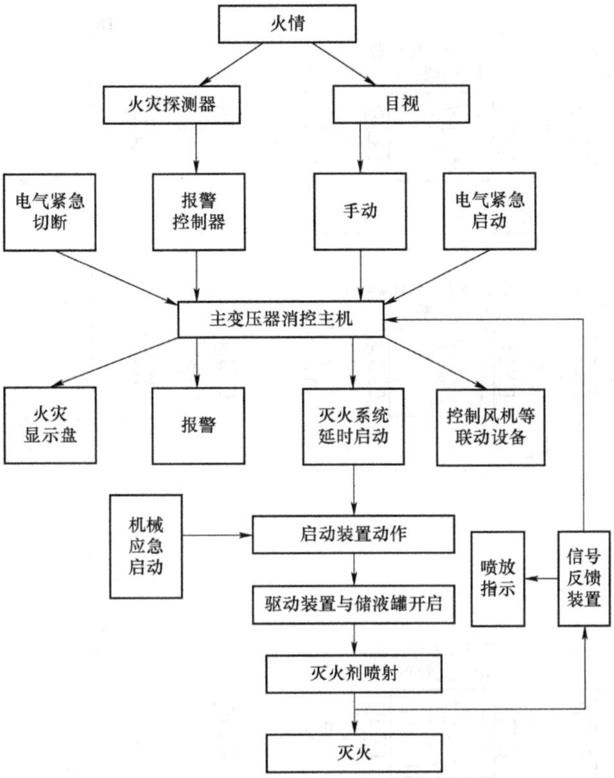

图 4-2-11　主变压器消控主机动作逻辑图

③ 每一台主变压器高、中压侧断路器重动继电器的一副触点串入泡沫喷淋的电动阀（选择主变压器），与多线模块启动的中间继电器（1-3QJ）触点共同作用，使相应主变压器电动阀门动作，启动相应主变压器泡沫喷雾灭火。另一副触点与各台主变压器重动后的触点并接启动重动继电器 4ZJ，4ZJ 的重动继电器的一副触点串接多线模块启动中间继电器（QJ）触点，接通启动钢瓶电磁阀，启动源将动力源中的 N_2 充入泡沫合成罐。

④ 为防止主变压器正常操作三侧断路器检修时误动，必须在主变压器断路器分闸前退出重动箱断路器辅助触点出口回路连接片，此连接片需列入运行操作票中，与主变压器状态同步操作，同时为方便对主变压器电动控制阀进行检修，在断路器辅助触点启动回路上并联电动阀试验按钮，实现主变压器不停电时对相应主变电动控制阀进行试验，但试验前必须取下 N_2 启动瓶电磁阀，并放置稳妥。

⑤ 为方便运行巡视和检修，现场应具备主变压器消防喷淋各控制回路异常启动的信号指示，为防止直流电源失去或重动继电器异常影响主变压器消防喷淋系统的可靠动作，远方应实现对主变压器消防喷淋各控制回路异常启动的实时监视。

主变压器消防联锁箱启动回路如图 4-2-12 所示。

相关连接片说明：

1）1L-P：“1 号主变压器断路器位置投入压板”，当 1 号主变压器高中压侧断路器跳闸后，即满足 1 号主变压器 SP 电动阀启动的一个必要条件，也是启动主变压器 N_2 启动瓶电磁阀的一个必要条件。在正常时放上，当 1 号主变压器停役时必须取下（其他主变压器类同）。

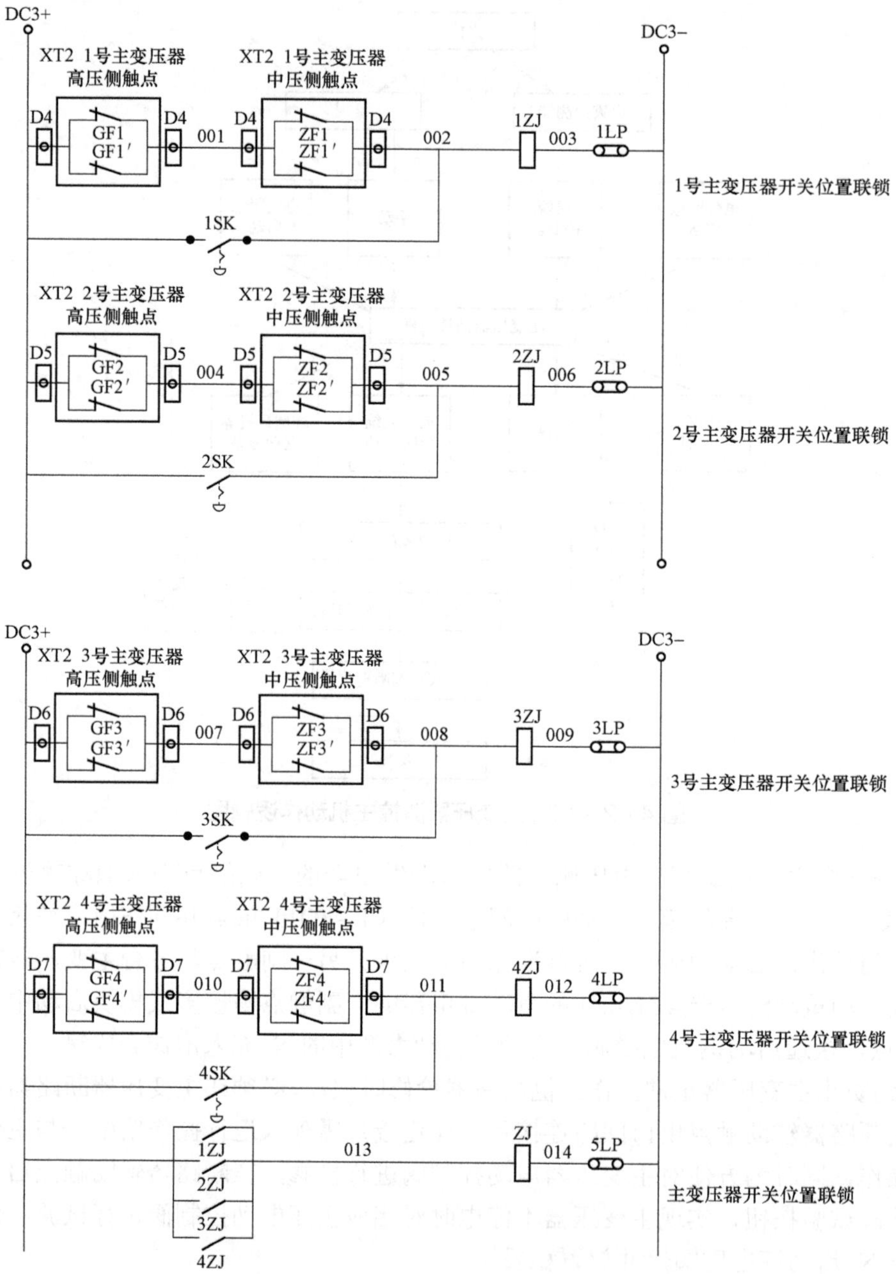

图 4-2-12　主变压器消防联锁箱启动回路

2）1SK："1 号主变压器电动阀试验开关"，在主变压器带电运行时，设备测试时，该断路器打至"工作"位置，1 号主变压器断路器位置继电器启动，该开关打至"停止"位置，1 号主变压器断路器位置继电器停止（其他主变压器类同）。

3）主变压器开关位置投入压板 5LP：当任一台或多台主变压器高中压侧开关跳闸，即作为启动主变压器 N_2 启动瓶电磁阀的一个必要条件。

主变压器消防联锁器出口闭锁回路如图 4-2-13 所示。

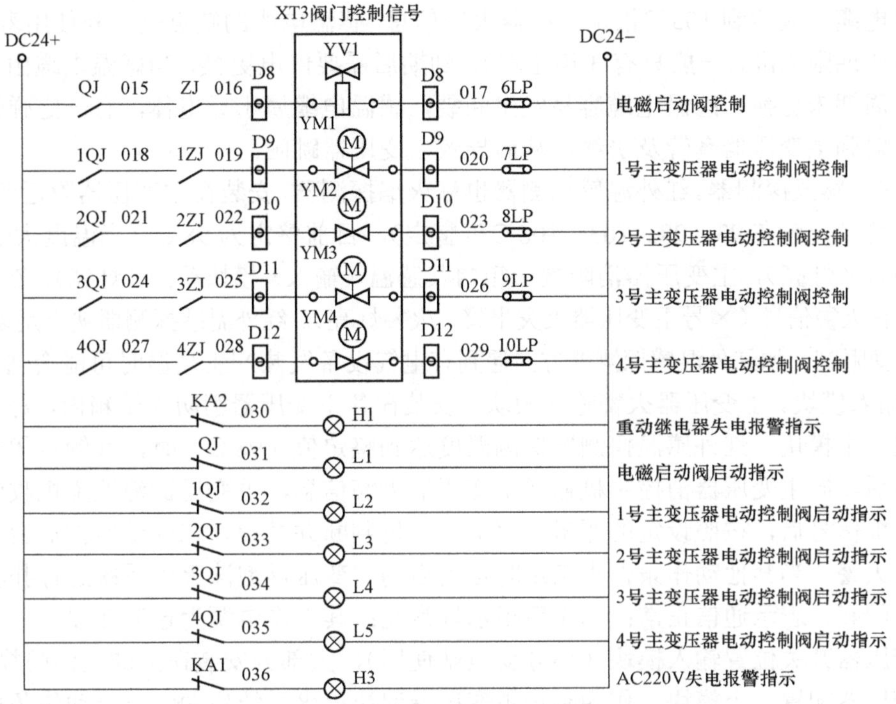

图 4－2－13　主变压器消防联锁箱出口闭锁回路

相关连接片说明：

主变压器 N_2 启动瓶电磁阀出口连接片 6LP：当任一台或多台主变压器高中压侧断路器跳闸，即满足主变压器启动瓶电磁阀的一个必要条件，其出口还要有主变压器消控主机启动这一必要条件。

1 号主变压器 SP 电动阀出口连接片 7LP：当 1 号主变压器高中压侧断路器跳闸，并且主变压器消控主机（自动、手动、遥控方式）发出 1 号主变压器启动指令，则 1 号主变压器 SP 电动阀启动条件满足。正常时放上，当 1 号主变压器停役时必须取下（其他主变压器类同）。

（4）主变压器泡沫灭火系统其他部件。

① 感温电缆。感温电缆须采用屏蔽式，其从各主变压器消防端子箱内模块引出，在主变压器本体上、下及储油柜上缠绕固定，电缆终端回到主变压器消防端子箱内模块上。感温电缆优点是感温准确，误差小，如图 4－2－14 所示。

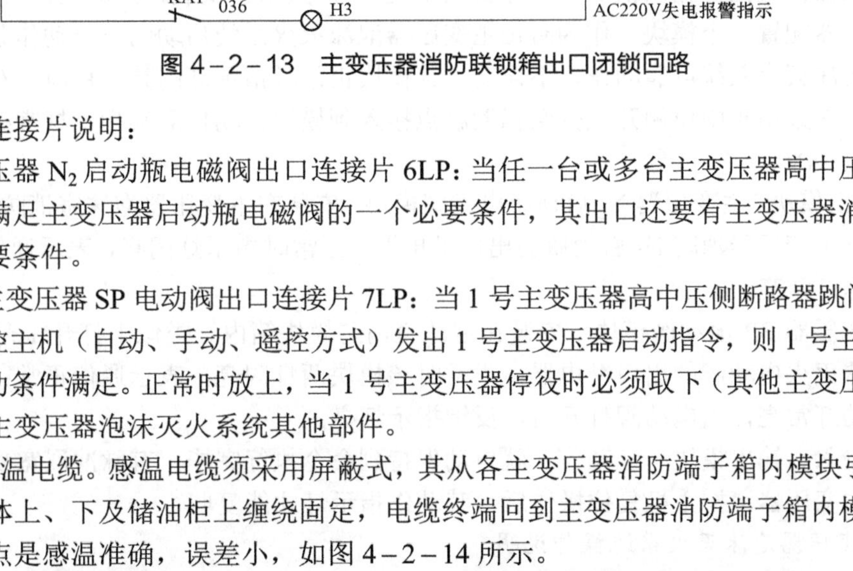

图 4－2－14　主变压器感温电缆示意图及实物图

感温电缆一般达到105℃报主变压器火警信息，感温电缆的缺点是户外使用寿命短（以制造商保质期限为准，一般只有3年左右），到期后需要停电更换，当感温电缆由于质量不良或者超周期未更换，感温电缆容易发生断裂，感温电缆属于导电体，有一定弹性，断裂时容易弹射到主变压器套管及引线，从而导致主变压器跳闸。

② 红外感温探测器。红外温感探测器也称火焰探测器，安装在主变压器附近两侧上方；其温度报警（一般在93、98、103、108℃可整定），目前整定为98℃。当温度大于98℃时其触点闭合（灯亮），主变压器消防端子箱内其感温（输入）模块动作（灯亮），在主变压器消控主机有火警信息（×号主变压器火灾报警、火警灯亮）。红外温感探测器缺点是误差较大、测量角度受限制，如红外温感探测器方向遇到有电气设备发热产生高温时可能会造成误动。

③ 输入模块。主变压器火警输入模块，安装在各主变压器消防端子箱内，每个感温探测器配置一个模块。红外感温探测器探测温度达到整定值（98℃）时，其触点闭合，经该模块转换后，向主变压器消控主机输送主变压器火警信息，主变压器消控主机收到对应主变压器火警信号后，按照设定的逻辑程序进行分析判断并发信，在就地监控后台上报×号主变压器火警，当其他动作条件也满足时自动启动主变压器泡沫灭火系统进行扑救。正常时指示灯闪亮，表示通信正常；动作后指示灯常亮；其工作电源为直流24V。

主变压器开关位置输入模块（部分变电站使用），大部分安装在泡沫室消防模块箱内，每台主变压器配置一个模块。作为防止主变压器泡沫灭火系统启动的一个动作条件，确保主变压器泡沫灭火系统可靠动作，不误动。其模块正常时指示灯闪亮。目前，对于220kV主变压器，是采用高中压侧开关分闸辅助触点接入到模块，动作后其指示灯常亮。其工作电源为直流24V。

④ 输出模块。主变压器N_2启动瓶电磁阀模块：安装在主变压器泡沫室消防模块箱内。类似于打开主变压器消防N_2启动瓶的出口继电器；正常时指示灯闪亮，表示通信正常；当动作后指示灯常亮。

各主变压器SP电动阀模块：安装在泡沫室消防模块箱内。类似于打开1号或2号主变压器泡沫灭火电动阀的出口继电器；正常时该模块两灯闪亮，表示通信正常；当接到指令后，启动灯常亮，当电动阀打开后，反馈指示灯亮。

所有输入、输出模块一经动作，就自动保持到命令执行完毕，有脉冲展宽功能，其复归只能从主变压器消控主机复位操作后，其动作指示灯才能复归。

3. 主变压器泡沫灭火系统操作说明

（1）警戒状态。正常时，本系统动力瓶组处于警戒待用状态。高压钢瓶中的压缩气体被瓶头阀可靠地密封在瓶内，瓶头阀以外的部件和管路均处于常压状态，瓶内的压力可以通过一个高压阀门和一只压力表测出。

（2）主变压器消控主机启动过程。

① 自动方式（主变压器消控主机在自动方式）。当主变压器发生火灾时，两点或两点及以上主变压器温感探测器动作（一般连续3s及以上），向主变压器消控主机传送火灾信息，经主机逻辑分析与判断后发出灯光指示及声响，并输出火警信息上传变电站后台监控、单位消防监控中心，另外经延时（一般30s）自动发出灭火指令，在主变压器各侧断路器分闸情况下（N_2启动瓶电磁阀动作、经30s延时打开对应的主变压器SP电动阀），主变压

器 SP 电动阀打开后，向主变压器喷洒泡沫以达到灭火效果，同时接收该主变压器的电动阀打开反馈信息。该动作逻辑图如图 4－2－15 所示。

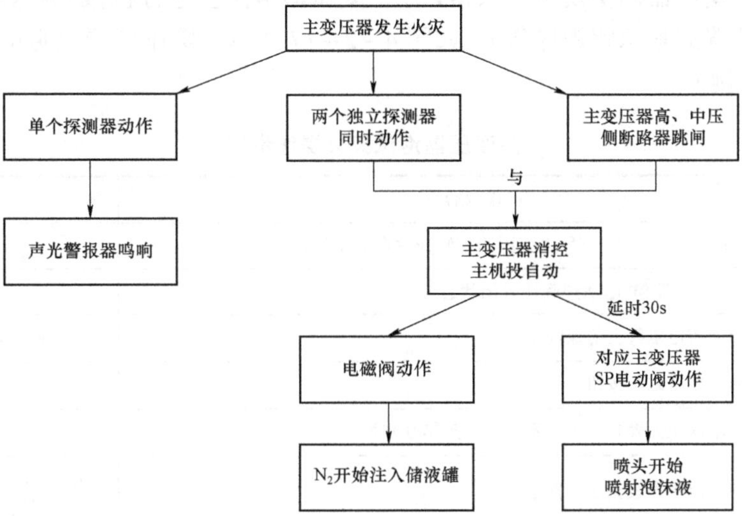

图 4－2－15　主变压器泡沫灭火系统自动方式动作逻辑图

② 手动方式（主变压器消控主机在手动方式）。当主变压器发生火灾时，由于可能主变压器温感探测器未动作或动作条件不满足，在主变压器各侧断路器分闸情况下，操作人员在主变压器消控主机上先按启动键，经 30s 后（N_2 启动瓶电磁阀动作打开动力瓶向泡沫罐传送压力完成），操作人员在主变压器消控主机上手动按下着火主变压器按键 0 号主变压器键或 2 号主变压器键），对应的主变压器 SP 电动阀打开，主变压器 SP 电动阀打开后，向主变压器喷洒泡沫以达到灭火效果，同时接收该主变压器的电动阀打开反馈信息。该动作逻辑图如图 4－2－16 所示。

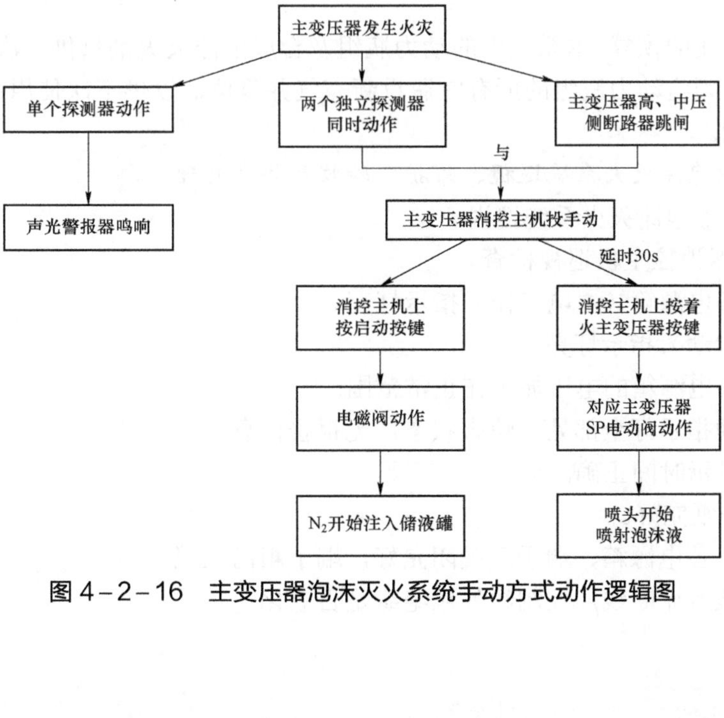

图 4－2－16　主变压器泡沫灭火系统手动方式动作逻辑图

（3）机械（应急）启动过程。当主变压器发生火灾时，由于主变压器温感探测器可能未动作或动作条件不满足，或者是主变压器消控主机故障，或启动瓶电磁阀故障，操作人员在现场证实主变压器确实发生了火情，在主变压器泡沫室进行机械（应急）灭火操作（类似于电气防误装置的紧急解锁操作），如图 4－2－17 所示。操作步骤说明见表 4－2－4（以 1 号主变压器为例）。

表 4－2－4　　　　主变压器泡沫灭火操作步骤

顺序	操作内容	备注
1	确认 1 号主变压器着火，1 号主变压器各侧开关在分闸位置	
2	检查每台主变压器 SP 电动阀确在关闭状态	
3	拉出 N_2 启动瓶电磁阀上的保险卡环	见图 4－2－17（a）
4	按下 N_2 启动瓶电磁阀按钮	见图 4－2－17（b）
5	检查 N_2 启动瓶压力表有压力指示，则跳到第 9 步操作	
6	检查 N_2 启动瓶压力表无压力指示	适用于 N_2 启动瓶压力为零或在故障状态下的处置步骤
7	拉出 N_2 动力瓶 1－N 号上的保险卡环（即拉出所有动力瓶保险卡环）	见图 4－2－17（c）
8	按下 N_2 动力瓶 1－N 号按钮（即打开所有动力阀门）	见图 4－2－17（d）
9	检查主变压器 SP 泡沫罐压力表指示不少于 0.5MPa（约 30s）	见图 4－2－17（e）
10	将主变压器 SP 电动阀操作把手插入 1 号主变压器 SP 电动阀手动 操作孔并核对操作设备命名正确	
11	打开 1 号主变压器 SP 电动阀（逆时针从“0”方向摇至“open”位置）	见图 4－2－17（f）
12	检查 1 号主变压器 SP 电动阀确已打开	
13	检查 SP 合成泡沫灭火剂向 1 号主变压器喷洒	

（4）灭火系统的恢复。本系统中的动力瓶组及合成泡沫灭火剂只供一次灭火喷放使用。灭火结束后，必须将动力瓶组的所有空瓶重新充气并复位，以供下次使用；同时将储液罐重新灌装灭火剂。

4. 主变压器泡沫灭火系统巡视、维护、验收及异常处理

（1）主变压器泡沫灭火系统巡视。

① 主变压器消控主机巡视检查。

a. 主机及各电源箱（主电工作）指示灯亮。

b. 主机（自动）指示灯亮。

c. 主机及各电源箱的电压显示在正常范围。

d. 主机其他指示灯全部处于熄火状态，无报警信息。

e. 主机的显示时间正确。

f. 主机打印纸完好。

g. 主机箱、各电源箱、端子箱关闭完好，端子箱门上锁。

h. 各控制线有无断线，控制线外包绝缘是否老化。

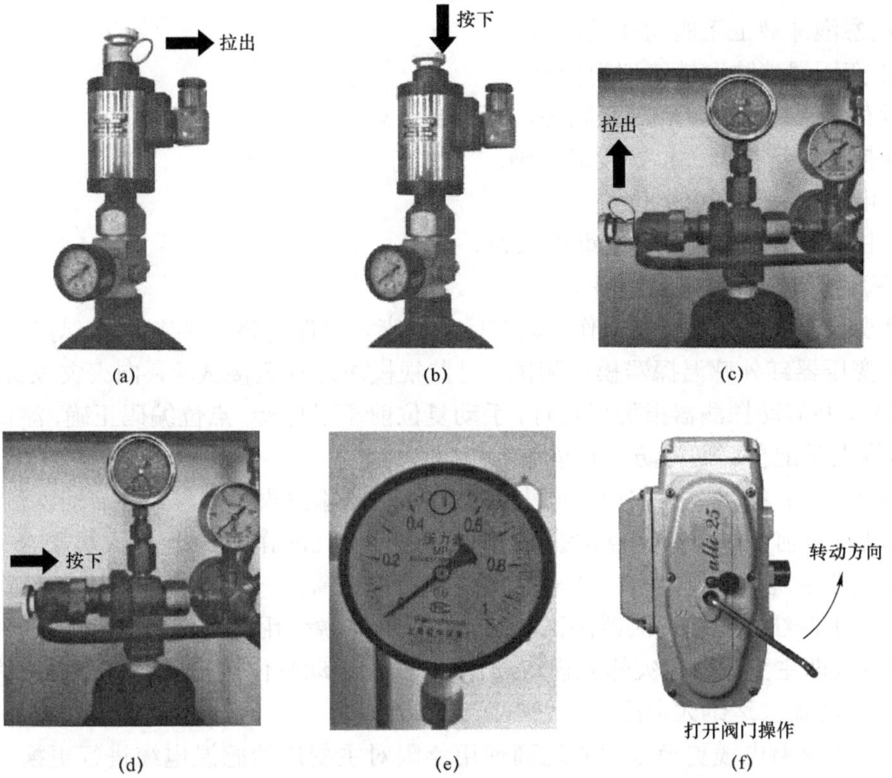

图 4－2－17　主变压器泡沫灭火系统机械（应急）启动操作示意图

（a）拉出 N_2 启动瓶电磁阀上的保险卡环；（b）按下启动瓶电磁阀上的按钮；
（c）拉出 N_2 动力瓶 1－N 号的保险卡环；（d）按下 N_2 动力瓶 1－N 号按钮；
（e）检查罐体上的压力表读数不小于 0.5MPa；（f）使用专用扳手逆时针打开相对应主变压器 SP 电动阀

i. 主机命名正确，操作流程图符合实际要求。

j. 系统各输入模块、多线控制模块指示灯闪烁点亮。

② 主变压器泡沫装置巡视检查。

a. 储液罐外观检查完好，无碰撞变形及其他机械损伤，压力表指示为零。

b. 主变器 SP 电动阀外观检查完好，表盘为“SHUT 或 10”位置。

c. 启动电磁阀外观检查完好。

d. 氮气启动瓶外观检查完好，铅封应完好，压力表指示为零。

e. 氮气动力瓶外观检查完好，铅封应完好，压力表指示均为零。

f. 安全泄压阀外观检查完好及开团状态。

g. 降压阀外观检查完好。

h. 灭火喷头外观查完好，无异物堵塞喷头。

i. 泡沫管路等部件外观检查完好，无锈蚀、断裂现象，外露部分红漆完好，并有流向指示。

j. 火灾探器外观检查完好。

k. 设施命名正确，安全警示牌、操作流程图符合实际要求。

l. 操作专用工器具、门锁符合消防管理要求。

m. 观察泡沫液上下阀均在关闭状态。

③ 主变压器消防联锁箱巡视检查。

a. 所有指示灯全部处于熄灭状态，无报警信息。

b. 连接片、切换开关位置投退正确。

c. 各电源开关均在合上位置。

（2）主变压器泡沫灭火系统维护保养。

① 主变压器消控主机及附件。

a. 外观检查：无明显机械损伤，铭牌标志清晰，组件完整、安装牢固，灯光显示正常。

b. 主变压器红外感温探器模块测试：对监视模块进行短接试验，向火灾报警控制器输出火警信号，并启动探测器报警确认灯，手动复位前予以保持，点位编码正确，测试应100%覆盖（运维人员配合，做好防误喷措施）。

c. 感温电缆：按下测试按钮应向火灾报警控制器输出火警信号，并启动探测器报警确认灯，手动复位前予以保持，点位编码正确，测试应100%覆盖（运维人员配合）。

d. 探测器清洗：两年后每三年对全部探测器进行清洗一次（运维或检修人员配合）。

e. 主变压器红外感温探测器测试：应能在试验热源作用下动作，向火灾报警控制器输出火警信号（即主变压器火灾输入模块动作灯亮），手动复位前予以保持，点位编码正确，测试应100%覆盖（运维人员配合，做好防误喷措施）。

f. 主变器感温电缆更换根据制造商使用年限对主变压器感温电缆进行更换一次。（运维或检修人员配合，做好防误喷措施）

② 合成泡沫储液罐及管道、阀口。

a. 泡沫储液罐：外观完好无损，无碰撞变形及其他机械性损伤。

b. 储液罐安全泄放阀：外观完好无损，无碰撞变形及其他机械性损伤。

c. 储液罐压力表：外观完好无损，储液罐压力情况为“0MPa”。

d. 灭火剂有效期：检查灭火剂标签或装置铭牌有效期（一般为3年或5年），如到期应通知运维人员。

e. 灭火剂排放阀：外观完好状况，无碰撞变形及其他机械性损伤。

f. 连接管道阀门：检查所有连接管道阀门完好，且均在开启状态，并悬挂有动合标志。

③ 喷淋管道。

a. 管道、管件外观：检查管道无机械损坏和锈蚀，油漆是否脱落，管道固定是否牢固。

b. 管道标识：管道上应标识“××主变压器消防喷淋管”，并标明流向。

c. 管道油漆：对管道、管件进行防腐油漆。

④ 泡沫喷头。

a. 外观检查：检查喷头有无损坏、锈蚀、渗漏现象。

b. 维护保养：发现有不正常的喷头应及时更换；应保证喷头外表清洁，当喷头上有异物时应及时清除。更换或安装喷头均应使用专用扳手（运维或检修人员配合）。

⑤ 瓶组。

a. 启动瓶外观完好无损，无碰撞变形及其他机械性损伤；铅封完好状况，正常情况下压力表数值为“0MPa”。

b. 动力瓶组：外观完好无损，无碰撞变形及其他机械性损伤；铅封完好状况，所有瓶组正常情况下压力表数值均为“0MPa”。

c. 减压阀：目测巡检完好，无碰撞变形及其他机械性损伤。

d. 启动瓶压力检测试验：进行压力检测试验，启动瓶压力值不应小于4MPa。

e. 动力瓶组压力检测试验：进行压力检测试验，动力瓶组压力值不应小于8MPa。

f. 启动瓶、动力瓶组检查：各瓶有出厂日期，在使用期限内。

⑥ 电磁阀、电动阀。

a. 启动瓶电磁阀：电磁阀外观正常，电磁阀状态符合当前主变压器喷淋的实际位置。

b. 主变压器电动阀：目测巡检完好，无碰撞变形及其他机械性损；各台主变压器电动阀表盘显示为关闭状态（SHUT或CLOSE）。

c. 电动阀操作小手柄：检查电动阀操作小手柄是否齐全，固定位置是否合适，取用是否方便。

⑦ 消防模块箱。

a. 外观检查：箱体无锈蚀及明显机械损伤，铭牌标志清晰，安装牢固，壳体接地可靠，箱门开启、关闭灵活；户外主变压器消防模块箱防雨、防火、防小动物措施正常。

b. 模块检查：各输入模块、输出模块、多控模块安装牢固，无动作信号，通信正常。

c. 连接片检查：氮气启动瓶电磁阀连接片、各主变压器灭火电动阀压连接片通过正常方式接入。

⑧ 主变压器消防联锁箱。外观检查：控制柜面板上面的标识，应清晰易辨，包括电源指示、信号传动指示、连接片位置、切换开关位置符合运行要求。

⑨ 喷淋启动试验。

a. 联动试验：模拟主变压器报警信号（主变器消防联锁箱内主变压器开关位置应根据情况同步调整），检喷淋系统是否正常启动（检测前必须取下启动瓶电磁阀），报警信号响应正确（运维人员配合，做好防误喷措施）。

b. 电动阀开阀试验：观察阀门开启性能和密封性能，以及报警阀各部件的工作状态是否正常（运维人员配合，做好防误喷措施）。

c. 主变压器消防联锁箱：重动箱内各信号传动指示正确（运维人员配合，做好防误喷措施）。

⑩ 保压试验。

a. 泡沫罐体保压试验：验证泡沫液罐体到主变压器（各相）电动阀之间的管道密闭性是否良好，做好安全措施后，用试验氮气瓶或空气增压泵向泡沫液罐体充气加压至0.5MPa，通过罐体上的压力表观察气体压力，罐体内压力在15min内不低于0.47MPa即为合格。

b. 电动阀至主变压器本体喷口处管道保压试验：验证主变压器（各相）电动阀到主变压器本体喷头之间的管道密闭性是否良好。做好安全措施后，用试验氮气瓶向喷淋管道充气加压至0.6MPa。通过试验氮气瓶上的压力表观察气体压力，试验过程中需要注意检查泡沫液灌体压力是否为0MPa。管道压力在15min内不低于0.5MPa即为合格。

c. 电动阀至主变压器本体上升管道保压试验：验证主变压器（各相）电动阀到主变压

器本体上升泡沫之间的管道密闭性是否良好。做好安全措施后，用试验氮气瓶或空气增压泵向喷淋管道充气加压至 0.6MPa，通过试验氮气瓶上的压力表或空气增压泵观察气体压力，试验过程中需要注意检查泡沫液灌体压力是否为 0MPa。管道压力在 15min 内不低于 0.5MPa 即为合格。

⑪ 视频探头。

a. 外观检查：各主变压器消防视频探头安装牢固、接地正常、设备命名正确，发现图像不清，及时处理。

b. 视频探头清洗：每年对全部视频探头进行清洗一次。

（3）主变压器泡沫灭火系统验收与投运。

① 外观验收。

a. 整体外观检查：外观检查应清洁，无锈蚀、漆膜完好，无渗漏现象。

b. 室内泡沫管道检查：所有管道螺栓应紧固，密封应良好，两法兰之间等电位连接线应紧固、齐全。

c. 氮气管道检查：氮气高压软管接头是否可靠拧紧，氮气管路应无漏气。

d. 氮气瓶检查：氮气瓶氮气压力正常。

e. 端子箱电缆检查：各电缆接线应正确，端子排触点接线良好，相关接线盒及出线口密封完好，电缆芯帽应齐全。

f. 感温电缆检查：每台变压器应安装两根独立的感温电缆，安装在变压器上下两层。感温电缆及其固定钢丝绳应完好。

g. 电磁阀检查：电磁阀接线牢固，N_2 启动瓶电磁阀保险卡环完好，防误闭锁插销取下。

h. 主变压器电动阀检查：主变器电动阀应在关闭状态。

② 系统联动试验验收。

a. 防止装置误动措施：取下 N_2 启动瓶电磁阀，观察顶针动作，试验完成后应恢复。

b. 模拟手动灭火：使用多线控制盘，将钥匙打至手动允许，按下电磁阀启动按钮，现场电磁阀观察动作，30s 左右后按下主变压器电动启动按钮，观察主变压器电动阀动作，检查变电站后台及监控信号正确，试验结束后，按下复归按钮。

c. 模拟自动灭火：确认报警控制器处于自动允许状态，将需模拟试验主变压器电动阀出口连接片、主变压器断路器位置投入连接片及启动瓶电磁阀出口连接片放上，模拟主变压器两红外探测器同时动作（或感温电缆），将相应主变压器电动阀试验由“停止”切至“工作”位置。观察启动瓶电磁阀动作，30s 左右后，观察主变压器电动阀开启，检查变电站后台及监控信号正确。试验结束后按下复归按钮，并将相应主变压器电动阀试验由“工作”切至“停止”位置，相应连接片恢复试验前状态，主变压器电动阀关闭状态。

d. 装置恢复：试验完毕后，报警系统复位后，恢复 N_2 启动瓶电磁阀。

③ 系统投运前准备。

a. 机械检查：主变器电动阀关闭指示到位，手动操作手柄完好；电磁阀机械应急启动按钮保险卡环完好；启动瓶电磁阀安装到位；氮气瓶减压阀连接完好，压力检查正常，泡沫罐底部排空无漏液，顶部压力表读数正常；感温电缆鉴定良好，无明显机械损伤；管道及支架吊架防腐措施完好；N_2启动瓶电磁防误动闭锁插销已拔出。

b. 电气检查：控制器运行正常，无故障或其他异常信号；端子箱内无异物，电缆孔洞防火封堵完好箱内接线端子排无锈蚀；户外箱体防潮密封及接地良好；火灾报警控制器复位后正常。

（4）主变压器泡沫灭火系统异常处理。

① 主变压消防总告（报）警动作。

a. 现象：应变电站主变器消防总告（报）警信号光字牌亮。主变压器消控主机上“火警”灯亮、显示火警部位、声响发出。

b. 处理原则：主变压器消防总报警信号动作时，通过视频（主变压器及安防）观察判断，同时派人前往现场确认是否有火情发生。

根据主机提供的信息查找出对应主变压器的火情，若确认有火情发生，应根据情况采取灭火措施（遥控操作、手动操作、机械操作）。必要时，拨打 119 报警。

若检查对应主变压器并无火情存在，应将主变压器固定灭火装置改为信号并进行主变压器消控主机复位操作，若按下“复位”键，仍多次重复报警，可判断为该地址码相应回路或装置故障，应立即上报重要缺陷及汇报消防专职，及时维修。

② 主变压器消控主机的故障分析与处理。主变压器消控主机的故障分析与处理见表 4-2-5。

表 4-2-5　　主变压器消控主机的故障分析与处理

序号	故障现象	原因	解决方法
1	开机后无显示或显示不正常	（1）电源不正常 （2）与液晶屏电缆连接不良	（1）检查交流 220V 电源 （2）检查连接电缆
2	开机后显示“备电故障”	（1）无交流 220V 电源 （2）主电保险管烧断	（1）检查并接好电线 （2）更换主电保险管或电源
3	开机后“备电故障”	（1）线路连接不良 （2）蓄电池亏电或损坏	（1）检查有关接插件 （2）在交流供电的情况下开机 8h 以上，若仍不能消除故障则更换电池
4	不能正确登记外部设备	（1）外部设备未接好 （2）外接设备电缆损坏	（1）检查并接好 （2）检查并更换电缆
5	不打印	（1）实时打印关闭好 （2）打印机电缆连接不良 （3）打印机坏	（1）重新进行设置 （2）检查并连接好 （3）更换打印机
6	设备故障	（1）设备连线断开 （2）设备终端电阻开路或短路 （3）该设备损坏	（1）检查连线 （2）检测终端电阻状态 （3）更换设备
7	总线短路故障	总线短路	检查线路
8	系统故障、通信故障	（1）环境干扰或连线线路故障 （2）相应部分老化	（1）检查接地是否良好 （2）检测通信线路是否良好

③ 主变压器消防装置故障。

a. 现象：对应变电站主变压器消防装置故障信号发出。

主变压器消控主机故障灯亮、显示故障部位，故障警报音响发出。

b. 处理原则：主变压器消防装置故障动作时，立即派人前往现场检查确认故障信息。

当报主电故障时，应确认是否发生主供电源停电。检查主电源的接线、熔断器是否发生断路，备用电源是否已切换。

当报备电故障时，应检查备用电池的连接接线：当备用电池连续工作时间超过8h后，也可能因电压过低导致报备电故障。

若系统装置发生异常的声音、光指示、气味等情况时，应立即关闭电源，联系专业人员处理。

④ 泡沫灭火装置压力异常。

a. 现象：泡沫灭火装置（启动氮气瓶、动力瓶、泡沫罐）压力表有指示。

b. 处理原则：现场检查泡沫灭火装置氮气瓶压力、灭火药剂容器罐压力是否正常，发现氮气力低、灭火药剂容器罐压力低，联系专业人员处理。

三、电缆沟

电缆沟、电缆防火封堵是使用防火堵料对电缆的进出口和管道井进行封堵，是预防电缆火灾的发生及阻止火焰延燃、小动物进入、有毒烟雾扩散、潮气进入的有效举措，是变电站消防系统中不可或缺的组成部分。对于电缆竖井及穿墙孔洞必须进行严格封堵，若封堵不严，极易发生小动物进入造成短路，严重时将造成大面积停电，影响电网安全稳定运行。电缆防火的主要措施有封、堵、涂、隔、包和设置悬挂式气体自动灭火装置等。结合实际可采用设防火墙、防火隔板分隔、有机或无机堵料封堵、防火包充填、涂防火涂料和悬挂干粉或二氧化碳自爆式灭火器等措施。

1. 电缆沟、电缆层的相应部位应采取防止电缆火灾蔓延的阻燃或分隔措施

（1）公用沟道的分支处、多段配电装置对应的沟道分段处、长距离沟道中每间距约100m或通风区段处、至控制室或配电装置的沟道入口、厂区围墙处应设计阻火墙进行防火分隔。

（2）电缆的中间接头和终端部位，电缆通过易燃、易爆、危险品仓库、油箱、油管道以及其他易引发电缆火灾的区域。

（3）中央控制室、主机室、配电室的电缆层、电缆通道进出口，布置有电缆的通风廊道等场所，电缆夹层的所有孔洞、楼板孔洞及盘柜底部开孔处均应用防火隔板结合有机堵料封堵严密。电缆竖井零米层以及穿过各层楼板的竖井口，或竖井长度大于7m时，每隔7m应设置防火分隔，并采取防止坠塌的加固措施。

（4）在电缆沟、电缆隧（廊）道或斜井的进出口处，交叉、分支处，长距离每隔60～100m处，应进行防火分隔处理。

（5）在电缆夹层、电缆（廊）道或多层电缆架（桥架）上的动力电缆上下电缆层之间、动力电缆层与控制电缆层之间，宜用防火隔板或防火槽盒作层间分隔。

（6）电缆竖井的上下两端口及进出电缆的孔洞。

（7）电穿楼板孔洞、穿墙孔洞应采用防火封堵材料、防火隔板等防火材料组合封堵，堵，厚度宜与楼板或墙体厚度齐平。

（8）电缆进入盘、柜、屏、台的孔应采用防火封堵材料、防火隔板和防火涂料等防火材料组合封堵。洞口一侧电缆宜涂防火涂料或缠绕阻燃包带，长度不小于1m。

（9）电夹层面积大于300m^{2}应进行防火分隔处理，防火分隔宜采用设阻火段法。电缆夹层内的竖井、穿墙、穿楼板孔洞应按要求执行，电缆从桥架引出进入柜盘孔洞应先用有机堵料包裹，空余部位再用其他防火材料充填。

（10）室外各类端子箱、电源箱、机箱电缆引出孔及引入埋管，电缆沟的孔洞应进行防火封堵。

2. 电缆沟、电缆层防火措施的采用

（1）电缆沟道的防火分隔应设计为阻火墙，阻火墙可采用无机堵料灌注，在电缆周边留一定的预留空间，并用有机堵料封堵严密。阻火墙的高度应与电缆沟高度持平，厚度不小于15cm，室外沟道阻火墙底部应设排水管孔。阻火墙两侧各1.5m的电缆应涂防火涂料。

（2）凡穿越楼板、墙壁、沟壁的电孔、洞应使用有机堵料封堵，面积较大的孔洞可采用防火隔板和有机堵料相结合的方法封堵。

（3）电缆进入柜、屏、台、箱等的孔洞可采用防火隔板和有机堵料相结合的封堵方法，有机堵料厚度应高于防火隔板2cm，宽度应不小于离电缆束外缘3cm。可能进入的屏、柜底部封堵，为防止坠入事故，防火隔板应选用A型厚板，隔板与屏柜、楼板的搭接处不应小于5cm。

（4）电缆竖井的防火分隔层应至少能承重250kg。

（5）电缆的设计选型宜采用阻燃型电缆，非阻燃电缆应涂覆防火涂料进行防火处理。

（6）电缆防火分隔、封堵措施设计应兼顾防小动物要求，做到严、牢固、防火、防烟、防水、防潮。

（7）电缆夹层及电缆竖井内应悬挂自爆式气体灭火器。

3. 电缆沟、电缆层防火隔板，用于电缆敷设过程中的电缆桥架，应符合规定地将上、下层电缆进行防火分隔施工

（1）安装前应检查隔板外观质量情况，检查产品合格证书；

（2）隔板与连接处应有5cm左右搭接，易发生滑动处应用螺栓固定，采用专用垫片。安装的工艺缺口及缝隙较大部位用有机防火堵料封堵严实；

（3）用板封堵孔洞时应固定牢固，固定方法应符合设计要求。

4. 有机防火堵料的施工

有机防火堵料是以合成树脂作粘接剂，配以防火剂、填料等经碾压而成的材料，具有可塑性和柔韧性，长久不固化，可以切割、搓揉，封堵各种形状的孔洞，施工，维修比较方便。为保证如电类贯穿物的散热性，可以使用膨胀型堵料，不必封堵严密。当火灾发生时，堵料膨胀，将缝隙或较小的孔口封堵严密，有效地阻止火灾蔓延和烟气的传播。有机防火堵料施工应符合以下规定：

（1）施工时将有机防火堵料密实嵌于需封堵的孔隙中。

（2）按设计要求需在电缆周围包裹一层有机防火堵料时，应包裹均匀密实。

（3）用隔板与有机堵料配合封堵时，有机堵料应高出隔板2cm，高出部分应为条状或块状布置，宽度大于3cm。

（4）阻火墙两电缆处，有机防火堵料与无机防火堵料应平整。

（5）电缆预留孔和电缆保护管两端口应采用有机堵料封堵严实。堵料嵌入管口的深度不应小于预留孔，封堵应平整。

5. 无机防火堵料施工

无机防火堵料也称速固防火堵料，是以快干水泥为基料，配以防火剂、耐火材料等经研磨、混合均匀而成。该防火堵料无毒、无气味，有较好的耐水、耐油性能，施工方法简单。其氧指数为100，系不燃材料。耐火时间可达3h以上。产品对管道或电线、电缆贯穿孔洞，尤其是较大的孔洞、楼层间孔洞的封堵效果较好。它不仅具有所需的耐火极限，而且还具有较高的机械强度。无机防火堵料施工应符合下列规定：

（1）用无机防火堵料构筑阻火墙时，根据阻火墙的设计厚度，采用现浇，应自下而上地浇制。

（2）阻火墙应设置在电支（托）架处，构筑要牢固；并设电缆预留孔，底部设排水孔洞。（电缆处的阻火墙，底部不应设排水孔洞）

6. 阻火包施工

阻火包形状如枕头，也叫阻火枕、耐火包，是用不燃或阻燃性布料把耐火材料约束成各种规格的包装体，在施工时可堆砌成各种形态的墙体，对大的孔洞封堵最为适用。它在高温下膨胀和凝固，形成一种隔热、隔烟的密封层，耐火极限可达3h以上，起到隔热阻火作用。

阻火包主要应用于电缆道和竖井的防火隔墙和隔离层，以及贯穿大孔洞的封堵，制作或撤换均十分方便。施工时应注意管道或电线电缆表皮处需要和有机防火堵料配合使用。

防火包施工应符合下列规定：

（1）安装前，将电缆做必要的整理，检查阻火包有无破损，不得使用破损的阻火包。

（2）在电缆周围包裹一层有机防火堵料，将阻火包平整地嵌入电缆空隙中，阻火包应交叉堆砌。

（3）当电缆复杂、繁多，难以用无机堵料砌阻火墙时，可用阻火包砌筑阻火墙，阻火墙底部用砖砌筑支墩，并设有排水孔，同时采取固定措施以防止阻火墙坍塌。

7. 防火涂料施工规定

（1）施工前清除电缆表面的灰尘、油污。涂刷前，将涂料搅拌均匀。若涂料太稠时应严格根据涂料品种添加相应的稀释剂稀释。

（2）水平敷设的电缆施工时，宜沿着电缆的走向均匀涂刷，垂直敷设电缆宜自上而下涂刷，涂刷次数以三次为宜，每次涂刷间隔时间不少于规定时间，厚度应达到0.8～1.2mm。

（3）遇电缆密集或成束敷设时，应逐根涂到，不得漏涂。

8. 电缆层自爆式干粉灭火装置

变电站电缆层火灾具有蔓延迅速的特点。为了防止变电站电缆层火灾，在电缆层设置自爆式干粉灭火装置，可在无人操作的情况下自动探知火情，自动实施灭火，对电层火灾初期表层灭火有很好的控制作用。

（1）灭火装置特点：自爆式干粉灭火装置主要有灭火装置本体、压力巡检装置、电池组件、报警指示灯等组成；配置感温无电自启动组件，在无电状态下，自动探测环境温度，识别火灾信号，自动启动灭火装置；灭火装置有效性自检，装置配置压力巡检装置，可自动识别灭火装置内部压力，智能识别灭火装置压力泄漏故障，灭火释放。

（2）使用和维护：自爆式自动灭火装置使用有效期为 5 年；使用过程中应定期检查灭火装置，若压力指示器指针处于绿色区域，可以安全使用。若发现压力指示器指针处于红色区域，应立即联系维保单位，经检查合格后方能继续使用；压力巡检装置，智能巡检自动灭火装置具有自动巡检、故障报警、启动报警功能，当灭火装置出现驱动压力不足故障或灭火装置漏压时，压力巡检装置故障指示灯（黄色）闪烁。当灭火装置正常启动时，压力巡检装置上的火警指示灯（红色）闪烁。

9. 电缆防火措施的维护和管理

（1）电缆防火措施维护、管理的责任单位为各设备运行、所辖单位。各责任单位应切实履行消防工作“谁主管，谁负责”的管理方针，每季定期开展电缆防火安全检查，及时整改发现的电缆火险隐患。

（2）各责任单位负责开展电缆防火安全检查，督促、指导各部门加强电缆防火管理、整改火险隐患，主持落实重大电缆火灾隐患的整改方案。

（3）因工作需要开挖电缆防火封堵，施工方需经设备运行、所辖部门同意，并在施工现场采取必要的防止电缆火灾措施，施工结束后“谁开挖，谁负责复原”，设备运行、所辖单位要仔细检查开挖的电缆封堵是否补封严密且符合工艺要求，未按要求补封不得结束工作。

（4）对一些原基建遗留或因大面积改造造成的较大范围防火封堵缺陷，应由设备运行、所属单位及时向安监部处申报改造计划，以便落实专项经费后，请专业施工单位帮助整改。

四、蓄电池室

1. 重点防火措施

酸性蓄电池室应符合下列要求：

（1）严禁在蓄电池室内吸烟和将任何火种带入蓄电池室内。蓄电池室门上应有“蓄电池室”“严禁烟火”或“火灾危险，严禁火种入内”等标志牌。

（2）蓄电池室采暖宜采用电采暖器，严禁采用明火取暖。若确有困难需采用水采暖时，散热器应选用钢质，管道应采用整体焊接。采暖管道不宜穿越蓄电池室楼板。

（3）蓄电池室每组宜布置在单独的室内，如确有困难，应在每组蓄电池之间设耐火时间为大于 2h 的防火隔断。蓄电池室门应向外开。

（4）酸性蓄电池室内装修应有防酸措施。

（5）容易产生爆炸性气体的蓄电池室内应安装防爆型探测器。

（6）蓄电池室应装有通风装置，通风道应单独设置，不应通向烟道或厂房内的总通风系统。离通风管出口处 10m 内有引爆物质场所时，则通风管的出风口至少应高出该建筑物屋顶 2m。

（7）蓄电池室应使用防爆型照明和防爆型排风机，开关、熔断器、插座等应装在蓄电池室的外面。蓄电池室的照明线应采用耐酸导线，并用暗线敷设。检修用行灯应采用 12V 防爆灯，其电缆应用绝缘良好的胶质软线。

（8）凡是进出蓄电池室的电缆、电线，在穿墙处应用耐酸瓷管或聚氯乙烯硬管穿线，并在其进出口端用耐酸材料将管口封堵。

（9）当蓄电池室受到外界火势威胁时，应立即停止充电，如充电刚完毕，则应继续开启排风机，抽出室内氢气。

（10）蓄电池室火灾时，应立即停止充电并灭火。

（11）蓄电池室通风装置的电气设备或蓄电池室的空气入口处附近火灾时，应立即切断该设备的电源。

（12）其他蓄电池室（阀控式密封铅酸蓄电池室、无氢蓄电池室、锂电池室、钠硫电池、四室等）应符合下列要求：

蓄电池室应装有通向室外的有效通风装置，阀控式密封铅酸蓄电池室内的照明、通风设备可不考虑防爆。

锂电池、钠硫电池应设置在专用房间内，建筑面积小于 $200m^2$ 时，应设置干粉灭火器和消防砂箱；建筑面积不小于 $200m^2$ 时，宜设置气体灭火系统和自动报警系统。

2. 防火检查

（1）运维人员应定期对蓄电池室设备进行巡视及红外测温工作，及时发现设备缺陷等隐患。

（2）观察蓄电池外壳有无膨胀鼓起、裂纹和漏液现象，蓄电池接线柱端子有无腐蚀现象。

（3）检查蓄电池室温升情况，如果室温超过了规定的限度，就要采取通风降温措施。

五、二次室

（1）改进设备内防凝露措施。通过加强设备底部电缆进出口的封堵，隔离电缆沟内潮气；增设柜体通风口、加装换气扇；加装防凝露装置等方法，提高开关柜防凝露性能。

（2）产品生产厂家应从原料、组部件进厂检验、生产装配等各道工序的工艺技术上保证产品生产的需要，严格过程控制，规定生产工艺，以保证出厂产品的长期稳定运行。

（3）针对此类产品户外使用条件，建议该类产品的二次回路端子选用紧固螺丝为 M4，紧固扭矩在 1.5～1.8Nm 的常规产品，此类产品安装工具通用，力矩好控制，二次配线时，导线不易松动。

（4）严格按标准 DL/T 5136 的规定选用开断水平、动热稳定性能一致的二次回路保护设备，并分级设置；按标准 7.4.7 条要求，在正、负电源及经常带电的回路端子组之间设一个空端子隔开，形成有效电气隔离。

（5）在送电前加强二次设备安装工艺质量验收管理，将可能发生的风险规避到最小。

第三节　变电站内现场作业防火要求

一、概述

变电站内现场工作都应严格遵守相应的防火要求，应执行动火作业制度。动火作业，是指在禁火区进行焊接与切割作业及在易燃易爆场所使用喷灯、电钻、砂轮等进行可能产生火焰、火花和炽热表面的临时性作业。

本节主要介绍变电站动火工作要求和变电站内各种作业防火要求。

二、变电站动火工作要求

1. 动火级别及原则

根据火灾危险性、发生火灾损失、影响等将动火级别分为一级动火、二级动火两个级别。

动火工作须掌握的原则：

（1）有条件拆下的构件，如油管、法兰等应拆下来移至安全场所。

（2）可以采用不动火的方法代替而同样达到效果时，尽量采用代替的方法处理。

（3）尽可能地把动火的时间和范围压缩到最低限度。

2. 变电站内禁止动火条件

（1）油车停靠区域。

（2）压力容器或管道未泄压前。

（3）存放易燃易爆物品的容器未清理干净，或未进行有效置换前。

（4）作业现场附近有易燃易爆物品，未作彻底清理或者未采取有效安全措施前。

（5）风力达五级以上的露天动火作业。

（6）附近有与明火作业相抵触的工种在作业。

（7）遇有火险异常情况未查明原因和消除前。

（8）带电设备未停电前。

（9）按国家和政府部门有关规定必须禁止动用明火的。

3. 动火安全管理

详见第二章第八节动火安全管理措施。

4. 动火技术管理

详见第二章第八节动火安全技术措施。

（1）动火作业应落实动火安全技术措施，动火安全技术措施应包括对管道、设备、容器等的隔离、封堵、拆除、阀门上锁、挂牌、清洗、置换、通风、停电及检测可燃性、易爆气体含量或粉尘浓度等措施。

（2）凡对存有或存放过易燃易爆物品的容器、设备、管道或场所进行动火作业时，在动火前应将其与生产系统可靠隔离、封堵或拆除，与生产系统直接相连的阀门应上锁挂牌，并进行清洗、置换，经检测可燃性、易爆气体含量或粉尘浓度合格后，方可动火作业。

（3）动火点与易燃易爆物容器、设备、管道等相连的，应与其可靠隔离、封堵或拆除，与动火点直接相连的阀门应上锁挂牌，检测动火点可燃气体含量应合格。

（4）在易燃易爆物品周围进行动火作业，应保持足够的安全距离，确保通、排风良好，使可能泄漏的气体能顺畅排走，如有必要，检测动火场所可燃气体含量应合格。

（5）在可能转动或来电的设备上进行动火作业，应事先做好停电、隔离等确保安全的措施。

（6）处于运行状态的生产区域或危险区域，凡能拆移的动火部件，应拆移到安全地点动火。

（7）动火前可燃性、易爆气体含量或粉尘浓度检测的时间距动火作业开始时间不应超过 2h。可将检测可燃性、易爆气体含量或粉尘浓度含量的设备放置在动火作业现场进行实时监测。

（8）一级动火作业过程中，应每间隔 2、4h 检测动火现场可燃性、易爆气体含量或粉尘浓度是否合格，当发现不合格或异常升高时应立即停止动火，在未查明原因或排除险情前不得重新动火。

（9）用于检测气体或粉尘浓度的检测仪应在校验有效期内，并在每次使用前与其他同类型检测仪进行比对检查，以确定其处于完好状态。

（10）气体或粉尘浓度检测的部位和所采集的样品应具有代表性，必要时分析的样品应留存到动火结束。

三、变电站内各种作业防火要求

1. 动火作业安全防火要求

（1）有条件拆下的构件，如油管、阀门等应拆下来移至安全场所。

（2）可以采用不动火的方法代替而同样能够达到效果时，尽量采用替代的方法处理。

（3）尽可能地把动火时间和范围压缩到最低限度。

（4）凡盛有或盛过易燃易爆等化学危险物品的容器，设备、管道等生产、储存装置，在动火作业前应将其与生产系统彻底隔离，并进行清洗置换，经分析合格后，方可动火作业。

（5）动火作业应有专人监护，动火作业前应清除动火现场及周围的易燃物品，或采取其他有效的安全防火设施，配备足够使用的消防器材。

（6）动火作业现场的通排风要良好，以保证泄漏的气体能顺畅排走。

（7）动火作业间断或终结后，应清理现场，确认无残留火种后，方可离开。

2. 焊接、切割等工作的防火要求

（1）不准在带有压力（液体压力或气体压力）的设备上或带电的设备上进行焊接。在特殊情况下需在带压和带电的设备上进行焊接时，应采取安全措施，并经本单位分管生产的领导（总工程师）批准。对承重构架进行焊接，应经过有关技术部门的许可。

（2）禁止在油漆未干的结构或其他物体上进行焊接。

（3）在重点防火部位和存放易燃易爆物品场所附近及存有易燃物品的容器上使用电气焊时，应严格执行动火工作的有关规定，按有关规定填用动火工作票，配备必要的消防器材。

（4）在风力超过5级及下雨雪时，不可露天进行焊接或切割工作。如必须进行时，应采取防风、防雨雪的措施。

（5）电焊机的外壳必须可靠接地，接地电阻不得大于4Ω。

（6）气瓶的存储应符合国家有关规定。

（7）气瓶搬运应使用专门的抬架或手推车。

（8）用汽车运输气瓶时，气瓶不准顺车厢纵向放置，应横向放置并可靠固定。气瓶押运人员应坐在司机驾驶室内，不准坐在车厢内。

（9）禁止把氧气瓶及乙炔气瓶放在一起运送，也不准与易燃物品或装有可燃气体的容器一起运送。

（10）氧气瓶内的压力降到0.2MPa，不准再使用。用过的瓶上应写明“空瓶”。

（11）使用中的氧气瓶和乙炔气瓶应垂直放置并固定起来，氧气瓶和乙炔气瓶的距离不得小于5m，气瓶的放置地点不准靠近热源，应距明火10m以外。

3. 电力电缆工作的防火要求

（1）使用携带型火炉或喷灯时，火焰与带电部分的距离：电压在10kV及以下者，不得小于1.5m；电压在10kV以上者，不得小于3m。不得在带电导线、带电设备、变压器、油断路器（开关）附近以及在电缆夹层、道、沟洞内对火炉或喷灯加油及点火。在电缆沟盖板上或旁边进行动火工作时需采取必要的防火措施。

（2）制作环氧树脂电缆头和调配环氧树脂工作过程中，应采取有效的防毒和防火措施。

（3）电缆施工完成后对电缆涂料、堵料，这是防止扩大电缆火灾的重要环节。

（4）在已完成电缆防火措施的电缆孔洞等处新敷设或拆除电缆后，未及时重新做防火封堵措施，这种问题比较常见，也是造成火灾事故扩大的重要原因。须及时重新做相应的防火措施，而且应从制度、流程、监督环节加以控制。这些措施主要防止电缆过热损坏绝缘，甚至造成电缆起火。

（5）电缆夹层、隧道、竖井、电缆沟内应保持清洁，防止火种管理不当而引燃其中的杂物、易燃物，而引发电缆火灾。

（6）在对电盒灌注绝缘剂时，因其绝缘物的材料都是易燃品，所以整个熔化过程必须在电缆的通道外完成。

（7）在多个电缆头并排安装的地点，应在各电缆头之间加装隔板或填充阻燃材料，避免因一个电缆头爆炸会波及其余电缆头。

（8）电缆（特别是塑料电缆）失火后，燃烧时会分解出氯化氢等有毒的气体，所以在电缆隧道或通风不良的场所灭火时，应戴好正压式消防空气呼吸器，还应正确使用。

（9）电力电缆中间接头盒是整个电缆绝缘的薄弱环节，大多数故障都发生在这里，是消防的重点部位，为减缓电缆发生火灾后火势的蔓延，应在电缆中间接头盒的两侧及其邻近区段增加防火带等阻燃措施。

（10）变电站（生产厂房）内外的电缆，在进入控制室、电缆夹层、控制柜、开关柜等处的电缆孔洞，应用防火材料严密封闭。

（11）动力电缆与控制电缆混放，一旦发生火灾将扩大事故。

（12）电缆隧道属地下空间，自然环境相对密闭，电缆运行时不断释放热能，为改善隧道内气候和工作环境，整个隧道内设置必要的通风系统。设置通风系统意味着将电缆隧道分隔成若干段独立的防火分区，如果不采取一些措施（如封堵技术）整个隧道就只能视为一个防火分区，电缆起火时整个电缆隧道内就会迅速充满火灾，火灾扑救难度大、损失大。因此，对电缆隧道有必要进行合理的防火分隔。对于长度超过 2km 的长距离隧道，隧道的通风区段应设置防火间隔，且间隔距离不应超过 500m。

4. 工作现场进行起重与运输作业时的防火要求

（1）起重机上应备有灭火装置。驾驶室内应铺橡胶绝缘垫，禁止存放易燃物品。

（2）在露天使用的起重机的机身上不得随意安设增加受风面积的设施。其驾驶室内，冬天可装有电气取暖设备，工作人员离开时，应切断电源。不准用煤火炉或电炉取暖。

5. 控制室、通信室等工作时的防火要求

（1）在控制室、通信室内工作时应事先观察紧急疏散出口，确定火灾发生时的逃生路线。

（2）在各室内工作时，严禁吸烟、禁止明火取暖。计算机维修用的各种溶剂包括汽油、酒精、丙酮，甲苯等易燃溶剂应采用限量办法，每次带入室内不超过 100mL。

（3）严禁将带有易燃、易爆、有毒、有害介质的氢压表、油压表等一次仪表装入控制室内。

（4）室内使用的测试仪表、电烙铁吸尘器等用毕后必须及时切断源，并放到固定的金属架上。

（5）各室应建在远离有害气体源、存放腐蚀及易燃易爆物的场所。

（6）各室的隔墙、顶棚内装饰，应采用难燃或不燃材料。建筑内部装修材料应符合现行国家标准《建筑内部装修设计防火规范》（GB 50222）的有关规定，地下变电站宜采用防霉耐潮材料。

（7）控制室、调度室应有不少于两个疏散出口。

（8）各室严禁吸烟，禁止明火取暖。计算机室维修必用的各种溶剂，包括汽油、酒精、丙酮、甲苯等易燃溶剂应采用限量办法，每次带入室内不超过 100mL。

（9）严禁将带有易燃、易爆、有毒、有害介质的氢压表、油压表等一次仪表装入控制室、调度室、计算机室。

（10）室内使用的测试仪表、电烙铁、吸尘器等用毕后必须及时切断电源，并放到固定的金属架上。

（11）档案室收发档案材料的门洞及窗口应安装防火门窗，其耐火极限不得低于 0.75h。

（12）档案室与其他建筑物直接相通的门均应做防火门，其耐火极限应不小于 2.0h；内部分隔墙上开设的门也要采取防火措施，耐火极限要求为 1.2h。

（13）各室配电线路应采用阻燃措施或防延燃措施，严禁任意拉接临时电线。

（14）各室一旦发生火灾报警，应迅速查明原因，及时消除警情。若已发生火灾，则应切断交流电源，开启直流事故照明，关闭通风管防火阀，采用气体等灭火器进行灭火。

6. 安装空调系统工作的防火要求

（1）设备和管道的保冷、保温宜采用不燃材料，当确有困难时，可采用燃烧产物毒性较小且烟密度等级小于等于 50 的难燃材料。防火阀前后各 2.0m、电加热器前后各 0.8m 范围内的管道及其绝热材料均应采用不燃材料。

（2）通风管道装设防火阀应符合现行国家标准《建设计防火规范》（GB 50016—2018）的相关规定。防火阀既要有手动装置，同时要在关键部位装易熔片或风管式感温、感烟装置。

（3）非生产用空调机在运转时，值班人员不得离开，工作结束时该空调机必须停用。

（4）空调系统应采用闭路联锁装置。

7. 易燃易爆物品储存工作的防火要求

（1）易燃易爆物品应存放在特种材料库房，设置“严禁烟火”标志，并有专人负责管理；单位应对从业人员进行安全教育、法制教育和岗位技术培训。从业人员应当接受教育和培训，考核合格后上岗作业；对有资格要求的岗位，应当配备依法取得相应资格的人员。

（2）易燃液体的库房，宜单独设置。当易燃液体与可燃液体储存在同一库房内时，两者之间应设防火墙。

（3）易燃易爆物品不应储存在建筑物的地下室、半地下室内。

（4）易燃易爆物品库房应有隔热降温及通风措施，并设置防爆型通风排气装置。

（5）易燃易爆物品库房内严禁使用明火。库房外动用明火作业时，必须执行动火工作制度。

（6）易燃易爆物品进库，必须加强入库检验。若发现品名不符、包装不合格、容器渗漏等问题时，必须立即转移到安全地点或专门的房间内处理。

（7）保管人员离开易燃易爆危险品库房库时，必须拉闸断电。

（8）易燃易爆、剧毒化学危险品必须执行双人收发、双人记账、双人双锁、双人运输、双人使用。领用需经有关部门领导批准。

（9）应根据仓库内储存易燃易爆化学物品的种类、性质，制订现场灭火预案。化学化验室易燃易爆物品应根据储存、使用的规定，制订防火措施和现场灭火预案。

（10）进入易燃易爆物品库房的电瓶车、铲车，必须是防爆型的。

（11）易燃、可燃液体库房应设置防止液体流散的设施。

第四节　特高压变电站消防提升措施

一、消防水池扩容

用水喷雾灭火系统的特高压交流变电站站内消防水池有效容积按照持续供给时间 1h、1.5h、2h 三种工况分别应达到 1500、2000、2500m^3。

消防水池有效容积计算见表 4－4－1（单位：m^3）：（水喷雾灭火系统）

表 4－4－1　　消防水池有效容积提升

救援情况	固定灭火系统用水量	消防栓用水量	消防车用水量	水池有效容积	水池容积建议提升为
工况一（1h）	1032	216（108）	220	1468（1360）	1500（1400）
工况二（1.5h）	1548	216（108）	220	1984（1876）	2000（1900）
工况三（2h）	2064	216（108）	220	2500（2392）	2500（2400）

注　1. 工况一为持续供给时间 1h；工况二为持续供给时间 1.5h；工况三为持续供给时间 2h。
2. 缺水地区的消防水池可按照表中括号内的容积进行设计。
3. 工程中应结合站址周边水源条件和消防车救援时间优化方案。

采用泡沫喷雾灭火系统的特高压交流变电站，站内消防水池的有效容积至少应满足 1500m^3 的要求。

二、变压器本体应急排油系统

1. 运行规定

（1）应急排油系统一经投运，即纳入变压器主设备管理，不得擅自停用应急排油系统，若确需停用，应征得运检部门批准。

（2）变压器本体应急排油设施应建立台账，并纳入现场运行专用规程。

（3）变电运维人员应熟知变压器本体应急排油设施的操作方法。

（4）消防预案中应有变压器本体应急排油设施的使用说明。

（5）变压器本体应急排油系统启动控制方式符合变电站现场运行专用规程要求。

（6）变压器本体应急排油系统应保持良好工作状态，出现异常时，及时通知专业人员处理。

（7）变压器正常运行时，其应急排油控制屏电动球阀电机电源应断开，控制电源、信号电源正常投入，电动球阀操作把手应在“停止”位置，电动球阀电机电源开关及电动球阀操作把手应加装防误动保护罩。

（8）变压器本体自带 DN150 事故放油阀处于“常开”状态。

（9）DN150 检修球阀处于“常开”状态（检修电动球阀时关闭），加装防护措施，防止人员随意操作。

（10）DN25 抽真空阀、注放油阀处于“常闭”状态。

（11）DN150 电动球阀处于“常闭”状态，电动球阀现场手动、电动切换把手置于“电动”位置并加锁。

（12）油枕断流阀（如有）应处于“强制打开”状态。

（13）所有阀门操作工具应等同于五防钥匙，封存管理。

（14）变压器正常运行时，紧急解锁把手正常处于“联锁”位置，把手设置防误动保护罩。

2. 巡视要求

（1）巡视周期。与变压器巡视同步开展。

a）例行巡视每 2 天不少于 1 次。

b）全面巡视每周不少于 1 次。

（2）例行巡视。

a）管路及零部件对接部位无渗漏油；

b）防火罩外观无破损；

c）变压器本体应急排油控制屏各指示灯显示正常，监控后台无异常报警；

d）DN150 电动球阀电机电源开关、操作把手、紧急解锁把手的防误动保护罩完好；

e）法兰、管道、波纹管、支架和紧固件无变形、损伤、防腐层完好；

f）阀门开闭指示位置标识清晰、位置正确，阀门旋转方向正确、清晰；

g）变压器本体应急排油系统电源工作正常；

h）变压器本体应急排油系统接地良好，阀门和对接面的等电位连接线连接可靠；

i）泄漏检测仪外观无破损。

（3）全面巡视。在例行巡视的基础上增加以下项目：

a）控制柜封堵良好，无异味，二次线无变色、损伤，柜体无锈蚀、接地良好，柜内无异物；

b）控制柜内加热器电源空开运行正常；

c）检查变压器本体应急排油控制屏柜内各元件运行正常，接线紧固，无过热、异味、冒烟现象。

3. 维保检测

（1）每季度维护项目。每季度对变压器本体应急排油系统下列项目至少进行一次检查维护：

a）对控制柜内空开、指示灯、照明回路、二次电缆封堵进行检查维护，对松动的配件进行紧固，对损坏的配件进行更换；

b）检查管路及零部件，发现有渗漏时，及时对渗漏点进行处理。

（2）每半年维护项目。每半年对变压器本体应急排油系统控制屏、电源等附件进行维护。

（3）每三年检修试验项目。结合停电，每三年至少对变压器本体应急排油系统 DN150 电动球阀进行一次检修试验，项目如下：

a）至少进行 3 次 DN150 电动球阀遥控操作试验；

b）检测泄漏检测仪报警信号是否正确发出；

c）传动试验、逻辑校验是否正确。

4. 应急处置流程

（1）应急排油系统操作原则。

1）启动原则。当同时满足下述条件时，由运维人员按流程启动变压器本体应急排油：

① 变压器各侧开关在分闸位置；

② 变压器本体重瓦斯保护动作，火灾自动报警装置发生主变火灾报警信号；

③ 视频或现场检查（确保安全前提下）发现变压器爆燃喷油，出现明火。

2）关闭原则。现场检查变压器油已排空或现场火势已得到有效控制，或发生变压器本体应急排油系统误动时，应根据现场情况及时关闭变压器本体应急排油系统。

（2）应急处置步骤。变压器发生火灾需要排油时，应取得值班负责人确认许可后，实行监护操作进行排油。

1）应急排油启动流程。

① 变压器保护动作，检查变压器各侧开关在分闸位置；

② 火灾自动报警装置发出主变火灾报警信号（同时启动消防应急预案）；

③ 通过视频或现场检查（确保安全前提下）起火位置及火势；

④ 核对排油设备双重名称及相别（同时检查排油控制屏上变压器各侧开关合闸位置指示灯灭，重瓦斯、火灾报警指示灯亮）；

⑤ 检查排油控制屏电机电源、控制电源、信号电源指示正常，检查紧急解锁把手位置正确；

⑥ 合上控制屏对应 DN150 电动球阀电机电源空开；

⑦ 将对应 DN150 电动球阀操作把手由“停止”位置切至“开启”位置；

⑧ 检查 DN150 电动球阀“全关”指示灯灭，监控后台对应 DN150 电动球阀“全关”信号复归，监控后台对应泄漏检测仪正确发出报警信号；

⑨ 经一段动作时间后，检查 DN150 电动球阀“全开”指示灯亮，监控后台对应 DN150 电动球阀正确发出“全开”信号，表明相应 DN150 电动球阀已开启到位；

⑩ 将对应 DN150 电动球阀操作把手由“开启”位置切至“停止”位置；

⑪ 断开控制屏对应 DN150 电动球阀电机电源空开。

2）应急排油关闭流程。

① 现场检查变压器油已排空或现场火势已得到有效控制（变压器本体应急排油系统误动时，参照以下流程，快速关闭变压器本体应急排油系统）；

② 核对排油设备双重名称及相别；

③ 合上控制屏对应 DN150 电动球阀电机电源空开；

④ 将对应 DN150 电动球阀操作把手由“停止”位置切至“关闭”位置；

⑤ 检查 DN150 电动球阀“全开”指示灯灭，监控后台对应 DN150 电动球阀“全开”信号复归；

⑥ 经一段动作时间后，检查 DN150 电动球阀“全关”指示灯亮，监控后台对应 DN150 电动球阀正确发出“全关”信号，表明相应 DN150 电动球阀已关闭到位；

⑦ 将对应 DN150 电动球阀操作把手由“关闭”位置切至“停止”位置；

⑧ 将泄漏检测仪中的残油全部排出，监控后台对应泄漏检测仪报警信号复归；

⑨ 断开控制屏对应 DN150 电动球阀电机电源空开。

（3）注意事项。

1）DN150 电动球阀在开启过程中，电机电源消失，需要立即将 DN150 电动球阀操作把手切至“停止”位置，在电机电源恢复并确认操作正确后，再次将切换把手切至“开启”位置，直至 DN150 电动球阀开启到位；

2）DN150 电动球阀在开启过程中若因断路器辅助节点故障导致不能操作时，在满足变压器本体应急排油启动条件的前提下，应及时将 DN150 电动球阀紧急解锁切换把手切至“解锁”位置，待运维人员再次确认后方可继续操作。

5. 异常处置

（1）变压器本体应急排油系统误动。

1）现象。

① DN150 电动球阀“全关”指示灯灭，监控后台对应 DN150 电动球阀“全关”信号复归，监控后台对应泄漏检测仪发出报警信号；

② 主变轻瓦斯保护动作，三侧开关跳闸；

③ 主变油位下降。

2）处置原则。

① 当误将 DN150 电动球阀操作把手切换至“开启”位置时，应立即将对应 DN150 电动球阀操作把手由“开启”位置切至“关闭”位置；

② 检查 DN150 电动球阀“全开”指示灯灭，监控后台对应 DN150 电动球阀“全开”信号复归；

③ 经一段动作时间后，检查 DN150 电动球阀“全关”指示灯亮，监控后台对应 DN150 电动球阀正确发出“全关”信号，表明相应 DN150 电动球阀已关闭到位；

④ 将对应 DN150 电动球阀操作把手由“关闭”位置切至“停止”位置，断开控制屏对应 DN150 电动球阀电机电源空开；

⑤ 将泄漏检测仪中的残油全部排出，监控后台对应泄漏检测仪报警信号复归；

⑥ 通知专业人员检查处理，待查明原因并彻底整改后方可再次投入。

（2）变压器本体应急排油系统拒动。

1）现象。

① DN150 电动球阀“全关”指示灯亮；DN150 电动球阀“全开”指示灯灭；

② 泄漏检测仪无报警信号；

③ 主变油位不变。

2）处置原则。

① 检查 2 个 DN150 电动球阀的电源、信号等回路是否正常；

② 检查断路器位置是否在分位，辅助节点是否存在异常，若现场发生火灾且因断路器位置节点闭锁变压器本体应急排油系统，应立即将 DN150 电动阀紧急解锁切换把手由“联锁”位置切至“解锁”位置，待运维人员再次确认方可进行排油操作；

③ 若本体应急排油系统仍拒动则协调加强组织灭火救援。

三、变压器钢构架涂刷防火涂料

特高压变电站变压器钢构架未涂刷防火涂料或防火涂料耐火性能达不到 2h 的，应涂刷防火涂料，涂刷范围为周边钢构架（不含横梁部分）。

钢架构防火涂料耐火性能不应小于 2h，储运及施工温度宜在 −15℃～40℃，严禁室外储存、阳光曝晒。涂刷时第一遍越薄越好，厚度控制在0.5mm左右，约4h表面干后方可涂第二遍，之后每遍控制在0.8mm左右，直至达到规定厚度。

四、消防驻站值守

（1）特高压变电站属地区域要落实不少于80t泡沫原液、80t消防砂等消防资源。

（2）消防队伍必须保证每天2辆消防车和8名消防专业人员24h驻站值班。

（3）消防队伍必须熟练掌握大型充油设备灭火方法。

（4）消防队伍必须加强灭火战术、技术的训练，对本站的重点防火部位制定灭火作战方案，进行实地演练。

（5）消防队伍必须保证消防车辆运行状况良好，配置的泡沫液充足且在有效期内。

（6）站内发生火灾时，驻守消防队伍应立即出动，迅速赶赴火灾地点实施扑救。

（7）当站外周边有消防需求时，消防队伍应听从当地政府及消防部门调度，联合周边力量协同灭火。

（8）消防队伍负责驻站消防车库、消防车辆、消防战斗服和应急照明等工具维护保养。

（9）消防队伍每周应组织一次灭火演练，模拟对可能出现火情的具体设备进行火灾扑救演练。

（10）消防队伍每季度应至少组织一次站内运维人员参加协同消防演练。

（11）变电站每年应至少组织一次与当地政府综合性消防救援部门的联合消防演习。

（12）所有演练、演习，消防作战人员应全部参加，并保留记录，演练组织单位对专项演练进行评估，形成演练评估报告。

注：750kV变电站及其他重要变电站结合实际情况，参照特高压变电站重点消防提升措施，研究落实本站消防能力提升措施。

第五章　建设施工消防安全管理

第一节　建设施工设计审查阶段的消防管理要求

一、流程

建设施工整体操作全流程如图 5－1－1 所示。

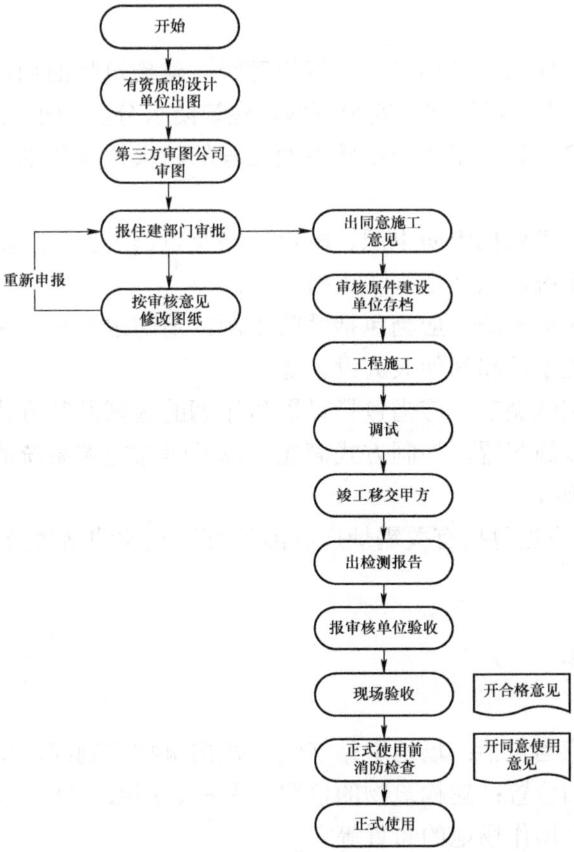

图 5－1－1　建设施工全流程图

二、设计说明书

（1）工程设计依据，包括设计所执行的主要法律法规以及其他相关文件，所采用的主要标准（包括标准的名称、编号、年号和版本号），县级以上政府有关主管部门的项目批复性文件，建设单位提供的有关使用要求或生产工艺等资料，明确火灾危险性。

（2）工程建设的规模和设计范围，包括工程的设计规模及项目组成，分期建设情况，本设计承担的设计范围与分工等。

（3）总指标，包括总用地面积、总建筑面积和反映建设工程功能规模的技术指标。

（4）标准执行情况，包括：消防设计执行国家工程建设消防技术标准强制性条文的情况；消防设计执行国家工程建设消防技术标准中带有“严禁”“必须”“应”“不应”“不得”要求的非强制性条文的情况；消防设计中涉及国家工程建设消防技术标准没有规定内容的情况。

（5）总平面，应当包括有关主管部门对工程批准的规划许可技术条件，场地所在地的名称及在城市中的位置，场地内原有建构筑物保留、拆除的情况，建构筑物满足防火间距情况，功能分区，竖向布置方式（平坡式或台阶式），人流和车流的组织、出入口、停车场（库）的布置及停车数量，消防车道及高层建筑消防车登高操作场地的布置，道路主要的设计技术条件等。

（6）建筑和结构，应当包括项目设计规模等级，建构筑物面积，建构筑物层数和建构筑物高度，主要结构类型，建筑结构安全等级，建筑防火分类和耐火等级，门窗防火性能，用料说明和室内外装修，幕墙工程及特殊屋面工程的防火技术要求，建筑和结构设计防火设计说明等。

（7）建筑电气，应当包括消防电源、配电线路及电器装置，消防应急照明和疏散指示系统，火灾自动报警系统，以及电气防火措施等。

（8）消防给水和灭火设施，应当包括消防水源，消防水泵房、室外消防给水和室外消火栓系统、室内消火栓系统和其他灭火设施等。

（9）供暖通风与空气调节，应当包括设置防排烟的区域及其方式，防排烟系统风量确定，防排烟系统及其设施配置，控制方式简述，以及暖通空调系统的防火措施，空调通风系统的防火、防爆措施等。

（10）热能动力，应当包括有关锅炉房、涉及可燃气体的站房及可燃气、液体的防火、防爆措施等。

三、设计图纸

（1）总平面图，应当包括：场地道路红线、建构筑物控制线、用地红线等位置；场地四邻原有及规划道路的位置；建构筑物的位置、名称、层数、防火间距；消防车道或通道及高层建筑消防车登高操作场地的布置等。

（2）建筑和结构，应当包括：平面图，包括平面布置，房间或空间名称或编号，每层建构筑物面积、防火分区面积、防火分区分隔位置及安全出口位置示意，以及主要结构和建筑构配件等；立面图，包括立面外轮廓及主要结构和建筑构造部件的位置，建构筑物的总高度、层高和标高以及关键控制标高的标注等；剖面图，应标示内外空间比较复杂的部位（如中庭与邻近的楼层或者错层部位），并包括建筑室内地面和室外地面标高，屋面檐口、女儿墙顶等的标高，层间高度尺寸及其他必需的高度尺寸等。

（3）建筑电气，应当包括：电气火灾监控系统，消防设备电源监控系统，防火门监控系统，火灾自动报警系统，消防应急广播，以及消防应急照明和疏散指示系统等。

（4）消防给水和灭火设施，应当包括：消防给水总平面图，消防给水系统的系统图、平面布置图，消防水池和消防水泵房平面图，以及其他灭火系统的系统图及平面布置图等。

（5）供暖通风与空气调节，应当包括：防烟系统的系统图、平面布置图，排烟系统的系统图、平面布置图，供暖、通风和空气调节系统的系统图、平面图等。

（6）热能动力，应当包括：所包含的锅炉房设备平面布置图，其他动力站房平面布置图，以及各专业管道防火封堵措施等。

四、消防设计技术审查

1. 消防设计文件应当包括的内容

a. 封面：项目名称、设计单位名称、设计文件交付日期。

b. 扉页：设计单位法定代表人、技术总负责人和项目总负责人的姓名及其签字或授权盖章，设计单位资质，设计人员的姓名及其专业技术能力信息。

c. 设计文件目录。

d. 设计说明书。

2. 消防设计技术审查符合下列条件的，结论为合格；不符合下列任意一项的，结论为不合格

a. 消防设计文件编制符合相应建设工程设计文件编制深度规定的要求；

b. 消防设计文件内容符合国家工程建设消防技术标准强制性条文规定；

c. 消防设计文件内容符合国家工程建设消防技术标准中带有“严禁”“必须”“应”“不应”“不得”要求的非强制性条文规定。

五、消防工程竣工验收

（1）消防设计审查验收主管部门收到建设单位提交的特殊建设工程消防验收申请后，符合下列条件的，应当予以受理；不符合其中任意一项的，消防设计审查验收主管部门应当一次性告知需要补正的全部内容：

a. 特殊建设工程消防验收申请表信息齐全、完整；

b. 有符合相关规定的工程竣工验收报告，且竣工验收消防查验内容完整、符合要求；

c. 涉及消防的建设工程竣工图纸与经审查合格的消防设计文件相符。

（2）建设单位编制工程竣工验收报告前，应开展竣工验收消防查验，查验合格后方可编制工程竣工验收报告。

（3）消防设计审查验收主管部门可以委托具备相应能力的技术服务机构开展特殊建设工程消防验收的消防设施检测、现场评定，并形成意见或者报告，作为出具特殊建设工程消防验收意见的依据。

（4）现场评定应当依据消防法律法规、国家工程建设消防技术标准和涉及消防的建设工程竣工图纸、消防设计审查意见，对建筑物防（灭）火设施的外观进行现场抽样查看；通过专业仪器设备对涉及距离、高度、宽度、长度、面积、厚度等可测量的指标进行现场抽样测量；对消防设施的功能进行抽样测试、联调联试消防设施的系统功能等。现场评定具体项目包括：

a. 建筑类别与耐火等级；

b. 总平面布局，应当包括防火间距、消防车道、消防车登高面、消防车登高操作场地等项目；

c. 平面布置，应当包括消防控制室、消防水泵房等建设工程消防用房的布置，国家工程建设消防技术标准中有位置要求场所（如儿童活动场所、展览厅等）的设置位置等项目；

d. 建筑外墙、屋面保温和建筑外墙装饰；

e. 建筑内部装修防火，应当包括装修情况，纺织织物、木质材料、高分子合成材料、复合材料及其他材料的防火性能，用电装置发热情况和周围材料的燃烧性能和防火隔热、散热措施，对消防设施的影响，对疏散设施的影响等项目；

f. 防火分隔，应当包括防火分区，防火墙，防火门、窗，竖向管道井、其他有防火分隔要求的部位等项目；

g. 防爆，应当包括泄压设施，以及防静电、防积聚、防流散等措施；

h. 安全疏散，应当包括安全出口、疏散门、疏散走道、避难层（间）、消防应急照明和疏散指示标志等项目；

i. 消防电梯；

j. 消火栓系统，应当包括供水水源、消防水池、消防水泵、管网、室内外消火栓、系统功能等项目；

k. 自动喷水灭火系统，应当包括供水水源、消防水池、消防水泵、报警阀组、喷头、系统功能等项目；

l. 火灾自动报警系统，应当包括系统形式、火灾探测器的报警功能、系统功能、以及火灾报警控制器、联动设备和消防控制室图形显示装置等项目；

m. 防烟排烟系统及通风、空调系统防火，包括系统设置、排烟风机、管道、系统功能等项目；

n. 消防电气，应当包括消防电源、柴油发电机房、变配电房、消防配电、用电设施等项目；

o. 建筑灭火器，应当包括种类、数量、配置、布置等项目；

p. 泡沫灭火系统，应当包括泡沫灭火系统防护区、以及泡沫比例混合、泡沫发生装置等项目；

q. 气体灭火系统的系统功能。

（5）其他国家工程建设消防技术标准强制性条文规定的项目，以及带有“严禁”“必须”“应”“不应”“不得”要求的非强制性条文规定的项目。

（6）现场抽样查看、测量、设施及系统功能测试应符合下列要求：

a. 每一项目的抽样数量不少于2处，当总数不大于2处时，全部检查；

b. 防火间距、消防车登高操作场地、消防车道的设置及安全出口的形式和数量应全部检查。

（7）消防验收现场评定符合下列条件的，结论为合格；不符合下列任意一项的，结论为不合格：

a. 现场评定内容符合经消防设计审查合格的消防设计文件。

b. 现场评定内容符合国家工程建设消防技术标准强制性条文规定的要求。

c. 有距离、高度、宽度、长度、面积、厚度等要求的内容，其与设计图纸标示的数值误差满足国家工程建设消防技术标准的要求；国家工程建设消防技术标准没有数值误差要求的，误差不超过5%，且不影响正常使用功能和消防安全。

d. 现场评定内容为消防设施性能的，满足设计文件要求并能正常实现。

e. 现场评定内容为系统功能的，系统主要功能满足设计文件要求并能正常实现。

第二节 建设施工期间的消防管理要求

一、现场消防安全管理体系

1. 现场消防安全管理组织体系

（1）建设单位（管理单位）应明确现场消防安全管理的部门，并设置负责消防安全的管理人员；项目监理单位应设置负责消防安全监理工程师；施工单位项目部应设立专（兼）职的消防安全管理人员。

（2）在安全生产委员会领导下成立消防安全领导小组，下设消防监督管理办公室，建立施工现场消防管理网络，管理网络的构成应包括建设单位（管理单位）、项目监理单位、施工单位等所有参建单位，如图5-2-1所示。

2. 各单位消防安全管理职责

（1）建设单位（管理单位）消防安全管理职责：

1）负责组建项目消防监督管理办公室，负责消防安全工作的日常监督管理；

2）负责工程施工阶段现场的消防设计、变更、审批许可的相关文件；

3）负责消防工作的外部接口，与地方公安、消防机构建立工作联系；

4）负责建立制订消防管理制度、奖惩规定和火灾应急预案；

5）负责公司内部的消防安全器材的购置和管理；

6）负责组织志愿消防队员的培训；

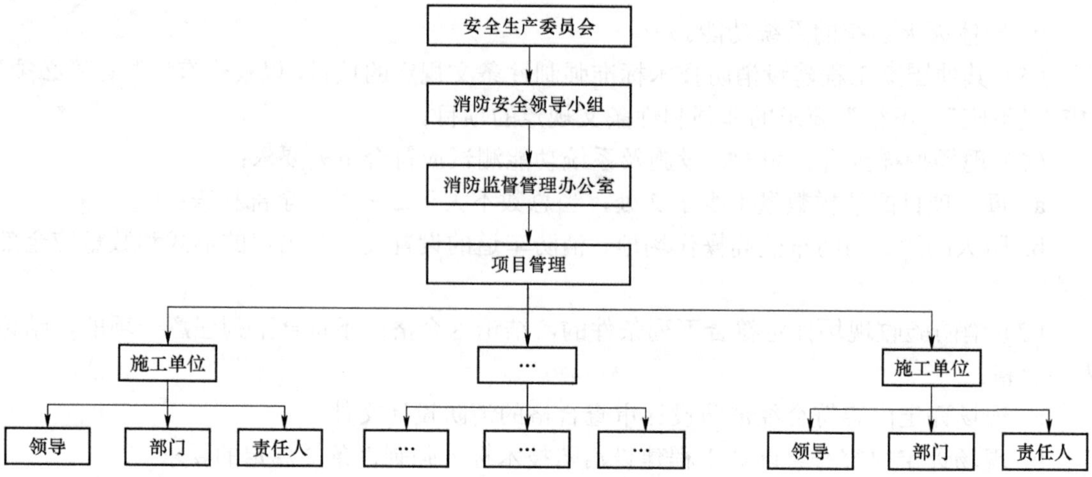

图 5-2-1　消防管理网络

7）负责组织施工现场消防应急演练和评价；

8）负责审查施工单位的施工组织设计中的防火安全措施；

9）负责施工现场各参建单位消防管理的监督检查工作；

10）负责组织召开专题消防会议；

11）负责施工现场发生的火灾事故、事件的内部调查处理。

（2）项目监理单位消防安全管理职责：

1）负责合同范围内的各项消防监督管理工作；

2）负责制订消防安全监理细则；

3）负责一级动火工作票的签字确认；

4）负责监督对志愿消防队员的培训；

5）负责审查施工单位的施工组织设计和施工方案中的防火安全措施；

6）负责对消防应急策划、演练过程进行监督，并在事后提出评价性意见；

7）负责重点消防区域或部位的审查认定；

8）参加消防监督管理办公室组织的消防安全检查，负责监督管理范围内的日常巡查工作；

9）参加专题消防安全工作会议；

10）参与对消防火灾事故、事件的调查处理。

（3）施工承包商消防安全管理职责：

1）应成立本单位的防火安全领导小组，负责合同范围内的各项消防管理工作，并组织成立志愿消防队；

2）负责制定本单位消防安全管理制度和应急预案；

3）负责本单位内部消防器材的购置和管理；

4）建立消防器材台账和平面布置图，并交项目监理机构审查；

5）负责一级动火工作票的报批和二级动火工作票的办理；

6）负责对本单位志愿消防员的培训；

7）负责制订施工组织设计和施工方案中的防火安全措施；
8）负责消防应急演练的策划、实施；
9）负责重点消防区域或部位的报审；
10）负责具体的日常消防安全管理工作；
11）参加专题消防安全工作会议；
12）配合消防火灾事故、事件的调查处理。

二、消防安全管理制度与记录

1. 管理制度

（1）建设单位（管理单位）应制定下列管理制度：
1）消防安全管理及奖惩规定；
2）消防应急预案。

（2）监理单位应制定下列管理制度：
消防安全监理细则。

（3）施工单位应制定下列管理制度：
1）消防安全教育与培训制度；
2）可燃及易燃易爆危险品管理制度；
3）用火、用电、用气管理制度；
4）消防安全检查制度；
5）应急预案演练制度；
6）消防应急预案及现场处置方案。

2. 管理记录

（1）建设单位（管理单位）的职责：
1）项目工程开工前的消防设计审核、消防验收以及消防安全检查的文件、资料；
2）消防安全重点部位管理档案；
3）消防管理组织机构和各级消防安全责任人；
4）消防安全管理制度；
5）消防设施、器材台账、检查记录、维修保养记录；
6）志愿消防队人员情况；
7）消防产品、防火材料的检测报告和产品合格证；
8）消防应急预案演练及评价记录；
9）防火检查、巡查记录；
10）消防安全培训记录。

（2）监理单位的职责：
1）消防安全监理细则等文件；
2）施工现场消防通道、消防设施、灭火器材平面布置图；
3）重点防火部位审查记录；

4）消防应急预案演练及评价记录；
5）防火检查、巡查记录。
（3）施工单位的职责：
1）消防管理组织机构和各级消防安全责任人；
2）消防安全管理制度；
3）消防通道、消防设施、灭火器材平面布置图；
4）重点防火部位档案；
5）消防设施、灭火器材台账、检查记录、维修保养记录；
6）志愿消防队人员情况；
7）与消防安全有关的重点工种人员情况；
8）消防产品、防火材料的检测报告和产品合格证；
9）消防应急预案演练及评价记录；
10）防火检查、巡查记录；
11）消防安全培训记录；
12）易燃易爆物品登记表；
13）爆炸物品运输许可证；
14）爆破作业许可证；
15）动火工作票。

三、火灾预防管理

1. 消防安全培训

（1）各参建单位应组织多种形式、经常性的消防安全宣传教育，每年至少对所属员工进行一次消防安全知识培训。

（2）应将消防知识作为入场安全教育的重要内容之一，切实保证所有受教育人员能做到“四懂”（懂得岗位火灾的危险性、懂得预防火灾的措施、懂得扑救火灾的方法、懂得逃生疏散的方法）及“四会”（会使用消防器材、会报火警、会扑救初起火灾、会组织疏散逃生）。

（3）定期组织志愿消防员开展灭火技能培训，并形成培训记录。

2. 消防设施器材管理

（1）施工单位应建立相应消防设施、器材台账和平面布置图，并按照平面布置图配备与火灾危险场所相适应的临时消防设施及器材。

（2）各单位应做好施工现场临时消防设施、器材的日常维护工作，对已损坏、失效或丢失的消防设施、器材，应及时更换、修复或补充。将灭火器等消防设备设施的检测、更换、报废纳入专项管理，严格执行有关规程及当地消防管理规定；要加强消防火灾自动报警系统现场定期试验、检验管理，加强维护，使设备及时投入使用，发挥防护作用；检查和消除消防水管路缺陷，及时更换泄漏的管道及阀门，确保消防水系统保持良好可用状态。

（3）临时消防车道、临时疏散通道、安全出口应保持畅通，不得遮挡、挪动疏散指示标识。施工期间，不应拆除或挪用临时消防设施及临时疏散设施。确需临时拆除或挪用的，应办理审批手续，制定并落实安全保障措施，工作结束后立即恢复。

3. 火灾隐患排查治理

（1）施工单位应结合月度危险源及环境因素辨识工作，对施工现场存在的各类火灾隐患进行全面、有效辨识，并制订有针对性的风险预控措施。针对重点防火区域和重大火灾风险作业，还应组织专题会议对火灾隐患进行辨识和风险评价，并制订专项防火安全措施。

（2）各参建单位应定期开展隐患排查与治理工作，全面排查施工现场存在的各类火灾隐患，明确管理职责和治理责任，加强整改措施落实的监督检查，做到隐患排查整改措施、责任、资金、时限和预案五落实，形成隐患闭环管理。

4. 火灾事故应急管理

（1）各参建单位要按照《电力企业应急预案编制导则》要求，及时完善火灾专项应急预案和现场处置方案的编制工作，遇有火灾及时启动预案。

（2）定期组织开展火灾应急预案演练工作，及时解决演练中暴露出的问题，切实提高应急处置能力。

（3）加强应急逃生、救护设备的使用培训和维护保养，配备正压呼吸器、防护面罩等防护用具，对员工进行培训，确保其熟练掌握应急装备的使用方法。

5. 不同施工阶段的火灾预防重点

（1）在基础施工时，主要应注意保温、养护用品的易燃材料的存放。焊接钢筋时应注意及时清理易燃材料。

（2）在主体结构施工时特别是高层施工时，电焊火花一落数层，如果场内易燃物多，应做好层间隔离，并加强动火监护。在焊点垂直下方必须使用接火盘或防火毯，并清理下方易燃物。冬季在结构施工使用保温材料时，要特别注意明火管理，电焊火花落点要及时清理，消灭火种。电焊线接头要卡实，焊线绝缘要良好，与脚手架或建筑物钢筋接触时要采取保护，防止漏电打火。大面积保温作业时，要设专人巡视。照明和动力用胶皮线应按规定架设，不准在易燃保温材料上乱堆乱放。

（3）在装修施工时，易燃材料较多，对所用电气及电线要严加管理，预防断路打火。在吊顶内安装管道时，应在吊顶易燃材料装上之前完成焊接作业，禁止在顶棚内焊割作业。如果因为工程特殊需要必须在易燃顶棚内从事电气焊时，应先制订妥善的防火措施后，方可施工。冬季装修施工时，凡采用明火或电热法的，要制订专门的防火措施和制度。

（4）在使用易燃油漆时，要注意通风，严禁明火，以防易燃气体燃烧、爆炸。还应注意静电起火和工具碰撞打火。

6. 专项火灾预防措施

（1）施工现场用火。

1）动火作业应办理动火工作票；动火工作票的签发人收到动火申请后，应前往现场查验并确认动火作业的防火措施落实后，方可签发动火工作票。

2）动火操作人员应具有相应资格。

3）焊接、切割、烘烤或加热等动火作业前，应对作业现场的可燃物进行清理；作业现场及其附近无法移走的可燃物，应采用不燃材料对其覆盖或隔离。

4）施工作业安排时，宜将动火作业安排在使用可燃建筑材料的施工作业前进行。确需在使用可燃建筑材料的施工作业之后进行动火作业，应采取可靠防火措施。

5）裸露的可燃材料上严禁直接进行动火作业。

6）焊接、切割、烘烤或加热等动火作业，应配备灭火器材，并设动火监护人进行现场监护，每个动火作业点均应设置一个监护人。

7）五级（含五级）以上风力时，应停止焊接、切割等室外动火作业，否则应采取可靠的挡风措施。

8）动火作业后，应对现场进行检查，确认无火灾危险后，动火操作人员方可离开。

9）具有火灾、爆炸危险的场所严禁明火。

10）施工现场禁止采用明火取暖。

（2）施工现场用电。

1）施工现场供用电设施的设计、施工、运行、维护应符合《建设工程施工现场供用电安全规范》（GB 50194—2014）的要求。

2）电气线路应具有相应的绝缘强度和机械强度，严禁使用绝缘老化或失去绝缘性能的电气线路，严禁在电气线路上悬挂物品。破损、烧焦的插座、插头应及时更换。

3）电气设备与可燃、易燃易爆和腐蚀性物品应保持一定的安全距离。

4）有爆炸和火灾危险的场所，按危险场所等级选用相应的电气设备。

5）配电屏上每个电气回路应设置漏电保护器、过载保护器，距配电屏 2m 范围内不应堆放可燃物，5m 范围内不应设置可能产生较多易燃、易爆气体、粉尘的作业区。

6）可燃材料库房不应使用高热灯具，易燃易爆危险品库房内应使用防爆灯具。

7）普通灯具与易燃物距离不宜小于 300mm；聚光灯、碘钨灯等高热灯具与易燃物距离不宜小于 500mm。

8）电气设备不应超负荷运行或带故障使用。

9）禁止私自改装现场供用电设施。

10）应定期对电气设备和线路的运行及维护情况进行检查。

（3）施工现场用气。

1）储装气体的罐瓶及其附件应合格、完好和有效；严禁使用减压器及其他附件缺损的氧气瓶，严禁使用缺损乙炔专用减压器、回火防止器及其他附件的乙炔瓶。

2）气瓶运输、存放、使用时，应符合下列规定：

气瓶应保持直立状态，并采取防倾倒措施，乙炔瓶严禁横躺卧放；

严禁碰撞、敲打、抛掷、滚动气瓶；

气瓶应远离火源，距火源距离不应小于 10m，并应采取避免高温和防止曝晒的措施；

燃气储装瓶罐应设置防静电装置。

3）气瓶应分类储存，库房内通风良好；空瓶和实瓶同库存放时，应分开放置，两者间距不应小于 1.5m。

4）气瓶使用时，应符合下列规定：

使用前，应检查气瓶及气瓶附件的完好性，检查连接气路的气密性，并采取避免气体泄漏的措施，严禁使用已老化的橡皮气管；

氧气瓶与乙炔瓶的工作间距不应小于 5m，气瓶与明火作业点的距离不应小于 10m；

冬季使用气瓶，如气瓶的瓶阀、减压器等发生冻结，严禁用火烘烤或用铁器敲击瓶阀，禁止猛拧减压器的调节螺丝；

氧气瓶内剩余气体的压力不应小于 0.1MPa；

气瓶用后，应及时归库。

四、重点防火部位管理

重点防火部位是指火灾危险性大、发生火灾损失大、伤亡大、影响大（以下简称“四大”）的部位和场所。

（1）管理单位应组织建立重点防火部位清单，明确防火安全责任、消防管理要求和落实防火安全措施，并组织制订灭火应急处置方案。

（2）监理单位应遵循防火规程，定期组织对重点防火部位进行检查，及时排查火险隐患，并形成检查记录。

（3）施工单位在防火重点部位或场所应有明显标志，并在指定的地方悬挂重点防火部位标识牌，牌内主要内容包括防火重点部位或场所的名称、责任单位、责任人、联系电话及防火要求等。

（4）施工单位应结合月度危险源辨识提前对所管辖区域的重点防火部位或场所进行认定，及时向监理单位上报《重点防火部位审批表》，由监理单位进行签字确认，并报管理单位备案。

（5）各施工单位对审批后的重点防火部位进行标识管理，同时在重点防火部位设置《检查签到表》，责任人根据巡检周期按时到现场巡查，做好巡检记录。

五、易燃易爆危险品特性及管理

1. 易燃易爆危险品特性

（1）常见气体。

1）纯乙炔为无色无味的易燃、有毒气体，在液态和固态下或在气态和一定压力下有猛烈爆炸的危险，受热、震动、电火花等因素都可以引发爆炸，因此不能在加压液化后储存或运输；微溶于水，易溶于乙醇、苯、丙酮等有机溶剂。

2）氧气为无色无味的气体，不易溶解于水，本身不燃烧，但能助燃，在高温和猛烈撞击下，气瓶会产生爆炸，现场主要用于气体焊接及切割。

3）氩气为惰性气体，对人体无直接危害。但是，如果工业使用后，产生的废气则对人体危害很大，会造成矽肺、眼部损坏等情况，主要用于焊接保护。

4）氮气通常情况下是一种无色无味的气体，通常无毒。

（2）常见油类。

1）汽油为无色或淡黄色、低闪点、易挥发、易燃液体，不溶于水，易溶于苯、二硫化碳等。其蒸汽与空气可形成爆炸性混合物，遇明火、高热极易燃烧爆炸；与氧化剂能发生强烈反应。汽油蒸汽比空气重，能沿低处扩散到相当远的地方，遇明火会引起回燃。汽油闪点小于－18℃，引燃温度介于415～530℃，爆炸极限介于1.58%～6.48%。

2）柴油为无色或淡黄色易挥发可燃液体，不溶于水，与有机溶剂互溶。其蒸汽与空气可形成爆炸性混合物，遇明火易燃烧爆炸。10、5、0、－10、－20号柴油闪点不低于55℃，－35、－50号柴油闪点不低于45℃，引燃温度介于350～380℃，爆炸极限介于1.5%～6.5%。

3）煤油为水白色至淡黄色流动性油状、易挥发、易燃液体，不溶于水，易溶于醇类和其他有机溶剂。挥发后与空气混合形成爆炸性的混合气，遇明火易燃烧爆炸。煤油闪点介于38～72℃之间，引燃温度为210℃左右，爆炸极限介于0.7%～5%之间。

4）变压器油俗称方棚油，浅黄色透明可燃液体。其蒸汽与空气混合形成爆炸性气体，遇明火可以发生爆炸。变压器油闪点一般不低于135℃。

2. 易燃易爆危险品存储及运输技术要求

（1）存储。

1）易燃易爆危险品的存储，原则上要建立危险品仓库，库房远离施工区域25m以上。库房应符合危险品库房的安全技术要求，应有避雷、防静电接地和排风设施，屋面应采用轻型结构，设置气窗、底窗，门、窗应向外开启，并配备符合防火防爆要求的电器具和消防器材，高温地区建议增加温度计以对室内温度进行实时监控，必要时要采取降温措施；根据使用现场的实际情况可以建立临时存放点，临时存放点要符合防火防爆的要求，做到防曝晒、通风，并配备必要的消防器材；库房内乙炔瓶集中存储时，原则上不超过10瓶。

2）油品存放原则上要建立油化库房，库房远离施工区域25m以上。库房应符合危险品库房的安全技术要求，配备符合防火防爆要求的电器具和消防器材。现场使用后剩余油料要及时归库，临时摆放点应与动火点保持10m以上的安全距离，并配备符合要求的消防器材。

（2）运输。

1）易燃易爆危险品场外运输由合格资质的供应商负责，车辆及驾驶员资质应符合危险品安全运输条件，场内运输要有防碰撞、倾覆、泄漏措施，危险化学品运输车辆要加装专用灭火器。

2）气瓶禁止混装，气瓶防震圈、防护帽等保护装置要齐全；乙炔瓶运输一次不超过5瓶，人力运输不超过1瓶。

3）施工现场一般不设置集中供气装置，但大型锅炉施工可以设置管道集中供气，集中供气管路应和电缆、电气设备、易燃物等保持安全距离，同时应针对集中供气中存在的管道漏气、关阀后管道中的残余气体及发生火灾造成的连带反应等危险因素，制订防火防爆安全措施和安全管理要求。

3. 一般管理要求

（1）易燃易爆物品、有毒物品及射源等应分别存放在专用仓库内，并按有关规定严格管理。

（2）办公室、工具房、休息室、宿舍等房屋内严禁存放易燃、易爆物品。

（3）在油库、木工间及易燃、易爆物品仓库等场所严禁吸烟，设“严禁烟火”的明显标志，并采取相应的防火措施。

（4）在易燃、易爆区周围动用明火或进行可能产生火花的作业时，必须办理动火工作票，经有关部门批准，并采取相应措施方可进行。

（5）存放炸药、雷管，必须得到当地公安部门的许可，并分别存放在专用仓库内，指派专人负责保管，严格领、退料制度。

（6）装过挥发性油剂及其他易燃物质的容器，应及时退库，并保存在距建（构）筑物不小于25m的单独隔离场所。

（7）装过挥发性油剂及其他易燃物质的容器未经采取措施，严禁焊接或切割。

（8）闪点在45℃以下的桶装易燃液体不得露天存放。必须少量存放时，在炎热季节应严防曝晒并采取降温措施。

4. 氧气、乙炔管理

（1）储存气瓶的仓库应具有耐火性能；门窗应向外开，装配的玻璃应用毛玻璃或涂以白漆；地面应该平坦、防滑，防止撞击产生火花。

（2）容积较小的仓库（储存量在50个气瓶以下）与其他建筑物的距离应不少于25m；较大的仓库与施工及生产地点的距离应不少于50m，与住宅办公楼的距离应不少于100m。

（3）储存气瓶仓库周围10m以内，严禁摆放或存放可燃物品，严禁明火工作，严禁吸烟等。

（4）仓库内气瓶应垂直立放，空的气瓶可以平放堆叠，但每一层都应垫有木质的型板，堆叠高度不得超过1.5m。

（5）使用中的氧气瓶和乙炔瓶应垂直固定放置。安设在露天的气瓶，应有防曝晒措施。

（6）乙炔气瓶禁止放在高温设备附近，应距离明火10m以上，使用中应与氧气瓶保持5m以上距离。

（7）乙炔气瓶上应有防回火装置，防止回火并经常检查。

（8）乙炔管道应装薄膜安全阀，安全阀应装在安全可靠的地点，以免伤人及引起火灾。

5. 危险品管理

（1）采购。应向具有危险化学品经营许可证的供应商采购，并索取供应商的资质证明材料，并在采购文件中要求供应商提供危险化学品的检测报告、产品合格证、安全技术说明书（MSDS）及其他有关资料。

（2）验收。危险品进货检验时除按常规验收外，还应检查外包装的完整情况、安全标志和安全技术说明书等资料是否齐全。

六、施工现场消防设施、器材配置原则及技术要求

1. 消防水系统

（1）消防水管路必须独立设置，不得和施工、生活用水混用一条管路。同时，要建立临时消防泵房，保证管路的灭火水压。

（2）施工现场或其附近应设置稳定、可靠的水源，并应能满足施工现场临时消防用水的需要。消防水源可采用给水管网或天然水源。当采用天然水源时，应采取措施确保冰冻

季节、枯水期最低水位时顺利取水，并满足临时消防用水量的要求。

（3）临时用房建筑面积之和大于 $1000m^2$ 或在建工程单体体积大于 $10000m^3$ 时，应设置临时室外消防给水系统。

（4）临时用房的临时室外消防用水量不应小于表 5－2－1 的规定。

表 5－2－1　　　　临时用房的临时室外消防用水量

临时用房的建筑面积之和（m^2）	火灾延续时间（h）	消防栓用水量（L/s）	每支水枪最小流量（L/s）
1000＜面积≤5000	1	10	5
面积＞5000		15	5

（5）在建工程的临时室外消防用水量不应小于表 5－2－2 的规定。

表 5－2－2　　　　在建工程的临时室外消防用水量

在建工程（单体）体积（m^3）	火灾延续时间（h）	消火栓用水量（L/s）	每支水枪最小流量（L/s）
10000＜体积≤30000	1	15	5
体积 30000	2	20	5

（6）施工现场临时室外消防给水系统的设置应符合下列要求：

1）给水管网宜布置成环状。

2）临时室外消防给水干管的管径应根据施工现场临时消防用水量和干管内水流计算速度计算确定，且不应小于 DN100mm。

3）室外消火栓应沿在建工程、临时用房和可燃材料堆场及其加工场所均匀布置，与在建工程、临时用房和可燃材料堆场及其加工场所的外边线的距离不应小于 5m。

4）消火栓之间的距离不应大于 120m。

5）消火栓的最大保护半径不应大于 150m。

（7）建筑高度大于 24m 或单体体积超过 $30000m^3$ 的施工项目，应设置临时室内消防给水系统。

（8）在建工程的临时室内消防用水量不应小于表 5－2－3 的规定。

表 5－2－3　　　　在建工程的临时室内消防用水量

建筑高度、在建工程体积（单体）	火灾延续时间（h）	消火栓用水量（L/s）	每支水枪最小流量（L/s）
24m＜建筑高度≤50m 或 $30000m^3$＜体积≤$50000m^3$	1	10	5
建筑高度＞50m 或体积＞$50000m^3$	1	15	5

（9）在建工程室内临时消防竖管的设置应符合下列要求：

1）消防竖管的设置位置应便于消防人员操作，其数量不应少于 2 根，当结构封顶时，应将消防竖管设置成环状；

2）消防竖管的管径应根据在建工程临时消防用水量、竖管内水流计算速度进行计算确定，且不应小于 DN100mm。

（10）设置临时室内消防给水系统的施工项目，各结构层均应设置室内消火栓，并应符合下列要求：

1）消火栓应设置在位置明显且易于操作的部位；

2）消火栓接口的前端应设置截止阀；

3）消火栓间距宜为30～50m。

（11）高度超过100m的施工项目，应在适当位置增设临时加压水泵。

（12）临时消防给水系统的给水压力应满足消防水枪充实水柱长度不小于10m的要求。

（13）当外部消防水源不能满足施工现场的临时消防用水量要求时，应在施工现场设置临时贮水池。临时贮水池宜设置在便于消防车取水的部位，其有效容积不应小于施工现场火灾延续时间内一次灭火的全部消防用水量。

（14）施工现场临时消防给水系统应设置可将生产、生活用水转为消防用水的应急阀门。应急阀门不应超过2个，且应设置在易于操作的场所，并设置明显标识。

（15）严寒和寒冷地区的现场临时消防给水系统应采取防冻措施。

2. 灭火器

（1）施工现场具有火灾危险的场所均须配置灭火器，并布置在醒目位置，便于拿取。

（2）施工现场灭火器配置应符合下列规定：

1）现场配备的灭火器应和可能发生的火灾类型相匹配；

2）灭火器的最低配置标准应符合表5－2－4的规定。

表5－2－4　　灭火器最低配置标准

项目	固体物质火灾		液体或可熔化固体物质火灾、气体火灾	
	单具灭火器最小灭火级别	单位灭火级别最大保护面积（m^2/A）	单具灭火器最小灭火级别	单位灭火级别最大保护面积（m^2/B）
易燃易爆危险品存放及使用场所	3A	50	89B	0.5
临时动火作业场	2A	50	55B	0.5
可燃材料存放、加工及使用场所	2A	75	55B	1.0
厨房操作间、锅炉房	2A	75	55B	1.0
自备发电机房	2A	75	55B	1.0
变、配电房	2A	75	55B	1.0
办公用房、宿舍	1A	100	—	—

注　最小灭火级别由数字和字母组成，其中数字代表灭火能力的高低，数字越高说明灭火能力越高，字母代表适用于扑救火灾的类型。

3）灭火器的配置数量应按照《建筑灭火器配置设计规范》（GB 50140）经计算确定，且每个场所的灭火器数量不应少于2具。

4）灭火器的最大保护距离应符合表5－2－5的规定。

表 5-2-5　　灭火器的最大保护距离

灭火器配置场所	固体物资火灾	固体或可熔化固体物质火灾、气体类火灾
易燃易爆危险品存放及使用场所	15	9
临时动火作业场	10	6
可燃材料存放、加工及使用场	20	12
所厨房操作间、锅炉房	20	12
变配电房	20	12
办公用房、宿舍等	25	—

注　灭火器保护距离指灭火器配置场所内任一着火点到最近灭火器设置点的行走距离。

3. 区域配置要求

（1）锅炉。

1）火灾类型。主要为固体火灾、气体火灾，同时存在油类、电气、粉尘等火灾。

2）配置原则。灭火器以干粉 ABC 灭火器为主（需一定量推车式灭火器），同时配备二氧化碳灭火器，并必须设置消火栓。锅炉区域各层按照灭火器最大保护距离足量配备，设置点应保持在作业人员 30m 内使用。

（2）电气。

1）火灾类型。固体火灾、电气火灾等。

2）配置原则。灭火器以二氧化碳为主（需一定量推车式灭火器），也可配备干粉或泡沫灭火器。开关室，主、厂用变压器等电气区域应放置 1 箱二氧化碳灭火器和 1 辆二氧化碳推车灭火器；集控楼应放置 6 箱二氧化碳灭火器。

（3）油库。

1）火灾类型。油类火灾。

2）配置原则。配备清水泡沫及干粉灭火器，根据实际情况配备推车式干粉 ABC 灭火器。

（4）外围。可根据现场施工情况和可能发生的火灾类型合理配置灭火器。一般临时设施区，每 100m^2 配备 2 个 10L 灭火器；临时木工间、油漆间和木、机具间等，每 25m^2 应配置 1 个种类合适的灭火器；油库、危险品仓库应配备足够数量灭火器；仓库或堆料场内，应根据灭火对象的特性，分组布置酸碱、泡沫、清水、二氧化碳等灭火器，每组灭火器不应少于 4 个，每组灭火器之间的距离不应大于 30m。

七、消防标志、标识管理

（1）施工单位应绘制消防管理总平面图和区域消防器材平面布置图，动态反映现场消防器材的布置情况。

（2）在火灾风险较大的建筑物内应设置紧急疏散图，在通道转弯处、交叉路口、主要出入门侧面设置安全出口标志。

（3）消防安全标志牌应采用符合《消防安全标志》（GB 13495—1992）和中国电力投

资集团公司《工程建设安全文明施工标准化图册》的要求。用于室内的消防安全标志牌应张贴牢固，发现损坏及时更换。对于照明条件差的场所，标志牌可以用荧光材料制作，还可以加上适当照明。

（4）消防安全标志设置在醒目、与消防安全有关的地方，形成较强的视觉冲击。

八、动火作业管理

施工现场动火作业实施分级管理。其中，一级动火是指在火灾危险性很大、发生火灾时后果很严重的部位或场所进行的动火作业，凡在重点防火部位进行的动火作业均属一级动火；二级动火是指在具有一定火灾危险因素的部位或场所进行的动火作业。

1. 一级动火

（1）管理流程。一级动火作业由动火作业班组在动火前两天提出申请，由施工单位安全部门消防负责人和总工程师（或生产经理）审核，由监理单位安全总监（或副总监）批准。动火作业前需通知安全监理人员到现场检查安全防火措施的落实情况，经监理检查确认后方可进行动火作业。动火作业时，监护人、动火单位安全员必须到现场监护，施工单位安全部门消防负责人负责过程巡查。一级动火作业流程见图 5－2－2。

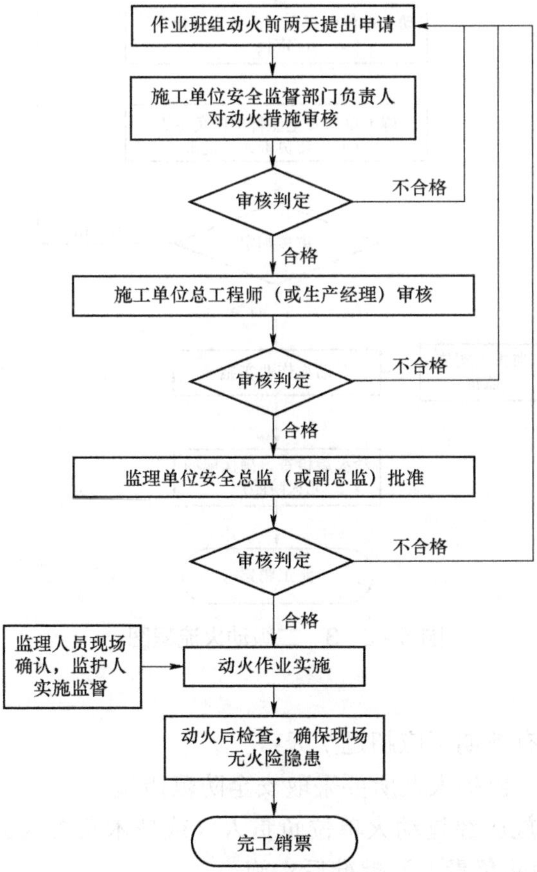

图 5－2－2　一级动火作业流程图

（2）管理要求。

1）重点防火部位、易燃易爆物品附近（如油区，机组油系统，煤、粉系统，带电区域，电缆敷设，脱硫防腐等区域）进行动火作业必须办理一级动火工作票；

2）一级动火工作票有效期不应超过 1 天；

3）明确动火执行人、监护人及所要采取的安全防范措施；

4）动火安全防范措施应经过施工单位安全监督部门负责人、总工程师（或生产经理）及监理单位安全总监（或副总监）审批同意后实施；

5）动火作业应对安全防范措施落实情况进行连续监督；

6）动火后应经过施工单位安全监督部门负责人及监理人员检查后，确保作业环境整洁无火险隐患，方可销票。

2. 二级动火

（1）管理流程。在动火前一天提出申请，制订相关安全防火措施，经动火单位负责人（或技术负责人）审核，施工单位项目部安全监督部门负责人（或消防负责人）批准后，动火监护人现场监督，方可进行动火作业。二级动火作业流程见图 5-2-3。

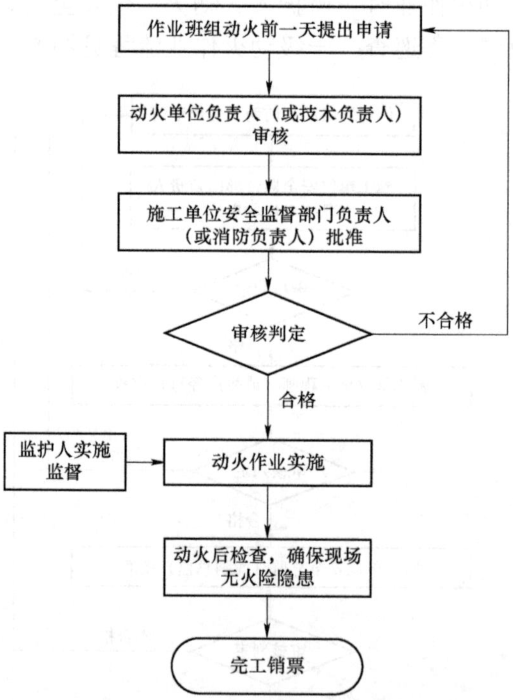

图 5-2-3　二级动火流程图

（2）管理要求。

1）二级动火工作票有效期不应超过 7 天；

2）明确动火执行人、监护人及所要采取安全防范措施；

3）动火安全防范措施应经过动火单位负责人（或技术负责人）和施工单位项目部安全监督部门负责人（或消防负责人）批准后实施；

4）动火前应对安全防范措施落实情况进行检查；

5）动火后应经过施工单位项目部安全监督人员检查后，确保作业环境整洁无火险隐患方可销票。

3. 工作职责

（1）动火负责人。

1）对动火作业过程中防火安全负全面责任，必须在动火作业前详细了解动火作业内容和动火部位及周围情况，按动火作业许可证要求逐项落实防火措施，向作业人员交代作业任务和防火安全注意事项；

2）制订并落实灭火措施，发现火情时必须在第一时间及时组织扑救和报警；

3）动火作业完成后，组织检查现场，确认无遗留火种后，对动火工作票进行终结签字，方可离开现场。

（2）动火人。

1）独立承担动火作业的动火人必须持有特殊工种资格证，并在动火工作票上签字；

2）动火人接到动火工作票后，应核对申请表上各项内容是否落实，审批手续是否完备，若发现不具备条件时，有权拒绝动火，并向单位/部门报告；

3）动火人必须随身携带证明其资格的证书和动火工作票，严禁无证作业及审批手续不完备的动火作业；

4）动火作业结束后，必须完全关闭气源阀门，并对动火场所进行清理，确认无火险隐患后方可离开；

5）动火过程中发生着火，必须立即停止动火，关闭氧气、乙炔气源，切断火源或电源等，并将其移至安全地带，迅速扑灭着火物，防止火灾蔓延或爆炸事故发生。

（3）监护人。

1）动火前必须与施工动火负责人、动火人一起做好动火现场防火措施和灭火准备工作。

2）动火中必须看好火源，发现异常情况应立即通知动火人停止动火作业，及时联系有关人员采取措施。

3）动火中必须坚守岗位，不准脱岗；在动火期间不准兼做其他工作，在动火作业间断、结束后，要会同有关人员清理现场，确认无火险隐患后，方可离开现场。

（4）安全监督人员。负责检查动火作业执行和安全防火措施的落实情况，随时纠正违章动火作业行为。

（5）动火作业审批人员。负责审查动火工作票的办理是否符合程序规定，各级动火作业审批人员必须到现场了解动火部位及周围情况，进行动火风险分析，检查动火安全防范措施落实情况，在确认无误后，方可签字批准动火作业。

九、非施工区域消防安全管理

1. 生活区防火管理

（1）生活区的房间不得作为存放易燃易爆危险化学品的库房；宿舍内严禁存放汽油、

稀料、油漆等危险化学品。

（2）严禁在生活区区域焚烧垃圾等杂物。

（3）宿舍内严禁私拉乱接电源和闭路电视，各种电气设备不准随意拆卸挪动；宿舍内严禁使用液化气瓶和液化气灶、电饭锅、电炒锅、电磁炉、电炉子、电热棒、电热杯、电热毯等大功率电器。

（4）宿舍内照明不得超过 60W；做到人走电灯、电风扇、空调、电视电源关闭。

（5）食堂操作间的液化气瓶与煤气灶的安全距离不得小于 1.5m；15kg 以上的液化气瓶不得在操作间内储存使用；液化气瓶出气口与气管的连接处应安装卡扣；有裂口老化的气管应及时更换新的气管；液化气瓶不准加热、倾倒使用。

（6）多层宿舍过道、楼梯道、多功能厅、浴室安全出口应安装应急指示灯和应急照明灯。

（7）使用柴油、木材、煤作燃料应保持一定的安全距离；柴油应设置专用房间储存，房间应安装防爆型电气设施。

（8）生活区锅炉房各种制度应上墙；烧锅炉操作者应持证；有交接班记录；锅炉房干净整洁，严禁储存易燃易爆物品。

2. 办公区、财务室、档案室、资料室防火管理

（1）办公区、财务室、档案室、资料室严禁存放易燃易爆危险品。

（2）办公区、财务室、档案室、资料室区域周围应保持清洁，禁止堆放杂物。

（3）办公区、财务室、档案室、资料室各种用电设施要安装牢固，严禁私拉乱接电源，下班时要关闭好门窗、电灯、空调等电器电源。

（4）办公区、财务室、档案室、资料室内禁止使用电炉子、大功率电热器具；如果因工作需要，必须办理特殊用电使用证。

（5）办公区、财务室、档案室、资料室动用明火必须办理动火工作票。

十、消防安全检查

1. 检查内容

（1）消防器材和消防设施的完好情况；

（2）现场动火工作票的办理，人证是否相符；

（3）动火作业防火措施的落实情况；

（4）火灾隐患的检查与整改；

（5）重点防火区域的标识以及消防器材的配备；

（6）易燃易爆物品是否按照要求储存，储存保管人员资格是否合格；

（7）消防通道是否畅通；

（8）办公场所疏散通道、安全出口确保畅通，设置符合国家规定的消防安全疏散指示标志和应急照明设施并处于正常状态；

（9）灭火和应急疏散预案演练；

（10）兼职消防队的培训与考核。

2. 检查组织

（1）消防监督管理办公室每月统一组织消防管理人员开展消防安全联合检查。

（2）监理单位每月组织施工单位对施工区域开展防火专项安全检查。

（3）施工单位每周对所属施工区域开展防火自查。

（4）除定期开展消防安全检查外，各级消防管理人员还要加强日常的防火巡查，及时纠正违章行为，果断、正确处置火灾隐患及火险火情；无法当场处置的，应立即报告。

（5）各项消防安全检查要形成记录，检查人员应在检查记录上签字，并定期存档。

（6）对检查发现的各类火灾隐患应提出整改反馈要求，并对整改结果进行复查验证，实现闭环管理。

（7）重大火灾隐患未得到有效消除前，不得进行施工活动或工作。

第六章　水电厂消防安全管理

第一节　水电消防条文说明

水电消防条文说明见表6－1－1。

表6－1－1　　　　　　　　**水电消防条文说明**

序号	检查项目	编号	条文说明	依据标准	章节编号
1－1	组织机构	1－1－1 1－1－2 1－1－3	成立安全生产委员会，明确消防安全责任人，设立消防安全管理人	《电力设备典型消防规程》（DL 5027—2015）	1.0.4 1.0.5
		1－1－4	应建立健全防止火灾事故组织机构，企业行政正职为消防工作第一责任人，还应配备消防专责人员并建立有效的消防组织网络	国家电网公司关于印发水电厂重大反事故措施	17.1.3
1－2	管理制度	1－2－1	安全生产委员会建立健全消防安全责任制和规章制度，对落实情况进行监督、考核。消防安全管理制度应包括下列内容： 1. 各级和各岗位消防安全职责、消防安全责任制考核、动火管理、消防安全操作规定、消防设施运行规程、消防设施检修规程。 2. 电缆、电缆间、电缆通道防火管理，消防设施与主体设备或项目同时设计、同时施工、同时投产管理，消防安全重点部位管理。 3. 消防安全教育培训，防火巡查、检查，消防控制室值班管理，消防设施、器材管理，火灾隐患整改，用火、用电安全管理。 4. 易燃易爆危险物品和场所防火防爆管理，专职和志愿消防队管理，疏散、安全出口、消防车通道管理，燃气和电气设备的检查和管理（包括防雷、防静电）。 5. 消防安全工作考评和奖惩，灭火和应急疏散预案以及演练。 6. 根据有关规定和单位实际需要制定其他消防安全管理	《电力设备典型消防规程》（DL 5027—2015）	3.1.1 4.1.1
		1－2－2 1－2－3	安全生产委员会建立消防安全保证和监督体系，督促两个体系各司其职。明确消防工作归口管理职能部门（简称消防管理部门）和消防安全监督部门（简称安监部门），确保消防管理和安监部门的人员配置与其承担的职责相适应	《电力设备典型消防规程》（DL 5027—2015）	3.1.2
		1－2－4	确定消防安全重点部位；建立消防档案	《电力设备典型消防规程》（DL 5027—2015）	3.4.9

续表

序号	检查项目	编号	条文说明	依据标准	章节编号
1－2	管理制度	1－2－5	按照国家工程建设消防标准需要进行消防设计的新建、扩建、改建（含室内外装修、建筑保温、用途变更）工程，建设单位应当依法申请建设工程消防设计审核、消防验收，依法办理消防设计和竣工验收消防备案手续并接受抽查	《电力设备典型消防规程》（DL 5027—2015）	6.1.1
1－3	作业人员	1－3－1 1－3－2	消防控制室值班人员、消防设施操作人员，应通过消防行业特有工种职业技能鉴定，持有初级技能以上等级的职业资格证书	《电力设备典型消防规程》（DL 5027—2015）	4.3.2
1－4	日常防火检查	1－4－1	单位应进行每日防火巡查，并确定巡查的人员、内容、部位和频次	《电力设备典型消防规程》（DL 5027—2015）	4.5.1
		1－4－2	单位应至少每月进行一次防火检查	《电力设备典型消防规程》（DL 5027—2015）	4.5.2
		1－4－3	应定期进行消防安全督导检查	《电力设备典型消防规程》（DL 5027—2015）	4.5.3
		1－4－4	指导、督促有关部门实行每月防火检查、每日防火巡查，建立检查和巡查记录，及时消除消防安全隐患	《电力设备典型消防规程》（DL 5027—2015）	4.5.3
1－5	重点防火部位	1－5－1 1－5－2 1－5－3	消防安全重点部位应当建立岗位防火职责，设置明显的防火标志，并在出入口位置悬挂防火警示标示牌。标示牌的内容应包括消防安全重点部位的名称、消防管理措施、灭火和应急疏散方案及防火责任人	《电力设备典型消防规程》（DL 5027—2015）	4.2.3
1－6	消防安全教育培训	1－6－1 1－6－2 1－6－3 1－6－4	应当根据本单位特点，建立健全消防安全教育培训制度，明确机构和人员，保障教育培训工作经费。按照下列规定对员工进行消防安全教育培训： 1. 定期开展形式多样的消防安全宣传教育。 2. 对新上岗和进入新岗位的员工进行上岗前消防安全培训，经考试合格后方能上岗。对在岗的员工每年至少进行一次消防安全培训	《电力设备典型消防规程》（DL 5027—2015）	4.3.1
		1－6－5	配电装置室内装有自动灭火系统时，配电装置室应装设 2 个以上独立的探测器。火灾报警探测器宜多类型组合使用。同一配电装置室内 2 个以上探测器同时报警时，可以联动该配电装置室内自动灭火设备	《电力设备典型消防规程》（DL 5027—2015）	4.3.2
		1－6－6	消防安全管理人组织对员工进行消防知识的宣传教育和技能培训	《电力设备典型消防规程》（DL 5027—2015）	3.3.7
1－7	应急预案及演练	1－7－1	消防安全责任人组织制定符合本单位实际的灭火和应急疏散预案，并实施演练	《电力设备典型消防规程》（DL 5027—2015）	3.2.7
		1－7－2	应当按照灭火和应急疏散预案，至少每半年进行一次演练，及时总结经验，不断完善预案。消防演练时，应当设置明显标识并事先告知演练范围内的人员	《电力设备典型消防规程》（DL 5027—2015）	4.4.3

续表

序号	检查项目	编号	条文说明	依据标准	章节编号
1-8	消防队伍和消防车	1-8-1	管理专职消防队和志愿消防队。根据消防法规、公安消防部门的规定和实际情况配备专职消防员和消防装备器材，组织实施专业技能训练，维护保养装备器材。志愿消防员的人数不应少于职工总数的 10%，重点部位人数不应少于 50%，且人员分布要均匀；年龄男性一般不超 55 岁、女性一般不超 45 岁，能行使职责工作。根据志愿消防人员变动、身体和年龄等情况，及时进行调整或补	《电力设备典型消防规程》（DL 5027—2015）	3.4.8
		1-8-2	水电工程消防车配备应符合以下要求： 1. 水电工程总装机容量为 1500～3500MW 时，宜配备一辆消防车；总装机容量大于 3500MW 时，宜配备两辆消防车。 2. 距离水电工程指定消防地点 15km 范围内，有城镇或其他企业消防车可以利用时，消防车设置的数量可以减少	《水电工程设计防火规范》（GB 50872—2014）	4.0.9
2-1	发电机	2-1-1	额定容量为 25MW 及以上的水轮发电机组（含抽水蓄能机组）应设置自动灭火系统	《水电工程设计防火规范》（GB 50872—2014）	8.0.1
		2-1-2	额定容量为 25MW 及以上水轮发电机应设火灾探测器、水喷雾或其他固定式灭火装置，应能满足火灾初期发出警报，能进行火灾的集中监视及消防装置的远方和现场启	国家电网公司关于印发水电厂重大反事故措施	17.2.1
		2-1-3	水轮发电机的采暖取风口和补充空气的进口处应设置阻风门（防火阀），当发电机着火时应自动关闭	《电力设备典型消防规程》（DL 5027—2015）	10.1.1
		2-1-4	定期对机组油管路和法兰连接部位进行碰磨检查，以便及时发现和处理管道振动及碰磨	国家电网公司关于印发水电厂重大反事故措施	17.2.2
2-2	变压器及油浸设备	2-2-1 2-2-2	固定自动灭火系统，应符合下列要求： 水电厂室内油浸式主变压器和单台容量 12.5MVA 以上的厂用变压器应设置固定自动灭火系统及火灾自动报警系统；室外单台容量 90MVA 及以上的油浸式变压器应设置固定自动灭火系统及火灾自动报警系统	《电力设备典型消防规程》（DL 5027—2015）	10.3.1
		2-2-3 2-2-4	室外单台容量在单相 50MVA 及以上、3 相 90MVA 及以上的油浸式变压器应设置固定式灭火器。单台容量在单相 50MWA 以下、3 相 90MWA 以下的油浸式变压器应在附近设置移动式灭火器材或室外消火栓	《水电工程设计防火规范》（GB 50872—2014）	7.0.6
			单台容量在单相 50MVA 及以上、三相 90MVA 及以上的油浸式变压器，应设置固定式灭火设施	国家电网公司关于印发水电厂重大反事故措施	17.3.1.1
		2-2-5	室外电气设备单台油量在 1000kg 及以上的油浸式变压器及其他充油电器设备设置贮油池（坑）；当设备为两台及以上时，可设公共事故油池	《水电工程设计防火规范》（GB 50872—2014）	7.0.8
		2-2-6	室内电气设备单台设备油量在 100kg 及以上的油浸式厂用变压器和其他充油电气设备应设置贮油池（坑）或挡油槛。 贮油池（坑）应能贮存单台设备 100%的油量；当设有将油排至安全场所的设施时，可在防火门内侧设置贮存	《水电工程设计防火规范》（GB 50872—2014）	8.0.2

续表

序号	检查项目	编号	条文说明	依据标准	章节编号
2-2	变压器及油浸设备	2-2-7	公共事故油池应设置排油、排水设施	《水电工程设计防火规范》(GB 50872—2014)	7.0.12
		2-2-8	油浸式变压器的事故排油阀应设在房间外安全处	《水电工程设计防火规范》(GB 50872—2014)	8.0.5
2-3	电缆通道防火	2-3-1 2-3-2	电缆室、电缆通（廊、沟）道和穿越各机组段之间架空敷设的动力电缆、控制电缆、通信电缆及光缆均应分类、分层排列敷设。动力电缆的上下层之间应装设耐火隔板，其耐火极限不应低于 0.50h	《水电工程设计防火规范》(GB 50872—2014)	9.0.2
		2-3-3 2-3-4	电力电缆中间接头盒的两侧及其邻近区域应采取防火涂料、防火包带等阻燃措施。多个电缆接头并排安装时，应在电缆接头之间增设耐火隔板或填充阻燃材料	《水电工程设计防火规范》(GB 50872—2014)	9.0.4
		2-3-5	电缆通（廊、沟）道的下列部位应设防火封堵： 1. 穿越电气设备房间处； 2. 穿越厂房外墙处； 3. 电缆通（廊、沟）道的进出口、分支处	《水电工程设计防火规范》(GB 50872—2014)	9.0.5
		2-3-6	电缆竖井应按下列要求进行防火封堵： 1. 应在竖井的上、下两端，进出电缆的孔口处及竖井的每一楼层处进行防火封堵； 2. 敷设 110kV 及以上电缆的竖井，在同一井道内敷设 2 回路及以上电缆时，不同回路之间应用防火隔板进行分隔； 3. 当竖井内设有水喷雾时、细水雾等固定式灭火设施时，竖井内的防火封堵可不受上述要求的限制； 4. 电缆竖井封堵应采用耐火极限不低于 1.00h 的防火封堵材料。封堵层应能承受巡检人员的荷载。活动人孔可采用承重型防火隔板制作	《水电工程设计防火规范》(GB 50872—2014)	9.0.7
			电缆竖井和电缆沟应分段做防火隔离。敷设于隧道、主控室和厂房内构架上的电缆应采取分段阻燃措施。并排安装的多个电缆头之间应加装隔板或填充阻燃材料	国家电网公司关于印发水电厂重大反事故措施	17.5.1.4
		2-3-7 2-3-8	穿越各种机组之间架空敷设的电缆，应在每个机组段集中设置手提式干粉灭火器。电缆室、电缆通（廊）道、电缆竖井的出入口处应设置手提式干粉灭火器，并至少配备两套防毒面具	《水电工程设计防火规范》(GB 50872—2014)	9.0.9
		2-3-9	防止电缆火灾延燃的措施应包括封、堵、涂、隔、包、水喷雾、悬挂式干粉等措施	《电力设备典型消防规程》(DL 5027—2015)	10.5.1
		2-3-10 2-3-11	凡穿越墙壁、楼板和电缆沟道而进入控制室、电缆夹层、控制柜及仪表盘、保护盘等处的电缆孔、洞、竖井和进入油区的电缆入口处必须用防火堵料严密封堵。发电厂的电缆沿一定长度可涂以耐火涂料或其他阻燃物质。靠近充油设备的电缆沟，应设有防火延燃措施，盖板应封堵。防火封堵应符合现行行业标准《建筑防火封堵应用技术规程》CECS154 的有关规定	《电力设备典型消防规程》(DL 5027—2015)	10.5.2
		2-3-12	通往电缆夹层、隧道和穿越楼板、墙壁、柜、盘等处的电缆孔洞（含电缆穿墙套管与电缆之间缝隙）均应严密封堵，靠近带油设备的电缆沟盖板应密封。扩建工程和检修中损伤的阻火墙应及时恢复封堵	国家电网公司关于印发水电厂重大反事故措施	17.5.1.3

续表

序号	检查项目	编号	条文说明	依据标准	章节编号
2-3	电缆通道防火	2-3-13	电缆夹层、隧（廊）道、竖井、电缆沟内应保持整洁，不得堆放杂物，电缆沟洞严禁积油	《电力设备典型消防规程》（DL 5027—2015）	10.5.6
		2-3-14	电缆隧道的下列部位宜设置防火分隔，采用防火墙上设置防火门的形式： 1. 电缆进出隧道的出入口及隧道分支处。 2. 电缆隧道位于电厂、变电站内时，间隔不大于100m处。 3. 电缆隧道位于电厂、变电站外时，间隔不大于200m处。 4. 长距离电缆隧道通风区段处，且间隔不大于500m。 5. 电缆交叉、密集部位，间隔不大于60m。 防火墙耐火极限不宜低于3.0h，防火门应采用甲级防火门（耐火极限不宜低于1.2h）且防火门的设置应符合现	《电力设备典型消防规程》（DL 5027—2015）	10.5.14
		2-3-15	应定期针对电力电缆中间接头进行红外测温	国家电网公司关于印发水电厂重大反事故措施	12.6.3.6
		2-3-16	采用排管、电缆沟、隧道、桥梁及桥架敷设的阻燃电缆，其成束阻燃性能应不低于C级。与电力电缆同通道敷设的低压电缆、控制电缆、非阻燃通信光缆等应穿入阻燃管保护	国家电网公司关于印发水电厂重大反事故措施	17.5.1.5
		2-3-17 2-3-18	在电缆交叉、密集及中间接头等部位应设置自动灭火装置。电缆室（层）、大型电缆通道（廊道）和大型电缆竖（斜）井应安装火灾探测器，并保证可靠运行	国家电网公司关于印发水电厂重大反事故措施	17.5.1.6
		2-3-19	直流系统两组电池的电缆单独铺设	国家电网公司关于印发水电厂重大反事故措施	17.5.1.7
		2-3-20	消防系统动力柜与生产盘柜相互独立，并有双路供电	国家电网公司关于印发水电厂重大反事故措施	17.5.1.8
		2-3-21	定期对电缆夹层、沟道及其消防设施进行巡视检查。定期对电气设备连接点、触头、电缆中间接头进行红外测温，并按照规定要求进行预防性试验	国家电网公司关于印发水电厂重大反事故措施	17.5.2.1
		2-3-22	严禁在电缆夹层、桥架和竖井等电缆线密集区域布置电力电缆接头	国家电网公司关于印发水电厂重大反事故措施	17.5.2.5
		2-3-23	非直埋电缆接头的最外层包覆阻燃材料，充油电缆接头用耐火防爆槽盒封闭	国家电网公司关于印发水电厂重大反事故措施	17.5.2.6
3-1	消防系统管理	3-1-1 3-1-2 3-1-3	水电厂地下厂房、各类控制室、继电保护室、计算机房、通信室、高低压配电室等重点防火部位应设置火灾自动报警系统，火灾报警信号应接入有人监视的场所。单台机组容量为300MW及以上的上述部位宜设置自动气体灭火系统，相应安全出口应不少于两个。变压器室、电容器室、蓄电池室、油处理室、配电室等应采用向外开启的甲级防火门。蓄电池室应注意保持良好通风	国家电网公司关于印发水电厂重大反事故措施	17.1.1

续表

序号	检查项目	编号	条文说明	依据标准	章节编号
3-1	消防系统管理	3-1-4	消防设施的备用电源应由保安电源供给，未设置保安电源的应按二类负荷供电	国家电网公司关于印发水电厂重大反事故措施	17.1.2
		3-1-5	应具有完善的消防设施，并定期对火灾自动报警系统、发电机自动灭火系统、主变自动灭火系统及消防水系统进行检测、检修，确保消防设施正常运行	国家电网公司关于印发水电厂重大反事故措施	17.1.6
		3-1-6	容量50MW及以上的大、中型水力发电厂、抽水蓄能电厂应设置消防给水系统和室内外消火栓	《电力设备典型消防规程》（DL 5027—2015）	13.2.1
		3-1-7	中央控制室、继电保护盘室、辅助盘室、配电装置室、通信设备室、计算机室等房间应满足下列要求： 1. 房间的面积超过250m²时应设两个出口，并布置在房间的两端，当房间的长度大于60m时宜在房间中部再增加一个出口； 2. 当设备房间未双层或多层布置时，楼上各房间应至少有一个通向该层走廊或室外的安全出口； 3. 配电装置室的门应为向疏散方向开启的乙级防火门，相邻房间相通的门应为不燃材料的双向弹簧门	《水电工程设计防火规范》（GB 50872—2014）	8.0.7
		3-1-8	火灾自动报警系统应接入本单位或上级24h有人值守的消防监控场所，并有声光警示功能	《电力设备典型消防规程》（DL 5027—2015）	6.3.8
		3-1-9	配电装置室内装有自动灭火系统时，配电装置室应装设2个以上独立的探测器。火灾报警探测器宜多类型组合使用。同一配电装置室内2个以上探测器同时报警时，可以联动该配电装置室内自动灭火设备	《电力设备典型消防规程》（DL 5027—2015）	6.3.11
		3-1-10	电气设备室之间及对外的管沟、孔、洞等应采用不燃烧材料封堵	《水电工程设计防火规范》（GB 50872—2014）	8.0.9
		3-1-11	主厂房、副厂房、泵房、油罐室、升压开关站等处应设置室内消火栓，每个消火栓处应设直接启动消防泵的按钮，保证在火警后5min内开始工作	《电力设备典型消防规程》（DL 5027—2015）	13.2.3
3-2	电抗器、开关柜等防火	3-2-1	油浸电抗器、电容器装置应就近设置能灭油火的消防设施，并应设有消防通道	《电力设备典型消防规程》（DL 5027—2015）	10.4.1
		3-2-2	高压开关柜内的绝缘件（如绝缘子、套管、隔板和触头罩等）应采用阻燃绝缘材料	国家电网公司关于印发水电厂重大反事故措施	17.4.1.1
		3-2-3	高压开关柜在安装后应对其一、二次电缆进线处采取有效封堵措施	国家电网公司关于印发水电厂重大反事故措施	17.4.2.1
		3-2-4	为防止开关柜火灾蔓延，在开关柜的柜间、母线室之间及与本柜其他功能隔室之间应采取有效的封堵隔离	国家电网公司关于印发水电厂重大反事故措施	17.4.2.2
		3-2-5	设有消防给水的变电站、换流站和开关站应设置带消防水泵、稳压设施和消防水池的临时（稳）高压给水系统，消防水泵应设置备用泵，备用泵流量和扬程不应小于最大一台消防泵的流量和扬程	《电力设备典型消防规程》（DL 5027—2015）	13.7.2

续表

序号	检查项目	编号	条文说明	依据标准	章节编号
3－2	电抗器、开关柜等防火	3－2－6	运行年限超过15年的变压器应更换储油柜的胶囊和隔膜，或依据制造厂要求	国家电网公司关于印发水电厂重大反事故措施	7.2.3.1
3－3	消防设施配备	3－3－1	建（构）筑物、电力设备或场所应按照国家、行业有关规定、标准，及根据实际需要配置必要的、符合要求的消防设施、消防器材及正压式消防空气呼吸器，并做好日常管理，确保完好有效	《电力设备典型消防规程》（DL 5027—2015）	6.3.1
		3－3－2	新建、扩建和改建工程或项目，需要设置消防设施的，消防设施与主体设备或项目应同时设计、同时施工、同时投入生产或使用，并通过消防验收	《电力设备典型消防规程》（DL 5027—2015）	6.3.4
		3－3－3	建筑消防设施的值班、巡查、检测、维修、保养、建档等工作，应符合现行国家标准《建筑消防设施的维护管理》（GB 25201的有关规定。定期检测、保养和维修，应委托有消防设备专业检测及维护资质的单位进行，其应出具有关记录和报告	《电力设备典型消防规程》（DL 5027—2015）	6.3.6
		3－3－4	厂房内的桥式起重机司机室应设置手提式灭火器	《水电工程设计防火规范》（GB 50872—2014）	5.3.2
		3－3－5	消防设施周围不得堆放其他物件。消防用砂应保持足量和干燥。灭火器箱、消防砂箱、消防桶和消防铲、斧把上应涂红色	《电力设备典型消防规程》（DL 5027—2015）	6.1.7
		3－3－6	寒冷地区容易冻结和可能出现沉降地区的消防水系统等设施应有防冻和防沉降措施	《电力设备典型消防规程》（DL 5027—2015）	6.1.9
		3－3－7	生产现场应备有带盖的铁箱，以便放置擦拭材料，并定期清除。严禁乱扔擦拭材料	《电力设备典型消防规程》（DL 5027—2015）	6.1.18
		3－3－8	生产场所的电话机近旁和灭火器箱、消防栓箱应印有火警电话号码	《电力设备典型消防规程》（DL 5027—2015）	6.1.21
		3－3－9	各类废油应倒入指定的容器内，并定期回收处理，严禁随意倾倒	《电力设备典型消防规程》（DL 5027—2015）	6.1.17
3－4	易燃易爆物品储存	3－4－1	易燃易爆物品应存放在特种材料库房，设置“严禁烟火”标志，并有专人负责管理；单位应对从业人员进行安全教育、法制教育和岗位技术培训。从业人员应当接受教育和培训，考核合格后上岗作业；对有资格要求的岗位，应当配备依法取得相应资格的人员	《电力设备典型消防规程》（DL 5027—2015）	12.2.1
		3－4－2	易燃液体的库房，宜单独设置。当易燃液体与可燃液体储存在同一库房内时，两者之间应设防火墙	《电力设备典型消防规程》（DL 5027—2015）	12.2.2
		3－4－3	易燃易爆物品不应储存建筑物的地下室、半地下室内	《电力设备典型消防规程》（DL 5027—2015）	12.2.3
		3－4－4	易燃易爆物品库房应有隔热降温及通风措施，并设置防爆型通风排气装置	《电力设备典型消防规程》（DL 5027—2015）	12.2.4
		3－4－5	易燃易爆物品库房内严禁使用明火。库房外动用明火作业时，必须执行动火工作制度	《电力设备典型消防规程》（DL 5027—2015）	12.2.5

续表

序号	检查项目	编号	条文说明	依据标准	章节编号
3－4	易燃易爆物品储存	3－4－6	易燃易爆、剧毒化学危险品必须执行双人收发、双人记账、双人双锁、双人运输、双人使用。领用需经有关部门领导批准	《电力设备典型消防规程》（DL 5027—2015）	12.2.8
		3－4－7	应根据仓库内储存易燃易爆化学物品的种类、性质，制订现场灭火方案。化学化验室易燃易爆物品应根据储存、使用的规定，制订防火措施和现场灭火预案	《电力设备典型消防规程》（DL 5027—2015）	12.2.9
		3－4－8	进入易燃易爆物品库房的电瓶车、铲车，必须是防爆	《电力设备典型消防规程》（DL 5027—2015）	12.2.10
		3－4－9	易燃、可燃液体库房应设置防止液体流散的设施	《电力设备典型消防规程》（DL 5027—2015）	12.2.11
3－5	蓄电池室	3－5－1	蓄电池室应注意保持良好通风	国家电网公司关于印发水电厂重大反事故措施	17.1.1
		3－5－2 3－5－3 3－5－4 3－5－5 3－5－6 3－5－7 3－5－8 3－5－9	酸性蓄电池室应符合下列要求： 1. 严禁在蓄电池室内吸烟和将任何火种带入蓄电池室内。蓄电池室门上应有“蓄电池室”“严禁烟火”或“火灾危险，严禁火种入内”等标志牌。 2. 蓄电池室采暖宜采用电采暖器，严禁采用明火取暖。若确有困难需采用水采暖时，散热器应选用钢质，管道应采用整体焊接。采暖管道不宜穿越蓄电池室楼板。 3. 蓄电池室每组宜布置在单独的室内，如确有困难，应在每组蓄电池之间设耐火时间为大于 2.0h 的防火隔断。蓄电池室门应向外开。 4. 酸性蓄电池室内装修应有防酸措施。 5. 容易产生爆炸性气体的蓄电池室内应安装防爆型探测器。 6. 蓄电池室应装有通风装置，通风道应单独设置，不应通向烟道或厂房内的总通风系统。离通风管出口处 10m 内有引爆物质场所时，则通风管的出风口至少应高出该建筑物屋顶 2.0m。 7. 蓄电池室应使用防爆型照明和防爆型排风机，开关、熔断器、插座等应装在蓄电池室的外面。蓄电池室的照明线应采用耐酸导线，并用暗线敷设。检修用行灯应采用 12V 防爆灯，其电缆应用绝缘良好的胶质软线。 8. 凡是进出蓄电池室的电缆、电线，在穿墙处应用耐酸瓷管或聚氯乙烯硬管穿线，并在其进出口端用耐酸材料将管口封堵。 9. 当蓄电池室受到外界火势威胁时，应立即停止充电，如充电刚完毕，则应继续开启排风机，抽出室内氢气。 10. 蓄电池室火灾时，应立即停止充电并灭火。 11. 蓄电池室通风装置的电气设备或蓄电池室的空气入口处附近火灾时，应立即切断该设备的电源	《电力设备典型消防规程》（DL 5027—2015）	10.6.1
3－6	油罐区防火	3－6－1	油罐室内不应装设照明开关和插座，灯具应采用防爆型。油处理室内应采用防爆电器	《电力设备典型消防规程》（DL 5027—2015）	12.3.2
		3－6－2	油罐室、油处理室应采用防火墙与其他房间分隔	《电力设备典型消防规程》（DL 5027—2015）	12.3.3

续表

序号	检查项目	编号	条文说明	依据标准	章节编号
3-6	油罐区防火	3-6-3	油罐、油罐室、油处理室内动火检修应执行动火工作	《电力设备典型消防规程》（DL 5027—2015）	12.3.6
		3-6-4	绝缘油和透平油露天油罐与建筑物等的防火间距应符合要求	《电力设备典型消防规程》（DL 5027—2015）	12.3.9
		3-6-5	露天立式油罐之间的防火间距不应小于相邻立式油罐中较大罐直径的 0.4 倍，且不得小于 2m。卧式油罐之间的防火间距不应小于 0.8m	《水电工程设计防火规范》（GB 50872—2014）	10.0.1
		3-6-6	油罐室内部油罐之间的防火间距不宜小于 1m	《水电工程设计防火规范》（GB 50872—2014）	10.0.2
		3-6-7	露天油罐四周应设置不燃烧体防火堤，当露天油罐设有防止液体流散的设施时，可不设置防火堤。油罐周围的下水道应是封闭式的，入口处应设水封设施	《水电工程设计防火规范》（GB 50872—2014）	10.0.3
		3-6-8	厂房外地面油罐室应设专用的事故油池或挡油槛，并应符合下列要求： 1. 事故油池应符合下列规定： 1）设有事故油池的罐组四周应设导油沟，使溢漏液体能顺利地流出罐组并自流入池内； 2）事故油池距油罐不应小于 30m； 3）事故油池和导油沟距明火地点不应小于 30m； 4）事故油池应有排水措施； 5）事故油池的有效容积不应小于最大一个油罐的容积；当设有水喷雾灭火系统时，其有效容积还应加上灭火水量的容积。 2. 挡油槛内的有效容积不应小于最大一个油罐的容积。当设有水喷雾灭火系统时，挡油槛内的有效容积还应加上灭火水量的容积	《水电工程设计防火规范》（GB 50872—2014）	10.0.4
		3-6-9	露天油罐或厂房外地面油罐室应设置室外消火栓，并应配置砂箱及灭火器等消防器材。当充油油罐总容积超过 100m³，或单个充油油罐的容积超过 50m³ 时，应设置水喷雾灭火系统或泡沫灭火系统	《水电工程设计防火规范》（GB 50872—2014）	10.0.5
		3-6-10 3-6-11 3-6-12 3-6-13 3-6-14 3-6-15	厂房内设置油罐室时，应满足下列防火要求： 1. 油罐室、油处理室应采用耐火极限不低于 3.00h 的防火隔墙与其他房间分隔。 2. 油罐室的安全疏散出口不宜少于两个，油罐室面积不超过 100m² 时可设一个；出口的门应为向外开的甲级防火门。 3. 单个油罐室的油罐总容积不应超过 200m，且单个油罐的容积不宜超过 100m。 4. 设置挡油槛或专用的事故集油池，其容积不应小于最大一个油罐的容积，当设有水喷雾灭火系统时，还应加上灭火水量的容积。 5. 油罐的事故排油阀应能在安全地带操作。 6. 厂房内油罐室出入口附近应设置砂箱及灭火器等消防器材；当其单个充油油罐容积超过 50m 时，应设置水喷雾灭火系统或泡沫灭火系统	《水电工程设计防火规范》（GB 50872—2014）	10.0.6
		3-6-16	油处理系统使用的烘箱、滤纸应设在专用的小间内，烘箱的电源开关和插座不应设在该小间内；灯具应采用防爆型；油处理室内应采用防爆电器	《水电工程设计防火规范》（GB 50872—2014）	10.0.7

续表

序号	检查项目	编号	条文说明	依据标准	章节编号
3－6	油罐区防火	3－6－17	钢制油罐应装设防感应雷接地和防静电接地。防感应雷接地的接地点不应少于两处，两接地点间距离不宜大于 30m，接地电阻不宜大于 10Ω。防感应雷接地可兼作防静电接地	《水电工程设计防火规范》(GB 50872—2014)	10.0.8
		3－6－18	绝缘油和透平油管路不应和电缆敷设在同一管沟内	《水电工程设计防火规范》(GB 50872—2014)	10.0.9
		3－6－19	电缆通道不应穿过油罐室、油处理室	《水电工程设计防火规范》(GB 50872—2014)	10.0.10
		3－6－20	油系统管路应尽量避免使用法兰联结，禁止使用铸铁阀门。法兰垫应选用隔电纸、青壳纸、钢纸垫等耐油产品。油管道法兰、阀门及可能漏油部位附近应禁止明火，需明火作业时应采取严格的防范措施	国家电网公司关于印发水电厂重大反事故措施	17.6.1.1
		3－6－21	操作手轮须加铅封，禁止加锁，并加挂“禁止操作”标识牌。事故一次放油门应置于常开位置，排至室外的事故油箱（油池）应装设排气管	国家电网公司关于印发水电厂重大反事故措施	17.6.1.2
		3－6－22	油库内禁止搭建临时建筑，严禁存放易燃物品。油库、输油管道应装设可靠的防雷接地装置，并定期测试接地电阻值，保证接地电阻符合有关规程要求	国家电网公司关于印发水电厂重大反事故措施	17.6.1.3
		3－6－23	在油管道上焊接作业时，应办理动火工作票，采取可靠的隔绝措施并检验确认管道内无可燃物。禁止在运行的油管路上实施焊接作业	国家电网公司关于印发水电厂重大反事故措施	17.6.2.1
3－7	通风系统	3－7－1	油罐室、油处理室应装置通风排气装置	《电力设备典型消防规程》(DL 5027—2015)	12.3.5

第二节　水电厂消防安全隐患排查

（1）检查水轮发电机组自动灭火系统设置是否规范、控制方式是否符合标准、日常维护是否到位，风洞门等设置和日常管理是否规范。

（2）检查主变压器及各类油浸电气设备自动灭火和报警系统设置是否规范、控制方式是否符合标准、日常维护是否到位，事故储油池、事故排油阀等设置和日常管理是否规范。

（3）对照《国网基建部关于开展运行水电厂（站）防止电缆火灾事故隐患专项排查治理工作的通知》（基建水电〔2015〕81 号）和当初制定的整改计划，检查实际整改完成情况，并检查现场电缆接头、防火间隔、灭火器材、防火器材、封堵措施的日常维护是否到位。水电消防安全自查内容见表 6－2－1。

表 6-2-1　　水电消防安全自查表

序号	检查项目	条目	检查内容	检查结果	处理措施
一、组织管控					
1-1	组织机构	1-1-1	成立安全生产委员会		
		1-1-2	明确消防安全责任人		
		1-1-3	明确消防安全管理人		
		1-1-4	建立消防组织网络		
1-2	管理制度	1-2-1	建立健全消防安全管理制度		
		1-2-2	建立消防安全保证体系		
		1-2-3	建立消防安监监督体系		
		1-2-4	建立消防档案		
		1-2-5	按照规定通过地方公安机关消防机构验收		
			消防备案手续完整		
1-3	作业人员管理	1-3-1	消防控制室值班人员持证上岗		
		1-3-2	消防设施操作人员持证上岗		
1-4	日常防火检查	1-4-1	进行每日防火巡查		
		1-4-2	进行每月防火检查		
		1-4-3	定期进行消防安全督导检查		
		1-4-4	检查和巡查记录完整		
1-5	重点防火部位	1-5-1	消防安全重点部位应当建立岗位防火职责		
		1-5-2	设置明显防火标志		
		1-5-3	出入口位置悬挂防火警示标示牌		
1-6	消防安全教育培训	1-6-1	建立健全消防安全教育培训制度		
		1-6-2	定期开展形式多样的消防安全宣传教育		
		1-6-3	员工上岗前应进行消防安全培训和考试		
		1-6-4	在岗员工每年至少进行一次消防安全培训		
		1-6-5	单位的消防安全责任人、消防安全管理人、专、兼职消防管理人员应当接受消防安全专门培训		
		1-6-6	消防安全管理人组织对员工进行消防知识的宣传教育和技能培训		
1-7	应急预案及演练	1-7-1	消防安全责任人组织制定符合本单位实际的灭火和应急疏散预案		
		1-7-2	应当按照灭火和应急疏散预案，至少每半年进行一次		
1-8	消防队伍和消防车	1-8-1	建立专职消防队、志愿消防队		
		1-8-2	消防车配备		
二、主设备					
2-1	发电机	2-1-1	额定容量为 25MW 及以上的水轮发电机组（含抽水蓄能机组）设置自动灭火系统		

续表

序号	检查项目	条目	检查内容	检查结果	处理措施
2-1	发电机	2-1-2	额定容量为25MW及以上水轮发电机设火灾探测器、水喷雾或其他固定式灭火装置，能满足火灾初期发出警报，能进行火灾的集中监视及消防装置的远方和现场启动		
		2-1-3	水轮发电机的采暖取风口和补充空气的进口处设置阻风门（防火阀），当发电机着火时能自动关闭		
		2-1-4	定期对机组油管路和法兰连接部位进行碰磨检查		
2-2	器及油浸设备	2-2-1	室内油浸式主变压器和单台容量12.5MVA以上的厂用变压器设置固定自动灭火系统及火灾自动报警系统		
		2-2-2	室外单台容量 90MVA 及以上的油浸式变压器设置固定自动灭火系统及火灾自动报警系统		
		2-2-3	室外单台容量在单相50MVA及以上、3相90MVA及以上的油浸式变压器设置固定式灭火器		
		2-2-4	单台容量在单相50MWA以下、3相90MWA以下的油浸式变压器在附近设置移动式灭火器材或室外消火栓		
		2-2-5	室外电气设备单台油量在1000kg及以上的油浸式变压器及其他充油电器设备设置贮油池（坑）；当设备为两台及以上时，可设公共事故油池		
		2-2-6	室内电气设备单台设备油量在 100kg 及以上的油浸式厂用变压器和其他充油电气设备设置贮油池（坑）		
		2-2-7	公共事故油池设置排油、排水设施		
		2-2-8	油浸式变压器的事故排油阀设在火灾发生时能安全可靠操作处		
2-3	电缆通道防火	2-3-1	电缆室、电缆通（廊、沟）道和穿越各机组段之间架空敷设的动力电缆、控制电缆、通信电缆及光缆均分类、分层排列敷设		
		2-3-2	动力电缆的上下层之间装设耐火隔板，其耐火极限不应低于0.50h		
		2-3-3	电力电缆中间接头盒的两侧及其邻近区域采取防火涂料、防火包带等阻燃措施		
		2-3-4	多个电缆接头并排安装时，在电缆接头之间增设耐火隔板或填充阻燃材料		
		2-3-5	电缆通（廊、沟）道穿越电气设备房间处、穿越厂房外墙处、电缆通（廊、沟）道的进出口、分支处设防		
		2-3-6	电缆竖井按要求进行防火封堵、隔离		
		2-3-7	穿越各种机组之间架空敷设的电缆，在每个机组段集中设置手提式干粉灭火器		
		2-3-8	电缆室、电缆通（廊）道、电缆竖井的出入口处设置手提式干粉灭火器，并至少配备两套防毒面具		
		2-3-9	防止电缆火灾延燃的措施完备		
		2-3-10	凡穿越墙壁、楼板和电缆沟道而进入控制室、电缆夹层、控制柜及仪表盘、保护盘等处的电缆孔、洞、竖井和进入油区的电缆入口处用防火堵料严密封堵		
		2-3-11	靠近充油设备的电缆沟，设有防火延燃措施		

续表

序号	检查项目	条目	检查内容	检查结果	处理措施
2-3	电缆通道防火	2-3-12	电缆夹层、隧（廊）道、竖井、电缆沟内保持整洁，不得堆放杂物		
		2-3-13	电缆沟洞严禁积油		
		2-3-14	电缆通道重点部位设置防火分隔		
		2-3-15	定期针对电力电缆中间接头进行红外测温		
		2-3-16	与电力电缆同通道敷设的低压电缆、控制电缆、非阻燃通信光缆等穿入阻燃管保护		
		2-3-17	在电缆交叉、密集及中间接头等部位设置自动灭火装置		
		2-3-18	电缆室（层）、大型电缆通道（廊道）和大型电缆竖（斜）井安装火灾探测器，并保证可靠运行		
		2-3-19	直流系统两组电池的电缆单独铺设		
		2-3-20	消防系统动力柜与生产盘柜相互独立，并有双路供电		
		2-3-21	定期对电缆夹层、沟道及其消防设施进行巡视检查		
		2-3-22	严禁在电缆夹层、桥架和竖井等电缆线密集区域布置电力电缆接头		
		2-3-23	非直埋电缆接头的最外层包覆阻燃材料，充油电缆接头用耐火防爆槽盒封闭		
三、公用设备及设施					
3-1	消防系统	3-1-1	水电厂地下厂房、各类控制室、继电保护室、计算机房、通信室、高低压配电室等重点防火部位设置火灾自动报警系统，火灾报警信号接入有人监视的场所		
		3-1-2	单台机组容量为 300MW 及以上的上述部位宜设置自动气体灭火系统，相应安全出口应不少于两个		
		3-1-3	变压器室、电容器室、蓄电池室、油处理室、配电室等采用向外开启的甲级防火门		
		3-1-4	消防设施的备用电源应由保安电源供给，未设置保安电源的应按二类负荷供电		
		3-1-5	定期对火灾自动报警系统、发电机自动灭火系统、主变自动灭火系统及消防水系统进行检测、检修，确保消防设施正常运行		
		3-1-6	容量 50MW 及以上的大、中型水力发电厂、抽水蓄能电厂设置消防给水系统和室内外消火栓		
		3-1-7	中央控制室、继电保护盘室、辅助盘室、配电装置室、通信设备室、计算机室等房间满足下列要求： 1. 房间的面积超过 $250m^2$ 时应设两个出口，并布置在房间的两端，当房间的长度大于 60m 时宜在房间中部再增加一个出口； 2. 当设备房间未双层或多层布置时，楼上各房间应至少有一个通向该层走廊或室外的安全出口； 3. 配电装置室的门应为向疏散方向开启的乙级防火门，相邻房间相通的门应为不燃材料的双向弹簧门		
		3-1-8	火灾自动报警系统应接入本单位或上级 24h 有人值守的消防监控场所，并有声光警示功能		

续表

序号	检查项目	条目	检查内容	检查结果	处理措施
3－1	消防系统	3－1－9	配电装置室内装有自动灭火系统时，配电装置室应装设 2 个以上独立的探测器。火灾报警探测器宜多类型组合使用。同一配电装置室内 2 个以上探测器同时报警时，可以联动该配电装置室内自动灭火设备		
		3－1－10	电气设备室之间及对外的管沟、孔、洞等应采用不燃烧材料封堵		
		3－1－11	主厂房、副厂房、泵房、油罐室、升压开关站等处应设置室内消火栓，每个消火栓处应设直接启动消防泵的按钮，保证在火警后 5min 内开始工作		
3－2	电抗器、开关柜等防火	3－2－1	油浸电抗器、电容器装置应就近设置能灭油火的消防设施，并应设有消防通道		
		3－2－2	高压开关柜内的绝缘件（如绝缘子、套管、隔板和触头罩等）应采用阻燃绝缘材料		
		3－2－3	高压开关柜在安装后应对其一、二次电缆进线处采取有效封堵措施		
		3－2－4	为防止开关柜火灾蔓延，在开关柜的柜间、母线室之间及与本柜其他功能隔室之间应采取有效的封堵隔离		
		3－2－5	设有消防给水的变电站、换流站和开关站应设置带消防水泵、稳压设施和消防水池的临时（稳）高压给水系统，消防水泵应设置备用泵，备用泵流量和扬程不应小于最大一台消防泵的流量和扬程		
		3－2－6	运行年限超过 15 年的变压器应更换储油柜的胶囊和隔膜，或依据制造厂要求		
3－3	消防设施	3－3－1	建（构）筑物、电力设备或场所应按照国家、行业有关规定、标准，及根据实际需要配置必要的、符合要求的消防设施、消防器材及正压式消防空气呼吸器，并做好日常管理，确保完好有效		
		3－3－2	新建、扩建和改建工程或项目，需要设置消防设施的，消防设施与主体设备或项目应同时设计、同时施工、同时投入生产或使用，并通过消防验收		
		3－3－3	建筑消防设施的值班、巡查、检测、维修、保养、建档等工作，应符合现行国家标准《建筑消防设施的维护管理》（GB 25201 的有关规定。定期检测、保养和维修，应委托有消防设备专业检测及维护资质的单位进行，其应出具有关记录和报告		
		3－3－4	厂房内的桥式起重机司机室应设置手提式灭火器		
		3－3－5	消防设施周围不得堆放其他物件。消防用砂应保持足量和干燥。灭火器箱、消防砂箱、消防桶和消防铲、斧把上应涂红色		
		3－3－6	寒冷地区容易冻结和可能出现沉降地区的消防水系统等设施应有防冻和防沉降措施		
		3－3－7	生产现场应备有带盖的铁箱，以便放置擦拭材料，并定期清除。严禁乱扔擦拭材料		
		3－3－8	生产场所的电话机近旁和灭火器箱、消防栓箱应印有火警电话号码		
		3－3－9	各类废油应倒入指定的容器内，并定期回收处理，严禁随意倾倒		

续表

序号	检查项目	条目	检查内容	检查结果	处理措施
3-4	易燃易爆物品储存	3-4-1	易燃易爆物品应存放在特种材料库房，设置“严禁烟火”标志，并有专人负责管理；单位应对从业人员进行安全教育、法制教育和岗位技术培训。从业人员应当接受教育和培训，考核合格后上岗作业；对有资格要求的岗位，应当配备依法取得相应资格的人员		
		3-4-2	易燃液体的库房，宜单独设置。当易燃液体与可燃液体储存在同一库房内时，两者之间应设防火墙		
		3-4-3	易燃易爆物品不应储存建筑物的地下室、半地下室内		
		3-4-4	易燃易爆物品库房应有隔热降温及通风措施，并设置防爆型通风排气装置		
		3-4-5	易燃易爆物品库房内严禁使用明火。库房外动用明火作业时，必须执行动火工作制度		
		3-4-6	易燃易爆、剧毒化学危险品必须执行双人收发、双人记账、双人双锁、双人运输、双人使用。领用需经有关部门领导批准		
		3-4-7	应根据仓库内储存易燃易爆化学物品的种类、性质，制订现场灭火方案。化学化验室易燃易爆物品应根据储存、使用的规定，制订防火措施和现场灭火预案		
		3-4-8	进入易燃易爆物品库房的电瓶车、铲车，必须是防爆		
		3-4-9	易燃、可燃液体库房应设置防止液体流散的设施		
3-5	蓄电池室防火	3-5-1	蓄电池室应注意保持良好通风		
		3-5-2	蓄电池室门上应有“蓄电池室”“严禁烟火”或“火灾危险，严禁火种入内”等标志牌		
		3-5-3	蓄电池室严禁采用明火取暖		
		3-5-4	蓄电池室每组宜布置在单独的室内，如确有困难，应在每组蓄电池之间设耐火时间为大于2.0h的防火隔断。蓄电池室门应向外开		
		3-5-5	酸性蓄电池室内装修应有防酸措施		
		3-5-6	容易产生爆炸性气体的蓄电池室内应安装防爆型探测		
		3-5-7	蓄电池室应装有通风装置，通风道应单独设置，不应通向烟道或厂房内的总通风系统。离通风管出口处10m内有引爆物质场所时，则通风管的出风口至少应高出该建筑物屋顶2.0m		
		3-5-8	蓄电池室应使用防爆型照明和防爆型排风机，开关、熔断器、插座等应装在蓄电池室的外面。蓄电池室的照明线应采用耐酸导线，并用暗线敷设。检修用行灯应采用12V防爆灯，其电缆应用绝缘良好的胶质软线		
		3-5-9	凡是进出蓄电池室的电缆、电线，在穿墙处应用耐酸瓷管或聚氯乙烯硬管穿线，并在其进出口端用耐酸材料将管口封堵		
3-6	油罐区防火	3-6-1	油罐室内不应装设照明开关和插座，灯具应采用防爆型。油处理室内应采用防爆电器		
		3-6-2	油罐室、油处理室应采用防火墙与其他房间分隔		
		3-6-3	油罐、油罐室、油处理室内动火检修应执行动火工作		
		3-6-4	绝缘油和透平油露天油罐与建筑物等的防火间距应符合要求		

续表

序号	检查项目	条目	检查内容	检查结果	处理措施
3-6	油罐区防火	3-6-5	露天立式油罐之间的防火间距不应小于相邻立式油罐中较大罐直径的0.4倍，且不得小于2m。卧式油罐之间的防火间距不应小于0.8m		
		3-6-6	油罐室内部油罐之间的防火间距不宜小于1m		
		3-6-7	露天油罐四周应设置不燃烧体防火堤，当露天油罐设有防止液体流散的设施时，可不设置防火堤。油罐周围的下水道应是封闭式的，入口处应设水封设施		
		3-6-8	厂房外地面油罐室应设专用的事故油池或挡油槛应符合相关设计要求		
		3-6-9	露天油罐或厂房外地面油罐室应设置室外消火栓，并应配置砂箱及灭火器等消防器材。当充油油罐总容积超过$100m^3$，或单个充油油罐的容积超过$50m^3$时，应设置水喷雾灭火系统或泡沫灭火系统		
		3-6-10	油罐室、油处理室应采用耐火极限不低于3.00h的防火隔墙与其他房间分隔		
		3-6-11	油罐室的安全疏散出口不宜少于两个，油罐室面积不超过$100m^2$时可设一个；出口的门应为向外开		
		3-6-12	单个油罐室的油罐总容积不应超过$200m^3$		
		3-6-13	设置挡油槛或专用的事故集油池，其容积不应小于最大一个油罐的容积，当设有水喷雾灭火系统时，还应加上灭火水量的容积		
		3-6-14	油罐的事故排油阀应能在安全地带操作		
		3-6-15	油罐室出入口附近应设置砂箱及灭火器等消防器材；当其单个充油油罐容积超过$50m^3$时，应设置水喷雾灭火系统或泡沫灭火系统		
		3-6-16	油处理系统使用的烘箱、滤纸应设在专用的小间内，烘箱的电源开关和插座不应设在该小间内；灯具应采用防爆型；油处理室内应采用防爆电器		
		3-6-17	钢制油罐应装设防感应雷接地和防静电接地。防感应雷接地的接地点不应少于两处，两接地点间距离不宜大于30m，接地电阻不宜大于10Ω。防感应雷接地可兼作防静电接地		
		3-6-18	绝缘油和透平油管路不应和电缆敷设在同一管沟内		
		3-6-19	电缆通道不应穿过油罐室、油处理室		
		3-6-20	油系统管路应尽量避免使用法兰联结，禁止使用铸铁阀门。法兰垫应选用隔电纸、青壳纸、钢纸垫等耐油产品。油管道法兰、阀门及可能漏油部位附近应禁止明火，需明火作业时应采取严格的防范措施		
		3-6-21	操作手轮须加铅封，禁止加锁，并加挂“禁止操作”标识牌。事故一次放油门应置于常开位置，排至室外的事故油箱（油池）应装设排气管		
		3-6-22	油库内禁止搭建临时建筑，严禁存放易燃物品。油库、输油管道应装设可靠的防雷接地装置，并定期测试接地电阻值，保证接地电阻符合有关规程要求		
		3-6-23	在油管道上焊接作业时，应办理动火工作票，采取可靠的隔绝措施并检验确认管道内无可燃物。禁止在运行的油管路上实施焊接作业		
3-7	通风系统	3-7-1	油罐室、油处理室应装置通风排气装置		

第三节　水电站防止火灾事故及提升消防安全措施

（1）新建抽蓄电站主变压器本体和贮油池水喷雾强度分别由原有的应不低于 20L/（min·m^2）和 6L/（min·m^2）提升为 30L/（min·m^2）和 10L/（min·m^2）。主变压器事故油池容积，按至少满足 0.4h 水喷雾的水量以及单台主变压器本体全部油量的容纳要求，进行相应增加。

（2）新建抽蓄电站可根据自身实际开展细水雾灭火方式研究。主变压器喷淋系统设计时，设计单位应与主变压器厂家紧密配合，合理确定喷头安装位置，确保水喷雾能完全覆盖整个变压器本体及贮油池。

（3）新建抽蓄电站主变压器采购时，应根据抽蓄电站的运行和布置特点设置针对性条款。主变压器设计制造过程中应加强绝缘和机械强度设计，并充分考虑操作过电压、过激磁和暂态冲击等问题带来的影响。

（4）与架空线直接相连的主变套管设计时应加强连接部位的稳定性分析，设计单位应明确套管端子的允许组合载荷、安全系数、套管接线端采用的型式和尺寸等要求，制造厂家应提供套管组装于变压器上的机械强度计算报告。套管抗振设计应能承受变压器出口短路振动。

（5）主变压器应配置多组分油中溶解气体在线监测装置。铁心、夹件分别引出接地的变压器，应将接地引线引至便于测量的适当位置，以便在运行时监测接地线中是否有环流，当运行中环流异常变化时，应尽快查明原因，严重时应采取措施及时处理。

（6）220kV 及以上高压电缆应设置接地环流监测装置和光纤测温装置。高压电缆中间接头应采取防爆及阻燃措施，并定期进行红外测温和局放检测工作。

（7）新建抽蓄电站厂用电中压系统应设计为大接地方式，并增设相应保护，以保证其在发生电气故障时能快速切除。在运电站应结合自身实际情况进行技术改造。

（8）额定负载电流超过 200A 或者带有渗漏排水泵、检修排水泵、中压气机等大功率负荷的抽屉开关，新建或改造时宜选用带温度在线监测装置的设备或加装温度在线监测装置。

（9）新建抽蓄电站应加强电缆走向和通道布置设计，严格做到动力电缆和控制电缆分层、分通道布置，避免电缆任意交叉，电缆敷设和运行时的最小弯曲半径应符合相关要求。在运厂站因客观条件无法彻底实现动控分离时，必须在动控电缆之间设置防火内分隔。

（10）厂房内主电缆沟道内防火墙设置标准，新建或改造时应由不大于每隔 100m 提高为不大于每隔 60m 进行设置。各项电缆防火工程应与主体工程同时投产，因检修、改造等工作受损伤的防火封堵和防火隔断等应及时恢复。

（11）新建抽蓄电站或在运厂站改造时，继电保护、直流、事故照明、消防、安全稳定装置等重要设备必须采用耐火电缆。

（12）新建抽蓄电站在总体设计时应充分考虑消控中心的建设方案。在运厂站不满足规范要求的，必须按照规范要求进行改造。

（13）新建抽蓄电站在气体灭火装置设计时应充分考虑防护区域内门窗承压能力、泄压口设置以及防误操作措施等方面要求。在运厂站不满足规范要求的，应按照规范要求进行改造。

（14）新建抽蓄电站在消防水系统设计时应采用工频或降压启动方式的消防水泵控制柜，宜增加消防水泵自动巡检装置，消防水系统管路、法兰、阀门等应采用不锈钢材质；在运厂站消防水泵采用有源器件启动方式的，必须进行改造，对消防水系统管路、法兰、阀门未采用不锈钢材质的，应结合自身实际情况进行更换改造。

（15）在运厂站应有通过调整试验确定的发电机P－Q图，并在运行中加强对自并励系统励磁变压器铁芯和绕组温度的监视，防止过热引起火灾事故。

（16）在运厂站应定期开展运行中励磁集电环和碳刷的红外成像测温工作，发现温度异常时应及时调整处理。

（17）在运厂站应重点加强反映电气设备绝缘和导电回路性能状况的试验工作，定期对电气设备连接点、触头、电缆中间接头进行红外测温，并做好历史数据对比分析。

（18）在运厂站应加强对主变消防系统的维护保养，正常工作状态下，主变水喷雾灭火系统应处于自动控制状态，相关阀门和电源等应处于运行状态，不得擅自关停或退出。应定期开展水喷雾灭火系统的管路、消防水池、主变压器事故油池及卵石层清污工作。

（19）在运厂站应定期组织开展生产人员消防管理培训和应急演练，提高现场人员的专业管理和应急能力水平。

（20）对于地下厂房或封闭空间，宜采用机器人（人工智能）或其他大数据技术手段实现智慧运维巡检。

第七章　防山火消防安全管理

第一节　森　林　火　灾

一、森林火灾等级

林火发生后，按照对林木是否造成损失、过火面积的大小及伤亡人数，可把森林火灾分为一般森林火灾、较大森林火灾、重大森林火灾和特别重大森林火灾。森林火灾等级的划分见表 7－1－1。

表 7－1－1　　森林火灾等级的划分

森林火灾等级	详细描述
一般森林火灾	受害森林面积在 $1hm^2$（$1hm^2=1$ 万 m^2）以下的，或者死亡 1 人以上 3 人以下的，或者重伤 1 人以上 10 人以下的
较大森林火灾	受害森林面积在 $1hm^2$ 以上 $100hm^2$ 以下的，或者死亡 3 人以上 10 人以下的，或者重伤 10 人以上 50 人以下的
重大森林火灾	受害森林面积在 $100hm^2$ 以上 $1000hm^2$ 以下的，或者死亡 10 人以上 30 人以下的，或者重伤 50 人以上 100 人以下的
特别重大森林火灾	受害森林面积在 $1000hm^2$ 以上的，或者死亡 30 人以上的，或者重伤 100 人以上的

注　表中所称“以上”包括本数，“以下”不包括本数。

二、森林火灾发生条件

1. 可燃物

可燃物是发生森林火灾的物质基础，包括了森林中的各种有机物质，乔木、灌木、草类、苔藓、地衣、枯枝落叶、腐殖质和泥炭等都是可燃物。森林可燃物分为有焰燃烧可燃物和无焰燃烧可燃物。其中，有焰燃烧可燃物的燃烧又称明火，能挥发可燃性气体，能产生火焰，占森林可燃物总量的 85%～90%。其特点是蔓延速度快，燃烧面积大，消耗的热量仅占全部热量的 2%～8%。无焰燃烧可燃物的燃烧又称暗火，其燃烧没有火焰，不能分解足够的可燃性气体，如泥炭、朽木等，占森林可燃物总量的 6%～10%。其特点是蔓延速度慢，持续时间长，消耗自身的热量多，如泥炭燃烧能消耗全部热量的 50%，在较湿的条件下依然可以继续燃烧。

2. 助燃物

助燃物（氧气）是发生火灾的重要条件，森林燃烧必须要有足够的氧气才能进行。1kg 木材燃烧需要消耗 3.2～4.0m^3 空气（纯氧 0.6～0.8m^3）。通常情况下空气中的氧气约占 21%，当氧气在空气中的含量减少到 14%～18%时，森林燃烧就会停止。

3. 火源

火源是发生森林火灾的主导因素。森林中可燃物的燃点温度各异，枯杂草燃点为 150～200℃，木材为 250～300℃，要达到此温度需要有外来火源。火源按性质可分为自然火源和人为火源。自然火源，包括雷击火、火山爆发和陨石降落起火等，其中最多的是雷击火，在我国黑龙江大兴安岭、内蒙古呼伦贝尔市和新疆阿尔泰等地区最为常见。人为火源，占火源总数的 95%以上，可分为生产性火源（如烧垦、烧荒、烧木炭、机车喷漏火、开山崩石、放牧、狩猎和烧防火线等）和非生产性火源（如野外做饭、取暖、用火驱蚊驱兽、吸烟、小孩玩火和人为纵火等），绝大多数森林火灾都是由于人为用火不慎引起的。

三、气象要素对森林火灾发生的影响

1. 降水量

降水量的大小直接影响森林可燃物的含水量。可燃物含水量越高，着火率越低；可燃物含水量越低，着火率越高。如果一个地区的年降水量超过 1500mm，或月降水量超过 100mm，森林可燃物吸水达到饱和状态，一般不发生或少发生森林火灾。

2. 温湿情况

森林火灾发生最多的时间，多半是白天气温最高的时段。由于气温升高会使得可燃物自身温度升高、含水量变小，易接近燃点，因此高温是引起森林火灾的重要因素，在高温干燥季节要特别警惕。一般平均气温低于－10℃时，不易发生火灾；在－10～25℃范围内，常有森林火灾发生；当气温大于 25℃时，植物生长变绿，含水量增加，则发生森林火灾的概率也相应减少。

3. 风

风对森林火灾的发生起两个作用：一是使未燃烧的可燃物中的水分加速蒸发，使可燃物变得干燥，增大燃烧的可能性；二是可燃物燃烧后，通过风向燃烧区域补充新鲜氧气，加速燃烧过程，使火灾燃烧得更旺。俗话说“火借风势，风助火威”就是这个道理。

4. 相对湿度

相对湿度越大，可燃物含水率也随之增大。通常，相对湿度在 75%以上则不易发生森林火灾，75%～55%可能发生火灾，55%以下容易发生火灾，30%以下可能发生特大火灾。此外，连旱日数长短、云量多少等都能影响森林火灾的发生。

四、森林火灾气象等级

森林火险气象等级，是经由国家气象、林业部门根据大气温度、湿度、风力、降水量以及林区状况等因子，测算并发布的一种重要警示信号，用以体现森林火灾发生可能性和蔓延难易程度，增强人们的防范意识。

按照森林火险天气条件、林内可燃物易燃程度及林火蔓延成灾的危险程度，森林火险气象等级共划分为五级，见表 7－1－2。

表 7－1－2　　森林火险气象等级的划分

级别（FFDR）	名称	危险程度	易燃程度	蔓延扩散程度	预警信号表征颜色	预防措施和预报服务用语
一级	最低火险	最低	难	难	绿	森林火灾气象等级低，一般防范
二级	低火险	较低	较难	较难	蓝	森林火灾气象等级较低，一般防范
三级	中等火险	中度	较易	较易	黄	森林火灾气象等级高，需加强防范
四级	高火险	高度	容易	容易	橙	森林火灾气象等级较高，须严密防范，加大森林巡查力度，林区须控制火种
五级	极高火险	极易	极易	极易	红	森林火灾气象等级极高，须严密防范，加大森林巡查力度，林区禁火种，宜开展人工增雨作业，降低火险

注　一般情况下，一级、二级森林火险仅发布等级预报，不发布预警信号。

第二节　山火条件下输电线路的击穿机理

一、输电线路山火跳闸原因分析

1. 热游离放电

热游离放电，是指由山火燃烧产生的高温导致输电线路下方的部分空气热游离，使空气间隙丧失绝缘性能，引发线路跳闸。树冠火是最靠近导线的山火种类，其温度一般能达到 900～1500℃甚至更高，而一般气体出现明显热游离现象的温度为 727℃（1000K）。山火火势越强，燃烧持续时间越长，线路下方的空气热游离出来的带电粒子越多，从受热导线表面热游离出来的电子也越多。由于山火上方的热空气向上运动，四周的冷空气不断向内补充形成对流柱，地面端热游离出来的电荷区上界面向高处发展，最终导致空气间隙的有效绝缘强度被破坏，引发线路跳闸。

2. 高温火焰使空气密度下降，导致绝缘水平下降

研究表明，在酒精等“洁净”燃料产生的火焰中进行放电试验，在没有产生煤粉和带电粒子的条件下，空气密度结果基本满足空气密度修正公式如下：

$$\rho=\rho_{20}\times\frac{P(273+T_0)}{P_0(273+T)}$$

式中　ρ——空气密度；

ρ_{20}——空气在标准状况下的密度（20℃，1 个标准大气压）；

P 和 P_0——试验大气压和标准大气压；

T 和 T_0——试验温度和标准条件下的温度。

在山火燃烧产生的高温条件下，火焰中的压强近似看作与周围大气相等。由上式可知，火焰附近的空气密度会随火焰温度的升高而下降，电子崩和流注运动所需的外在场强降低，即空气间隙的击穿电压降低。

3. 电导率变化

电导率的计算公式如下：

$$\sigma=\frac{1}{\rho}=\frac{H}{RS}$$

式中　σ——电导率，S/m；

ρ——电阻率，Ω · m；

R——绝缘电阻，MΩ；

S——电极面积，m^2；

H——导线对地高度，m。

森林火灾燃烧的植被当中含有一定量的无机盐成分，特别是碱金属盐（如 KCl 的电离势为 4.34eV，其中 1eV～1.6×10^{-19}J），在山火燃烧过程中很容易被热游离，从而被夹带入燃烧区，使火焰中的电导率明显增加，导致空气间隙的绝缘电阻大幅减小，容易被击穿。另外，随着温度的上升，山火中的部分化学反应增强，会产生更多的带电粒子，使得火焰电导率进一步增大，促进放电的发展。据统计，引发输电线路山火跳闸的林木主要为松树和杉树等，而这些植被中挥发油成分和碱金属无机盐含量较高，与前面分析得出的结论一致。

在个别极端情况下，山火火焰高度可以达到甚至超出线路高度，即线路下方的空气间隙被火焰完全桥接，此时的绝缘电阻最低。而当火焰仅包络部分间隙时，绝缘电阻将明显增加。

4. 颗粒物触发放电

山火在燃烧过程中会产生滚滚浓烟，这些烟尘其实是由大量微小的固体颗粒和灰烬组成的。由于烟尘颗粒对带电粒子存在吸附作用，当这些颗粒跟随空气对流柱一同

上升的过程中，与火焰中游离的带电粒子结合形成带电体。这些带电体电导率高，且形状主要为针形，颗粒两端的电场会发生明显畸变，使得颗粒与颗粒之间以及颗粒与带电导线之间的放电变得更加容易。颗粒之间相互放电形成的颗粒链短接了大部分空气间隙，使输电线路相地间隔和相间间隔的绝缘强度急剧减小，从而在运行电压下引起线路放电。

综上所述，输电线路在山火条件下的击穿跳闸是火焰温度、电导率变化、颗粒物触发等多种因素相互促进、相互影响的结果，其击穿机理比单纯的空气间隙更为复杂。

二、山火引起线路跳闸类型

输电线路因山火导致的跳闸事故通常有以下 3 种放电形式。

（1）线路对地面放电，包含线路对树木、建筑物等放电，占比 90%。线路在山火条件下，导线对下方的地面放电主要体现在对下方的高大树木放电。但输电线路的山火跳闸现场往往被严重破坏，树木与带电导线的距离、植被高度等信息已无法获取。在查找故障的过程中，跳闸相导线上的放电痕迹比较容易分辨，一般是呈银白色的斑块。而在故障点下方，一般会发现高大乔木燃烧后的残留痕迹，如未燃尽的林木或炭化的树干等。目前我国 220kV 线路铁塔呼高一般在 27m，500kV 及以上线路则更高，即使考虑到弧垂的存在，带电导线距地面高度也至少在 18m 以上，一般的山火很难达到这种高度。在个别特殊的地形地势以及树木高度的影响下，导线与树木之间空气间隙较小，山火强度足够大的情况下能够烧至导线形成桥接。

一般认为，山火形成的高温会导致周边空气和带电导线表面产生热游离，同时周围空气密度随温度升高而逐渐下降。山火火势越强，燃烧持续时间越长，线路下方的空气热游离出来的带电粒子越多，从受热导线表面热游离出来的电子也越多。游离出的电子又参与到碰撞电离的过程中，气体中的电子数量增加形成电子崩，并会随着山火的持续燃烧继续发展下去。导线运行电压产生的交变电场在一定程度上也促使了电子崩向地面端发展。另外，山火会引起周边空气产生对流运动，带动热游离出来的电荷以及燃烧产生的烟尘颗粒随对流柱向高处发展。在此过程中，烟尘颗粒吸附带电粒子形成带电体，源源不断地从地面端向导线端运动，促进了上下电荷区的连通。在热游离、空气密度下降、电子崩发展、带电烟尘颗粒运动的共同作用下，空气间隙的绝缘强度大幅减弱，最终在空气间隙中形成一个高电导率的流注通道，以致线路放电跳闸。

（2）线路对杆塔突出的塔材、脚钉等放电，占比 9%。线路对杆塔放电主要表现在对杆塔突出的部分放电。当山火蔓延至杆塔附近时，金属材质的杆塔和导线在受热后会逸出部分电子，这些电子会参与到碰撞电离的过程中而形成电子崩。电子崩头的强烈游离伴随着激励与反激励过程，将放射出大量光子，促使导线附近和杆塔突出部分等局部强电场中形成衍生电子崩。带电导线运行电压产生的交变电场和游离电荷形成的混合电场对电子崩向杆塔附近运动发展起到了一定的促进作用。杆塔附近游离的电子与烟尘颗粒结合形成的负带电体，随对流柱上升到导线端，促使杆塔端和导线端两个电荷区连通。

此外，杆塔的突出部分表面曲率大，电势梯度大，场强变化不均匀，使周围气体更容易被击穿。在这些因素的综合影响下，最终在杆塔与导线之间形成流注通道，进而导致导线对杆塔放电。

（3）线路绝缘子在山火引起的高温中扭曲变形，导致绝缘性能完全丧失或下降，最终致使线路放电跳闸。此类因绝缘子损坏而引起跳闸的情况非常少见。

三、山火跳闸的击穿及重合闸过程

输电线路山火跳闸的过程可划分为 4 个阶段：

1. 火焰抬升阶段

山火形成后产生的空气对流助长了火焰的燃烧强度，增大火焰高度，使大量烟雾和灰烬漂浮在相地和相间间隔中。

2. 预放电阶段

接近导线的山火大多为树冠火，树冠火燃烧并不充分，火焰中包含挥发油、炭粉颗粒以及烟雾等未燃成分。当火焰临近带电导线时，流注放电产生的活性基能促使燃烧化学反应加速进行，火焰中的气体可燃物和炭粉颗粒等充分燃烧，在导线周围形成强烈的游离，促进电子崩和流注的发展。

3. 电弧形成阶段

因化学反应、热游离、颗粒触发的流注放电而产生的大量电荷，在电磁场的作用下，向放电通道聚集，并逐渐形成电弧，最终导致带电线路发生相地或相间短路，引起跳闸。

4. 线路重合闸阶段

输电线路山火击穿跳闸一般发生在火焰强度还在增大或接近最大的过程中，而线路重合闸一般紧随其后，产生的操作过电压明显高于线路运行电压。由于间隔时间较短，重合闸瞬间的山火强度与击穿瞬间并无明显差别，空气间隙环境也无明显改变，因此线路下方空气间隙的绝缘强度降低会持续一段时间，重合闸极有可能再次击穿空气间隙，导致线路重合失败。据统计，输电线路山火跳闸事故的重合闸成功率明显低于雷击故障的重合闸成功率，导致平均停电时间较长。

四、导线一板间隙模型

1. 山火模拟装置

在山火研究领域，木垛因为其简单、对称、不封闭、容易搭建以及可重复性等特点，常作为一种稳定火源用于研究山火的发展及蔓延规律。采用同种方式加工出的木垛可以减小火焰燃烧功率的变化范围，确保木材燃烧温度和电气特性基本保持一致，进而避免因火源差异对试验产生的影响。对于正方形木垛，木条的高宽均为 b，按照等距 b 进行交叉排列，如图 7-2-1 所示。

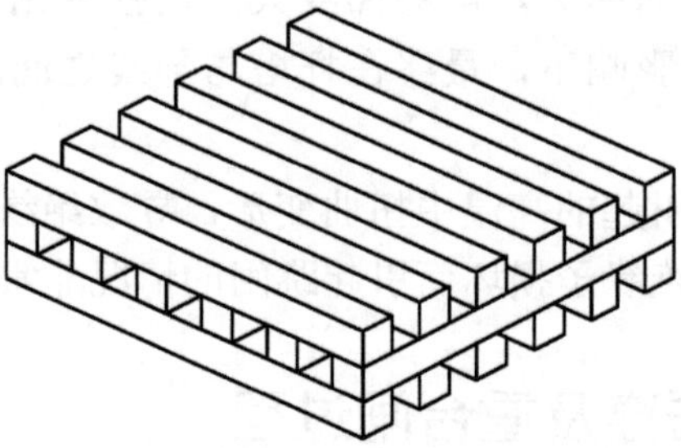

图 7-2-1 木垛结构

对于 N 层，每层 n 个木条的木垛，暴露面积 A 与 b、n 之间的关系为

$$A=[(6n^2-2n)N+n]b^2$$

对于高为 a、宽为 b 的木条组成的长方形木垛，暴露面积 A 与 a、b、n 之间的关系为

$$A=[4n^2ab+(2n^2-2n)b^2]N+nb^2$$

火焰的热释放速率 H 与木垛的暴露面积 A 有如下关系

$$H_t=C+kA$$

式中　C、k——常数。

由公式知，在燃料特性一定的条件下，木垛的火焰热释放速率与暴露面积呈线性关系。

2. 试验装置

研究山火条件下的间隙放电特性通常以导线—板间隙模型作为试验装置，如图 7-2-2 所示。试验电源为 250kV 工频电压发生器；击穿电压测量采用 300kV 的电容分压器，分压比为 3052:1，测量精度为 0.5%；木垛结构为 45cm × 45cm × 12cm。

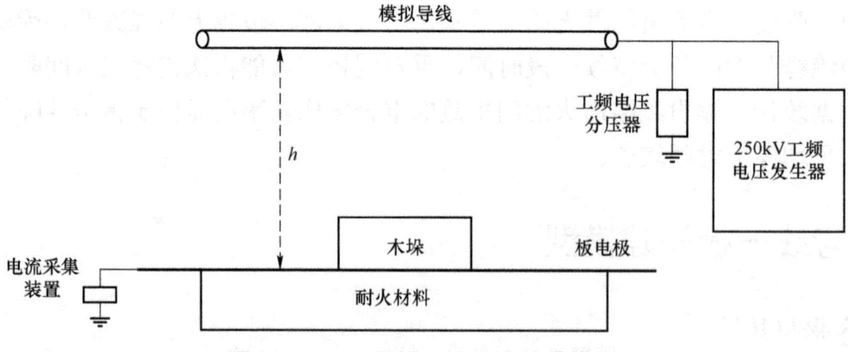

图 7-2-2 导线—板间隙试验模型

3. 试验步骤

（1）布置试验装置，通过悬挂模拟导线的绝缘绳调整导线对铁板的距离。

（2）在木垛上表面放置棒形电极，采用升压法得到模拟导线对棒电极的击穿电压，以此代表纯空气间隙的击穿电压。

（3）点燃木垛，当火焰燃烧稳定并包络模拟导线时，即达到桥接状态，分别测量木垛火焰的绝缘电阻和火焰温度，之后给模拟导线施加电压并逐步均匀升压，当火焰区出现蓝色电晕或听见明显的“吱吱”电晕放电声时，停止升压并耐受1min，若没有发生击穿则小幅升高电压，重复此耐受过程，直至发生击穿。在同样条件下重复进行3～5次试验，选择最低击穿电压作为燃烧状态下的间隙击穿电压。

（4）闪络结束后，采用热电偶分别对木垛上方、间隙中间、导线附近的温度进行测量。

（5）待木垛燃烧减弱，火焰高度为间隙距离的一半时，同样采用升压法得到半火焰间隙的击穿电压。

（6）对比间隙在不同条件下的击穿机理。通过改变或添加特定条件，分析电极形状、颗粒、温度、带电粒子（KCI）等因素对导线—板间隙在火焰条件下的击穿电压的影响。

4. 试验结果与分析

（1）电极形状。在导线—板间隙条件下，放电间隙被“洁净”火焰完全桥接时，间隙距离为44cm，击穿电压为75kV，击穿梯度为170kV/m，导线—板间隙的击穿梯度为110kV/m。因而在无烟尘颗粒的火焰中，电极形状对间隙击穿电压有比较明显的影响。

（2）固体颗粒。森林可燃物在燃烧过程中会产生大量的浮动固体颗粒，形状多为针形，这些颗粒在靠近或与导线接触后，会造成电极附近的电场发生畸变，电极形状对电场畸变的影响被固体颗粒所取代，因而在固体颗粒较多的火焰条件下，电极对击穿电压影响消失。此外，这些针形颗粒在从地面端向导线端运动的过程中与地面几乎垂直，颗粒之间形成断断续续的颗粒链。若颗粒链之间的间距足够小，在高压电场的环境下，颗粒与电极以及颗粒之间产生局部放电形成电弧，导致一部分空气间隙被短接，使空气间隙的绝缘强度下降。

（3）火焰强度。在同样的电极结构布置下，分别采用单木垛和双木垛模拟山火环境，以相同的升压速度进行试验，发现双木垛试验率先发生击穿，而单木垛试验在双木垛试验的击穿电压下只出现低频电晕声，并未发生闪络。因而火焰燃烧强度越大，温度越高，空气密度越小，导致空气间隙绝缘强度降低，即间隙击穿电压降低。

（4）碱金属盐。为了考察碱金属盐在山火条件下热游离产生的带电粒子对空气间隙击穿的影响，在“洁净”火焰中的导线—板间隙试验条件下，待火焰燃烧稳定后，将木垛质量比例1%的KCI均匀撒到燃烧中的木垛上方。添加KCI后，随着燃烧的进行，击穿电压出现明显下降。因此，森林可燃物中碱金属盐的含量也会对间隙击穿电压产生影响。

五、停运概率模型

1. 山火条件下击穿电压校正

大量事故数据显示，导线对地放电、导线对杆塔放电是山火条件下输电线路发生跳闸的两种主要表现，均为空气间隙被击穿导致的结果。架空线路的导线对地以及导线对杆塔的空气间隙距离都比较大，电场分布并不均匀。假设在标准参考大气条件下，空气间隙的工频击穿电压为 U。当发生山火时，空气温度急剧变化，连带大气条件的密度、湿度都会发生显著变化，致使空气间隙绝缘强度大大降低。引入大气校正因数 K_t，其计算公式如下：

$$K_t = K_d K_h$$

式中　K_d ——空气密度校正因数；

K_h ——空气湿度校正因数。

空气的相对密度为：

$$\delta = \frac{P(273 + T_0)}{P(273 + T)}$$

空气密度校正因数 K_d 与空气相对密度 δ 之间的关系如下：

$$K_d = \delta^m$$

式中　指数 m 的具体取值可参考相关标准。

空气湿度校正因数 K_h 为

$$K_h = K^W$$

式中　系数 K 和指数 W 的具体取值可参考相关标准。

山火除了影响空气的温度、湿度、密度等之外，在森林可燃物燃烧的过程中造成的浓烟包含了大量的固体颗粒，使空气间隙的绝缘强度进一步降低。引入山火烟浓度 R（%），当浓烟充满整个空气间隙时，烟浓度 R 为 100%；当山火刚开始燃烧或火焰洁净时，不存在浓烟，烟浓度 R 为 0%。研究表明，当浓烟充满整个间隙时，空气间隙的击穿电压仅为正常状态下的 1/15。引入颗粒校正因数 K，实际应用中通过双曲拟合 K_0 与烟浓度 R 的关系：

$$K_p = \frac{1}{14R + 1}$$

其中，火焰洁净时，$K=1$，当浓烟充满整个间隙时，$K=1/15$。

综合考虑以上各因数，在山火条件下空气间隙的工频击穿电压为：

$$U = K_t K_p K_0$$

2. 山火条件下空气间隙击穿概率分布

空气间隙的击穿电压存在击穿概率的分布特性，接近于正态分布，通常可用 50%击穿电压 U_{50} 和变异系数 z 来表示。在山火条件下，认为空气破坏性放电概率以正态分布表示，其概率密度函数为

$$P(U) = \frac{1}{\sqrt{2\pi\sigma}} e^{\frac{(U-\mu)^2}{2\sigma^2}}$$

其中，U 为实际电压（V），均值 μ 等于 U_{50}，标准差 σ 等于 U_{50}。在不同间隙的电场形式与不同类型的击穿电压下，分散性是不同的，变异系数 z 取值为 2%～8%不等，并且在正常情况下，空气间隙的工频击穿电压的分散性不大，因此 z 取 2%。考虑山火发生时，烟尘颗粒导致空气间隙更不均匀，分散性会增大，因此山火条件下变异系数 z 取 4%。则山火空气间隙击穿概率模型为：

$$P(U)=\frac{1}{0.04\sqrt{2\pi}U_{50}}\mathrm{e}^{\int_{-\infty}^{U}\frac{(x-U_{50})^2}{0.0032U_{50}^2}\mathrm{d}x}$$

3. 击穿概率模型求解流程

在山火发生后，根据风速风向和起火地点周边的地理环境条件，计算出不同时间后的火场形状范围。在实际应用中，结合实际情况和输电线路的山火影响范围，即可预测山火是否会对线路运行造成影响。如果 t 时间后，山火未蔓延至输电线路的山火影响范围内，则认为山火不会对线路运行造成影响；反之，如果 t 时间后，山火蔓延至输电线路的山火蔓延范围内，则认为山火会影响线路的正常运行，此时需要进一步计算山火行为的各项参数，确定 t 时间后的线路停运概率。

已知架空输电线路电压等级为 U_1，则相地实际电压峰值为 $\sqrt{2/3}U_1$，相间实际电压峰值为 $\sqrt{2}U_1$。分别计算山火条件下相地放电和相间放电 2 种情况下击穿概率的过程如下：

（1）相地放电。导线对地高度 h，即为相地空气间隙距离。利用相关公式估算或查工频电压下空气间隙击穿电压的方式，求得相地间的 50%击穿电压 U_{50}。在山火条件下，根据山火行为参数计算各校正系数，对相地间的 50%击穿电压进行校正，再和相地实际电压峰值 $\sqrt{2/3}U_1$ 计算相地放电击穿概率。

（2）相间放电。导线与导线之间距离 d，即为相间空气间隙距离。同样可求得相间 50%击穿电压 U_{50}，根据山火行为参数计算各校正系数，对相间 50%击穿电压进行校正，再由相间实际电压峰值 $\sqrt{2}U_1$ 计算相间放电击穿概率。

第三节　输电线路防山火措施

一、防山火管理规范

输电线路防山火工作是电力企业安全生产的重要环节，防山火工作的基本任务是保障所辖电网的安全运行，积极配合地方政府山林防火。输电线路防山火工作需实行“安全第一，以防为主，团结协作，科学应对”的基本方针。

输电线路防山火管理规范应依据《中华人民共和国电力法》《中华人民共和国消防法》《中华人民共和国森林法》《电力设施保护条例》《架空输电线路运行规程》等国家法律、法规，并结合输电线路运维单位山火防治的实际情况进行制定。具体可参照以下内容执行。

1. 职责分工方面

根据《国网运检部关于印发架空输电线路防冰、防山火工作规范化指导意见的通知》（运检二〔2014〕115 号）文件要求，线路防山火工作实行归口管理，各级设备部（运检部）为线路防山火工作的归口管理部门，国网山火监测预警中心（以下简称监测预警中心）、省设备状态评价中心为技术支撑部门，各供电公司、超高压公司为线路防山火工作的具体实施单位。

2. 重点防护区域划分方面

输电线路防山火重点防护区域划分应考虑历年山火发生记录、地方风俗习惯、施工动火区域、线路通道植被生长情况等多项因素。

输电线路重点防护区域根据要求划分为三类，输电线路重点防护区域根据以下原则划分。

Ⅰ类区域：500kV 及以上输电线路通道，330kV 重要输电线路通道，且线路边线 300m 范围内存在墓地、秸秆集中焚烧区或施工动火区，线路通道内植被生长旺盛的区域。

Ⅱ类区域：330kV 输电线路通道，110kV 重要输电线路通道，且线路边线 300m 范围内存在墓地、秸秆集中焚烧区或施工动火区，线路通道内植被生长旺盛的区域。

Ⅲ类区域：110kV 输电线路通道，且线路边线 300m 范围内存在墓地、秸秆集中焚烧区或施工动火区，线路通道内植被生长旺盛的区域。

各线路运维单位（班组）应根据上述分类原则做好易发生山林火灾区域线路的统计划分工作。对具有线路通道复杂、安全防护难度大的区域，要分区段，逐塔、逐档对线路进行全面仔细的排查，并根据排查结果建立台账档案。

3. 巡视周期与防护要求方面

根据山火易发时节特点，输电线路山火防控时段划分为Ⅰ级、Ⅱ级和Ⅲ级三个时段。

Ⅰ级防火时段：清明前后各 7 天，冬至前后各 3 天，秸秆焚烧季节。

Ⅱ级防火时段：除Ⅰ级防火时段外，秋冬季天气干燥且出现连续 20 天未下雨至再次下雨期间。

Ⅲ级防火时段：除Ⅰ级、Ⅱ级时段以外的其他干燥天气时段。

根据不同级别的防火时段和区域划分，对应不同的巡视周期和工作要求。Ⅰ级防火时段：各运维单位（班组）在自身加强巡视的同时，应积极组织群众护线员开展护线工作，在偏远地区和山火隐患重点地段可设立群众护线员进行不间断看守，增强电力设施保护的群众基础。对于Ⅰ类区域，应采用不间断巡视或 24h 监控，及时发现和处理线路通道内危及线路安全运行的隐患；对于Ⅱ类区域，巡视周期为每天 1 次，必要时可采用不间断巡视或 24h 监控；对于Ⅲ类区域，巡视周期为每 2 天 1 次或采用移动监控等技防手段。

Ⅱ级防火时段：各运维单位在Ⅱ级时段应结合线路日常维护做好相应的防山火巡视工作，及时发现和处理线路通道内危及安全运行的隐患。对于Ⅰ类区域，巡视周期为每 2 天 1 次或采用移动监控等技防手段；对于Ⅱ类区域，巡视周期为每 3 天 1 次或采用移动监控等技防手段；对于Ⅲ类区域，巡视周期为每 5 天 1 次或采用移动监控等技防手段。

Ⅲ级防火时段：对于Ⅰ类区域，可根据线路状态适当加密巡视或保持正常巡视；对于Ⅱ、Ⅲ类区域，保持正常巡视。

运维单位应加大电力设施保护、输电线路防山火宣传工作，在Ⅰ类、Ⅱ类区域可视情况增设在线监控装置。针对各地祭祀习俗、秸秆焚烧、施工等特点，在输电线路沿线附近村庄、路口、墓地、易动火区设置相应防火警示牌，警示山火对输电线路的危害。在特殊时段内进行全方位舆论宣传，制作发放宣传资料；加强与政府管理部门联系，建立协同巡防和警民联动机制，积极营造“山林防火，人人有责”良好氛围，使人民群众充分了解山火的危害，提高人民群众的山林防火意识。

4. 应急处置方面

运维单位应建立防山火组织机构，建立防山火长效机制，指挥本单位防山火应急处置工作。

为保证输电线路防山火工作的安全开展，运维单位应对现场巡检人员和抢修人员进行相应的培训，使其了解和掌握山林消防、防山火管理办法、初始火灾扑救方法、应急救援处置措施、防人身伤害等知识和规定。同时，应落实专项费用，储备必要的专用抢险物资。

在Ⅰ级防火时段，对存在高危重点防火区域的局部电网应保持“全接线”运行方式，原则上不安排设备停电作业。必要时，应对相应变电站做好防全停应对措施，各相关单位同时做好应急抢修准备。

巡视人员在发现线路通道内发生山火时，应立即向调度部门和主管领导进行汇报，同时向消防部门进行火灾报警。汇报内容应至少包含当地火情状况、现场气象信息、线路通道信息，有条件时可上传相应图片或视频信息。

在得到线路通道附近发生山火的信息后，各主管领导和相关人员应及时到位，根据现场情况做出判断，危及输电线路安全时，向调度部门提出拉停线路及相应的运行方式调整建议，必要时启动相应的应急预案。

在火灾过后发现线路受损时，应立即启动组织抢修和快速恢复送电工作。

二、“人防”方面措施

输电线路大多位于高山大岭之中，周围植被生长茂盛，在秋冬季节干燥天气及春节、清明、冬至山火高发时期，一旦焚烧控制不慎，极易引发大面积山火，危及森林资源与电网安全。

在防山火“人防”方面存在的普遍问题有：内部共识如何有效形成，输电线路防山火工作离不开各部门的通力协作，缺少内部共识，不利于形成合力效应；组织机构如何合理设置、组织机构是否完善对工作效率的提升产生重要影响，各层级人员职责有待明确；宣传信息如何有效传播，受历史文化影响，沿线村民对输电线路防山火意识淡薄，野外用火比较随意，用火控制不当或用完检查不到位，易引发山火。

1. 坚持思想引领，深化内外部协作共识

以统一思想、宣贯理念、贯彻思路为指导方针，深入贯彻内外协作理念，切实统一各级人员思想认识，凝聚共识，协同谋划全年防山火工作，形成内外部思想上的高度统一。

（1）贯彻理念，统一各级人员思想认识。

统一的思想认识是推动防山火工作深入开展的行动指南，坚持思想引领，就要善于抓住、分析、解决问题的主要矛盾，坚持落实防山火运维管理提升行动计划，切实统一各级人员思想认识。

坚持理论与实际相结合，每年组织技术人员对护线员开展防山火培训，明确山火防控的技术要求，有效提升护线员的理论素养与实操技能。

专业融合提升专项业务水平，可定期邀请市（林草局）防火专家进行授课，结合输电线路实际运维现状，充分借鉴学习林草部门在森林防火方面的有效做法，对于新思路、新举措进行充分消化吸收。

根据不同的电压等级，搭建沟通学习互动平台，所有护线员“全覆盖”加入，不定期开展督查，实施奖惩机制，坚持思想引领，密切关注护线员思想动态，消除负面情绪，克服思想松懈，充分调动护线员工作积极性。

内部协调落实项目资金，编制防山火整治实施总体计划，促成运检、安监、财务、办公室等部门间的协同配合，从人、财、物等方面综合考虑，加大防山火“物防”“技防”等方面的投入力度。

（2）凝聚共识，协同谋划全年防山火工作措施。

防山火工作是一项庞大的长久工程，唯有各层级思想上的高度统一，方可确保各项工作的顺畅实施，坚持贯彻思想引领行动的工作思路，主动凝聚政企联动共识。

召开年度防山火工作座谈会，谋划全年工作思路，积极对接市森林消防指挥部，邀请特高压线路沿线地方区县、乡镇政府及森林防火部门，召开输电线路通道森林火灾预防工作座谈会，以保障输电线路及森林资源安全为首要重点，谋划全年线路通道防山火工作，探讨森林防火工作措施及全年工作安排。

签订防山火合作框架协议，构建长效合作机制，以“源头治理、重点管控、联动处置、奖惩机制”等方面为主要工作措施，按照互利共赢、共同发展的原则，合力推动防山火隐患治理项目实施和日常工作落实。

2. *完善组织架构，提升山火防控工作效率*

为及时处置输电线路附近因人为或自然原因引起的重大隐患，需要成立相关的组织机构，明确分工和职责，并充分利用外部资源，建立处置山火隐患的应急联动机制。

（1）明晰职责，构建“三级”防护网络。

完善的组织架构、清晰的岗位职责是工作有效开展的必要前提。按照政府部门—地方林草部门—护林员的组织结构，分别建立内部的“三级”纵向防护网络，实现各层级间横向的有效沟通。输电线路山火隐患处置组织结构图如图 7－3－1 所示。

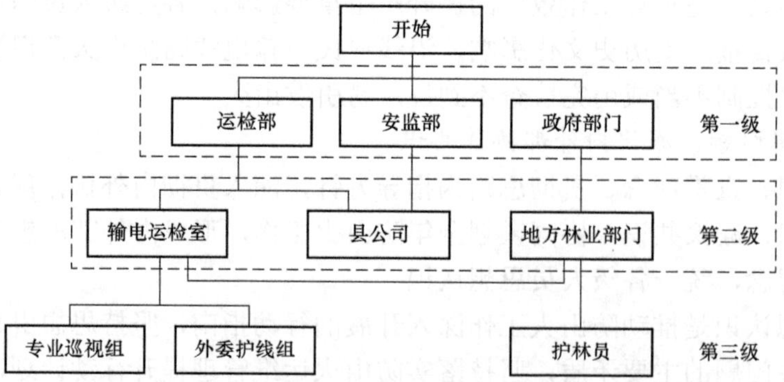

图 7－3－1　输电线路山火隐患处置组织结构图

建立“运检部—安监部—政府部门”的组织领导机构，设备管理部门作为特高压线路属地化运维管理工作的归口管理部门，为输电线路防山火工作提供资金支持及技术指导。市公司安监部负责牵头对接政府部门，在重要防山火时段，推动下发禁火令，推动电力企业与林草部门建立长效合作机制，签订防山火合作协议，制定互惠互利、保障林区及特高压线路安全的标准制度，为输电线路的安全运行提供制度保障。

建立“输电运检中心—县公司—地方林草部门”的横向联动网络，输电运检中心负责组织开展护线员的技术培训；对护线员、专业运维人员、临时外委人员上报的线路运维信息进行核实、汇总，对危及输电线路安全运行的山火隐患，及时上报设备管理部门；沟通对接地方林草部门；提炼防山火工作亮点，将先进经验在所辖范围内推广。县公司负责协同配合输电运检中心做好沿线政策处理，沟通对接地方林草部门，消除线路通道安全隐患。各县区各级林草部门负责履行森林防火的主体责任，建立林区电网防山火考核机制，加强电力线路保护区范围内营造林设计的防火措施规划和用火审批，优先安排力量处置对电力线路有影响的火情。

建立“专业巡视组—外委护线组—护林员”的现场巡护小组，以线路专业特巡的巡视方式为主，以外委联防危险点巡视为辅，结合地方护林员撒网式巡视为补充的综合立体交叉巡视法，及时共享现场信息，确保电力线路安全运行。

（2）以人为本，强化护线组织管理。

管理的内涵就是人的管理，坚持“网格化”选人、“发现式”用人的原则，从线路运维实际情况出发，健全组织、强化管理，充分发挥护线员“千里眼”“顺风耳”“飞毛腿”“和事佬”的作用。

坚持网格化选人原则，优先选取身体健康、责任心强、文化程度相对较高、具有一定护线经验的线路附近居民，从源头上提升护线队伍整体素质。

开展多途径技能培训，深入了解护线队伍的实际情况，年初为每位护线员“量身定制”年度培训计划。拓宽学习培训途径，积极开展现场培训、集中培训、一对一培训、网络培训。

实行护线奖惩机制，依据日常的现场督察、GPS 定位抽查、“见牌汇报”抽查、定位抽查情况，通过月考核、年评比的形式，严格考核、奖罚分明，切实提升护线工作积极性。

在山火易发的“五个时段”（春节、清明、中元、重阳、冬至），临时增设相应的外委人员，对重要隐患点开展驻点蹲守，及时发现并汇报现场异常情况。

3. 整合信息资源，推动防火宣传取得实效

信息是开展防山火宣传的有效载体，防山火宣传是提升沿线群众防山火意识的必要手段。以挖掘信息传播载体、拓宽信息传播途径、丰富信息传播内容为重要抓手，不断提升防山火宣传效果，最终推动防山火工作最高目标的实现“人和”。

（1）多措并举，全面提升防火宣传效果。

提倡全民皆兵、举报有奖的宣传理念，充分发动沿线群众，开展多种形式的宣传活动，切实增强沿线群众的防山火意识。

积极挖掘防火宣传载体，从“及时防火”理念出发，在输电线路沿线周边的坟墓放置微型消防水壶，表面张贴防山火宣传单，并附报警电话，鼓励村民祭拜后自行灭火。根据现场实际情况，对各个危险区域临时增设相应的防山火驻点人员，配备反光背心及防山火宣传高音小喇叭，明确工作职责，挂牌上岗、规范作业。

拓宽信息传播途径，开展防山火宣传“进校园”“进村庄”等活动，通过媒体、广播、

宣讲等途径，提升沿线村民的防山火意识。利用互联网、电视、广播、报纸等媒介，加强宣传，在公墓等人流密集区域，采用鲜花祭祀、文明祭祀的方式。

（2）强化沟通，建立信息资源共享机制。

通过主动对接政府、林草部门，以防山火合作框架协议为指导思想，建立信息资源共享机制，协同开展防山火宣传工作。

畅通信息渠道来源，定期向政府部门汇报防山火工作情况，梳理报备输电线路防山火隐患点，并将输电线路山火隐患点纳入地方山林防火控制体系。发挥地方护林员山火管控专业优势，在防山火“五个时段”，将地方林业护林员纳入特高压山火防控组织体系，实现火患信息实时共享。提倡举报有奖，各类防山火宣传品上均附有举报电话，沿线村民一旦发现山火可以及时汇报。

开展信息实时互动，借助互联网平台，建立信息共享机制，及时共享信息资源，做到及时联系沟通，及早发现、及时处置、重点保护，保障双方利益安全。

三、“物防”方面措施

通过大力布控“物防”防线，采取埋设防山火警示牌、清理通道可燃物、设置消防水池、修建防火隔离带、置换防火树种等措施，从根本上提升山火防控能力。在防山火“物防”方面存在的普遍问题有：当前整治措施如何有效实施，传统的仅仅依靠增加现场蹲守人员的粗放管理模式，难以继续适应电网规模的快速增长，制约着防山火工作的可持续发展。

防山火是电力企业保障输电线路安全稳定运行的重点工作，山火具有突发性强、破坏性大、危险性高、处置困难等特点，往往难于控制，在夏季高温天气及秋冬季节干燥天气，山火突发的概率十分高。通过置换线路通道周围的树种，培育防火树种，起到预防和阻隔山火的作用，变被动防火为主动防火，达到主动、高效防火的目的，可节省大量的防火经费，减少山火高发时期投入的人力物力，避免因山火引起线路跳闸带来的巨大经济损失。

1. 设计原则

坚持预防为主，防救并举的原则：重点放在山林火灾预防环节，加大山林火灾监控力度；同时提高扑救快速反应和控制火灾能力，切实做到“打早、打小、打了”。

突出重点，实现对山林火灾有效控制的原则：项目设计尽量不破坏或少破坏山林原生植物群落，有利于林木生长。尽量选设在山脊、林地边缘、地类分界、道路两侧和生产点的周围，地势平缓、地被物少、土地瘠薄的地带；应避免沿陡坡或峡谷穿行；主带走向应尽量与防火期主风向相垂直。在火源多、火险等级高和林火易蔓延的地方，应适当加大防火隔离带密度和宽度。

适地适树的原则：尽量选择适合当地生长且耐火性较高的树种。根据生物防火林带的具体气候特点，在坚持经济效益、生态效益与防火功能兼顾的基础上，尽最大可能的适地种树，综合考虑生物防火带位置、密度及宽度因素，提高生物防火林带的造林成活率，保证造林成活，郁闭成林，尽早发挥防火作用，详见表 7-3-1。

表 7-3-1　　　　树种选择技术指标

序号	指标名称	指标目标值
1	成活率	100%
2	树叶含有的可燃物	具有较少的挥发油、粗脂粒、灰分含量、木质素含量等
3	树叶燃点	≥250℃
4	树叶含水率	≥50%
5	抗燃时间平均值	≥5s

2. 质量要求

（1）防山火隔离带一般安排在山脊、山脚的路边田沿，这里生长着茂密的杂草、灌木、蕨类、藤类和木本等植物，这些植物大多是易着火植物。开设防火隔离带的目的就是要清除防火隔离带上的植物，使防火道变成无植物的光板或在防火隔离带上种植耐火树种。

（2）坚持“因地制宜，适地适树”原则慎重选择防火隔离带树种，对位于高山立地条件差的地方，以栽植适应性强的耐火树种为主，形成生物防火隔离带。

（3）人工开设的光板防火隔离带，必须进行全面锄除、挖净多年生的深根性杂草、灌木的草根树头和全面翻土才能形成光板生土带，达到隔火防火效果。同时也可采用化学除草剂开设防火隔离带，能把防火隔离带内的各种杂草、灌木、杂竹等在不动土的情况下连根灭除。通过在防火道上种植耐火植物，用化学除草剂控草，在山火重点防控区域建成生物防火林带。

（4）对于在山区墓地分布较为广泛的区域，及时清除林区道路两侧、墓地周边可燃物，道路两侧各开设 30～50m 宽防火隔离带。也可根据当地现场地形条件栽植防火耐火树种，开设防火隔离带，建设生态墓地。

（5）森林防火隔离带建设完成后，及时组织做好防火林带除草、培土等抚育工作，开展补植补造，巩固防山火隔离带的建设成果。

四、“技防”方面措施

探索构建“技防”防线，加大科技力量的投入力度，建立以智能巡检为基础、以数据采集系统为支撑、以防外破在线预警装置为补充的技术防控体系，实现山火防控水平质的飞跃。

1. 热成像双光谱重载云台摄像机

热成像双光谱重载云台内置烟雾、火点双重识别算法，能够及时发现火情，双目单 IP 一体化设计，实现双通道智能联动，同时利用可见光对火情的清晰确认以及烟火二次判断算法，过滤了干扰，降低了误报发生的概率，实现了准确的火情报警。热成像双光谱重载云台摄像机如图 7-3-2 所示。

图 7-3-2　热成像双光谱重载云台摄像机

热成像双光谱重载云台摄像机具有以下功能特点：

1）双目单 IP 一体化设计。热成像双光谱重载云台将智能视频技术与热成像技术成功融合，双目监控单 IP 双视频输出，无需外置服务器，直接使用 Web 浏览器、PC 客户端预览查看视频图像，或直接接入到各视频监控平台，在平台统一管控下运行，组网方式灵活便捷。双目单主控单 IP 系统的一体化设计，便于各通道联动和整体协调控制，实现双通道智能联动。当热成像通道发现目标火点，云台自动将火点移至画面中心，同时可见光镜头变倍，看清火点周边细节，提高设备使用效率，解放人力，保证良好的客户体验。该云台还支持系统双备份功能，确保数据断电不丢失。

2）超远视距探测识别。热成像双光谱重载云台可见光监控采用 6.7～360mm 高清镜头，靶面 1/2.8 寸，最大图像分辨率为 1920×1080，支持自动聚焦、自动光圈 DC 驱动、光学透雾、电子透雾、宽动态、3D 数字降噪等功能。热成像传感器为氧化钒非制冷型高灵敏度探测器，镜头焦距 100mm，分辨率达 384×288。该云台水平 360° 连续旋转，垂直－45° 至＋45°，内置 Smart 跟踪、Smart 侦测算法，支持全景跟踪、事件跟踪等多种跟踪方式并支持多场景巡航跟踪功能，可实现区域入侵、越界、进入/离开区域等侦测。实测中，对设定区域内触发事件的运动目标进行持续稳定跟踪，并可自动（或手动）切换跟踪目标。该云台热成像支持对远距离目标的普通精度测温。另外，值得一提的是，该系列还有 190mm 焦距的镜头可选，对火情的最远识别距离可达到 15km，该云台的探测、识别、辨认距离是传统摄像机所无法达到的。

2. 基于物联网技术的山火防控系统

山火防控系统是集智能化、精准化、共享化为一体的山火应急处置系统平台。从山火信息智能感知入手，依托卫星、防山火在线监测装置、人工巡护等信息获取途径，应用大数据、云计算、数据建模等技术，精准定位火点，打通林业、电力山火信息数据接口，将政府的应急信息和企业的数据信息进行共享，为采取科学的应急措施提供辅助决策，提升电网供电可靠性，保障林区资源安全，实现政企共赢、互惠互利的目标。

（1）系统特点。

1）感知智慧。依托卫星、各类终端（传感器）等智能感知功能，实现山火信息的实时感知，避免山火信息漏报、延报、误报等问题。系统提供了集天、地、人为一体的综合立体报警体系，报警源会在系统界面中自动定位直观显示，保证了接入数据信息的准确性、完整性。

2）计算精准。通过采用大数据、云计算、数据建模等技术，实时掌握人与火点、火点与线路相对空间位置、距离的变化情况，建立警戒区域，为现场应急援助、指挥、处置提供数据支撑；系统可根据地形、地貌、可燃物性质等因素进行林火蔓延预测，给电力企业调整电网运行方式及森林消防扑救山火提供决策参考。

3）响应及时。系统具有点对点视频对话、路径规划、自动导航、智能指派功能，通过采用无线信号传输技术，可实现手机、电脑等终端远方控制智能化灭火设备，提高山火扑救的安全系数，实现山火精准扑救。

4）安全便捷。通过云平台可以存储海量线路杆塔、山火隐患点信息，并在系统界面上清晰显示，系统支持二次开发使用，系统可在手机等移动终端或 PC 端使用，易安装、易维护，操作简便、易学易用。

5）效益显著。该系统每日可接收多次卫星传送的山火数据信息，并在系统上自动精准定位；同时，系统具备国网山火监测中心、电力及林业在线监测装置等传送的山火信息，实现了林草、电力企业资源信息的共享，减少重复性投入，提升经济效益及山火应急处置联动效率，实现了电力、林草山火应急处置一体化的目标。

（2）技术特点。

1）感知接入智能化：首个基于多元感知的国网山火防控系统。山火防控系统实现多元感知设备的集成配合使用。将卫星热点、视频监控、人工巡视和无人机巡检的关键数据信息接入系统平台，实现系统与感知设备的泛在连接，集成专用接口保证数据的实时接入，集成数据加密算法保证数据接入的安全可靠。

2）数据处理精准化：首推基于空间距离变化的山火防控模式。山火防控系统实现火点与线路、人员与火点空间距离的定量计算。通过采用大数据、云计算、数据建模等技术，实时掌握人与物、物与物相对空间位置、距离的变化情况，根据地形、地貌、可燃物性质等因素预判山火蔓延速度，为现场应急援助、指挥、处置提供数据支撑。

3）火情信息共享化：基于政企联动的山火快速处置机制。山火防控系统实现政企山火联动处置现代化。解决了政企联合处置受信息保密等条件限制、系统信息共享互通难度大的现状，借助指挥系统和各类终端硬件配合应用，支持输电线路警戒区域标绘、远程会商等功能，实现指挥系统临时组建和共享，优先组织力量保障重要线路的安全运行。

（3）业务特点。

1）山火信息采集从“人工”到“自动”：多元智能感知，缩短山火发现时间。

2）山火数据处理从“模糊”到“精准”：数据精准处理，提供数据参考决策。

3）山火应急处置从“缓慢”到“快速”：快速联动响应，实现山火高效处置。

（4）应用方面。

山火具有突发性强、破坏性大、危险性高、处置困难等特点，输电线路沿线山火隐患点多面广，影响山火的外部因素较多，信息量庞大，往往难以在短时间内确定应急处置措施。而山火防控系统平台导入了输电杆塔、山火隐患等大数据信息，依托感知智慧、计算精准、响应及时、安全便捷的功能特点，为高效处置山火提供指导帮助。

保护电网设备及林区资源的安全需要各级电力、林草部门加强联动，山火防控系统为现场扑救人员开展精准扑救提供辅助决策，从而保障了扑救人员的人身安全；输电线路沿线布置的智能消防水桶，为森林消防人员扑救山火争取了宝贵时间。

第四节　新技术在输电线路防山火方面的应用

一、可见光检测

在电力铁塔上、导地线上安装监测装置，如可见光在线监测装置，通过可见光图像传输，实时掌握设备周边情况，代替人力巡检，降低人工成本，实现设备 24h 不间断监测，提升线路防山火运维效率。

1. 可见光在线监控系统

普通的人工巡视只能用望远镜观察和设备检测来确定线路山火的运行状况，且存在一定的盲区；而无人机巡视虽然便捷，但同时存在续航时间短、成本高等问题。在线图像监测装置由摄像头、主机箱、太阳能板等部件构成如图 7-4-1 所示。

图 7-4-1 在线监控系统

2. 系统功能

具备远程受控视频信号采集、处理和传输功能；支持变焦、聚焦、方位调整及预制位设置功能；监控装置能在预设或远程指令控制下，实现对摄像机的焦距、光圈、方位和云台预制位的设置和调整；具备对电源的远程控制功能，可在预设条件或远程指令控制下开启和关闭装置前端设备的供电电源；无人值守，具备监测及报警范围超标自动报警功能，支持查看告警事件；支持远程查看、修改现场网络设备的配置；支持网络故障自动重连功能；支持红外摄像、红外控制功能，能够全天候 24h 工作。

3. 系统组成

整个装置由机箱、太阳能电池板和云台摄像机三部分构成，均安装在输电线路的铁塔上。机箱内放置了工业路由器、短信告警模块、主控板及蓄电池等产品。整套设备使用蓄电池供电，4 块太阳能电池板给蓄电池充电。云台摄像机内含数据交换设备，一个云台摄像机有 3 个 IP 地址，分别为摄像头 IP、红外 P 及 ARM 板 IP。路由器的两个 LAN 口分别连接主控板及云台摄像机，云台摄像机采用光学连续变焦的红外镜头，兼顾搜索与观察双重应用需求。内置智能分析模块，热点检测算法，可自动探测出远距离火焰、车辆、人员等热源目标，并辅以重载 360° 全方位云台，可及时发现没有全部遮挡的明火和暗火。不论白天、夜间 24h 都可以工作，一旦发生火源，将自动报警。主控板可控制摄像机的通、断电时间，同时可对摄像头的视频进行压缩处理、上传，当收到云台摄像机的告警信息后，向监控中心发出告警同时触发短信告警通知相关人员，以便能及时补救，避免造成火灾。在线监控系统可以安装在杆塔上，按照需求调整云台摄像机位置，安装可见光在线监控装置如图 7－4－2 所示。

图 7－4－2 安装可见光在线监控装置

在线监控装置可以利用 GPS 数据定位、图像识别、无线数据通信等技术对线路铁塔重要区域进行实时监控，拍摄的照片由后台进行收集，图像显示如图 7－4－3 所示。

图 7－4－3 图像显示

每隔一段时间就会将杆塔周边情况以照片的形式发送至信息平台，在线监测系统能实时监控线路周边异常情况，并将实时照片传回到运维人员手机端上，运维人员可通过手机远程查看现场情况，当出现异常情况时，系统发出警告信息，提醒运维人员注意。可见光在线监测系统因其具有安装灵活、传输实时、使用方便等优势，在输电线路运维工作中得到广泛应用。

二、红外检测

1. 红外热成像在线监测系统

目前，红外热成像诊断技术在电力企业的应用已日趋成熟，其灵敏度高可达 0.1 度，无论是诊断电力设备的内部故障（如避雷器内部受潮），还是诊断电力连接点的热故障，都已发挥了巨大的作用。通过红外热成像仪的红外图像对高压设备的温度场分布及其变化来检测高压设备的热故障被实践证明是一个有效的办法。基于同样原理，将红外热成像诊断技术应用在输电线路山火排查中也是有效的方法。在线路重要位置安装红外热成像在线监测系统，如果能准确掌握山火发生前电力设备周边温度分布情况，当山火发生时，检测到电力设备周边温度的突然变化，可立即传输警告信号。

系统采用集可见光、红外热成像于一体的实时监测监控系统，系统采用红外热成像仪与可见光监控摄像集成的前端采样，通过红外监控软件对运行中的输电设备进行远程智能监控。实现自动巡检、自动分析，把分析数据实时录入处理系统，把分析数据上传至公网用于访问的同时，又能把越限温度报警数据通过网络自动发送至手机 App 平台，使运行监测人员不用打开电脑即可用手机接收报警信号，准确掌握一次设备报警情况，及时采取措施消除线路山火隐患。

2. 无人机红外巡检

传统的红外监控系统易受干扰、误报率高且监控范围有限。多旋翼无人机具有低成本、垂直起降、机动性好等优点，在诸多民用领域得到了广泛应用。将无人机平台与红外相机结合，配置相应的无线图像传输链路，与地面站组成无人机红外监控系统，能够实现机动的红外监控。无人机可以根据规划路径对重点区域进行安保监控，能够在用户操作下跟踪可疑目标。无人机与红外相机结合组成的监控系统能够克服传统红外监控方式的缺陷，提高监控的智能化水平，满足更多应用场合的需求。红外技术已经从军用领域逐步发展到了民用领域，并且在民用安防领域得到了广泛应用。将红外技术与航拍技术相结合，目前比较成熟的有基于无人机平台的红外监控系统，在无人机上搭载红外相机进行航拍，通过无人机航迹规划，实现对指定区域的安全监控，对于线路山火防控作用明显。

红外相机成像系统具有可穿透烟雾、主体目标比较清晰、能够昼夜工作等特点。红外技术最早是在军事领域开始受到关注的，因为它能够在黑暗的环境中通过观测红外能量辐射探测军事目标，并且能够利用这一特性进行保密通信。目前，红外技术已经从军事应用普及到了民用领域，包括利用红外技术进行测温测湿、搜索救援、医疗检疫、汽车夜视、边防执法等，特别是代表红外技术最新成果的红外热成像、红外夜视技术不但在军事领域发挥了重要作用，在民用安防领域也已大展身手。传统的红外安防措施包括入侵探测和夜视监控。入侵探测采用了红外探测器，使用主动或被动式探测围墙、栏杆以及室内的入侵物体，但这种探测方式容易被小动物、树叶等杂物干扰，阳光、灯光等也会引起探测器误报。夜视监控能够对重要场所进行 24h 连续监控，通过探测物体的红外辐射进行成像，经过光电转换、图像处理等程序后将目标的温度分布图像转换成数字图像和视频存储在计算机硬盘中，可以用于夜间或恶劣天气下目标的监控，但这种监控方式相机位置固定，监控范围有限。

目前，无人机向地面站传输图像时常用的是基于 5.8GHz 的模拟图像传输系统，这种传输方式优势在于系统成本低廉、结构简单、易于实现。但这种传输方式的缺点也是非常明显的，由于传输的是模拟信号，因此极易受到干扰，传回地面的图像画质较差。对于图像清晰度要求较高或需要进行地面图像处理的场合，采用模拟图像传输方式会由于信号干扰导致画面上出现噪点和条纹，从而为后续图像处理造成困难和技术风险。为获得高清晰度的图像，可采用数字信号传输方式，并加入校验和重传机制，降低数据误码率。

无人机红外监控系统可在无人机平台上搭载红外相机，采用 FPGA 采集图像后进行压缩预处理，然后通过 DSP 平台并结合 JPEG2000 算法进行压缩编码，压缩后的图像经由无线数据传输电台发送至地面。地面站接收到数据后首先将数据包拼接为整幅压缩图像，然后对压缩图像解码显示在用户界面上，同时将图像保存至计算机硬盘备份。无人机红外监控系统结构如图 7－4－4 所示。

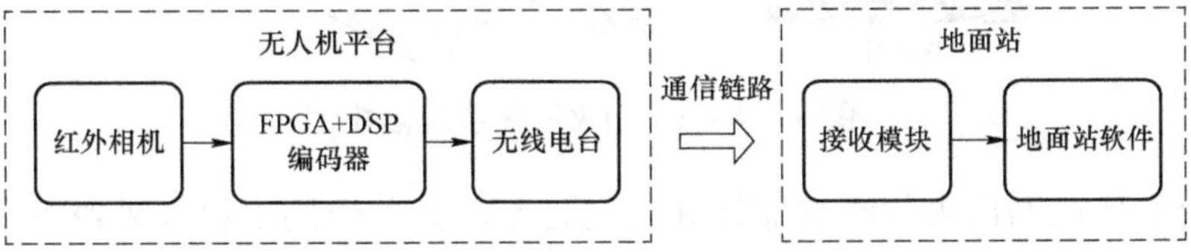

图 7－4－4　无人机红外监控系统结构

三、雷达遥感技术

1. 雷达预警系统

针对现有的防山火机制存在火灾警情与线路运维人员信息知晓的不同步性问题，提出基于气象雷达识别的输电线路山火预警系统，能够实现对山火的探测报警，可对线路范围内发生的山火进行自动搜索、自动发现、自动定位和自动报警，实现火灾警情与电网调度的同步，从而降低由于山火造成的线路跳闸事故率，确保电网安全运行。输电线路山火预警系统由气象雷达（包括发射机、接收机）、服务器和手机客户端 App 组成，山火预警系统拓扑图如图 7－4－5 所示。其中气象雷达发射机发射电磁波，对山火产生的颗粒物进行扫描，接收机接收反射回来的电磁波，服务器根据多普勒效应的频率差对发射波、接收波进行分析，测定山火点目标、方位等经纬度地理信息，同时将该信息发送到手机客户端 App 中，依据地理坐标查询附近杆塔进行山火预警，通知护线员前往山火发生地查看火情。

输电线路山火预警系统的应用可将原来输电线路需要 4h 甚至更长时间才能知晓的火灾警情缩短到 10min 内，对火灾对线路的影响进行快速研判，极大地促进了山火防治工作，有助于减少因山火造成的跳闸事故，改变了以往对山火只能依靠人防的局面，真正意义上实现了对山火“早发现、早处理、早解决”的目标，解决了线路山火防控由“人防”到“技防”的技术难题，具有很大的发展空间和应用前景。

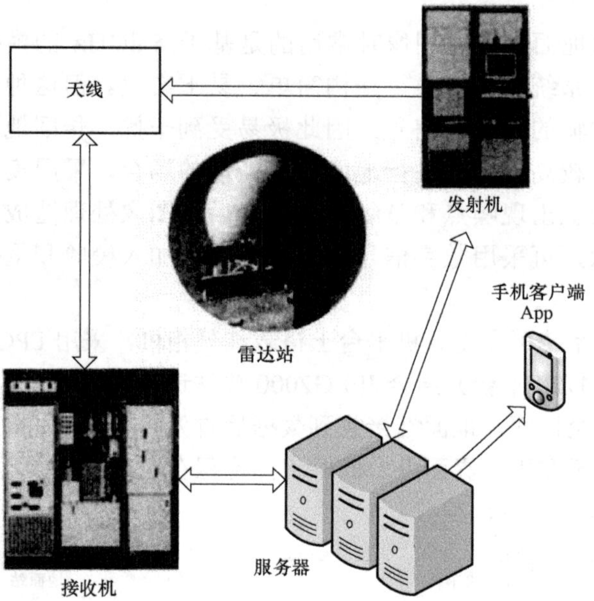

图 7-4-5 山火预警系统拓扑

这套系统实现电网山火的综合监控和自动告警，比单一的卫星红外监测手段更及时、更智能、更高效。利用多普勒天气雷达每隔 6min，对半径 200 多千米、方圆 10 多万平方千米的区域进行一次扫描探测，借助雷达的火灾回波及早发现山火，还可以自动判断临近山火的线路和杆塔信息、与山火距离，以便及时做出应急响应，快速准确采取相应措施。

多普勒天气雷达，是一种主动遥感的探测工具，在测量云、降雨和各种强对流天气发生发展内在因素方面有重要的应用，其工作原理即以多普勒效应为基础，可以测定散射体相对于雷达的速度，在一定条件下反演出大气风场、气流垂直速度的分布以及湍流情况等。

2. *卫星遥感监测技术*

随着遥感技术不断发展，影像分辨率不断提高以及计算机技术和信息处理技术的不断增强，使得利用卫星遥感监测技术不断完善，能够有效克服人工监测预警的不足。利用遥感卫星对输电线路走廊区域的监测数据来进行山火风险评估，可以大范围有效获取监测区域状况，具有快速获取地面宏观信息，结合地理信息能够准确判定火险高危区域。因此基于卫星遥感技术的输电线路山火风险评估系统能够利用卫星监测技术，实现大范围的常态化监测，有效提高了输电线路山火监测的全面性。

除了卫星遥感监测，针对山火发生随机、预测难的问题，技术人员分析了近 15 年 100 多万个火点的大数据，得出“山火分布规律表”，并且通过与气象因素、地理信息的量化关联分析，开发了山火预报模型，可对 3～7 天时间内山火发生的可能性进行预测。遥感技术具有时效性强、分辨率高、资料获取快捷和费用低廉的特点，用户在监控中心就可以获取远方线路山火、焚烧秸秆、烧纸等威胁线路安全的山火事件，从而第一时间报警。过去山火监测预警完全靠人的经验，现在依托大数据等技术手段，可以让山火的监控、处置更加精准。近几年在山火高发时段，这一监测预警系统已经取得了良好的运行效果。

3. 多光谱雷达预警系统

多光谱雷达预警系统主要由后台监控中心和前端探测系统组成，前端系统主要由监控主机、智能摄像机、雷达探测器以及太阳能板组成，安装在铁塔观测台上，雷达探测器对周围的林地、道路、河流、桥梁及建筑物等水平 360°、垂直 180° 进行探测扫描，探测距离半径可达 3～50km。该系统采取只接受 3～5μm 红外辐射的探测器接收林火的红外辐射，所以不论在白天还是夜间都可正常工作，一旦探测到目标及时报警，并将探测到的数据通过 3G/WIFIOPGW 光纤通信传输给后台监控中心或者是我们的消防指挥部门，以便能及时采取应对措施，避免林火大面积爆发而带来的经济损失。

（1）设备具有透雾和夜视监控功能。

（2）设备具备方位和位置信息回传功能。

（3）设备具有自动激活、复位动作动能。

（4）设备屏幕菜单可以显示并手动设置设备的各种参数。

（5）设备采用彩色/黑白转换摄像机，具备红外滤光片，可实现超视距效果。

（6）设备具有强大的森林防火专用视频平台，实时准确监控森林现场火情。

（7）设备具备内置图像“防抖动”功能，提升在高风速环境中的监控效果。

（8）设备具备大镜头焦距微调功能，方便镜头在长焦状态下焦距的控制和调整。

（9）具有良好的抗震、抗冲击、防尘、防雨和抗高寒等特性，专为野外架设和高寒环境设计。

（10）设备具备自动水平扫描、自动巡航、360° 螺旋扫描、夜间模式扫描等多种扫描模式。

（11）设备具有防盗报警功能，对靠近和攀爬铁塔的无关人员进行实时监测，发出报警信号并通过语音警告。

四、无人机巡检应用

以大疆精灵 4pro 四旋翼无人机在输电线路防山火中的应用为例，进行简要分析，希望能够为相关技术的应用提供一些参考。大疆精灵 4pro 四旋翼无人机的驱动是电动形式，起飞重量 1380g，运动模式下最大上升速度 6m/s，最大下降速度 4m/s，最大水平速度 20m/s，最大飞行海拔 6000m，飞行时间 30min。大疆精灵 4pro 无人机系统模块组成及功能如图 7–4–6 所示。

1. 系统设备

采用钛合金、镁合金材料机身设计，拥有 1 英寸、2000 万像素的传感器和高解析度镜头，关键性能与同级别的地面相机相当。它采用高性能影像处理器，支持 4K 视频拍摄。此外，相机还搭载了机械快门，可以防止快速移动过程中的拖影，清晰捕捉高速运动物体。另外，无人机还具备由五目视觉、GPS/GLONASS 双模卫星定位系统、超声波模组、传感器冗余等组成的 Flight Autonomy 系统，能实现无 GPS 信号下的精准悬停，且可感知前方障碍物。

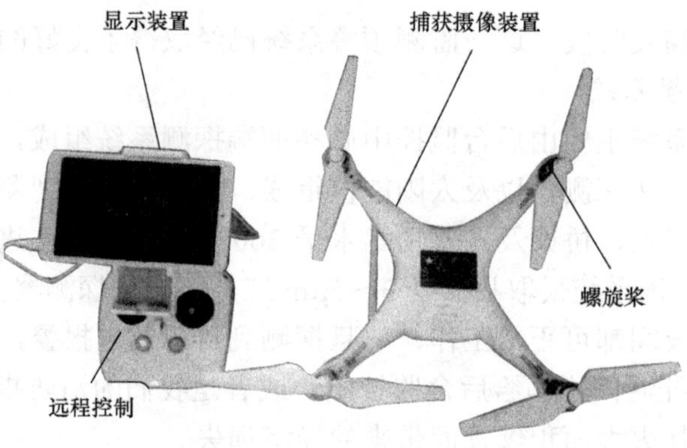

图 7-4-6　大疆精灵 4Pro 无人机系统模块组成及功能

2. 作业能力

需要一辆作业车和两名工作人员。操作模式为 GPS 导航模式，简单方便容易上手，在针对山区环境，视野不佳情况下，可实现超视距飞行，摆脱工作范围局限。悬停模式下，飞行平稳，通过云台控制和飞行状态进行调整，可以满足目标区域的高清拍摄需求。

3. 技术优势

与传统技术相比，无人机巡视技术的优势主要体现在全自控、低成本、低风险等方面，结合 GPS 定位导航以及航线动态规划等，使得工作人员的负担大大降低。不仅如此，无人机巡检系统采用的是模块化设计，可以根据实际需要，对坏件部分进行更换，运行维护成本较低，维护方便，加上其本身质量轻，发生次生灾害的风险较小。

4. 应用效果

无人机巡检技术在输电线路巡视中的应用，包括了常规应用和故障应用、特殊应用等。常规应用主要是线路的周期性巡视，对线路走廊进行监控、对现场地形进行勘察，尤其是在预防山火方面，具有精准、高效、快速反应的优势；故障应用主要是针对线路中的故障进行全方位的巡视，为故障的定位与处理提供相应的参考依据，在发生山火时候，能快速定位山火位置信息。山火规模及走势，为山火扑救方案的制定提供预判；特殊应用则主要是针对一些特殊情况和特殊区域的应用，如配合工程放线，异物的处理等。

五、分布光纤传感技术应用

1. 分布式温度监测系统总体设计

在本系统中，控制单元连接探测光缆组成了一个智能的探测器，系统沿着探测光缆对报警区域长度及报警点进行整体编程。报警点及区域长度可调整到符合实际状况。目前，基于拉曼散射技术的温度传感系统 DTS。DTS 系统主要包括三个部分：感温光缆、光电处理单元、控制器。根据不同的实际应用，既可以为固定的温度报警点，也可以为温升速率或两种方式的综合。

（1）光纤。光纤由石英玻璃拉制而成，还可以掺入一些特殊元素。这种材料可以承受极端温度（–100℃～500℃以上）。光纤的外包层被用于增加光纤可以承受的拉力，并最终确定了光缆的工作温度区间。包层技术的发展已经可以提供在最低–100℃，或者 460℃（甚至以上）的环境下持续正常工作的光缆。根据地下电网光缆的特性，光缆应该拥有可以在–20～75℃长期持续工作的能力，并且可以短时间承受 150℃高温。可以用于温度监测的光纤为以下两种：多模光纤（执行标准：CCITTG651）；单模光纤（执行标准：CCITTG652）。单模光纤是标准的长距离通信用光纤类型。它有很低的损耗特性，适应长距离系统。但同时，也造成在温度监测时空间分辨率和温度精度的劣化。对应多模光纤，单模光纤反向散射光信号较弱。这个意味着更多的噪声、更低的空间分辨率和温度分辨率，并需要更长的测试时间。另外，多模光纤技术可以在监测长度达到 10km 时，实现 1℃的温度分辨率和 1m 的空间分辨率。而单模光纤可以实现的是 30km 的监测长度下，2℃温度分辨率和 10m 的空间分辨率。光纤损耗将会影响信号质量和有效的监测长度，损耗来源于光纤纤芯以及外部源对光的散射和吸收，比如连接器、熔接点、光纤微弯和超过限度的温度以及机械影响。只要有可能，就要使用熔接而不是机械方式进行光缆的连接。实际应用中，综合因素叠加后 20dB（双端方式）或 10dB（单端方式）被认为是保证在可以接受的测试时间下，温度精度的损耗极限值。

（2）光电处理单元。光电处理单元是整个系统的核心部分。它包括了系统硬件和部分的软件，可以产生、传输和接收光信号。主要组件包括：激光光源、反向散射光接收器和在需要的情况下的光开关；数据采集系统；微处理系统完成将光信号转化为温度和其对应的位置信号；包含外部控制接口的通信模块。

（3）控制器。DTS 系统还包括内置或外置的控制器，通常由笔记本电脑或其他 PC 实现作为用户接口，或向 DTS 发送指令并与之通信。它主要角色是：参数设置的接口；接收和显示仪表的告警信息；向仪表发送各项命令；存储各种监测数据为将来使用（比如温度分布、极端温度值、告警信息等）；电力光缆温度监测解决方案。由于监测长度和温度分辨率、空间分辨率以及测试时间有相互关系，如何很好的调配这些参数，需要实际项目需求进行结合。

2. 拉曼分布式光纤温度传感器关键技术

拉曼分布式光纤温度传感器是一种先进的分布式温度传感（distributed temperature sensing，DTS）系统，与标准的多模光纤（C62.5/125μm）结合使用，可以快速、准确、高精度地提供长达 4km 的分布式温度全自动测量。与传统传感器相比较，分布式光纤测温系统具有的天然优势，主要包括：

（1）连续分布式测量。分布式光纤传感器是真正的分布式测量，可以连续地得到沿着探测光缆几十千米的测量信息，误报和漏报率大大降低。同时实现实时监测。

（2）抗电磁干扰，在高电磁环境中可以正常地工作。光纤本身是由石英材料组成的，完全的电绝缘；同时光纤传感器的信号是以光纤为载体的，不受任何外界电磁环境的干扰。

（3）雷电经常破坏大量的电测传感器。光纤传感器由于完全的电绝缘，可以抵抗高电压和高电流的冲击。

（4）测量距离远，适于远程监控。光纤的两个突出优点就是传输数据量大和损耗小，可以实现几十千米的远程监测。

（5）灵敏度高，测量精度高。理论上大多数光纤传感器的灵敏度和测量精度优于一般的传感器，实际上已成熟的产品也证明了这一点。

（6）寿命长，成本低，系统简单。光纤的材料一般皆为石英玻璃，其具有不腐蚀、耐火、耐水及寿命长的特性，通常可以服役 30 年。综合考虑传感器的自身成本以及以后的维护费用，使用光纤传感器可以大大降低整个工程的最终经营成本。

国内外先后开始研制这种产品，并应用于油库、冷库、军火库等温度报警；大、中型变压器，发电机组的温度分布测量，热保护和故障诊断；高压电力光缆沟热检测与监控；各种管道如供热系统的管道、输油管道等的热点检测；化工原料及油料生产过程在线动态检测；桥梁、高速公路、高层建筑、智能大厦等在线动态检测；航空、航天飞行器的在线动态检测。

第八章　火灾的应急处理

第一节　应急处置基本原则

一、以人为本，减少损失

在处置火灾时，始终把保护员工生命安全放在首位，保障财产和设施的安全，把火灾损失降低到最低程度。

二、预防为主，防消结合

建立应对火灾的有效机制，开展经常性的防火宣传教育，加强防火基础设施建设，整改和消除各类消防隐患，从源头上预防火灾的发生。

三、统一领导、分级负责、协同作战

在应急处置机构的统一领导下，尽职尽责，密切协作，协调有序地开展火灾事故处理（火灾扑救，事故救援，舆情管控等）。

第二节　应急指挥机构及职责

一、应急处置机构

应急处置机构统一领导火灾事故处置工作。组长由各公司总经理（或其授权人员）担任，副组长由公司相关领导担任，成员相关部门主要负责人组成。下设现场应急指挥部，负责统筹开展现场的应急救援工作。

（1）应急处置机构职责：

1）研究决定火灾事故处置的决策部署；

2）接受地方政府应急救援指挥机构和上级公司应急处置机构的领导；

3）根据处置火灾事故的需要，请求地方政府提供援助；

4）宣布进入和解除火灾事故处置应急响应状态，决定启动、调整和终止事件响应；

5）组织火灾事故的先期处置，统一领导地市公司火灾事故人员抢救、伤病救治、人员安抚、事故调查、善后赔偿等工作；

6）负责向地方政府有关部门、上级单位报送火灾事故信息。

（2）应急处置机构办公室设在安监部，办公室负责人由部门主要负责人担任，成员由相关部门分管负责人及有关人员组成。

（3）应急处置机构办公室职责：

1）落实地市公司应急处置机构部署的各项工作；

2）负责火灾事故相关信息收集、统计汇总、上报工作；

3）协调开展应急处置工作；

4）根据地市公司应急处置机构决策，启动、调整和终止事件应急响应；

5）必要时组织披露相关信息。

二、抢险抢修应急工作组

组长：由运检部负责人担任。

成员：根据火灾事故发生部位及造成的影响，分别由运检部等有关部门人员组成。

职责：指导事故发生单位或直接组织开展现场及关键监测、实施火灾现场人员救援、公共财物的抢救，协调电力调度、通信等部门（单位）开展电力运行设备的抢修或更换。火灾等级高时，需要协同地方政府消防部门共同抢险救援。

三、物资供应应急工作组

组长由物资部（或具备相应职能的部门）负责人担任，成员由物资部、财务部及有关部门（或具备相应的职能部门）有关人员组成。

职责：组织应急响应备品备件等物资供应。

（1）根据需要，由应急处置机构申请，经地市公司应急领导小组或应急办公室批准，公司内部协调组织启动新闻发布、通信保障、交通运输、治安保卫等应急工作组，参加应急处置工作。

（2）具体组成人员及职责执行公司总体应急预案。

第三节 应 急 响 应

一、响应分级

公司所辖变电站区域火灾事故应急响应分为Ⅰ、Ⅱ级。发生特别重大、重大、较大、一般火灾事故时，对应Ⅰ级应急响应；发生火警事件时，对应Ⅱ级应急响应。

二、响应启动

（1）火灾事故发生后，事发单位应急领导小组启动应急预案。

（2）火灾事故发生后，事发单位应立即向地市公司应急办公室报告。

（3）公司应急办公室接到报告后，会同有关职能部门汇总相关信息，分析研判，提出对事件的定级建议，报公司应急领导小组审核后发布。

三、响应措施

1. Ⅰ级应急响应

（1）应急处置机构根据火灾事故情况，启动相关应急预案，统一指挥做好火灾事故处置工作。相关公司领导、部门负责人赶赴火灾事故现场指导、协调应急处置。

（2）应急处置机构办公室启用应急指挥中心，并根据突发事件类型，配合相关应急工作组（部门）启用相关应急预案，开展应急处置。定期收集、整理、汇总突发事件及应急处置工作信息，及时向公司应急处置机构汇报。

（3）现场应急指挥部组织实施现场应急处置，向应急处置机构办公室及时汇报事故发展情况、应急处置情况。在火灾事故扑灭后，协助火灾事故的调查处理等善后工作。

2. Ⅱ级应急响应

发生火警事件，公司应急处置机构办公室启动Ⅱ级应急响应，指导事发单位做好相关处置工作。

四、响应调整

根据事件危害程度、救援恢复能力和社会影响等综合因素，按照事件分级标准，决定是否调整应急响应级别。

五、响应解除

应急处置机构待火灾扑灭后，经现场确认没有复燃可能性时，宣布解除应急响应，恢复正常生产秩序。火灾规模较大时，需要报送地方政府有关部门或者上级单位，经批准后解除响应。

六、资料收集

现场应急指挥部负责收集火灾发生前、灭火过程中的相关影像资料，以及灭火行动后的现场照片；根据消防管理部门要求，做好火灾现场保护工作；清点灭火行动中使用的消防器材，梳理需补充的消防器材清单等工作。

第四节　现场人员对应火灾四步骤（RACE 国际通用灭火程序）

（1）救援（Rescue）：在确保自身安全的情况下，帮助受困人员脱离火灾现场，包括危重人员的救援。

（2）报警（Alarm）：利用就近电话或手动报警按钮，迅速向公司内消防控制室“×××”或“119”报警。报警时讲清楼层/部门、起火部位、火势大小、燃烧物质和报警人姓名。

（3）限制（Confine）：关上着火房间的门窗，关闭防火门，防止火势蔓延，关闭火灾现场的气源及电源开关。

（4）灭火或疏散：（Extinguish/Evacuate）：如火势不大，利用就近灭火器扑救、灭火。

1）如果火势过大，按疏散计划，及时让其他人员撤离现场。

2）做好解释沟通，有序组织着火区域人员撤离。

3）对于不能行走的受困人员，采用抬、背、抱等方式移动。

4）疏散时用毛巾捂住口鼻，沿墙边按疏散指示标识方向逃生。严禁使用电梯。

第五节　重要场所火灾应急处理

一、变电站火灾应急处理

1. 变电站火灾应急处置一般流程

（1）针对城市地下变电站、城市中心站、毗邻密集居民区变电站，考虑其火灾危害的严重性，调控中心应提前制定该类变电站的负荷转移预案，在发生火情后，确保重要用户可靠供电。事发单位应急处置机构还应启动与政府相关部门的应急联动机制，协同开展灭火处置、人员疏散、伤亡救治等工作，将火灾的危害、社会影响降到最低。

（2）运维班当班人员，在接到调控中心火情通知后，应优先通过变电站视频监控系统等手段进行远方确认后立即拨 119 火灾报警电话（若变电站有保安人员，发现站内有火情，应立即拨打 119 火灾报警电话，同时汇报运维人员）。运维人员确认着火设备后汇报调控中心，由调控人员遥控断开着火设备电源，并向有关领导进行火情信息汇报。若无法远方确认，需迅速赶至现场查看，确认火情。

（3）运维人员携带合格齐备的正压式呼吸器及个人防护用品赶赴事发现场。

（4）通知消防技术服务机构、物业人员等相关外协单位携带必要的器具赶往事发现场协助处置。

（5）运维人员到达现场后，应先对现场人员进行疏散，疏散完毕后按照“火灾报警主机—查明着火点—固定灭火装置启动情况（主变压器起火）—报警及汇报相关人员—隔离操作—组织灭火”的流程开展消防应急处置工作。

（6）现场确认火情后，再次拨打 119 火灾报警电话，并向当值调控人员、有关领导做详细汇报。

（7）报警时应详细准确提供如下信息：

火灾地点：××区（××县）××村××站（××××附近）。

火势情况，着火的设备类型。

燃烧物和大约数量、范围。

消防车类型及补水车等需求。

报警人姓名和电话号码。

政府综合消防救援部门需要了解的其他情况。

（8）按照当值调控人员指令停电隔离着火设备及受威胁的相邻设备，必要时可先停电隔离再汇报。

（9）运维人员根据现场火情在已完成停电隔离并做好个人安全防护后，可使用消防砂、灭火器等消防器材开展初期火灾扑救，扑救时应密切关注风向及火势发展情况。

（10）根据现场火情，通知相关单位携增援装备赴现场。

（11）设立安全围栏（网），明确实施灭火行动的区域。

（12）若火势无法控制，现场负责人应组织人员撤至安全区域，防止设备爆炸、建筑倒塌等次生灾害。

（13）现场运维人员引导政府综合性消防救援队伍进入现场，交代着火设备现状和运行设备状况，并协助其开展灭火工作。

（14）在政府综合性消防救援队指挥下，现场运维人员组织消防技术服务机构、物业人员设立警戒线，划定管制区，阻止无关人员进入。

（15）未配置变压器固定自动灭火系统的变电站，按照当值调控人员指令停电隔离着火设备及受威胁的相邻设备，必要时可先停电隔离再汇报。现场运维人员待政府综合性消防救援队伍到达火灾现场后，协助开展灭火工作。

（16）按照现场政府综合性消防救援队伍指挥人员的要求开启变电站室内通风装置

（事故排烟装置）。

2. 变电站重点部位火灾处置方案

（1）变压器火灾处置。

1）变压器火灾危险性。变压器内部一旦发生严重过负荷、短路，可燃的绝缘材料和绝缘油就会受高温或电弧作用分解、膨胀以致气化，使变压器内部的压力急剧增加，造成外壳爆炸，套管破裂，大量的油外泄，使火势蔓延扩大，同时主变压器绝缘材料起火后会产生有毒物质。

2）预防措施。主变压器安装有线型感温探测器，电缆孔、洞处用电缆防火封堵材料严密封堵，配置变压器固定自动灭火系统，附近配有消火栓、水泵接合器、消防砂箱、消防铲、消防斧、消防桶、灭火器等。

3）变压器火灾处置流程。配置固定自动灭火系统的变压器。变压器火情确认后，运维人员（保安人员）应立即拨打 119 火灾报警电话并汇报当值调控人员和有关领导，同时通过视频监控观察变压器固定自动灭火系统是否启动。若未自动启动，运维人员在到达现场并确认变压器各侧开关已断开后，在火灾报警控制器（联动单元）手动启动变压器固定自动灭火系统。若远方手动启动不成功，运维人员在确保人身安全的前提下并做好个人安全防护后，可在装置现场应急机械启动。运维人员应根据现场火情提前完成着火变压器停电隔离及安全措施布置工作，待政府综合性消防救援队伍到达现场后，立即与救援队伍负责人取得联系并交代着火设备现状和设备运行状况，然后协助政府综合性消防救援队伍灭火，必要时向调控部门申请将该变压器附近电力设备停电。

未配置固定自动灭火系统的变压器。变压器火情确认后，运维人员（保安人员）应立即拨打 119 火灾报警电话并汇报当值调控人员和有关领导。运维人员应根据现场火情提前完成着火变压器停电隔离及安全措施布置工作，待政府综合性消防救援队伍到达现场后，立即与救援队伍负责人取得联系并交代着火设备现状和设备运行状况，然后协助政府综合性消防救援队伍灭火，必要时向调控部门申请将该变压器附近电力设备停电。充油电抗器发生火情时，运维人员可按上述方法进行应急处置。

（2）开关室火灾处置。

1）开关室火灾危险性。开关柜着火主要由开关触头发热、绝缘性能下降、柜内元器件质量不良等原因导致柜内温度过高发生火灾，易引燃相邻开关柜及连接电缆，促使火势扩展蔓延，并产生大量有毒烟尘，易造成人员中毒、窒息。

2）预防措施。开关室内安装有感烟、感温探测器，电缆孔、洞处用电缆防火封堵材料严密封堵，配有手提式灭火器。

3）开关室设备火灾处置流程。开关室火情确认后，运维人员（保安人员）应立即拨打 119 火灾报警电话并汇报当值调控人员和有关领导。运维人员现场确认电源侧开关、有电源倒送的线路开关已断开后，按照调控中心指令开展负荷转移工作。运维人员应根据现场火情提前完成相关设备停电隔离及安全措施布置工作，待政府综合性消防救援队伍到达现场后，立即与救援队伍负责人取得联系并交代着火设备现状和设备运行状况（室内 SF_6 气体含量情况），然后协助政府综合性消防救援队伍灭火。

（3）电容器室火灾处置。

1）电容器室火灾危险性。室内电容器通风不良、绝缘受潮、过电压以及其他自身故障引起的起火，易造成电容器爆炸，燃烧的油流会进一步扩大火灾危害，当电容器的绝缘材料起火后会产生有毒物质。

2）预防措施。电容器室内安装有感烟、感温探测器，电缆孔、洞处用电缆防火封堵材料严密封堵，附近配有消火栓、手提式灭火器、手推式灭火器。

3）电容器室火灾处置流程。电容器室火情确认后，运维人员（保安人员）应立即拨打 119 火灾报警电话并汇报当值调控人员和有关领导。运维人员到达现场确认电容器开关已断开后，还应通知调控人员将其 AVC 等自动电压无功控制系统封锁。运维人员应根据现场火情提前完成相关设备停电隔离及安全措施布置工作，待政府综合性消防救援队伍到达现场后，立即与救援队伍负责人取得联系并交代着火设备现状和设备运行状况，然后协助政府综合性消防救援队伍灭火。

（4）室内站用变压器火灾处置。

1）室内接地变压器火灾危险性。室内接地变压器通风不良、绝缘受潮、匝间绝缘老化及其自身故障引起的起火，易造成接地变压器爆炸，当接地变压器的绝缘材料起火后会产生有毒物质。

2）预防措施。接地变压器室安装有感烟、感温探测器，电缆孔、洞处用电缆防火封堵材料严密封堵，附近有消火栓、手提式灭火器、手推式灭火器。

3）室内接地变压器火灾处置流程。室内接地变压器火情确认后，运维人员（保安人员）应立即拨打 119 火灾报警电话并汇报当值调控人员和有关领导。运维人员现场确认接地变压器开关已断开后，还应检查所用电负荷切换情况，如切换不成功则进行手动切换。运维人员应根据现场火情提前完成相关设备停电隔离及安全措施布置工作，待政府综合性消防救援队伍到达现场后，立即与救援队伍负责人取得联系并交代着火设备现状和设备运行状况，然后协助政府综合性消防救援队伍灭火。

（5）蓄电池室设备火灾处置。

1）蓄电池室设备火灾危险性。室内运行环境不良、电池短路内部电流过大、电池大量漏酸及其自身故障引起的起火，蓄电池组有爆炸的危险性。

2）预防措施。蓄电池室内安装有感烟、感温探测器，蓄电池室门外配有手提式灭火器。

3）蓄电池室设备火灾处置流程：蓄电池室火情确认后，运维人员（保安人员）应立即拨打 119 火灾报警电话并汇报当值调控人员和有关领导。运维人员应根据现场火情提前完成相关设备停电隔离及安全措施布置工作，待政府综合性消防救援队伍到达现场后，立即与救援队伍负责人取得联系并交代着火设备现状和设备运行状况，然后协助政府综合性消防救援队伍灭火。

（6）室外设备（断路器、电容器、电抗器、消弧线圈等）火灾处置。

1）室外设备火灾危险性：

a. 断路器、GISO 断路器触点发热、绝缘性能下降、GIS 内部短路、质量不良等。

b. 室外电容器。外部电压过高以及其他自身故障引起的过热起火，易造成电容器爆炸，燃烧的油流会进一步扩大火灾危害，当电容器的绝缘材料起火后会产生有毒物质。

c. 干式电抗器。因受潮或绝缘损伤导致内部匝间短路，在发生内部故障的同时，本体会伴随有迅速的温升现象，严重时甚至会烧毁，当干式电抗器绝缘材料起火后会产生有毒物质。

d. 消弧线圈。外部电压过高以及其他自身故障引起的过热起火，易造成消弧线圈起火，燃烧的油流动会进一步扩大火灾危害，当消弧线圈的绝缘材料起火后会产生有毒物质。

2）预防措施。室外设备附近配有消火栓、手提式灭火器、手推式灭火器。

3）室外设备火灾处置流程。断路器、GIS、干式电抗器、消弧线圈等室外设备火情确认后，运维人员（保安人员）应立即拨打 119 火灾报警电话并汇报当值调控人员和有关领导。着火设备停电隔离后，运维人员在确保人身安全的前提下并做好个人安全防护可使用现场消防器材灭火。待政府综合性消防救援队伍到达火场后，运维人员立即与政府综合性消防救援队伍负责人取得联系并交代着火设备现状和运行设备状况，然后协助政府综合性消防救援队伍灭火。

（7）电缆夹层、电缆竖井或电缆沟火灾处置。

1）电缆夹层、电缆竖井或电缆沟火灾危险性。电缆夹层、电缆竖井或电缆沟内因存在高低压电缆混沟、电缆中间接头、防火措施不完善等情况，易引发火灾。发生火灾时电缆夹层、电缆竖井或电缆沟内热量和烟气不易散发，温度急剧升高，烟气浓度增大，燃烧会分解出氯化氢等有毒气体，同时起火导致大量电缆短路爆炸，促使火势扩展蔓延，造成大面积停电。

2）预防措施。电缆层设置防火分区，配置悬挂式灭火器。电缆层、电缆沟每 60m 处、丁字口、拐弯处、各小室电缆进出口处分别设电缆封堵防火墙，防火墙两侧的电缆表面喷涂长度不小于 1.5m，厚度不小于 1mm 电缆防火涂料。

3）电缆夹层、电缆竖井或电缆沟火灾处置流程：电缆夹层、电缆竖井或电缆沟火情确认后，运维人员（保安人员）应立即拨打 119 火灾报警电话并汇报当值调控人员和有关领导。运维人员到达现场后，根据电力电缆敷设路径图迅速对着火电缆进行停电隔离并实时观察现场火情，及时向当值调控人员和有关领导汇报火场动态，等待接受扩大停电范围的操作任务。运维人员应根据现场火情提前完成相关设备停电隔离及安全措施布置工作，待政府综合性消防救援队伍到达现场后，立即与救援队伍负责人取得联系并交代着火设备现状和设备运行状况，然后协助政府综合性消防救援队伍灭火。

（8）保护室（二次设备室）火灾处置。

1）保护室（二次设备室）火灾危险性。保护室着火危险性主要有：保护室组成复杂，设备多；电源、空调等附属设备较多；电源电缆、信号电缆纵横交错，敷设明少暗多；设备长期连续运行，由于质量问题，或元器件故障等因素，可能会出现绝缘击穿、线路短路、接触点过热，易引燃相邻屏柜及连接电缆，促使火势扩展蔓延。

2）预防措施。保护室内安装有感烟、感温探测器，配有手提式灭火器；保护室以及屏柜内电缆孔、洞处用电缆防火封堵材料严密封堵。

3）保护室（二次设备室）火灾处置流程。保护室（二次设备室）发生火灾时，运维人员（保安人员）应立即拨打 119 火灾报警电话并汇报当值调控人员和有关领导，并做好相关一次设备停电的操作准备。运维人员应根据现场火情提前完成相关设备停电隔离及安全措施布置工作，待政府综合性消防救援队伍到达现场后，立即与救援队伍负责人取得联系并交代着火设备现状和设备运行状况，然后协助政府综合性消防救援队伍灭火。

（9）其他特殊区域火灾处置。城市地下变电站、城市中心站、毗邻密集居民区变电站等特殊区域火灾处置可以列在此条。

（10）信息发布。

1）生产区域火灾的信息发布和舆情引导工作由各省电力有限公司统一组织，地市（省检）公司将信息内容上报省电力有限公司，根据事件分级，由省电力有限公司组织对外发布。

2）发布信息主要包括生产区域火灾的基本情况、采取的应急措施、取得的进展、存在困难以及下一步工作打算等信息。

3）后期处置恢复与重建。生产区域火灾应急处置工作结束后，积极组织受损电力设施、场所和生产秩序的恢复重建工作。恢复重建工作根据事件分级，由地市公司安全应急领导小组组织领导。对于重点部位和特殊区域，可按照“差异化”原则，提出解决建议和意见，按有关规定报批实施。

二、水电站火灾应急处理

1. 前期处置

火灾发生后，应立即通知现场人员撤出危险区域，并向消防部门报警，同时向水电站应急办公室报告。

2. 应急处置

（1）当×水电站应急办公室接到火警后，根据火灾情况，启用重大火灾事故应急救援预案，指挥相关人员，按职责、任务、分工、统一行动。

（2）火灾发生后，首先组织人力和工具，尽快把被困人员救下来，同时部署一定的灭火力量救火，但在力量不足的情况下，应以主要力量救援人员。

（3）疏散和保护物资，减少火灾损失。对火势威胁的各种物资，根据火场情况来决定，采取可行的保护措施，或对其进行疏散。

（4）重要设备有烧毁危险时，必须设法抢救。

（5）当易燃易爆物品有爆炸可能时，必须首先疏散人员，再采取其他控制措施。

（6）当电气设备发生火灾时，按照紧急处理程序进行处理，立即将有关设备的电源切断，同时汇报值班班长，采取紧急隔离停电措施。在电气设备灭火时，只准许在熟悉该设备带电部分的人员指挥或带领下进行，并使用干粉灭火器、二氧化碳灭火器（600V 以下）灭火。

（7）参加灭火的人员，在灭火时应防止被火烧伤或燃烧物体所产生的气体引起中毒、窒息，防止燃烧物体产生的高温等引起相关设备的爆炸。参加建筑物的灭火人员，迅速了解建筑物是否有倒塌的可能，以保护灭火人员的安全。

（8）消防队到达现场后，现场灭火指挥人员应立即与消防队负责人取得联系，并交代失火设备现状、运行设备状况及注意事项，然后协助消防队灭火。

（9）当火灾扑灭后或火势基本得到控制，应保护火灾现场。

（10）当事故抢救、抢险结束后，×发电分公司及其他事故相关部门在配合做好事故调查分析处理的同时，及研究制定抢修或抢救方案，经主管领导批准同意后，按方案组织实施。

3. 扩大应急响应

当火灾有扩大趋势，现场条件无法控制时，立即汇报公司应急领导小组，并准备启动Ⅰ级预报。

4. 应急结束

火灾扑灭后，对现场火源进行认真检查，确认无火种后公司应急领导小组宣布应急结束。如果火灾等级较高，需要报送地方政府消防部门确认或上级部门批准后再结束应急状态。

第六节　应急预案（处置方案）和演练

一、火灾应急预案的编制依据

火灾应急预案的编制依据主要包括三类：

（1）法规制度依据，包括消防法律法规规章、涉及消防安全的相关法律规定和本单位消防安全制度。

（2）客观依据，包括单位的基本情况、消防安全重点部位情况等。

（3）主观依据，包括员工的变化程度、消防安全素质和防火灭火技能等。

二、火灾应急预案的编制范围

火灾应急预案的编制范围主要包括消防安全重点单位、在建重点工程、其他需要制定应急预案的单位或场所。

一般单位可参照本节内容制定应急预案，并可根据单位内部实际情况予以适当调整。

三、火灾应急预案制定的程序

制定火灾应急预案的程序是指其制定的方法和步骤。一般来说，应按照以下程序进行：

（1）明确范围，明确重点部位。单位应结合单位的实际情况，确定范围，明确重点保护对象或者部位。

（2）调查研究，收集资料。制定应急预案，是一项细致而复杂的工作。为使所制定的应急预案符合客观实际，应进行大量细致的调查研究工作，要正确分析、预测单位内部发生火灾的可能性和各种险情，制定出相应的火灾扑救和应急救援对策。

（3）科学计算，确定人员力量和器材装备。通过计算，确定现场灭火和疏散人员所需要的人员力量、保障的器材装备和物资等方面的数量，为完成灭火救援应急任务提供基本依据。

（4）确定灭火救援应急行动意图。根据灾情，对灭火救援应急行动的目标、任务、手段、措施等进行总体策划和构思。其主要内容有：作战行动的目标与任务、战术与技术措施、人员部署与力量安排等。

（5）严格审核，不断充实完善。应急预案实行逐级审核制度。单位安保部门制定的应急预案必须报请单位主要领导审核，批准后方可投入使用。审核的重点应当侧重于情况设定、处置对策、人员安排部署、战术措施、技术方法、后勤保障等内容。必要时还应当组织专业技术人员充分论证并通过演练进行验证。

四、火灾应急预案的编制内容

火灾应急预案的基本内容应包括单位的基本情况、应急组织机构、火情预想、报警和接警处置程序、应急疏散的组织程序和措施、扑救初起火灾的程序和措施、通信联络、安全防护救护的程序和措施、灭火和应急疏散计划图、注意事项等。

1. 单位基本情况

包括单位基本概况和消防安全重点部位情况，消防设施、灭火器材情况，消防组织、志愿消防队人员及装备配备情况。消防安全重点单位应当将容易发生火灾或一旦发生火灾可能危及人身和财产安全以及对消防安全有重大影响的部位确定为消防安全重点部位。通过明确重点部位并分析其火灾危险，指导应急预案的制定和演练。

2. 应急组织机构

应急组织机构的设置应结合本单位的实际情况，遵循归口管理、统一指挥、讲究效率、权责对等和灵活机动的原则，包括火场指挥部、灭火行动组、疏散引导组、安全防护救护组、火灾现场警戒组、后勤保障组、机动组。

（1）火场指挥部。确定总指挥、副总指挥成员。指挥部职责：根据方便现场指挥、通信联络畅通、保证自身安全的原则，火场指挥部的地点可设在起火部位附近或消防控制室、电话总机室，指挥协调各职能小组和志愿消防队开展工作，根据火情决定是否通知人员疏散并组织实施，及时控制和扑救火灾。综合性消防救援队到达后及时向指挥员报告火场内的有关情况，按照指挥员的统一部署，协调配合消防应急队伍开展灭火救援行动。

（2）灭火行动组。灭火行动组由单位的志愿消防队员组成，可以进一步细化为灭火器材小组、水枪灭火小组、防火卷帘控制小组、物资疏散小组、抢险堵漏小组等。负责现场灭火、抢救被困人员、操作消防设施。

（3）疏散引导组。引导人员疏散自救，确保人员安全快速疏散。

（4）安全防护救护组。负责对受伤人员进行紧急救护，并视情况转送医疗机构。

（5）火灾现场警戒组。负责控制各出口，无关人员只许出不许进，火灾扑灭后保护现场。

（6）后勤保障组。负责通信联络，车辆调配，道路畅通，供电控制，水源保障。

（7）机动组。受指挥部的指挥，负责增援行动。

3. 火情预想

火情预想即对单位可能发生火灾做出的有根据、符合实际的设想，是制定应急预案的重要依据。要在调查研究、科学计划的基础上，从实际出发，根据火灾特点，使之切合实际，有较强的针对性。其内容如下：

（1）重点部位和主要起火点。同一重点部位，可假设多个起火点。

（2）起火物品及蔓延条件，燃烧面积（范围）和主要蔓延的方向。

（3）可能造成的危害和影响（如可燃液体的燃烧、压力容器的爆炸，结构的倒塌，人员伤亡、被困情况等），以及火情发展变化趋势，可能造成的严重后果等。

（4）区分白天和夜间、营业期间和非营业期间。

4. 报警、接警处置程序

（1）报警。以快捷方便为原则确定发现火灾后的报警方式。如口头报警、有线报警、无线报警等，报警的对象为“119”火警台（“三台合一”的地区为“110”指挥中心）、单位值班领导、消防控制中心等。报警时应说明以下情况：着火单位、着火部位、着火物质及有无人员被困、单位具体位置、报警电话号码、报警人姓名。同时，还要报告本单位值班领导和有关部门。

（2）接警。单位领导接警后，启动应急预案，按预案确定内部报警的方式和疏散的范围，组织指挥初期火灾的扑救和人员疏散工作，安排力量做好警戒工作。有消防控制室的场所，值班员接到火情消息后，立即通知有关人员前往核实火情，火情核实确认后，立即报告消防救援队和值班负责人，通知灭火行动组人员前往着火层。

5. 初起火灾处置程序和措施

（1）指挥部、各行动小组和志愿消防队迅速集结，按照职责分工，进入相应位置开展灭火救援行动。

（2）发现火灾时，起火部位现场员工应当于 1min 内立即形成灭火第一战斗力量，在第一时间内采取如下措施：灭火器材、设施附近的员工利用现场灭火器、消火栓等器材、设施灭火，电话或火灾报警按钮附近的员工打“119”电话报警、报告消防控制室或单位值班人员；安全出口或通道附近的员工负责引导人员疏散。若火势扩大，单位应当于 3min 内形成灭火第二战斗力量，及时采取如下措施：通信联络组按照应急预案要求通知预案涉及的员工赶赴火场，向火场指挥员报告火灾情况，将火场指挥员的指令下达到有关员工；灭火行动组根据火灾情况利用本单位的消防器材、设施扑救火灾；疏散引导组按分工组织引导现场人员疏散；安全救护组负责协助抢救、护送受伤人员；现场警戒组阻止无关人员进入火场，维持火场秩序。

（3）相关部位人员负责关闭空调系统和煤气总阀门，及时疏散易燃易爆化学危险物品及其他重要物品。

6. 火灾应急疏散的组织程序和措施

应急疏散的组织程序和措施如下：

（1）疏散通报。火场指挥部根据火灾的发展情况，决定发出疏散通报。通报的次序是：着火层，着火层以上各层，有可能蔓延的着火层以下的楼层。

（2）疏散通报的方式。常用的疏散通报方式有两种：

1）语音通报，可利用消防广播播放预先录制好的消防紧急广播录音带或由值班人员直接播报火情、介绍疏散路线及注意事项，语言通报应分别采用普通话和常用外语（英、日、韩等语种）通报，并注意稳定人员的情绪。

2）警铃通报。通过警铃发出紧急通告和疏散指令。

（3）疏散引导。疏散引导工作主要分为四大块：

1）划定安全区，根据建筑特点和周围情况，事先划定供疏散人员集结的安全区域。

2）明确责任人，在疏散通道上分段安排人员指明疏散方向，查看是否有人员滞留在应急疏散的区域内，统计人员数量，稳定人员情绪。

3）及时变更修正，由于公众聚集场所的现场工作人员具有一定的流动性，在预案中担负灭火和疏散救援行动的人员变化后，要及时进行调整和补充。

4）突出重点，应把引导疏散作为应急预案制定和演练的重点，加强疏散引导组的力量配备。

7. 安全防护救护和通信联络的程序及措施

安全防护救护和通信联络的程序及措施如下：

（1）建筑外围安全防。清除路障，疏导车辆和围观群众，确保消防通道畅通；维护现场秩序，严防趁火打劫；引导消防车，协助消防车取水、灭火。

（2）建筑首层出入口安全防。禁止无关人员进入起火建筑；对火场中疏散的物品进行规整并严加看管：指引消防人员进入起火部位。

（3）起火部位的安全防护引导疏散人流，维护疏散秩序；阻止无关人员进入起火部位：防护好现场的消防器材、装备。

（4）在安全区及时对受伤人员进行救治，对于危重病人及时送往医院救治。

（5）利用电话、对讲机等建立有线、无线通信网络，确保火场信息传递畅通。

（6）火场指挥部、各行动组、各消防安全重点部位必须确定专人负责信息传递，保证火场指令得到及时传递、落实。

（7）应安排专人在主要路口处接应消防车。

8. 绘制灭火和应急疏散计划图

灭火和应急疏散计划图有助于指挥部在救援过程中对各小组的指挥和对事故的控制，应当力求详细准确，图文并茂，标注明确，直观明了。应针对假设部位制定灭火进攻和疏散路线平面图。平面图比例应正确，设备、物品、疏散通道、安全出口、灭火设施和器材分布位置应标注准确，假设部位及周围场所的名称应与实际相符。灭火进攻的方向，灭火装备停放位置，消防水源，物资、人员疏散路线，物资放置，人员停留地点以及指挥员位置，图中应标识明确。

9. 注意事项

编制应急预案的注意事项包括：

（1）参加演练的人员应当采取必要的个人防护措施。

（2）灭火疏散阵地设置要安全，应能进能退、攻防兼备。

（3）指挥员要密切注意火场上各种复杂情况和险情的变化，适时采取果断措施，避免伤亡。

（4）灭火救援应急行动结束后，要做好现场的清理工作。

（5）其他需要特别警示的事项。

五、火灾应急预案演练分类

根据组织形式、演练内容、演练目的与作用等不同，火灾应急预案演练分为不同种类。

1. 按组织形式划分

火灾应急预案演练按组织形式划分为桌面演练和实战演练。

（1）桌面演练。桌面演练是指参演人员利用地图、沙盘、流程图、计算机模拟、视频会议等辅助手段，针对事先假定的演练情景，讨论和推演应急决策及现场处置的过程，从而促进相关人员掌握应急预案中所规定的职责和程序，提高指挥决策和协同配合能力。桌面演练通常在室内完成。

（2）实战演练。实战演练是指参演人员利用应急处置涉及的设备和物资，针对事先设置的突发火灾事故情景及其后续的发展情景，通过实际决策、行动和操作，完成真实应急响应的过程，从而检验和提高相关人员的临场组织指挥、队伍调动、应急处置技能和后勤保障等应急能力。实战演练通常要在特定场所完成。

2. 按演练内容划分

火灾应急预案演练按演练内容划分为单项演练和综合演练。

（1）单项演练。单项演练是指只涉及应急预案中特定应急响应功能或现场处置方案中一系列应急响应功能的演练活动。注重针对一个或少数几个参与单位（岗位）的特定环节和功能进行检验。

（2）综合演练。综合演练是指涉及应急预案中多项或全部应急响应功能的演练活动。注重对多个环节和功能进行检验，特别是对不同单位（部门）之间应急机制和联合应对能力的检验。

3. 按演练目的与作用划分

火灾应急预案演练按演练目的与作用划分为检验性演练、示范性演练和研究性演练。

（1）检验性演练。检验性演练是指为检验应急预案的可行性、应急准备的充分性、应急机制的协调性及相关人员的应急处置能力而组织的演练。

（2）示范性演练。示范性演练是指为向观摩人员展示应急能力或提供示范教学，严格按照应急预案规定开展的表演性演练。

（3）研究性演练。研究性演练是指为研究和解决突发火灾事故应急处置的重点、难点问题，试验新方案、新技术、新装备而组织的演练。不同类型的演练相互结合，可以形成单项桌面演练、综合桌面演练、单项实战演练、综合实战演练、示范性单项演练、示范性综合演练等。

六、火灾应急预案演练规划

演练组织单位要根据实际情况，并依据相关法律法规和应急预案的规定，制订年度应急演练规划，按照“先单项后综合、先桌面后实战、循序渐进、时空有序”等原则，合理规划应急演练的频次、规模、形式、时间、地点等。按照有关法律法规要求，消防安全重点单位应当每半年开展一次灭火和应急疏散预案的演练，其他单位应当每年开展一次灭火和应急疏散预案的演练。演练应在相关预案确定的应急领导机构或指挥机构领导下组织开展。演练组织单位要成立由相关单位领导组成的演练领导小组，通常下设策划部、保障部和评估组。对于不同类型和规模的演练活动，其组织机构和职能可以适当调整。根据需要，可成立现场指挥部。

1. 演练领导小组

演练领导小组负责应急演练活动全过程的组织领导，审批决定演练的重大事项。演练领导小组组长一般由演练组织单位或其上级单位的负责人担任；副组长一般由演练组织单位或主要协办单位负责人担任；小组其他成员一般由各演练参与单位相关负责人担任。在演练实施阶段，演练领导小组组长、副组长通常分别担任演练总指挥、副总指挥。

2. 策划部

策划部负责应急演练策划、演练方案设计、演练实施的组织协调、演练评估总结等工作。策划部设总策划、副总策划，下设文案组、协调组、控制组、宣传组等。

（1）总策划是演练准备、演练实施、演练总结等阶段各项工作的主要组织者，一般由演练组织单位具有应急演练组织经验和突发火灾事故应急处置经验的人员担任；副总策划协助总策划开展工作，一般由演练组织单位或参与单位的有关人员担任。

（2）文案组在总策划的直接领导下，负责制订演练计划、设计演练方案、编写演练总结报告以及演练文档归档与备案等；其成员应具有一定的演练组织经验和突发火灾事故应急处置经验。

（3）协调组负责与演练涉及的相关单位以及本单位有关部门之间的沟通协调，其成员一般为演练组织单位及参与单位的行政、外事等部门人员。

（4）控制组在演练实施过程中，在总策划的直接指挥下，负责向演练人员传送各类控制消息，引导应急演练进程按计划进行。其成员最好有一定的演练经验，也可以从文案组和协调组抽调，常称为演练控制人员。

（5）宣传组负责编制演练宣传方案、整理演练信息、组织新闻媒体和开展新闻发布等。其成员一般是演练组织单位及参与单位宣传部门的人员。

3. 保障部

保障部负责调集演练所需物资装备，购置和制作演练模型、道具、场景，准备演练场地，维持演练现场秩序，保障运输车辆，保障人员生活和安全保卫等。其成员一般是演练组织单位及参与单位后勤、财务、办公室等部门人员，常称为后勤保障人员。

4. 评估组

评估组负责设计演练评估方案和编写演练评估报告，对演练准备、组织、实施及其安全事项等进行全过程、全方位评估，及时向演练领导小组、策划部和保障部提出意见、建议。其成员一般是应急管理专家、具有一定演练评估经验和突发火灾事故应急处置经验的专业人员，常称为演练评估人员。评估组可由上级或专业部门组织，也可由演练组织单位自行组织。

5. 参演队伍和人员

参演人员包括应急预案规定的有关应急管理部门（单位）工作人员、各类专兼职应急救援队伍以及志愿者队伍等。参演人员承担具体演练任务，针对模拟火灾事故场景做出应急响应行动。有时也可使用模拟人员替代未到现场参加演练的单位人员，或模拟事故的发生过程，如释放烟雾、模拟顾客等。

七、火灾应急预案演练准备

单位在开展应急预案演练之前，应当做好下列四项准备工作。

1. 制定演练计划

演练计划由文案组编制，经策划部审查后报演练领导小组批准。主要内容包括：

（1）确定演练目的。明确举办应急演练的原因、演练要解决的问题和期望达到的效果等。

（2）分析演练需求。在对事先设定火灾事故风险及应急预案进行认真分析的基础上，确定需调整的演练人员、需锻炼的技能、需检验的设备、需完善的应急处置流程和需进一步明确的职责等。

（3）确定演练范围。根据演练需求、经费、资源和时间等条件的限制，确定演练事件类型、等级、地域、参演机构及人数、演练方式等。演练需求和演练范围往往互相影响。

（4）安排演练准备与实施的日程计划。包括各种演练文件编写与审定的期限、物资器材准备的期限、演练实施的日期等。

（5）编制演练经费预算。明确演练经费筹措渠道。

2. 设计演练方案

演练方案由文案组编写，通过评审后由演练领导小组批准，必要时还需报有关主管单位同意并备案。主要内容包括：

（1）确定演练目标。演练目标是需完成的主要演练任务及其达到的效果，一般说明“由谁在什么条件下完成什么任务，依据什么标准，取得什么效果”。演练目标应简单、具体、可量化、可实现。一次演练一般有若干项演练目标，每项演练目标都要在演练方案中有相应的事件和演练活动予以实现，并在演练评估中有相应的评估项目判断该目标的实现情况。

（2）设计演练情景与实施步骤。演练情景要为演练活动提供初始条件，还要通过一系列的情景事件引导演练活动继续，直至演练完成。演练情景包括演练场景概述和演练场景清单。

1）演练场景概述要对每一处演练场景概要说明，主要说明火灾事故类别、发生的时间地点、发展速度、强度与危险性、受影响范围、人员和物资分布、可能造成的损失、后续发展预测、气象及其他环境条件等。

2）演练场景清单要明确演练过程中各场景的时间顺序列表和空间分布情况。演练场景之间的逻辑关联依赖于火灾事故发展规律、控制消息和演练人员收到控制消息后应采取的行动。

（3）设计评估标准与方法。演练评估是通过观察、体验和记录演练活动，比较演练实际效果与目标之间的差异，总结演练成效和不足的过程。演练评估应以演练目标为基础。每项演练目标都要设计合理的评估项目、方法、标准。根据演练目标的不同，可以用选择项（如：是/否判断，多项选择）、主观评分（如：1－差、3－合格、5－优秀）、定量测量（如响应时间、被困人数、获救人数）等方法进行评估。为便于演练评估操作，通常事先设计好评估表格，包括演练目标、评估方法、评价标准和相关记录项等。有条件时还可以采用专业评估软件等工具。

（4）编写演练方案文件。演练方案文件是指导演练实施的详细工作文件。根据演练类别和规模的不同，演练方案可以编为一个或多个文件。编为多个文件时可包括演练人员手册、演练控制指南、演练评估指南、演练宣传方案、演练脚本等，分别发给相关人员。对涉密应急预案的演练或不宜公开的演练内容，还要制订保密措施。

1）演练人员手册。内容主要包括演练概述、组织机构、时间、地点、参演单位、演练目的、演练情景概述、演练现场标识、演练后勤保障、演练规则、安全注意事项、通信联系方式等，但不包括演练细节。演练人员手册可发放给所有参加演练的人员。

2）演练控制指南。内容主要包括演练情景概述、演练事件清单、演练场景说明、参演人员及其位置、演练控制规则、控制人员组织结构与职责、通信联系方式等。演练控制指南主要供演练控制人员使用。

3）演练评估指南。内容主要包括演练情况概述、演练事件清单、演练目标、演练场景说明、参演人员及其位置、评估人员组织结构与职责、评估人员位置、评估表格及相关工具、通信联系方式等。演练评估指南主要供演练评估人员使用。

4）演练宣传方案。内容主要包括宣传目标、宣传方式、传播途径、主要任务及分工、技术支持、通信联系方式等。

5）演练脚本。对于重大综合性示范演练，演练组织单位要编写演练脚本，描述演练事件场景、处置行动、执行人员、指令与对白、视频背景与字幕、解说词等。

6）演练方案评审对综合性较强、风险较大的应急演练，评估组要对文案组制订的演练方案进行评审，确保演练方案科学可行，以确保应急演练工作的顺利进行。

3. 演练动员与培训

在演练开始前要进行演练动员和培训，确保所有演练参与人员掌握演练规则、演练情景和各自在演练中的任务。

所有演练参与人员都要经过应急基本知识、演练基本概念、演练现场规则等方面的培训。对控制人员要进行岗位职责、演练过程控制和管理等方面的培训；对评估人员要进行岗位职责、演练评估方法、工具使用等方面的培训；对参演人员要进行应急预案、应急技能及个体防护装备使用等方面的培训。

4. 应急演练保障

（1）人员保障。演练参与人员一般包括演练领导小组、演练总指挥、总策划、文案人员、控制人员、评估人员、保障人员、参演人员、模拟人员等，有时还会有观摩人员等其他人员。在演练的准备过程中，演练组织单位和参与单位应合理安排工作，保证相关人员参与演练活动的时间。通过组织观摩学习和培训，提高演练人员的素质和技能。

（2）经费保障。演练组织单位每年要根据应急演练规划编制应急演练经费预算，纳入该单位的年度财政（财务）预算，并按照演练需要及时拨付经费。对经费使用情况进行监督检查，确保演练经费专款专用、节约高效。

（3）场地保障。根据演练方式和内容，经现场勘察后选择合适的演练场地。桌面演练一般可选择会议室或应急指挥中心等；实战演练应选择与实际情况相似的地点，并根据需要设置指挥部、集结点、接待站、供应站、救护站、停车场等设施。演练场地应有足够的空间，良好的交通、生活、卫生和安全条件，尽量避免干扰公众生产生活。

（4）物资和器材保障。根据需要，准备必要的演练材料、物资和器材，制作必要的模型设施等，主要包括：

1）信息材料。主要包括应急预案和演练方案的纸质文本、演示文档、图表、地图、软件等。

2）物资设备。主要包括各种应急抢险物资、特种装备、办公设备、录音摄像设备、信息显示设备等。

3）通信器材。主要包括固定电话、移动电话、对讲机、海事电话、传真机、计算机、无线局域网、视频通信器材和其他配套器材，尽可能使用已有通信器材。

4）演练情景模型。搭建必要的模拟场景及装置设施。

（5）通信保障。应急演练过程中应急指挥机构、总策划、控制人员、参演人员、模拟人员等之间要有及时可靠的信息传递渠道。根据演练需要，可以采用多种公用或专用通信系统，必要时可组建演练专用通信与信息网络，确保演练控制信息的快速传递。

（6）安全保障。演练组织单位要高度重视演练组织与实施全过程的安全保障工作。大型或高风险演练活动要按规定制定专门应急预案，采取预防措施，并对关键部位和环节可能出现的突发事件进行针对性演练。根据需要为演练人员配备个体防护装备，购买商业保险。对可能影响公众生活、易于引起公众误解和恐慌的应急演练，应提前向社会发布公告，生示演练内容、时间、地点和组织单位，并做好应对方案，避免造成负面影响。

演练现场要有必要的安保措施，必要时对演练现场进行封闭或管制，保证演练安全进行。演练出现意外情况时，演练总指挥与其他领导小组成员会商后可提前终止演练。

八、火灾应急预案演练实施

应急预案的演练一般包括以下三个步骤。

1. 演练启动

演练正式启动前一般要举行简短仪式，由演练总指挥宣布演练开始并启动演练活动。

2. 演练执行

（1）演练指挥与行动。

1）演练总指挥负责演练实施全过程的指挥控制。当演练总指挥不兼任总策划时，一般由总指挥授权总策划对演练过程进行控制。

2）按照演练方案要求，应急指挥机构指挥各参演队伍和人员，开展对模拟演练事件的应急处置行动，完成各项演练活动。

3）演练控制人员应充分掌握演练方案，按总策划的要求，熟练发布控制信息，协调参演人员完成各项演练任务。

4）参演人员根据控制消息和指令，按照演练方案规定的程序开展应急处置行动，完成各项演练活动。

5）模拟人员按照演练方案要求，模拟未参加演练的单位或人员的行动，并做出信息反馈。

（2）演练过程控制。总策划负责按演练方案控制演练过程。

1）桌面演练过程控制。在桌面演练中，演练活动主要围绕对所提出问题进行讨论。由总策划以口头或书面形式，部署引入一个或若干个问题。参演人员根据应急预案及有关规定，讨论应采取的行动。在角色扮演或推演式桌面演练中，由总策划按照演练方案发出控制消息，参演人员接收到事件信息后，通过角色扮演或模拟操作，完成应急处置活动。

2）实战演练过程控制。在实战演练中，要通过传递控制消息来控制演练进程。总策划按照演练方案发出控制消息，控制人员向参演人员和模拟人员传递控制消息。参演人员和模拟人员接收到信息后，按照发生真实事件时的应急处置程序，或根据应急行动方案，采取相应的应急处置行动。控制消息可由人工传递，也可以用对讲机、电话、手机、传真机、网络等方式传送，或者通过特定的声音、标志、视频等呈现。演练过程中，控制人员应随时掌握演练进展情况，并向总策划报告演练中出现的各种问题。

（3）演练解说。在演练实施过程中，演练组织单位可以安排专人对演练过程进行解说。解说内容一般包括演练背景描述、进程讲解、案例介绍、环境渲染等。对于有演练脚本的大型综合性示范演练，可按照脚本中的解说词进行讲解。

（4）演练记录。演练实施过程中，一般要安排专门人员，采用文字、照片和音像等手

记录演练过程。文字记录一般可由评估人员完成，主要包括演练实际开始与结束时间、演练过程控制情况、各项演练活动中参演人员的表现、意外情况及其处置等内容，尤其是要详细记录可能出现的人员“伤亡”（如进入“危险”场所而无安全防护，在规定的时间内不能完成疏散等）及财产“损失”等情况。

照片和音像记录可安排专业人员和宣传人员在不同现场、不同角度进行拍摄，尽可能全方位反映演练实施过程。

（5）演练宣传报道。演练宣传组按照演练宣传方案做好演练宣传报道工作。认真做好信息采集、媒体组织、广播电视节目现场采编和播报等工作，扩大演练的宣传教育效果。对涉密应急演练要做好相关保密工作。

3. 演练结束与终止

演练完毕，由总策划发出结束信号，演练总指挥宣布演练结束。演练结束后所有人员停止演练活动，按预定方案集合进行现场总结讲评或者组织疏散。保障部负责组织人员对演练现场进行清理和恢复。

演练实施过程中出现下列情况，经演练领导小组决定，由演练总指挥按照事先规定的程序和指令终止演练：

（1）出现真实突发事件，需要参演人员参与应急处置时，要终止演练，使参演人员迅速回归其工作岗位，履行应急处置职责；

（2）出现特殊或意外情况，短时间内不能妥善处理或解决时，可提前终止演练。

九、火灾应急预案演练评估与总结

应急预案演练结束后，单位还应当对演练工作进行评估、总结，根据演练工作的经验和教训，制定完善改进措施，提高演练和实战能力。

1. 演练评估

演练评估是在全面分析演练记录及相关资料的基础上，对比参演人员表现与演练目标要求，对演练活动及其组织过程做出客观评价，并编写演练评估报告的过程。所有应急演练活动都应进行演练评估。

演练结束后可通过组织评估会议、填写演练评价表和对参演人员进行访谈等方式，也可要求参演单位提供自我评估总结材料，进一步收集演练组织实施的情况。

演练评估报告的主要内容一般包括演练执行情况、预案的合理性与可操作性、应急指挥人员的指挥协调能力、参演人员的处置能力、演练所用设备装备的适用性、演练目标的实现情况、演练的成本效益分析、对完善预案的建议等。

2. 演练总结

演练总结可分为现场总结和事后总结。

（1）现场总结。在演练的一个或所有阶段结束后，由演练总指挥、总策划、专家评估组长等在演练现场有针对性地进行讲评和总结。内容主要包括本阶段的演练目标、参演队伍及人员的表现、演练中暴露的问题、解决问题的办法等。

（2）事后总结。在演练结束后，由文案组根据演练记录、演练评估报告、应急预案、现场总结等材料，对演练进行系统和全面的总结，并形成演练总结报告。演练参与单位也可对本单位的演练情况进行总结。

演练总结报告的内容包括：演练目的、时间和地点、参演单位和人员、演练方案概要、发现的问题与原因、经验和教训以及改进有关工作的建议等。

3. 成果运用

对演练暴露出来的问题，演练单位应当及时采取措施予以改进，包括修改完善应急预案、有针对性地加强应急人员的教育和培训、对应急物资装备有计划地更新等，并建立改进任务表，按规定时间对改进情况进行监督检查。

4. 文件归档与备案

演练组织单位在演练结束后应将演练计划、演练方案、演练评估报告、演练总结报告等资料归档保存。

对于由上级有关部门布置或参与组织的演练，或者法律、法规、规章要求备案的演练，演练组织单位应当将相应资料报有关部门备案。

5. 考核与奖惩

演练组织单位要注重对演练参与单位及人员进行考核。对在演练中表现突出的单位及个人，可给予表彰和奖励；对不按要求参加演练或影响演练正常开展的，可给予相应批评。

第九章　消防安全监督检查

第一节　消防安全监督检查工作流程

一、检查方式

（1）各单位应采取计划检查和随机检查相结合的形式，组织开展综合检查和专项检查，或与季节安全大检查等综合性安全活动合并开展。

（2）省公司级单位一年至少组织开展 2 次消防安全监督检查，地市县公司级单位每季度至少组织开展 1 次消防安全监督检查。

（3）各单位应根据本地区和行业消防特点，组织消防安全监督检查。在火灾多发时节、重大节日、重大活动前或者期间，应当组织监督检查。

（4）安全监督现场检查可采取资料查阅、现场检查询问、查看情况、现场测试等多种方式进行。

1）资料（消防档案）查阅。消防档案是单位履行消防安全职责、反映单位消防工作基本情况和消防管理情况的载体。查阅消防档案应注意以下问题：

a. 消防安全重点单位的消防档案应包括消防安全基本情况和消防安全管理情况。其内容必须按照《机关、团体、企业、事业单位消防安全管理规定》中第 42 条、第 43 条的规定，全面详实地反映单位消防工作的实际状况；

b. 制定的消防安全制度和操作规程是否符合相关法规和技术规程；

c. 灭火和应急救援预案是否可靠；

d. 查阅公安机关消防机构填发的各种法律文书，尤其要注意责令改正或重大火灾隐患限期整改的相关内容是否得到落实。

2）现场检查询问。询问员工是消防安全管理人员实施消防安全检查时最常用的方法。为在有限的时间之内获得对检查对象的大致了解，并通过这种了解掌握被检查对象的消防安全状况，消防管理人员可以通过询问或测试的方法直接而快速地获得相关的信息。

a. 询问各部门、各岗位的消防安全管理人员，了解其实施和组织落实消防安全管理工作的概况以及对消防安全工作的熟悉程度；

b. 询问消防安全重点部位的人员，了解单位对其培训的概况；

c. 询问消防控制室的值班、操作人员，了解其是否具备岗位资格；

d. 公众聚集场所应随机抽询数名员工，了解其组织引导在场群众疏散的知识和技能以及报火警和扑救初起火灾的知识和技能。

3）查看情况。查看消防通道、防火间距、防火防烟分区设置、灭火器材、消防设施等情况。消防通道、消防设施、灭火器材、防火间距、防火防烟分区等是建筑物或场所消防安全的重要保障，国家的相关法律与技术规范对此都作了相应的规定。查看消防通道、消防设施、灭火器材、防火间距等，主要是通过眼看、耳听、手摸等方法，判断消防通道是否畅通，防火间距是否被占用，灭火器材是否配置得当并完好有效，消防设施各组件是否完整齐全无损、各组件阀门及开关等是否置于规定启闭状态、各种仪表显示位置是否处于正常允许范围等。可事先编制有针对性的安全检查表，借助安全检查表等工具可有效避免漏检。

4）现场测试。使用专用检测设备测试消防设施设备的工况，要求防火检查员应具备相应的专业技术基础知识，熟悉各类消防设施的组成和工作原理，掌握检查测试方法以及操作中应注意的事项。对一些常规消防设施的测试，利用专用检测设备对火灾报警器报警、消防电梯强制性停靠、室内外消火栓压力、消火栓远程启泵、压力开关和水力警铃、末端试水装置、防火卷帘启闭等项目进行测试。

二、检查形式

消防安全检查是一项长期的、经常性的工作，在组织形式上应采取经常性检查和定期性检查相结合、重点检查和普遍检查相结合的方式方法。具体检查形式主要有以下几种：

1. 一般日常性检查

这种检查是按照岗位消防责任制的要求，以班组长、安全员、志愿消防员为主对所处的岗位和环境的消防安全情况进行检查，通常以人员在岗在位情况、火源电源气源等危险源管理、灭火器配置、疏散通道和交接班情况为检查的重点。

一般日常性检查能及时发现不安全因素，及时消除安全隐患，它是消防安全检查的重要形式之一。

2. 定期防火检查

这种检查是按规定的频次进行，或者按照不同的季节特点，或者结合重大节日进行检查。这种检查通常由单位领导组织，或由有关职能部门组织，除了对所有部位进行检查外，还要对重点部门进行重点检查。这种检查的频次对企事业单位应当至少每季度检查一次，对重点单位至少每月检查一次。

定期防火检查的内容应当包括：

（1）火灾隐患的整改情况以及防范措施的落实情况；

（2）安全疏散通道、疏散指示标志、应急照明和安全出口情况；

（3）消防车通道、消防水源情况；

（4）灭火器材配置及有效情况；

（5）用火、用电有无违章情况；

（6）重点工种人员。以及其他员工消防知识的掌握情况；

（7）消防安全重点部位的管理情况；

（8）易燃易爆危险物品和场所防火防爆措施的落实情况以及其他重要物资的防火安全情况；

（9）消防（控制室）值班情况和设施运行、记录情况；

（10）防火巡查情况；

（11）消防安全标志的设置情况和完好、有效情况；

（12）其他需要检查的内容。

防火检查应当填写检查记录。检查人员和被检查部门负责人应当在检查记录上签名。

3. 专项检查

根据单位实际情况以及当前主要任务和消防安全薄弱环节开展的检查，如用电检查、用火检查、疏散检查、消防设施检查、危险品储存与使用检查等，专项检查应有专业技术人员参加。

4. 夜间检查

夜间检查是预防夜间发生大火的有效措施，检查主要依靠夜间值班干部、警卫和专、兼职消防管理人员。重点是检查火源电源以及其他异常情况，及时堵塞漏洞，消除隐患。

5. 防火巡查

防火巡查是单位保证消防安全的严格管理措施之一，它是消防安全重点单位常用的一种消防检查形式。

消防安全重点单位应当进行每日防火巡查，并确定巡查的人员、内容、部位和频次。其他单位可以根据需要组织防火巡查。

公众聚集场所在营业期间的防火巡查应当至少每 2h 一次；营业结束时应当对营业现场进行检查，消除遗留火种。应当加强夜间防火巡查，其他消防安全重点单位可以结合实际组织夜间防火巡查。

防火巡查人员应当及时纠正违章行为，妥善处置火灾危险，无法当场处置的，应当立即报告。发现初起火灾应当立即报警并及时扑救。

防火巡查应当填写巡查记录，巡查人员及其主管人员应当在巡查记录上签名。

单位防火巡查的内容，一般都是动态管理上的薄弱环节，而且一旦失查都可能造成重大事故的情况，包括：

（1）用火、用电有无违章情况；

（2）安全出口、疏散通道是否畅通，安全疏散指示标志、应急照明是否完好；

（3）消防设施、器材和消防安全标志是否在位、完整；

（4）常闭式防火门是否处于关闭状态，防火卷帘下是否堆放物品影响使用；

（5）消防安全重点部位的人员在岗情况；

（6）其他消防安全情况。

6. 其他形式的检查

根据需要进行的其他形式检查，如重大活动前的检查、开业前的检查、季节性检查等。

三、检查流程

（1）制定消防安全监督检查工作计划和方案，确定检查组人员，明确检查重点内容、检查组分工和时间安排。

（2）按照工作计划和方案，开展现场检查或远程抽查，对于检查中发现的问题向受检单位下发整改通知单（见表 9－1－1），并留存备查。

表 9－1－1　　消防安全监督检查整改通知单

编号：国网××电力××单位××号

<table>
<tr><td>检查单位</td><td colspan="3"></td></tr>
<tr><td>受检单位</td><td></td><td>检查日期</td><td></td></tr>
<tr><td colspan="4">存在问题的单位/地点/项目/：

存在问题及处理意见：

监督检查人员（签字）：

受检单位/地点/项目/相关负责人（签字）：

日期：　　年　月　日</td></tr>
</table>

（3）监督检查后，应编写监督检查工作报告（见表 9－1－2），明确整改要求和工作建议，并随同消防安全监督检查发现问题汇总表（见表 9－1－3）留存备查。

表 9－1－2　　消防安全监督检查报告

检查单位			
受检单位		检查日期	
一、检查工作基本情况			
（简述本次监督检查工作开展的时间、检查范围、检查小组组成及参与人员和主要检查手段等）			
二、发现问题汇总分析			
（对本次监督检查中发现的重要问题进行总结分析，详见消防安全监督检查发现问题汇总表）			
三、整改要求及工作建议			
（可对每一类或每一项发现问题，提出有操作性的整改要求和措施建议）			
检查组组长（签名）： 检查组成员（签名）：			

表 9-1-3　　消防安全监督检查发现问题汇总表

检查人或组长：　　　　　　　　　　　　　　　　　　　　检查时间：

序号	受检单位	地点/项目	存在问题	整改建议	备注

注　表格可设计为横式。

（4）受检单位收到整改通知单和监督检查工作报告后，应在 3 个工作日内编制完成整改计划表（见表 9-1-4），明确整改责任部门、整改措施、完成时间，经分管领导批准后上报检查单位。

表 9-1-4　　消防安全监督检查发现问题整改计划表

序号	受检单位	地点/项目	存在问题	整改措施	责任部门	计划完成时间	检查单位与检查时间	备注

注　表格可设计为横式。

（5）受检单位应按照整改计划，逐条落实整改措施，并将整改完成情况纳入本单位安全监督检查内容。整改完成后，将整改情况反馈表（见表 9-1-5）报检查单位备案。

表 9-1-5　　消防安全监督检查发现问题整改情况反馈表

序号	受检单位	地点/项目	存在问题	整改措施	责任部门	计划完成时间	是否按时完成整改	未完成整改原因及下一步整改要求	检查单位与检查时间	备注

注　表格可设计为横式。

四、整改要求

（1）消防安全监督检查的结果，应向被检查单位通报。

（2）对检查发现的隐患，应责令责任单位立即采取防控措施并限期整改，对隐患整改实施闭环管理。对于 A 类项（关键项），应立即整改并消除；B 类项（主要项）、C 类项

（一般项）应尽快整改并消除。对于检查中发现重大问题的整改情况，可根据需要适时组织复查。

（3）安全监督部门应建立消防安全监督检查工作档案。

注：A 类项（关键项）指直接关系到消防系统运行功能和可能对人身安全造成危害、财产造成重大损失的项目，或可能引发重大法律责任的管理要求，是消防工作合规性评价的关键要素；B 类项（主要项）指对消防系统质量和运行有重要影响，可能间接影响消防系统运行功能的项目，或可能引发一般法律责任的管理要求。C 类项（一般项）指对消防系统质量和运行一般影响的项目。

第二节　消防安全管理监督

一、消防安全责任制监督

（1）是否建立消防安全责任制，明确单位安全生产委员会、消防安全责任人、消防安全管理人、消防归口管理部门、消防安全监督部门、志愿（专职）消防员、员工等岗位人员的消防安全职责。

（2）是否建立消防安全保证和监督体系，明确消防工作归口管理职能部门（简称消防管理部门）和消防安全监督部门（简称安监部门）。

（3）是否配备专（兼）职消防管理人员。

（4）安全生产委员会或消防安全委员会法人代表或主要负责人是否为本单位消防安全工作的第一负责人，是否担任防火安全委员会（适用于较大单位）或防火安全领导小组（适用于较小单位）的主任或组长。

（5）防火安全委员会或防火安全领导小组成员是否包括本单位内各部门的消防安全责任人。是否定期或不定期地召开会议，讨论协调全单位的重要消防安全问题。

二、消防安全管理制度和操作规程监督

（1）消防安全管理制度是否包括下列内容：消防安全重点部位管理；消防（控制室）值班管理；动火作业管理；防火巡查、检查，火灾隐患整改；消防设施与主体设备（项目）同时设计、同时施工、同时投产管理；消防设施、消防器材管理，疏散、安全出口、消防车通道管理；专职和志愿消防队管理；消防安全教育、培训，灭火和应急疏散预案、演练；消防安全工作考评和奖惩，其他必要的消防安全制度等。

（2）重点部位的运行管理部门，是否根据消防技术规程和相关文件，制定重点部位消防安全管理制度和消防设施操作规程。包括：消防安全操作规程，消防设施运行规程，消防设施检修规程，电缆、电缆间、电缆通道防火管理，用火、用电安全管理，易燃易爆危险物品和场所防火防爆管理，燃气和电气设备的检查和管理（包括防雷、防静电）等。

三、消防安全重点单位和重点部位监督

(1) 发电单位和电网经营单位等消防安全重点单位是否履行以下职责：

1) 落实消防安全责任制，制定本单位的消防安全制度、消防安全操作规程，制定灭火和应急疏散预案；

2) 按照国家标准、行业标准配置消防设施、器材，设置消防安全标志，并定期组织检验、维修，确保完好有效；

3) 对建筑消防设施每年至少进行一次全面检测，确保完好有效，检测记录应当完整准确，存档备查；

4) 保障疏散通道、安全出口、消防车通道畅通，保证防火防烟分区、防火间距符合消防技术标准；

5) 组织防火检查，及时消除火灾隐患；

6) 组织进行有针对性的消防演练；

7) 确定消防安全管理人，组织实施本单位的消防安全管理工作；

8) 建立消防档案，确定消防安全重点部位，设置防火标志，实行严格管理；

9) 实行每日防火巡查，并建立巡查记录；

10) 对员工进行岗前消防安全培训，定期组织消防安全培训和消防演练；

11) 鼓励消防安全管理人取得注册消防工程师执业资格，消防安全责任人和特有工种人员须经消防安全培训：自动消防设施操作人员应取得消防设施操作员资格证书；

12) 根据需要建立微型消防站，积极参与消防安全区域联防联控，提高自防自救能力；

13) 积极应用消防远程监控、电气火灾监测、物联网技术等技防物防措施；

14) 法律、法规规定的其他消防安全职责。

(2) 各单位是否将容易发生火灾、发生火灾可能严重危及人身和财产安全以及对消防安全有重大影响的部位，确定为消防安全重点部位（或防火重点部位）。消防安全重点部位包括：人员集中的部位、调度室、变压器等充油设备、电缆间及电缆通道、开关室、电容器室、控制室、集控室、计算机房、数据中心机房、通信机房、换流站阀厅、电子设备间、蓄电池室（铅酸）、档案室、油处理室、易燃易爆物品存放场所以及各单位认定的其他部位和场所。

是否严格执行消防安全重点部位管理要求：

1) 人员管理。重点部位志愿消防员人数不应少于该部位人数的 50%，且分布合理。

2) 制度管理。是否制订相应的防火安全制度，并落实到班组及个人，明确职责、层层落实、加强管理、各司其职、实行消防管理制度化。

3) 立牌管理。是否在出入口位置悬挂防火警示标示牌和消防安全管理牌，内容应包括消防安全重点部位的名称、消防管理措施、灭火方案及防火责任人。是否设置禁止烟火警告牌，是否按规定配置消防设施和器材，设置明显的防火标志。

4) 教育管理。是否对消防重点部位员工开展消防教育，包括新工人入厂、重点工种

上岗前的必训教育；厂报、黑板报、播放录像、订阅资料的常规教育；举办志愿消防员、重点工种工人消防培训班；举办消防运动会，进行实战演练教育等形式。

5）档案管理。是否建立和完善防火档案，消防重点部位的档案管理是否做到“四个一”即：一制度：消防重点部位防火安全制度；一表：重点部位工作人员登记表；一图：消防重点部位基本情况照片成册图；一计划：消防重点部位灭火施救计划。

6）日常管理。“六查”即：单位组织每月查；所属部门每周查；班组每天查；专职消防员巡回查；部门之间互抽查；节日期间重点查。“六结合”即：检查与宣传相结合；检查与整改相结合；检查与复查相结合；检查与记录相结合；检查与考核相结合；检查与奖惩相结合。

7）应急备战管理。是否根据重点部位生产、储存、使用物品的性质、火灾特点及危险程度，相应配置消防设施，落实专人负责。重点部位是否制订灭火预案，组织管理人员及义务消防员结合实际开展灭火演练。

（3）单位内的保卫部门（或保安部门）或安全技术部门是单位内负责消防安全工作的常设机构，也是防火安全委员会或防火安全领导小组的办事机构。是否配备专职或兼职消防管理干部，对本单位的消防安全责任人负责。

消防保卫部门或安全技术部门的消防安全是否履行以下职责：

1）组织贯彻落实国家和地方的消防法规以及本单位的消防安全管理规章制度；

2）掌握本单位的消防工作情况，收集和整理有关消防安全方面的信息，为领导决策提供可靠的资料；

3）检查本单位的火灾隐患，制止违章作业，督促火灾隐患的整改工作；

4）制定消防安全工作计划，修订消防安全管理制度，负责本单位日常消防安全管理工作；

5）负责消防设施器材的配置和维护管理工作；

6）协助公安消防机构做好火灾现场保护和火灾事故调查工作；

7）对在消防工作中成绩突出者和事故责任者以及违反消防安全管理规章制度者，提出奖惩意见；

8）积极配合公安消防机构做好工作，及时汇报有关消防安全工作情况；

9）认真完成本单位防火安全委员会（或防火安全领导小组）布置的其他各项任务。

（4）单位内各部门、各职能科室、生产车间及工段、班组等，是否由主要领导人担任消防安全责任人。

四、动火管理监督

（1）是否按照规程要求划定并明确单位一级动火区和二级动火区。动火作业时，是否严格执行动火工作票制度。

（2）动火作业是否严格履行现场勘查制度、工作票制度、工作许可制度、工作监护制度、工作间断制度、工作终结制度。

（3）动火工作票是否规范填写，防火安全措施是否具有针对性；是否按照规定执行签发、审批程序；是否按照规定进行办结和保存管理。

五、防火检查与隐患整改监督

（1）是否按照规定的频次进行防火巡查。消防安全重点单位每天进行一次防火巡查，公共娱乐场所营业时每2h巡查一次，其他单位每周至少一次。

（2）是否每月进行至少一次的防火检查。每逢法定节日、假日或重大活动前，是否组织对相关消防安全重点部位和保电重要电力设施所在场所开展专项防火检查。

（3）对存在的火灾隐患是否及时予以消除：

1）对不能当场改正的火灾隐患，应确定整改措施、期限、人员、资金予以整改。在火灾隐患未消除之前，应落实防范措施，保障消防安全；不能确保消防安全的，应将危险部位停产停业整改。

2）对于涉及城市规划布局而不能自身解决的重大火灾隐患，以及单位确无能力解决的重大火灾隐患，应当采取临时安全措施，提出解决方案并及时向其上级单位或者当地人民政府报告。

3）对消防管理机构责令限期改正的火灾隐患，单位应当在规定的期限内改正并写出火灾隐患整改复函，报送消防管理机构。

六、消防安全宣传和消防安全培训监督

（1）单位是否将消防培训纳入年度培训计划，保障教育培训工作费用。是否按照下列规定对员工进行培训：

1）在岗员工每年至少接受1次消防安全培训。

2）新进人员、参加生产实习人员和调换生产岗位的人员（包含劳务派遣人员）应进行上岗前消防安全培训，经考试合格后方能上岗。

3）消防安全责任人、消防安全管理人、专（兼）职消防管理人员，应接受消防安全专门培训。

（2）是否定期或不定期开展消防安全宣传教育。在重大节假日、重大政治活动或国内外重大火灾事故后，是否有针对性地开展消防安全宣传教育。

（3）在建工程的施工单位是否在施工前对施工人员进行消防安全教育，在建设工地醒目位置、施工人员集中住宿场所是否设置消防安全宣传栏、悬挂消防安全挂图和消防安全警示标识，对明火作业人员是否进行经常性的消防安全教育、组织灭火和应急疏散演练。

七、灭火和应急疏散预案及消防演练监督

（1）是否制定灭火和应急疏散预案。灭火和应急疏散预案应包括发电厂厂房、车间、变电站、换流站、调度楼、控制楼、油罐区等重点部位和场所。

（2）是否执行消防重点单位每半年进行一次灭火和应急疏散演练，其他单位每年一次

的规定。火灾事故或消防演练后，是否及时总结经验，修订完善预案。

八、火灾事故报告、调查与处理监督

（1）发生火灾事故后，是否迅速落实逐级上报制度。

（2）公司系统各单位是否根据火灾事故等级的不同组织调查，并按要求填写事故调查报告书。

（3）是否坚持“四不放过”的原则严肃处理，并吸取教训，积极整改隐患，杜绝事故再次发生。

九、消防档案管理监督

（1）是否建立健全消防档案管理制度。

（2）消防安全基本情况是否包括：

1）单位基本概况和消防安全重点部位情况；

2）建筑物或者场所施工、使用或者开业前的消防设计审核、消防验收以及消防安全检查的文件、资料；

3）消防管理组织机构和各级消防安全责任人；

4）消防安全制度；

5）消防设施、灭火器材情况；

6）志愿消防队人员及其消防装备配备情况；

7）与消防安全有关的重点工种人员情况；

8）新增消防产品、防火材料的合格证明材料；

9）灭火和应急疏散预案。

（3）消防安全管理情况是否包括：

1）消防管理机构填发的各种法律文书，主要有《消防监督检查记录表》《责令改正通知书》以及涉及消防行政处罚的有关法律文书；

2）消防设施定期检查记录、自动消防设施全面检查测试的报告以及维修保养的记录；

3）火灾隐患及其整改情况记录；

4）防火检测、巡查记录；

5）有关燃气、电气设备检测（包括防雷、防静电）等记录资料；

6）消防安全培训记录；

7）灭火和应急疏散预案的演练记录；

8）火灾情况记录；

9）消防奖惩情况记录。

上述第1）～4）项记录要填写检查人员的姓名、时间、部位、内容、发现的火灾隐患以及处理措施等；第5）项记录应填写培训的时间、参加人员、内容等；第6）项记录应填写演练的时间、地点、内容、参加部门及人员。

（4）非消防安全重点单位可以不建立消防档案，但也应将本单位的基本情况、消防救援机构填写的各种法律文书、与消防工作有关的材料和记录等统一保管，备查。

第三节 消防安全技术监督

一、工程消防设计、建设与验收监督

（1）新建、扩建和改建工程或项目，需要设置消防设施的，消防设施与主体设备或项目是否同时设计、同时施工、同时投入生产或使用，并通过消防验收。

（2）按照国家工程建设消防标准需要进行消防设计的新建、扩建、改建（含室内装修、用途变更）工程，建设单位是否依法申请建设工程消防设计审核、消防验收，依法办理消防设计和竣工验收备案手续并接受抽查。

（3）建设、设计、施工单位是否擅自修改经消防管理机构审核合格的建设工程消防设计的情况。

（4）消防产品是否符合国家标准；没有国家标准的，是否符合行业标准。是否使用不合格的消防产品以及国家明令淘汰的消防产品。

二、消防设施维修保养检测监督

（1）消防设施管理是否等同于主设备，包括维护、保养、检修、更新，落实相关所需资金等。

（2）建筑消防设施是否制定维护保养计划，并列明消防设施的名称、维护保养的内容和周期。

（3）消防设施维护管理单位是否与消防设备生产厂家、消防设施施工安装企业或具有消防设施维护保养检测资质的维保单位或有维修、保养能力的单位签订消防设施维修、保养合同。维护保养单位是否满足下列要求：

1）从事建筑消防设施保养的人员，应通过消防行业特有工种职业技能鉴定，持有高级技能以上等级职业资格证书。

2）凡依法需要计量检定的建筑消防设施所用称重、测压、测流量等计量仪器仪表以及泄压阀、安全阀等，应按照规定进行定期校验并提供有效证明文件。

3）维护保养单位应储备一定数量的建筑消防设施易损件或与有关产品厂家、供应商签订相关合同，以保证供应。

（4）实施建筑消防设施的维护保养时，应填写《建筑消防设施维护保养记录表》，并进行相应功能试验。

（5）建筑消防设施每年至少进行一次全面检测，确保完好有效，检测记录应当完整准确，存档备查。

三、办公场所消防控制室运行监督

（1）消防控制室管理是否实行每日 24h 专业消防值班人员值班制度，每班不应少于 2 人。专业消防值班人员是否持有规定的消防专业技能鉴定证书。

（2）消防控制室值班操作人员是否熟知消防应急程序，掌握报警处理流程。

（3）火灾自动报警系统、灭火系统和其他联动控制设备是否处于正常工作状态，也不得将自动控制状态的设备设置在手动控制状态，不应擅自关停消防设施。

（4）消防控制室是否设置必需的上墙资料。

（5）消防控制室保存的纸质和电子档案资料是否齐全。

四、变电站消防监控场所监督

（1）有人值班变电站（换流站）消防控制室是否设置在本站主控制室。无人值班变电站是否将火灾报警信号上传至上级有关单位（如地市级或县级变电站消防监控中心）。

（2）消防监控中心是否实行每日 24h 值班制度，每班不应少于 2 人，值班人员是否持有消防设施操作员证，是否熟知变电站消防应急程序。

（3）消防监控中心是否保存有变电站相应消防设施的竣工图纸、消防系统运行操作规程、应急预案、值班制度、维护保养及值班记录等文件资料。

（4）消防监控中心是否根据实际情况配置正压式空气呼吸器等必需的消防应急装置。

五、消防设施技术监督

（1）火灾自动报警系统监督检查。

（2）消防给水监督检查。

（3）消火栓系统的监督检查。

（4）气体灭火系统的监督检查。

（5）防排烟系统（机械加压送风系统、机械排烟系统）的监督检查。

（6）应急照明和疏散指示的监督检查。

（7）消防电话、消防广播和消防电梯的监督检查。

（8）防火分隔设施（防火门、防火卷帘、防火阀）的监督检查。

（9）电缆防火封堵的监督检查。

（10）消防供配电设施的监督检查。

（11）变压器排油注氮灭火系统的监督检查。

（12）变压器合成型泡沫喷雾灭火系统的监督检查。

（13）变压器水喷雾灭火装置的监督检查。

（14）细水雾灭火系统的监督检查。

（15）灭火器的监督检查。

（16）正压式消防空气呼吸器的监督检查。

（17）消防过滤式自救呼吸器的监督检查。

（18）易燃易爆物品储存的监督检查。

（19）燃气用具、开关、插座、照明灯具、厨房的烟道（抽油烟机）、可燃气体液体管道、防火间距、消防车道等检查。

第十章 消防安全评估

第一节 评 估 方 法

一、评估目的

单位消防安全评估的主要目的是通过查找单位存在的消防安全问题，指导单位整改火灾隐患，完善消防管理措施，落实单位消防安全主体责任，提高单位消防安全管理水平。

单位消防安全评估的主要任务是由消防安全评估机构接受委托，通过对单位的建筑防火、建筑消防设施和消防安全管理等方面进行检查，记录检查情况并列明消防安全问题、火灾隐患的整改意见和完善消防管理的措施，指导单位制定火灾隐患整改方案，并按照规定《消防安全评估执行规范》有关标准向委托单位提交《单位消防安全评估报告》。

二、评估原则

（1）单位消防安全评估应根据法律、法规、规章和有关规定组织开展，遵循合法、全面、准确、高效、经济的原则。

（2）单位消防安全评估应按照《消防安全评估执行规范》有关标准规定的评估内容进行全数评估。

（3）单位的消防安全状况因消防法规和消防技术标准修订导致不符合现行消防法规和消防技术标准的，应按照法不溯及以往的原则进行评判，并在评估记录和评估报告中说明。

（4）评估机构应严格消防安全评估工作过程管理，规范评估行为，保证评估质量，对出具的消防安全评估报告负责。

（5）委托单位应为评估活动提供必要的工作条件，真实、全面地提供评估所需要的技术资料，确定相关人员，配合消防安全评估机构开展检查、测试、调查、演练等评估活动。

（6）在评估过程中对建筑及其设施设备所做的检查、测试，在操作结束后应当恢复其状态或功能。

三、评估内容

1. 建筑消防安全评估

（1）建筑消防合法性。检查内容如下：依法需要进行消防验收的建筑物或场所经消防验收合格的文件；依法进行竣工验收消防备案的建筑物或场所，竣工验收消防备案手续或经抽查合格的文件；公众聚集场所投入使用营业消防安全检查法律文件。

（2）建筑使用情况。检查内容如下：建筑物或场所的使用功能、用途，应与消防验收、竣工验收消防备案、消防安全检查时确定的用途一致；建筑物或场所改建、扩建、变更用途和装修，应依法履行消防安全管理手续；对建筑物或场所使用情况进行现场核查时，应对具有采用金属夹芯板材的建筑或生产、储存、经营易燃易爆危险品的建筑内设置居住场所等情形进行重点检查。

（3）总平面布局。依据建筑防火设计要求，对建筑的防火间距、消防车道、消防救援场地（包含厂区选址）等进行逐项检查。

（4）平面布置。依据建筑防火设计要求，对单体建筑的防火分区及分区内的防火分隔单元、防烟分区进行逐一检查。依据建筑防火设计要求，对有顶棚的不同功能场所的布置进行逐一检查。依据建筑防火设计要求，对建筑内的消防控制室、消防水泵房、灭火设备室、防排烟机房、变配电室、锅炉房、发电机房、通风机房、储油间、瓶组间、办公室、休息室和员工宿舍等重点部位的设置进行逐一检查。

（5）安全疏散及消防电梯。建筑安全疏散的消防安全评估包括对安全出口，疏散走道，室内外疏散楼梯，房间疏散门、避难层（间）、避难走道、下沉式广场和消防电梯井及前室等设施的检查，还包括对建筑使用人数是否符合防火规范和设计要求的检查。

（6）建筑内部装修。检查内容如下：建筑内部装修部位及材料的燃烧性能、建筑内部装修遮挡消防设施的情况、建筑内部装修影响安全出口、疏散门和疏散走道的情况。

（7）防火构造。检查内容如下：防火墙和防火隔墙、建筑竖井、防火门窗、防火卷帘、天桥和连廊、建筑外墙装饰、建筑外保温系统等。

（8）通风空调系统。检查内容如下：通风空调系统防火检查、通风空调系统防爆。

（9）建筑防爆。检查内容如下：有爆炸危险厂房（仓库）的布置、泄压设施。

（10）配电线路及应急照明。检查内容如下：配电线路敷设，应急照明设置。

2. 消防设施评估

（1）建筑消防设施基本情况。检查内容如下：现场确认建筑消防设施的系统种类；统计建筑消防设施各系统主要设备的规格型号和数量。

（2）消防供配电设施。检查内容如下：供配电符合等级，消防配电，自备发电机组。

（3）火灾自动报警系统。检查内容如下：消防控制室，火灾报警控制器，火灾探测器，手动报警按钮，可燃气体探测器，电气火灾监控系统，火灾报警装置，系统功能检查。

（4）消防给水设施。检查内容如下：消防水池，消防水箱，稳压泵气体水罐和稳压泵控制柜，消防水泵房，消防水泵控制室，水泵接合器。

（5）消火栓系统。检查内容如下：消防供水设施，消防管网，室外消火栓，室内消火栓和消火栓箱，消防水带、消防水枪、消防接口，消火栓系统功能。

（6）自动喷水灭火系统。检查内容如下：消防供水设施，管网，报警阀组，水流指示器，喷头，末端试水装置，系统功能。

（7）泡沫灭火系统。检查内容如下：消防供水设施，泡沫泵站和泡沫液贮罐，比例混合器，泡沫产生器，泡沫喷头，管道，泡沫消防炮，泡沫灭火系统功能。

（8）气体灭火系统。检查内容如下：防护区，储瓶间，灭火剂贮存装置，系统组件（驱动装置、集流管、选择阀、压力讯号器、单向阀、喷头），气体灭火系统功能模拟启动。

（9）机械加压送风系统。检查内容如下：风机控制柜，机械加压送风机，送风道，送风阀（口），系统功能。

（10）机械排烟系统。检查内容如下：机械排烟风机控制器，排烟风机，排烟道，排烟口、排烟阀、排烟防火阀、防火阀、电动排烟窗，系统功能。

（11）消防应急照明及疏散指示系统。检查内容如下：消防应急照明，疏散指示标志。

（12）消防应急广播系统。检查内容如下：扩音机，扬声器，系统功能。

（13）消防专业电话。检查内容如下：消防水泵房、发电机房、高低压配电室、防排烟机房、消防电梯等应设消防专用电话；消防专用电话分机应以直通方式呼叫；消防控制室应能接受插孔电话的呼叫，通话音质清晰；消防控制室、消防值班室、企业消防站等处应设置可直接报警的外线电话。

（14）防火分隔设施。检查内容如下：防火墙、防火窗、防火隔间、防火门，防火卷帘，电动防火阀。

（15）消防电梯。检查内容如下：是否对前室，防火分隔，排水井、尺寸、载重量、电源以及内部装修等内容进行检查；首层的消防电梯迫降按钮，应用透明罩保护，当触发按钮时，能控制消防电梯下降至首层，此时其他楼层按钮不能呼叫控制消防电梯，只能在轿厢内控制；轿厢内的专用对讲电话应正常；从首层到顶层的运行时间不应超过 60s；联动控制的消防电梯，由消防控制设备手动和自动控制电梯回落首层，并接收反馈信号。

（16）消防设施联动控制功能。检查内容如下：消防设施的联动控制功能应满足规范要求。

（17）灭火器。检查内容如下：每个计算单元配置的灭火器数量和类型应符合 GB 50140 要求；灭火器应设置在位置明显和便于取用的地点，且不得影响安全疏散；对有视线障碍的灭火器设置点，设置指示其位置的发光标志；灭火器摆放稳固，其铭牌应朝外，手提式灭火器宜设置在灭火器箱内或挂钩、托架上；灭火器箱不得上锁；灭火器设置在潮湿或强腐蚀性的地点或室外时，应有相应的保护措施；灭火器应在有效期和报废年限内；二氧化碳灭火器重量应与铭牌标示一致；灭火器铭牌或灭火器维修合格证应清晰，无残缺；灭火器筒体应无明显锈蚀和凹凸等损伤，手柄、插销、铅封、压力表等组件应齐全完好，无松动、脱落或损伤；喷射软管应完好，无龟裂；喷嘴无堵塞；压力表指针应在绿色区域范围内。

（18）其他消防设施设备的检查。对民用工业建筑和特殊场所涉及的其他消防设施设备，按照相关建筑消防技术标准进行评估。

3. 消防安全管理评估

（1）消防工作组织。检查内容如下：消防工作组织机构、人员及其职责，消防安全责任人、管理人，消防工作归口管理部门。

（2）消防安全制度。检查内容如下：单位按照《机关、团体、企业、事业单位消防安全管理规定》（公安部令第 61 号），结合本单位消防安全实际需要，建立健全各项消防安全制度和保障消防安全的工作规程，并公布实施；各项消防安全制度和保障消防安全的工作规程执行落实情况。

（3）防火检查巡查及隐患整改。检查内容如下：防火检查，防火巡查，火灾隐患整改。

（4）消防安全宣传教育和培训。检查内容如下：开展常态化消防安全宣传教育情况；消防安全重点单位定期开展员工消防安全培训（对每名员工至少每年进行 1 次，公众聚集场所至少每半年进行 1 次）；消防安全重点单位组织员工上岗前消防安全培训情况；消防安全责任人、消防安全管理人、专（兼）职消防管理人员、消防控制室值班操作人员接受消防安全专门培训情况；消防安全培训记录和影像资料建档情况。

（5）安全疏散设施管理。检查内容如下：消防通道是否保持畅通，有无堆放杂物、占用消防通道现象；安全出口是否保持畅通，有无锁闭、封堵等现象；常闭式防火门是否处于关闭状态，建筑外窗、疏散通道是否设置影响疏散逃生的广告牌、铁栅栏等障碍物。

（6）消防控制室管理。检查内容如下：消防控制室值班、火灾事故应急处置、消防控制设备故障处置等制度规程的制定和落实情况；消防控制室值班操作人员持相应技能等级的消防职业资格证书，以及掌握消防设施操作和应急处置规程情况；消防控制室值班记录表、建筑消防设施故障维修记录表等工作记录的填写、更新、归档情况。

（7）用火用电消防安全管理。检查内容如下：用火、用电安全管理责任部门、责任人和职责的确定，以及安全操作规程制定情况；用火审批制度落实情况；用火用电审批、记录及有关材料的填写、更新和归档情况。

（8）消防安全重点部位管理。检查内容如下：确定消防安全重点部位，针对不同部位火灾危险性，制定相应管理要求、安全操作规程和事故应急处置操作程序；是否将内部火灾、爆炸危险源确定为消防安全重点部位；消防安全重点部位的值守、巡查和安全操作规程落实情况；易燃易爆危险品储存、出入库登记、使用等情况。

（9）专职和志愿消防队。检查内容如下：依法建立专职或志愿消防队；建立并落实专职或志愿消防队定期例会、业务培训、训练演练、队员考核等制度；专职或志愿消防队人员组成和装备器材配备，以及消防业务学习和灭火技能训练情况；与附近消防救援、专职、志愿消防队联动机制建立及落实情况；单位专职消防队是否定期向辖区消防救援机构报告消防训练和演练情况。

（10）灭火和应急疏散预案演练管理。检查内容如下：灭火和应急疏散预案制定及定期修订情况；灭火和应急疏散预案演练的责任部门、责任人和职责确定情况；灭火和应急疏散预案定期演练制度落实情况（消防安全重点单位至少每半年进行 1 次，其他单位至少每年组织 1 次）；灭火和应急疏散预案演练记录、影像资料等更新和归档情况。

四、评估范围

根据中华人民共和国消防救援行业标准《单位消防安全评估》（XF/T 3005—2020）要求，单位消防安全评估应按照本标准规定的评估内容进行全数评估。

第二节 评 估 流 程

一、评估流程

1. 评估项目的确定

评估对象、评估具体项目、目标任务等事项由委托单位和评估机构商定。

2. 成立评估项目组

评估机构根据评估项目需要可以成立由以下人员组成的评估项目组：

（1）评估机构技术负责人 1 名，应为一级注册消防工程师，负责技术审校把关；

（2）评估项目负责人 1 名，应为一级注册消防工程师，负责项目技术把关；

（3）建筑防火、消防设施、消防管理 3 个单项的评估负责人应为注册消防工程师，负责单项技术把关；

（4）其他评估人员应为注册消防工程师或者具备消防行业特有工种中级或以上职业资格。

3. 评估准备

（1）项目负责人组织制定消防安全评估工作方案，对工作任务、工作标准、工作期限、工作人员及分工等做出安排。

（2）项目组根据评估工作方案，准备评估所需的法律法规、技术标准以及其他资料，列出需要委托单位提供的资料清单，对评估所需要的仪器设备进行检定和校准。

（3）委托单位需要提供的资料包括但不限于以下内容：

1）营业执照、统一社会信用代码等单位证明文件。

2）经过审核同意或备案抽查合格的建设工程消防设计、竣工验收图纸、消防设计文件以及相关资料。

3）行政机关下发的法律文书：建设工程消防设计审核文书或备案凭证；建设工程消防验收文书或备案抽查文书；公众聚集场所投入使用、营业消防安全检查法律文书；消防监督检查等其他法律文书。

4）单位实施消防安全管理的文件和资料，主要包括：单位确定（变更）消防安全责任人、管理人、消防工作职能部门的文件；单位明确各部门、各岗位以及相关人员消防工作责任制的文件以及记录相应履职情况的资料；消防安全宣传培训、防火巡查检查、安全疏散设施管理、消防（控制室）值班、用火用电安全管理、专职和志愿消防队的组织管理、灭火和应急疏散预案演练等消防安全制度的文件，以及落实各项消防安全制度的记录，如消防安全规程以及执行消防安全规程的记录；自动消防设施操作等依法需要持证上岗人员的执业证书；消防控制室内符合 GB 25506 规定应保存的纸质和电子档案资料；其他反映单位消防安全管理情况的文件和资料。

5）建筑消防设施检测及维护保养资料，主要包括：建筑消防设施定期检验检测的报告；建筑消防设施维护保养合同、维护保养报告书；消防设施维修、改造的各项记录。

6）反映消防产品（材料）质量的资料，主要包括：单位使用消防产品质量合格的证明文件；建筑内部装修材料质量合格文件，见证取样检验报告等；建筑外墙保温材料质量合格文件，检验报告等。

7）根据单位消防安全评估实际情况需要提供的其他文件、资料。

4. 召开评估交底协调会议

（1）会议人员包括：

1）评估机构人员：项目组的全体人员；

2）委托单位人员：单位消防安全负责人或消防安全管理人，配合评估的有关人员；

3）评估机构和委托单位认为需要参加会议的其他人员。

（2）会议要求如下：

1）评估双方就评估工作的开展和评估任务目标进行充分的沟通交流，明确评估范围、内容、工作标准和要求，评估工作相互配合的要求，特殊情况的处理，评估任务分工等；

2）评估机构应向委托单位做出保密承诺，宣读评估公正性声明；

3）具有执业资格的评估人员在会议签到表上签名，委托单位消防安全责任人或消防安全管理人签字确认。

（3）评估实施要求如下：

1）项目组按照评估交底协调会议确定的人员和工作分工，对建筑防火、消防设施、消防管理等内容开展现场检查评估，填写评估记录表；

2）在评估过程中，委托单位对项目组发现的消防安全问题已经当场改正的，不再记入评估记录表；

3）资料检查应核查原件，委托单位不能提供原件的，应对所提供资料的真实性负责，项目组应对资料的真实性进行核查。

（4）评估情况汇总要求如下：

1）评估工作完成后，项目组应核对评估子项和中华人民共和国消防救援行业标准《单位消防安全评估》（XF/T 3005—2020）附录的式样，逐项列明评估发现的问题，按照建筑防火、消防设施、消防管理 3 个单项，分别汇总评估情况，并分别提出整改建议；

2）项目组对检查发现的火灾隐患和消防安全问题进行分析评估，提出科学、合理的整改意见，经消防救援机构检查发现或判定单位存在重大火灾隐患的，项目组可指导单位制定重大火灾隐患整改技术方案，落实防止发生火灾的临时措施。

（5）召开评估情况反馈会议包括：

1）评估机构应向委托单位通报评估工作情况；

2）具有执业资格的评估人员在会议签到表上签名，委托单位消防安全责任人或消防安全管理人签字确认。

5. 编制评估报告

根据评估情况反馈会议确认的评估情况和结果，编制消防安全评估报告，及时送达委托单位。

6. 建立评估档案

及时整理评估资料，建立项目评估档案，留存备查。

二、评估指标体系建立

1. 一级指标

一般包括安全管理能力、建筑灭火能力、安全疏散能力、建筑防火能力、外部救援力量等。

2. 二级指标

包括消防控制中心管理、火灾隐患排查与整改、重点部位管理、用火用电用气管理、责任人、管理人能力和素质培养管理、消防安全培训、应急灭火疏散演练、灭火设施、防排烟设施、火灾自动报警及联动控制系统、消防电源、疏散设施、疏散引导、人员情况、总图布置、耐火等级、电气防火、火灾荷载、防火分区、重点部位、消防救援力量、内外部救援力量等。

3. 三级指标

包括管理制度、火灾紧急处理程序、设施操作规程的制定和建立、消防设施的维保和检测、值班人员团队管理、值班记录（控制室日常记录工作）、控制中心档案的保存、设施故障处理、消防控制中心器材配备、防火检查、巡查及隐患整改制度的建立、检查记录及整改记录、火灾隐患整改、重点部位、相关责任人与管理人的明确及工作职责的确定、重点部位的相应管理制度的建立、重点部位消防设施配备、重点部位事故应急处置操作程序、重点部位的定期巡、检查情况、责任人、管理人的明确等相关内容。

三、评估方法及权重确定

模糊层次综合评价法是将模糊数学方法与层次分析方法结合起来运用的一种方法。模糊综合评判结果是单因素评判定量化和单因素权重综合作用的结果，模糊关系矩阵和因素权重分配起了十分重要的作用。

不同的评估指标对最终评估结果的影响程度是不同的，因此需要确定每个评估指标的比重的综合运用专家打分法和层次分析法来确定评估指标体系设定指标的权重，具体步骤如下：

1）构造判断矩阵：

对于矩阵 $\boldsymbol{A}$，有 n 个因素 $x_1, x_2, \cdots, x_n$，指标，其中 $a_{ii}=1$，$a_{ij}=\dfrac{1}{a_{ji}}$。

$$A=\begin{bmatrix} a_{11} & a_{12} & \cdots & a_{1n} \\ a_{21} & a_{22} & \cdots & a_{2n} \\ \cdots & \cdots & \cdots & \cdots \\ a_{n1} & a_{n2} & \cdots & a_{nn} \end{bmatrix}$$

2）相对重要性排序。

评估体系各相同层次的指标两两比较得到相对重要度排序。在排序过程中，采用 1－9 标度法。实际操作中，标度取值采用专家打分法。在经过一系列调整后，得到判断矩阵，经过计算求权重。

其计算步骤如下：

第一步：A 的元素按行相乘得一新向量。

$$A_i=\prod_{j=1}^{n}a_{ij}$$

第二步：将新向量的每个分量开 n 次方。

$$\overline{A}_i=\left(\prod_{j=1}^{n}a_{ij}\right)^{\frac{1}{n}}$$

第三步：将所得向量归一化即为权重向量。

$$w_j=\frac{\left(\prod_{k=1}^{n}a_{ij}\right)^{\frac{1}{n}}}{\left(\sum_{j=1}^{m}\prod_{k=1}^{n}a_{ij}\right)^{\frac{1}{n}}}\qquad j=1,2,\cdots,m$$

得到 $W=(w_1,w_2,\cdots,w_n)^T$。

3）一致性检验。

当判断矩阵阶数大于等于 3 时，专家的判断容易出现主观偏差，需要进行一致性检验。计算判断矩阵最大特征根 $\lambda_{\max}$

$$\lambda_{\max}W=AW$$

矩阵一致性指标记为 CI。

$$CI=\frac{\lambda_{\max}-n}{n-1}$$

当矩阵具有完全一致性时 $CI=0$，分子 $\lambda_{\max}-n$ 越大，表示矩阵的一致性减小。平均随机一致性指标 RI 是多次重复（通常大于 500 次）进行随机判断矩阵特征值的计算后取算术平均值得到的。

CR 为同阶平均随机一致性指标 CI 与 RI 之比，称为判断矩阵的随机一致性比例。

$$CR=\frac{CI}{RI}$$

当 $CI<0.1$ 时，判断矩阵具有满意一致性，否则需要对判断矩阵进行调整。

各项指标及权重见表 10-2-1。

表 10-2-1　　　　　　　　　　各级指标及权重

一级指标	一级权重	二级指标	二级权重	三级指标	三级权重
消防安全管理	0.255	消防控制中心管理	0.157	管理制度、火灾紧急处理程序、设施操作规程的制定和建立	0.163
				消防设施的维保和检测	0.183
				值班人员团队管理	0.163
				值班记录（控制室日常记录工作）	0.143
				控制中心档案的保存	0.103
				设施故障处理	0.163
				消防控制中心器材配备	0.083
		火灾隐患排查与整改	0.094	检查、巡查及隐患整改制度的建立	0.366
				检查记录及整改记录	0.200
				火灾隐患整改	0.434
		重点部位管理	0.177	重点部位、相关责任人与管理人的明确及工作职责的确定	0.225
				重点部位的相应管理制度的建立	0.225
				重点部位消防设施配备	0.200
				重点部位事故应急处置操作程序	0.200
				重点部位的定期巡、检查情况	0.150
		用火用电用气管理	0.099	责任人、管理人的明确	0.350
				管理制度与动火审批制度的建立	0.200
				特殊工种人员资质	0.150
				厨房安全管理	0.150
				定期检查记录、动火记录等相关记录	0.150
		责任人、管理人能力和素质培养管理	0.143	各级责任人和管理人、管理组织架构的确定，各级管理职责的明确	0.188
				消防安全管理知识	0.212
				定期消防例会情况	0.112
				消防工作奖惩落实	0.169
				火灾隐患整改	0.157
				志愿消防队建设	0.162
		消防安全培训	0.201	新员工上岗前的消防培训	0.230
				责任人、管理人、志愿消防队、特殊岗位员工的消防培训	0.240
				定期对员工的消防培训	0.230
				消防宣传工作	0.150
				消防安全培训效果	0.150
		应急灭火疏散演练	0.129	灭火应急疏散预案制定情况	0.300
				开展灭火疏散预案演练情况	0.700

续表

一级指标	一级权重	二级指标	二级权重	三级指标	三级权重
建筑灭火能力	0.197	灭火设施	0.33	室内消火栓系统	0.230
				室外消火栓系统	0.210
				自动喷水灭火系统	0.300
				其他自动灭火系统	0.110
				灭火器	0.150
		防排烟设施	0.30	防烟系统	0.500
				排烟系统	0.500
		火灾自动报警及联动控制系统	0.37	消防控制中心	0.280
				火灾探测器	0.200
				消防联动系统	0.210
				手动报警系统	0.100
				电气火灾监控设备	0.080
		消防电源	0.03	消防电源	0.130
安全疏散能力	0.211	疏散设施	0.5	疏散通道及楼梯	0.350
				安全出口与疏散用门	0.340
				个人逃生器材	0.160
				其他疏散设施	0.150
		疏散引导	0.25	疏散指示标志	0.334
				应急照明系统	0.333
				事故广播系统	0.333
		人员情况	0.25	人员分布及密度	0.450
				人员行动能力	0.550
建筑防火能力	0.247	总图布置	0.185	建筑高度、层数	0.270
				建筑占地面积、总建筑面积	0.140
				防火间距	0.270
				周边环境	0.170
				使用功能分布	0.150
		耐火等级	0.102	结构类型	0.500
				耐火极限	0.500
		电气防火	0.157	电气设施的安装情况	0.600
				电线/电缆的类型及耐火情况	0.400
		火灾荷载	0.185	可燃物类型	0.400
				室内装修材料	0.310
				室外装饰材料	0.290
		防火分区	0.13	水平防火分区	0.500
				竖向防火分区	0.500

续表

一级指标	一级权重	二级指标	二级权重	三级指标	三级权重
建筑防火能力	0.247	重点部位	0.241	热加工场所	0.300
				人员密集场所	0.300
				设备用房	0.100
				易燃易爆物品使用场所	0.300
外部救援力量	0.09	消防救援力量	0.5	所在辖区救援力量到达时间	0.550
				所在辖区救援力量配置	0.450
		内外部救援力量	0.5	消防车道及作业场地	0.300
				登高扑救面	0.250
				消防电梯	0.250
				室外消防水源	0.200

四、风险分析与计算

根据不同层次评估指标的特性，选择合理的评估方法，按照不同的风险因素确定风险概率，根据各风险因素对评估目标的影响程度，进行定量或定性的分析和计算，确定各风险因素的风险等级。

1. 风险因素量化及处理

考虑到人的判断的不确定性和个体的认识差异，评分值的设计采用一个分值范围，由参加评估的团队人员，运用集体决策的思想，根据所建立的指标体系，按照对安全有利的情况，越有利得分越高，进行了评分，从而降低不确定性和认识差异对结果准确性的影响。然后根据模糊集值统计方法，通过计算得出一个统一的结果。

2. 模糊集值统计

对于指标 u_i，专家 p_j 依据其评估标准和对该指标有关情况的了解给出一个特征值区间 $[a_{ij},b_{ij}]$，由此构成一个集值统计系列：$[a_{i1},b_{i1}]$，$[a_{i2},b_{i2}]$，…，$[a_{ij},b_{ij}]$，…，$[a_{mq},b_{mq}]$，如表 10－2－2 所示。

表 10－2－2　　评估指标特征值的估计区间

评估专家	评估指标					
	u_1	u_2	…	u_i	…	u_m
p_1	$[a_{11}, b_{11}]$	$[a_{21}, b_{21}]$	…	$[a_{i1}, b_{i1}]$	…	$[a_{m1}, b_{m2}]$
p_2	$[a_{12}, b_{12}]$	$[a_{22}, b_{22}]$	…	$[a_{i2}, b_{i2}]$	…	$[a_{m2}, b_{m2}]$
…	…	…	…	…	…	…
p_j	$[a_{1j}, b_{1j}]$	$[a_{2j}, b_{2j}]$	…	$[a_{ij}, b_{ij}]$	…	$[a_{mj}, b_{mj}]$
…	…	…	…	…	…	…
p_q	$[a_{1q}, b_{1q}]$	$[a_{2q}, b_{2q}]$	…	$[a_{iq}, b_{iq}]$	…	$[a_{mq}, b_{mq}]$

评估指标 u_i 的特征值可按下式进行计算，即：

$$x_i = \frac{1}{2}\sum_{j=1}^{q}\left(b_{ij}^2 - a_{ij}^2\right) / \sum_{j=1}^{q}\left(b_{ij} - a_{ij}\right)$$

式中　$i=1，2，\cdots，m；j=1，2，\cdots，q$。

五、风险等级判断

应用线性加权方法计算火灾风险度：

$$R = \sum_{i=1}^{n} W_i F_i$$

式中　R——上层指标火灾风险；

W_i——下层指标权重；

F_i——下层指标评估得分。

根据 R 值的大小可以确定评估目标所处的风险等级。

根据区域火灾防控实际，在设定量化范围的基础上将火灾风险分为四级，如表 10-2-3 所示。

表 10-2-3　风险分级量化和特征描述

风险等级	名称	量化范围
Ⅰ级	低风险	[85，100]
Ⅱ级	中风险	[65，85]
Ⅲ级	高风险	[25，65]
Ⅳ级	极高风险	[0，25]

六、确定评估结论

根据评估项目组根据指标体系开展消防安全评估产出的结果，进行综合分析计算，以三级指标验证二级指标，二级指标验证一级指标，区分基本指标和综合指标，出具“基本指标评估结果”和“综合指标评估结果”，从而确定被评估单位的总体火灾风险评估等级，明确该单位消防安全存在的主要问题，并根据《建筑设计防火规范》（GB 50016—2014）要求，提出整体性和针对性的对策建议。

七、评估报告

消防安全评估报告应全面、概括地反映消防安全评估过程的全部工作，文字简洁，数据准确，资料详细可靠。

1. 评估报告应包括且不限于以下内容

1）委托单位概况及消防安全基本情况；

2）评估单位《消防技术服务机构录入信息》打印件；

3）项目评估组人员组成及其注册证书号、职业技能鉴定证书号和影印件；

4）评估范围和内容；

5）评估要求和评估依据；

6）存在的火灾隐患及消防安全问题；

7）火灾隐患及消防安全问题整改建议；

8）会议签到等其他相关内容；

9）评估报告格式见中华人民共和国消防救援行业标准《单位消防安全评估》（XF/T 3005—2020）附录。

2. 评估报告的编制、审核和签发要求如下

1）评估组单项负责人编制评估报告，项目负责人、技术负责人、法定代表人分别校核、审核、签发评估报告；

2）评估单项负责人、项目负责人和技术负责人等注册执业人员应在评估报告上签字，加盖注册章。

3. 评估报告的作废与修改要求如下

1）发现已完成的评估报告有错误的，评估单位可作废或修改评估报告，重新编制签发；

2）修改后的评估报告应重新生成新的报告号并生成新的编码（新报告号为原报告号加后缀-1、-2 等）；

3）原报告应保留在评估机构的项目评估档案中，并在备注栏中注明“作废”，纸质报告封面和骑缝加盖“作废”章，并对报告作废、修改原因进行说明，由项目评估组原编制、审核、审批的人员签字；

4）作废或修改已完成的报告需经评估单位编制、审核、签发报告的原注册执业人员顺序操作；原注册执业人员因特殊原因不能进行操作的，应由原注册执业人员授权其他注册执业人员作废或修改。

八、评估档案

（1）项目评估档案应详实、全面反映评估工作全部情况，档案形式包括纸质档案、电子档案等。

（2）消防安全评估档案包括且不仅限于以下内容：

1）项目合同；

2）评估工作方案；

3）工作任务单；

4）评估报告；

5）评估活动的原始记录、现场活动图像和文件资料，应包括会议签到表和会议记录

或会议纪要；评估过程中的资料审查、现场勘察、检查检测活动和技术交流、抽查、询问、会议等记录；评估工作内容的数据、图像采集与现场情况记录。

6）评估项目其他相关资料。

（3）评估机构应制定评估档案管理制度，明确评估档案管理要求，对评估档案统一保管、备查。评估档案应保存 20 年。

第十一章　火灾事故调查处理

第一节　相关法律法规

为了规范火灾事故调查，根据《中华人民共和国消防法》《火灾事故调查规定》《国家电网公司安全事故调查规程》等要求，发生火灾事故后，火灾事故调查由县级以上人民政府公安机关主管，并由本级消防机构实施；尚未设立消防机构的，由县级人民政府公安机关实施，公安派出所应当协助公安机关火灾事故调查部门维护火灾现场秩序，保护现场，控制火灾肇事嫌疑人，电网企业相关人员配合消防部门调查。

第二节　事故调查

一、事故管辖

（1）电网企业火灾事故，根据火灾等级按分工权限接受各级人民政府公安机关调查处理。

（2）有人员死亡的一般火灾事故及以上火灾事故的内部调查由省电力公司或国家电网公司消防安全管理部门负责。

（3）一般火灾事故（不含死亡事故）的内部调查由电网企业消防主管部门负责，事故报告在事故发生后10个工作日内报地方省电力公司或国家电网公司消防安全管理部门，事故调查、处理资料装卷存档备查。

（4）省电力公司消防管理部门接到火灾报警，应及时派员赶赴现场，并指派火灾事故调查人员开展火灾事故调查工作。

二、事故现场处理

（1）事故发生后，发生事故的单位应当迅速抢救伤员和进行事故应急处理，并派专人严格保护事故现场。未经调查和记录的事故现场，不得任意变动。

（2）事故发生后，发生事故的单位应当立即对事故现场和损坏的设备进行照相、录像、绘制草图、收集资料。

（3）事故发生后，发生事故的单位应当立即组织有关人员收集事故经过、现场情况、财产损失等原始材料。

（4）因紧急抢修、防止事故扩大以及疏导交通等，需要变动现场，必须经单位有关领导和安监部门同意，并做出标志、绘制现场简图、写出书面记录，保存必要的痕迹、物证。

（5）发生事故的单位应当及时向事故调查组提供完整的相关资料。

（6）事故调查组有权向发生事故的单位、有关人员了解事故情况并索取有关资料，任何单位和个人不得拒绝。

（7）事故调查组在《事故调查报告书》中应当明确事故原因、性质、责任、防范措施和处理意见。

（8）根据事故调查组对事故的处理意见，有关单位应当按照管理权限对发生事故的单位、责任人员进行处理。

三、收集原始资料

（1）事故发生后，事故发生单位安监部门或其他指定的部门应立即组织当值值班人员、现场作业人员和其他有关人员在下班离开事故现场前，分别如实提供现场情况并写出事故的原始资料。安监部门或指定的部门要及时收集有关资料，并妥善保管。应收集的原始资料还包括：有关运行、操作、检修、试验、验收的记录文件，系统配置和日志文件，以及事故发生时的录音、故障录波图、计算机打印记录、现场影像资料、处理过程记录等。

（2）事故调查组成立后，安监部门应及时将有关材料移交事故调查组。事故调查组应根据事故情况，查阅有关运行、检修、试验、验收的记录文件和事故发生时的录音、故障录波图、监控系统打印记录，及时整理出说明事故情况的图表和分析事故所必需的各种资料和数据。

（3）事故调查组在收集原始资料时应对事故现场搜集到的所有物件（如破损部件、碎片、残留物等）保持原样，并贴上标签，注明地点、时间、物件管理人。

（4）事故调查组有权向事故单位有关部门及人员了解事故的有关情况并索取有关资料，任何单位和个人不得拒绝和隐瞒。

四、事故调查

（1）火灾事故的组织调查，按照国家有关规定开展：

1）对于同时具有下列情形的火灾，电网企业应积极配合火灾事故调查人员进行简易调查。

a. 没有人员伤亡的；

b. 直接财产损失轻微的；

c. 当事人对火灾事故事实没有异议的；

d. 没有放火嫌疑的。

具体标准由省级人民政府公安机关确定，报公安部备案。

2）对于除依照适用简易调查程序以外的火灾事故，电网企业应积极配合公安机关、消防机构进行火灾事故的一般调查。

（2）电网企业应当积极配合火灾事故调查人员工作，及时召唤发现、扑救火灾人员，熟悉起火场所、部位和生产工艺人员，火灾肇事嫌疑人和被侵害人等知情人员，并配合调查人员进行询问。必要时，可以要求被询问人到火灾现场进行指认。

（3）起火场所调查的主要内容包括：

1）起火单位和建筑概况：起火场所权属、使用等主体情况，总平面布局，建筑层数、高度、面积、结构、使用功能，有无易燃易爆危险品，主要火灾危险性与危害性等；

2）建筑防火及消防设施的设计、竣工验收情况；

3）建筑防火及消防设施的实际情况：耐火等级、建筑物开口、防火分区、防烟分区、安全疏散、消防车通道、登高扑救面、消防救援场地、建筑消防设施、防火封堵、消防供配电、公共消防设施等；

4）单位消防安全管理情况：安全管理组织、制度，用火用油用气管理，防火检查及火灾隐患整改，消防演练和宣传培训，消防设施维护保养，单位专职消防队、志愿消防队及装备配备，火灾保险情况等；

5）消防安全监管情况：各级人民政府及其相关部门有关行政许可、监督管理，行业消防安全管理等情况。

（4）火灾发生发展调查的主要内容包括：

1）火灾情况：起火部位（或起火点）、起火原因、火灾损失和人员伤亡情况；

2）火灾初起阶段情况：引火源、起火物、火源引燃起火物的过程；

3）发现起火及初起火灾处置情况：发现起火经过，火灾报警人、报警时间及过程，初起火灾扑救的参与人及过程，消防控制室的值班、控制设备运行、火灾发生后处置情况，灭火器材和建筑消防设施使用或动作情况，消防产品质量情况；

4）火灾发展阶段情况：火灾蔓延的过程和途径，火灾对建筑结构的破坏过程，防火分隔、建筑主要构件被火灾破坏情况，建筑空间与分隔、消防供水、消防车通道以及天气、地势等自然状况对火灾发生、发展、蔓延的影响；

（5）人员疏散逃生及伤亡情况：起火时现场人员的位置、工作和生活状态，现场人员组织疏散、逃生自救及进出火场情况，人员伤亡的具体位置、主要因素。

第三节　统　计　报　告

一、一般规定

（1）电力企业发生事故后，应当按照国家有关规定，及时向上级主管单位和当地人民政府有关部门如实报告。

（2）电力企业发生重大以上的火灾事故，应当立即将事故发生的时间、地点、事故概况、正在采取的紧急措施等情况向能监局报告，最迟不得超过 24h。

（3）涉及电网企业、发电企业等 2 个以上企业的事故，如果各企业均构成事故，各企业都应当按照有关规定统计、上报。

（4）按照国家有关规定，由人民政府有关部门组织调查的事故，发生事故的单位应当自收到《事故调查报告书》之日起 1 周内，将有关情况报送能监局。

二、火灾损失统计

（1）受损单位和个人应当于火灾扑灭之日起七日内向火灾发生地的消防机构如实申报火灾直接财产损失，并附有效证明材料。

（2）消防机构应当根据受损单位和个人的申报、依法设立的价格鉴定机构出具的火灾直接财产损失鉴定意见以及调查核实情况，按照有关规定，对火灾直接经济损失和人员伤亡进行如实统计。

参 考 文 献

[1] 国网浙江省电力有限公司绍兴供电公司．变电站消防安全技术与管理．北京：中国电力出版社，2019.
[2] 黄国义．电力消防安全与火灾案例分析．北京：中国电力出版社，2016.
[3] 国网北京市电力公司．电网企业消防安全管理培训教材．北京：中国电力出版社，2020.
[4] 内蒙古电力（集团）有限责任公司．供电企业消防安全评价．北京：中国电力出版社，2018.
[5] 中国电力投资集团公司．火电工程施工消防安全管理指导手册．北京：中国电力出版社，2013.
[6] 黄宏和．输电线路防山火培训教材．北京：中国电力出版社，2020.
[7] 公安部消防局．消防监督检查．北京：国家行政学院出版社，2015.
[8] 叶江彪，袭普春．消防监督检查指南．北京：中国建材工业出版社，2017.
[9]《单位消防安全评估》（XF/T 3005—2020）.
[10]《国家电网有限公司消防安全监督检查工作规范》（Q/GDW 11886—2018）.
[11]《中华人民共和国公共安全行业标准》（GA 95—2015）.
[12]《山东建筑消防设施维护保养技术规程》（DB37/T 4328—2021）.
[13]《建筑消防设施检测技术规程》（XF 503—2004）.
[14]《建筑设计防火规范》（GB 50016—2014）（2018 年版）.
[15]《建筑消防设施的维护管理》（GB 25201）.
[16]《火灾分类》（GB/T 4968—2008）.
[17]《消防词汇　第一部分　通用术语》（GB 5907.1—2014）.
[18]《架空输电线路运行规程》（DL/T 741—2019）.
[19]《建筑外墙外保温系统的防火性能试验方法》（GB/T 29416—2012）.
[20]《消防给水及消火栓系统技术规范》（GB 50974—2014）.
[21]《给水排水管道工程施工及验收规范》（GB 50268）.
[22]《建筑给水排水及采暖工程施工质量验收规范》（GB 50242）.
[23] 中华人民共和国国家标准《消防水泵接合器》（GB 3446—1993）.
[24]《消防电梯制造与安装安全规范》（GB 26465—2011）.
[25]《自动喷水灭火系统设计规范》（GB 50084—2017）.
[26]《气体灭火系统设计规范》（GB 50370—2005）.
[27]《建筑防烟排烟系统技术标准》（GB 51251—2017）.
[28]《火灾自动报警系统设计规范》（GB 50116—2013）.
[29]《电力电缆隧道设计规程》（DL/T 5484—2013）.

参 考 文 献

[1] [illegible]技术与实践. 北京：[illegible]出版社，2019.
[2] [illegible]. 北京：中国电力出版社，2016.
[3] [illegible]. 北京：中国电力出版社，2020.
[4] [illegible]. [illegible]电力出版社，2018.
[5] [illegible]. 北京：中国电力出版社，2017.
[6] [illegible]. 北京：中国电力出版社，2020.
[7] [illegible]，2011.
[8] [illegible]. 北京：[illegible]出版社，2017.
[9] [illegible]，2009.
[10] [illegible]（GB/T [illegible]—2018）.
[11] [illegible]（GA [illegible]—2015）.
[12] [illegible]（DB37/T [illegible]—2011）.
[13] [illegible]—2004）.
[14] 《建筑设计防火规范》（GB 50016—2014）（2018年版）.
[15] [illegible].
[16] [illegible]—2008）.
[17] [illegible]（GB [illegible]—2014）.
[18] [illegible]（DL [illegible]）.
[19] [illegible]（GB/T [illegible]—2011）.
[20] [illegible]（GB 50974—2014）.
[21] [illegible]（GB 50268）.
[22] [illegible]（GB 50242）.
[23] [illegible]（GB [illegible]—1997）.
[24] [illegible]（GB 26465—2011）.
[25] [illegible]（GB 50084—2017）.
[26] [illegible]（GB 50370—2005）.
[27] [illegible]（GB 51251—2017）.
[28] [illegible]（GB 50116—2013）.
[29] [illegible]（DL/T 5484—2013）.